노주집

이 책은 2019 · 2020년도 정부(교육부)의 재원으로 한국고전번역원의 지원을 받아 수행된 '권역별거점연구소협동번역사업'의 결과물임.

This work was supported by Institute for the Translation of Korean Classics-Grant funded by the Korean Government.

한국고전번역원 한국문집번역총서/성신여자대학교 고전연구소·(사)해동경사연구소

노주집 1

老洲集

오희상 지음
吳熙常

김창효 옮김
연석환

일러두기

1. 이 책의 번역 대본은 한국고전번역원에서 간행한 한국문집총간 제280집에 실린《노주집(老洲集)》으로 하였다. 번역 대본의 원문 텍스트와 원문 이미지는 한국고전종합DB(http://db.itkc.or.kr)에서 확인할 수 있다.
2. 내용이 간단한 역주는 간주(間註)로, 긴 역주는 각주(脚註)로 처리하였다.
3. 한자는 필요한 경우 이해를 돕기 위하여 넣었으며, 운문(韻文)은 원문을 병기하였다.
4. 맞춤법과 띄어쓰기는 한글 맞춤법과 표준어 규정을 따랐다.
5. 이 책에서 사용한 부호는 다음과 같다.

   ( ) : 번역문과 음이 같은 한자를 묶는다.

   〔 〕: 번역문과 뜻은 같으나 음이 다른 한자를 묶는다.

   " " : 대화 등의 인용문을 묶는다.

   ' ' : " " 안의 재인용 또는 강조 문구를 묶는다.

   「 」: ' ' 안의 재인용을 묶는다.

   『 』: 「 」 안의 재인용을 묶는다.

   《 》: 책명 및 각주의 전거(典據)를 묶는다.

   〈 〉: 책의 편명 및 운문·산문의 제목을 묶는다.

차례

노주집 제1권

소疏

상서 上書

서계 書啓

달사 達辭

의 議

노주집 제2권

서書

노주집 제3권

서書

노주집 제4권

서書

《노주집(老洲集)》 해제

신영주 | 성신여자대학교 한문교육과 교수

1. 머리말

노주(老洲) 오희상(吳熙常)은 계미년(1763) 5월 10일 유시에 서울 경행방(慶幸坊)[1] 사저에서 태어났다. 이후 계사년(1833) 10월 7일 유시에 향년 71세로 별세하였다. 경행방 사저는 현종(顯宗)의 사위가 된 증조부 오태주(吳泰周, 1668~1716)가 하사받아 소유하던 집이다. 오태주는 1679년 12세에 명안공주(明安公主)에게 장가들어 해창위(海昌尉)에 봉해진 인물이다.

노주는 왕의 인척이자 재상과 문형 등을 배출한 명문가의 자제로 태어나 평생 끊임없이 벼슬에 제수하는 소명(召命)을 받들어야 했다. 그러나 번번이 소명에 응하지 않고 사직을 청하였다. 현실 정치에 이바지하는 것보다 학문 강학에 종사하여 유도를 계승하고 사회 질서를 회복할 뜻을 세웠기 때문이다.

순조 33년(1833) 10월 8일의 《실록》 기사에는 세상을 떠난 오희상을 위해 작성한 졸기가 아래와 같이 기록되어 있다.

1 경행방(慶幸坊)은 조선 초기부터 있던 한성부 중부 8방 중의 하나이다. 현재 행정구역으로 종로 2·3가, 낙원동, 돈의동, 경운동, 와룡동 각 일부에 해당한다.

> 찬선 오희상이 졸하였다. 하교하시기를, "이 유현(儒賢)은 한 번도 조정에 나오지 않았으나, 조정에서 평소에 얼마나 예우하였던가. 지금 서거했다는 소식을 접하고 나니 매우 놀랍고 슬픈 마음이 든다. 고 찬선 오희상의 집에 상례 용품을 전례대로 넉넉하게 보낼 것을 분부하라."라고 하였다. 오희상은 해주 사람으로 판서 오재소의 아들이다. 어려서부터 재상의 아들로서 행실을 깨끗이 닦고 학문을 좋아하였으며, 독실하게 뜻을 세우고 힘껏 실행하였다. 음관에 제수해도 나오지 않았으나 명성과 덕망은 성대해졌다. 유일(遺逸)로 선발된 뒤에는 마침내 물러나 노호(鷺湖) 강가에 거처하면서 사방의 많은 선비에게 공경을 받고 본보기가 되었다. 그러나 근세에 유가(儒家) 법문(法門)에 있는 자들이 모두 나오지 않고 은둔할 뿐이다. 이를 바꿀 수 없는 의제(義諦)로 삼아서, 평소에 쌓은 치군택민(致君澤民)의 학술을 토론하기가 쉽지 않게 되었다.[2]

유현(儒賢)으로서 학문 강학의 길에서 역할을 다하는 것은 18세기 말에 성장하고 19세기 전반에 장년기를 보내면서 당시 조선 사회가 직면하고 있었던 불안한 정세를 민감하게 느끼지 않을 수 없었던 그가 선택한 삶의 방식이었다. 위 졸기는 그가 조정 관료로서가 아니라 학술 강학에 평생 노력한 유현(儒賢)으로서 국왕의 돈독한 지우를 받았음을 보여준다. 끊임없이 내려오는 소명을 번번이 마다하고서 언제나 학문 강학에 집중한 사실에서 그의 지향이 어디에 있었는가를 엿볼 수 있다.

당시는 국외에서 밀려오는 이국(異國)의 문물과 가치가 내부의 질서

2 《純祖實錄》 33년(1833) 10월 8일 기사.

와 충돌하여 조선 사회를 흔들어대던 시기이다. 그뿐 아니라 조선 내부에서 대대로 지켜오던 학문 전통마저 그 권위가 위협받고 있어서, 유도(儒道)가 점차 쇠하고 사회 기강도 덩달아 흔들리고 있었다. 이에 노주는 유도를 회복하기 위해 늘 고심하였다.

이는 19세기 초반 학자들 사이에서 유사하게 나타나는 모습이다. 같은 학맥으로 인연이 깊던 매산(梅山) 홍직필(洪直弼, 1776~1852)도 그중 한 사람이다.[3] 노주의 처세는 이 변혁기에 대응하는 조선 지식인들의 모습 일면을 보여준다.

노주에 관한 연구는 그동안 왕성하게 이루어지지 못하였다. 최근에 이상익(2004)과 김영호(2010), 김병목(2014), 박학래(2014), 신상후(2018)가 노주의 성리설을 분석한 연구 성과를 보고하였고, 노대환(2008)은 세도정치기의 산림처사로서 그의 현실 대응 문제를 분석한 연구 성과를 보고하였다. 이밖에는 아직 연구가 충분하지 못하다. 학술사에서 노주가 차지하는 위치와 비중에 걸맞은 다양한 연구가 필요하다.

이 글에서는 노주와 주변 인물들이 남긴 여러 문헌을 검토하여, 이들이 가문과 지역 사회 내에서 질서와 기강을 세우고 풍속을 바로 잡기 위해 시도한 강학 활동의 목표와 실천 방법을 알아본다.

3 신영주(2015).

2. 《노주집》 간행 경위와 내용 구성

먼저 《노주집》의 간행 경위를 살펴본다. 이와 관련한 자세한 내용은 양기정(2005)의 〈노주집 해제〉를 참고할 수 있다.[4] 아래는 문집이 처음 엮어진 시기를 보여주는 노주 자신의 기록이다.

> 평소에 저술을 짓지 않았고 혹시 짓더라도 문고(文藁)를 만들지 않았다. 그러다가 전에 노원(蘆原)의 교외에 있으면서 한가로운 중에 할 일이 없어서 처음으로 흩어져 있는 원고를 수습하여 한 통을 베껴 내니 약간의 편이 만들어졌다.[5]

이 글은 병자년(1816) 현영월(玄英月 10월) 16일에 작성되었다. 이전까지 자신의 원고를 수습하여 엮어둔 적이 없다가, 이때 한차례 초고 정리가 이루어졌음을 알 수 있다.

이후 1837년에 홍직필이 작성한 《행장》에 "《유고(遺稿)》 17권이 있고, 《독서수기(讀書隨記)》 1권과 《잡지(雜識)》 2권이 집에 보관되어 있다."[6]라고 하였다. 또 홍직필이 1848년에 기록한 오치성(吳致成 1785~1844) 묘갈명에, 오치성이 아버지 노주의 원고를 수습하여 마침내 전부(全部)를 완성했다고 하였다.[7]

4 양기정(2005).

5 吳熙常, 《老洲集》 卷15, 〈題孺子稿〉, a280_326c.

6 상게서, 卷27 〈行狀〉, a280_615c.

7 洪直弼, 《梅山集》 卷35, 〈軍資監正吳公墓碣銘幷序○戊申〉, "收拾先稿, 竟成全部."

1816년에 처음 정리한 초고본의 규모는 알 수 없다. 이를 토대로 오치성이 이후 작성된 원고와 새로 수습된 원고를 추가하여 마침내 완성했을 문집의 규모는, 아마도 홍직필이 언급한 《유고》 17권, 《독서수기》 1권, 《잡지》 2권이었을 것이다.[8]

현재 간행본에 거의 가깝게 정리된 필사본이 하버드 옌칭도서관에 소장되어 있다.[9] 26권 13책 분량으로 정서하여 선장(線裝)한 것으로, 간행을 위한 교감 기록이 남아 있는 교감본이다.

세 가지 본의 권수를 소개하면 아래와 같다.

〈표1〉 판본별 권수

	유고	독서수기	잡지	부록
《행장》 기록(1837)	17	1	2	
교감본(1857 이전)	21	1	4	
간행본(1892)	21	1	4	1

《행장》에 기록된 권수는 교감본과 차이를 보인다. 20년의 시차가 있는데, 그사이에 새로운 글이 많이 수습되었을 수 있다. 그러나 이보다는 분권하는 방법 차이가 권수 증가의 더 큰 요인이 되었을 듯하다. 이는 《잡지》의 권수 차이를 근거로 짐작한 것이다.

8 오치성이 문집을 완성한 시기가 특정되어 있지 않다. 따라서 홍직필이 《행장》을 작성한 1837년 이후에 완성본이 만들어졌을 가능성도 배제할 수는 없다. 이후 7년 뒤에 오치성이 세상을 떠난다.

9 국립중앙도서관 디지털자료 (UCI G701:B-00061963935).
https://nl.go.kr/NL/contents/search.do?kwd=CNTS-00061963935

노주의 《잡지》는 저작이 이루어진 이후로 학자들 사이에서 중요 저작으로 읽혔는데, 이를 1책이나 2책, 혹은 2권으로 서로 다르게 일컬었다. 이는 간행본에서 확인할 수 있는 4권 분량과 다르지 않고, 단지 묶인 형태의 차이에 따라 서로 다르게 일컬은 것으로 본다.[10] 《유고》의 권수 차이도 이와 유사할 것이다.

필사된 교감본 권23에서 권26까지 실려 있는 《잡지》의 교감 기록에 교감 작업자가 숙재(肅齋)로 표기되어 있다.[11] 숙재는 노주 제자 조병덕(趙秉悳 1800~1870)의 호이다. 한운성(韓運聖 1802~1863)이 1857년 12월에 조병덕에게 보낸 편지에 관련 내용이 보인다.

> 선사(先師 노주)의 문집 중에서 《잡지》 2책을 그사이 이미 여러 차례 교감하셨는데, 정본(淨本)을 선사(繕寫)했습니까?[12]

10 서찬규(徐贊奎 1825~1905)는 임자년(1852) 2월에 노호에 가서 "노주의 '《잡지》 1책'을 베꼈다 〔抄得老洲吳文元公雜識一冊〕"(《임재집》 권9, 〈취정일록(就正日錄)〉)라고 하였고, 한운성(韓運聖)은 정사년(1857) 12월에 조병덕에게 보낸 편지에서 "선사의 문집 중 《잡지》 2책 〔先師文集中雜識二冊〕"(《입헌집》 권5, 〈답숙재조장(答肅齋趙丈)〉)이라고 하였다. 또 박성양(朴性陽 1809~1890)는 정해년(1887)에 작성한 글에서 "《노주잡지》 2권(老洲雜識二卷)"(《운창집》 권3, 〈답계운김정여낙현(答溪雲金鼎汝洛鉉)〉)이라 하였다. 한운성이 말한 《잡지》 2책은 조병덕의 교정 작업을 거친 것으로, 4권으로 분권한 본이었다. 따라서 박성양은 4권 본을 2권으로 일컬은 것이다. 실제와는 차이가 있음을 알 수 있다.

11 예컨대 권25의 열 번째 조목 '大學之明德……' 위에 "肅齋按盡心之心, 卽大學之明德, 非有異也. 集註或問及語類, 皆可考. 此條當刪."라고 교감 기록을 달아 놓았다.

12 韓運聖, 《立軒集》 卷5, 〈答肅齋趙丈〔丁巳十二月〕〉, "先師文集中雜識二冊, 間已屢

조병덕이 《잡지》 2책을 교감했다고 한다. 그렇다면 교감 작업은 이 편지가 작성된 1857년 이전에 진행한 것이 된다. 아울러 교감을 마친 후에 이를 정초한 본이 새로 만들어졌을 가능성을 보여준다.

교감본의 전체 26권에 모두 교감 기록이 남아 있다. 그중 단순한 자구 오류는 지적대로 간행본에 반영되었다. 그러나 산절(刪節)의 필요성 등을 지적한 것은 거의 반영되지 않았다.

차이가 있다면 교감본에 없던 두 편의 글과 권27 부록이 간행본에 추가된 것이다. 두 편의 글은 권3 말미의 〈답치기(答致箕)〉 1편과 권15의 〈도산기행(陶山記行)〉 1편으로 앞의 교감 작업과 무관하게 나중에 수습하여 추가하였을 것이다. 부록에는 《연보》와 《행장》이 들어 있다.

교감본으로 교감 정리한 것은 즉시 간행되지 못하였다. 약간의 추가 보완을 거쳐 30여 년이 지난 1892년 겨울에 비로소 간행되었다.[13]

《노주집》에는 노주의 글이 권1부터 권26까지 총 726편이 실려 있다. 아울러 노주의 《연보》와 《행장》이 권27에 부록으로 실려 있다. 이를 표로 제시하면 아래와 같다.

〈표2〉 권별 수록 작품 수

권차	분류	편수	편수
권1	疏	16	30
	上書	3	
	書啓	6	

권차	분류	편수	편수
권15	序	4	29
	記	4	
	題跋	21	

經校勘, 繕寫淨本否."

13 吳熙常, 《老洲集》 卷27, 〈年譜〉, "壬辰冬, 文集印行."

	達辭	1	
	議	4	
권2	書	38	38
권3	書	85	85
권4	書	30	30
권5	書	51	51
권6	書	46	46
권7	書	42	42
권8	書	34	34
권9	書	51	51
권10	書	44	44
권11	書	40	40
권12	書	46	46
권13	書	41	41
권14	祭文	24	32
	告文	4	
	祝文	2	
	哀辭	2	

권16	墓誌	5	20
	墓誌銘	15	
권17	墓誌銘	4	15
	墓碣銘	11	
권18	墓表	13	14
	碑	1	
권19	行狀	5	5
권20	行狀	5	8
	諡狀	1	
	遺事	2	
권21	雜著	17	17
권22	讀書隨記	7	7
권23	雜識	1	1
권24	雜識	1	
권25	雜識	1	
권26	雜識	1	
권27	(附錄) 年譜	1	1
	行狀	1	1
			총 728편

전체 시문의 구성은 다른 도학자의 문집과 크게 다르지 않다. 다만 시가 한 수도 실려 있지 않고, 편지가 상대적으로 많은 편수를 차지하고 있다. 1권 분량의 《독서수기》와 4권 분량의 《잡지》도 눈에 띈다.

강학을 중시한 도학자답게 편지가 많다. 편지의 대방 인물을 소개하면 다음과 같다.

〈표3〉 편지의 대방 인물

권차	대방 인물	편수
권2	親　庭 吳允常 吳敍常 吳敏常 吳淵常	38
권3	吳淵常 吳徹常 吳駿常 吳謹常 吳致成 吳致愚 吳致翼 吳致愈 吳致秀 吳致箕 吳弘善	85
권4	吳　球 吳載德 吳載熙 吳載鼎 吳弼常 吳慶元 吳羽常 吳龜常 吳致寧 吳顯相	30
권5	李敏輔 沈定鎭 朴胤源 李直輔 崔成泰 金箕成 崔光泰 李　采 李　素 李　靑 閔彝顯 李源明 李羲觀 權中緝 兪憲柱	51
권6	宋厚淵 金基豐 金相任 任　魯 尹慶曾 金相休 李寧載 李肇源 金在源 李羲溫 南公轍 沈能定	46
권7	權中業 沈能秀 趙鎭球 閔致福	42
권8	閔元履 沈文永 趙鎭球 金宗善 朴宗圭 尹永厚 沈弘模	34
권9	朴宗輿 李章英 李　墷 宋啓馨 金可淳 南周獻 李在秀 韓景履 李存秀 金邁淳 李龍秀 李寅溥 閔致秉 李顯在 金蘭淳 李光文 金基普 成三烈 白慶楷 南陽龍 徐重瑞 玄翊洙 許　懋 南命烈 李寬溥 申相穆 咸鎭泰 春坊上下番(韓用儀 李翊會)	51
권10	洪直弼	44
권11	洪直弼 李鳳秀 權敦仁	40
권12	沈宜度 李正夏 閔泰鏞 洪鍾遠 金仁根 李正履 朴命壁 南大任 林孝憲 鄭在絅 尹鍾燮 朴鼎祿	46
권13	李正觀 李觀洙 閔致祿 趙秉悳 金輔根 李鍾愚 兪莘煥 徐敬淳 洪一純 李在慶 沈承澤 趙中植 吳　爀 林宗七 或　人 德峯儒生 松京儒生 諭石室儒生 顯節儒生	41
		총 548

122명의 대방 인물과 서원 4곳, 그리고 춘방(春坊)에 보낸 편지가 포함되어 총 548통이다. 편지를 보낸 통수가 5통 이상으로 많은 대방 인물을 따로 소개하면 아래와 같다.

〈표4〉 편지의 주요 대방 인물

	대방 인물	편수
1	洪直弼	65
2	吳淵常	56
3	閔致福	36
4	權中緝	20
5	吳致成	19
6	沈能定	16
7	李鳳秀	14
8	閔泰鏞	13
9	吳龜常	13
10	任　魯	12
11	吳致愚	12
12	趙鎭球	14
13	沈文永	10
14	吳徹常	9
15	朴命壁	9
16	閔致祿	8
17	李存秀	8
18	朴胤源	6
19	權中業	6
20	吳致翼	6
21	權敦仁	5
22	金邁淳	5
23	李　墰	5
24	李正觀	5
25	金相休	5

이 가운데 오치우(吳致愚)에게 보낸 편지 1통은 오치우와 오치익(吳致翼) 두 사람에게 함께 보낸 것이다. 따라서 오치익에게 보낸 편지는 총 7통이 된다. 조진구(趙鎭球)에게 보낸 편지 2통도 조진구와 심문영(沈文永) 두 사람에게 보낸 것이다. 따라서 심문영에게 보낸 편지는 총 12통이 된다.

3. 가계(家系)와 관력(官歷)

노주 집안은 고조부 오두인(吳斗寅)이 영의정에 오르면서 가문이 일어나고, 증조부 오태주(吳泰周)가 현종의 사위가 되면서 명실상부한 명문가로 성장하였다. 그 뒤에 조부 오원(吳瑗)은 대제학이 되고, 친부 오재순(吳載純)은 판중추부사가 되고, 양부 오재소(吳載紹)는 판서가 되어 가문의 명성을 유지하였다.

노주의 직계 가족을 소개하면 대략 아래와 같다.

〈표5〉 노주의 가계

관계		생몰년	자	호	관직	시호
고조	吳斗寅	1624-1689	元徵	陽谷	領議政	忠貞
증조부	吳泰周	1668-1716	道長	醉夢軒	海昌尉	文孝
조부	吳 瑗	1700-1740	伯玉	月谷	大提學	文穆
친부(첫째)	吳載純	1727-1792	文卿	醇庵	判中樞府事	文靖
숙부(둘째)	吳載維	1729-1764	持卿	雲樵		
양부(셋째)	吳載紹	1739-1811	克卿	石泉	判書	定獻
친형	吳允常	1746-1783	士執	寧齋		
	吳熙常	1763-1833	士敬	老洲		文元
친제	吳淵常	1765-1821	士默	約庵	參判	
친자	吳致成	1785-1844	瑞五		牧使	
친자	吳致翼				郡守	
친녀	閔致祿				驪城府院君	
친녀	金輔根				判書	

명문가에서 성장한 노주는 어릴 때부터 가정에서 가형인 영재(寧齋) 오윤상(吳允常, 1746~1783)에게 학문을 배웠다. 영재는 노주보다 17세 연상으로 미호(渼湖) 김원행(金元行)에게 수학하여 농암가의 학문을 익혔다. 영재에게 학문을 배운 노주는 이로 인해 자연스럽게 농암에서 미호로 이어진 노론 학맥의 전통을 접할 수 있었다.

이렇게 하여 노주는 뛰어난 학적 성취를 얻을 수 있었다. 그러나 출사할 뜻을 갖지는 않았다. 오히려 출사하지 않고 산림학자이자 교육자로서 오롯이 학문 강학에 집중하고자 다짐하였다. 일찍이 석실서원(石室書院)에 마련된 강석(講席)에 이정관(李正觀, 1792~1854)이 참석했다는 소식을 듣고 이렇게 말하였다.

> 지금은 명성과 이익을 좇는 물결이 하늘까지 차올라 조각배 하나로 헤쳐갈 수 없는 때입니다. 구구한 강학이 겨우 유속(流俗)의 비웃음을 살 뿐임을 잘 알지만, 이에 고심하지 않을 수 없습니다. 삼가 생각건대, 이 서원은 농암 선생부터 3대가 도를 강론하던 곳이라서 그 유운(遺韻)과 여향(餘響)이 거의 사라지지 않고 여전히 사람들에게 남아 있습니다. 단지 이를 고무하고 창도할 사람이 없어서 이렇게 소멸할 지경이 된 것입니다. 이에 제가 함부로 자기 역량도 헤아리지 않고서, 옛 법도를 닦아 일으켜서 제생을 위해 창도하려 하는 것입니다. 행여 이를 계기로 훌륭한 선비 한둘이 육성되어 차차 오래 연마하게 된다면, 혹 분발하여 도를 믿고 향할 자가 나올 것입니다.[14]

14 상게서, 卷13, 〈答李正觀〉, a280_274a.

자신의 시대를 "명성과 이익을 좇는 물결이 하늘까지 차올라 있어서 조각배 하나로 헤쳐갈 수 없는 때"로 규정하고, 강학을 통해서 이를 바꿀 수 있다고 보았다. 그래서 유속(流俗)이 비웃더라도 구구한 강학이나마 이어가야 마땅하다고 하였다. 이를 통해서 석실서원에 깃든 선현의 유운(遺韻)과 여향(餘響)을 고취하고 훌륭한 선비도 길러내어 세상을 치유할 기반을 마련할 수 있다고 본 것이다.

노주가 이런 소명 의식을 가졌기에 벼슬을 멀리한 것이었다. 비록 21세가 되던 1783년에 감시(監試) 초시에 응시한 적이 있으나, 진취할 뜻을 품은 것이 아니었다. 친부의 명을 어길 수 없어 부득이 감시 초시를 치른 것뿐이었다. 결국 삼경의(三經義)를 지어서 종장(終場)에 들어간 것으로 멈추고 더 나가지 않았다.

이후 7년이 지난 경술년(1790)에도 세자 탄생을 기념하여 관학 유생에게 음식을 하사하고 특별시를 보였기에, 한 차례 더 응시하게 되었다. 그러나 이때는 아예 답안을 작성하지 않았다. 지나친 고집이라고 나무라는 지인들에게, 대책(對策)을 익히지 못해서 답안을 쓰지 못했다고 해명했으나, 사실은 애초에 응시할 뜻이 없어 일부러 답안을 작성하지 않은 것이었다.

이후로도 벼슬에 제수하는 국왕의 소명이 수시로 긴박하게 내려왔지만, 내내 모두 사양하였다. 노주에게 제수했던 벼슬을 정리하면 대략 다음과 같다.

〈표6〉 노주의 관력

연도(나이)	월	관력
1783(21세)	가을	감시(監試) 초시에 응시
1790(28세)		세자 탄신 기념 특별시 응시
1799(37세)	11월	경전주서(經傳朱書) 전공자로 천거
1800(38세)	1월	익위사 세마(洗馬)
	1월	익위사 시직(侍直)
	1월	장릉 참봉
	1월	돈령부 참봉
	1월	욕석집사(褥席執事)
	4월	익위사 부솔 (출사)
	9월	오위(五衛) 사과(司果)
	10월	장악원 주부 (출사)
	11월	한성부 주부
1811(49세)	8월	돈녕부 주부 (출사)
1814(52세)	6월	황해도 도사
1815(53세)	3월	익위사 사어 (출사)
1818(56세)	10월	경연관
	10월	서연관
	10월	사헌부 지평
1819(57세)	2월	사헌부 장령
	2월	겸시강원 진선
	윤4월	사헌부 집의
	5월	사헌부 장령
1820(58세)	1월	사헌부 집의
	11월	장악원 정
	12월	사헌부 집의

1821(59세)	4월	대행왕대비만장제술관
	6월	건릉천릉만장제술관
	12월	사헌부 집의
1822(60세)	7월	사간원 사간
1823(61세)	1월	현목수빈(顯穆綏嬪) 장례시 만장 제술관
	6월	사헌부 집의
	8월	승정원 동부승지
	8월	돈녕부 도정
	9월	형조 참의
1826(64세)	1월	동부승지
	2월	시강원 찬선
1827(65세)	3월	이조 참의
	윤5월	형조 참의
1829(67세)	11월	세손부(世孫傅)
1830(68세)	윤4월	이조 참의
	6월	만장제술관
	8월	공조 참의
1832(70세)	9월	세손시강원 찬선

노주 자신은 출사하지 않을 뜻이 분명했다. 그러나 사람들은 왕가의 외척이자 학적 성취가 뛰어난 명문가 자제가 산림에 묻혀서 처사로 지내도록 놓아두고 싶지 않았다. 이런 이유로 위와 같이 계속해서 여러 벼슬을 제수한 것이다. 그러나 노주는 거의 응하지 않았다. 1800년 4월에 익위사 부솔에 제수되었을 때 왕명을 끝까지 거역할 수 없어 출사한 일이 있고, 같은 해 10월에 장악원 주부에 잠시 나아갔다가 사직한 일이 있다. 또 10년이 지난 1811년 8월에도 돈녕부 주부에 한

차례 나간 일이 있다. 다시 4년이 지난 1815년에도 익위사 사어에 잠시 나아간 일이 있다. 이것이 그가 출사한 전부다.

4. 강학 활동과 유도(儒道) 회복

노주는 시대 혼란을 극복할 방편으로 학문 강학에 주목하였다. 이를 자기 소임으로 삼아 가는 곳마다 강학을 이어갔다. 그중에 서원 공간에서 강학을 실현하려고 노력한 일이 눈에 띈다.

> 아, 근래 사림의 의기가 쇠하고 유풍이 침체하는 것이 우리 향리에서 더욱 심하여, 평소에 한탄하여 하루도 못 잊고 있습니다. 그런데 지난번에 서원 유생들이 외람하게 강하는 일을 저에게 부탁했습니다. 혼자 생각하기에, 저처럼 재주 없는 자에게 또한 어찌 조금이라도 남에게 베풀어줄 어진 구석이 있겠습니까? 다만 이것이 우리 향리를 한번 크게 변화시킬 기회가 될 것 같았습니다. 형편에 맞추어 잘 인도한다면 그래도 성취할 만한 일이 있겠다고 생각했습니다. 그래서 함부로 자기 능력도 헤아리지 못한 채 부끄러움을 무릅쓰고 대번에 부탁에 응하였습니다.[15]

이는 덕봉서원(德峯書院)에서 강학을 주관한 일을 언급한 것이다. 기록에 따르면, 56세가 되는 1818년에 처음으로 덕봉서원에서 강회(講

15 상게서, 卷8, 〈與尹命汝永厚〉, a280_179c.

會)를 주관하였다.[16] 지역 형편에 맞게 강학을 이어나가 지역 사회를 변화시키고 재건하는 것이 노주의 포부였다. 쇠퇴하는 사림의 기세를 부축하고 침체하는 유풍을 진작시킬 일이 절실하여 강경의 일을 부탁하는 서원 유생들의 요청에 응하지 않을 수 없었다고 한다.

이후로 강회를 꾸준하게 이어가면서 적지 않은 호응이 있었다. 덕봉서원에서는 강회를 열어 백여 명에 이르는 많은 사람이 모였을 뿐만이 아니라 모두 엄숙하고 단정하게 예의를 갖추었다고 한다. 경문의 뜻을 강론하고 질문한 내용이 사람들의 생각을 개발한 것이 매우 많아서, 노주가 마음과 눈이 번쩍 뜨여 저도 모르게 펄쩍 뛰어 일어났다고 심경을 밝혔을 정도다.[17]

노주는 석실서원에서도 강경하는 책임을 맡아 강회를 정비하였다. 석실서원 제생에게 보낸 편지에서 이렇게 말하였다.

> 이 서원은 미호 선생이 두 세대를 이어서 도를 강론한 곳인데, 제가 외람하게 여러분의 추천을 받아 서원 일을 주관하게 되었습니다. 혼자 생각에 지금은 미호 선생의 시대에서 멀지 않아 유풍과 여운이 사라지지 않았습니다. 지난번에 쇠한 몸을 이끌고 가서 강석을 주선했을 때도 많은 유생이 모였으니, 후세에 인재가 없는 것이 아니었습니다. 계승해서 창도할 사람이 없어 몹시 막막한 상태가 되었을 뿐입니다. 이에 안타까움이 간절해서, '이 어찌 재주가 못한 죄이겠는가?'라고 하고서, 마침내 자신을 헤아리지 못하고 함부로 직월(直

16 상게서, 卷15, 〈癸未記行〉, a280_321b.

17 상게서, 卷13, 〈答德峰儒生〉, a280_290c.

月)을 정하고 강생(講生)을 뽑아 거듭 단속한 뒤에 폐기되고 실추된 것들을 정비하고 시행하여 고무시키고 진작시키려 하였습니다.[18]

여러 강생의 추천으로 강경 책임자가 된 노주는 새로 직월을 정하고 강생을 뽑는 한편, 폐지되었던 제도를 다시 정돈하였다. 《연보》에 따르면 1824년 5월에 석실서원 운영을 맡게 되어 옛 학규를 새로 정비하였다고 한다. 가장 먼저 선인이 정해놓은 규범을 가져다가 현실에 맞게 새로운 규범을 마련하였고, 이 강규에 따라서 강회를 이어갈 수 있게 하려는 것이었다. 덕봉서원에서도 율곡의 《학교모범(學校模範)》을 본떠 작성한 강규를 가장 먼저 유생들에게 건네준 바 있다.[19]

노주는 현절사(顯節祠)에서 유생의 요청에 따라 주강(主講)의 책임을 맡기도 하였다. 이 일을 수락하면서 노주는 남에게 보여주기 위해서나 빠른 효험을 바라고서 설강(設講)을 하는 것이 아니라, 오직 날로 몽매한 데로 달려가는 선비들을 깨우칠 수 있기를 바란 것이라고 강조하였다.[20]

강학을 통해 독서종자를 기르고 풍속을 변화시킴으로써 유도(儒道)를 회복할 수 있고 사회 기강을 바로 세울 수 있다고 생각한 노주의 견해는 아래의 기록에서도 확인할 수 있다.

18 상게서, 卷13, 〈諭石室儒生〉, a280_291c.

19 상게서, 卷15, 〈癸未記行〉, a280_321b.

20 상게서, 卷13, 〈答顯節儒生〉, a280_292b.

아, 선현의 유택이 멀어지고 사우의 도가 쇠하더니, 세상에 독서종자가 드물고 선비의 취향도 날로 무너지고 있습니다. 모두가 열렬하고 급급하게 이익과 욕심의 구덩이에 빠져들어 인간의 떳떳한 본성〔民彝〕과 사물의 법칙〔物則〕이 무엇인지도 알지 못합니다. 지금의 도에 따라 지금의 풍속을 바꾸지 못한다면, 어찌 이천(伊川)이 머리를 풀고서 탄식한 정도에 그칠 뿐이겠습니까? 다행히 우리 고을의 여러 현자가 이에 개탄하면서 강학으로 창도할 생각을 정성스럽고 간절하게 합니다. 제가 끝없이 감격하게 합니다. 만일 이 일을 시작으로 넓혀 나간다면, 세상을 좋게 하고 풍속을 바꿀 수 있습니다. 설령 그렇게까지 하지 못해도, 자신을 선하게 하여 충분히 한 고을의 모범이 될 수는 있습니다. 어찌 아름답지 않겠습니까?[21]

선현이 남긴 유택이 이미 사라지고 사우의 도가 쇠하더니, 마침내 독서종자가 사라져서 인간 본성과 사물 법칙을 잊은 채 너나없이 이익과 욕심의 구렁텅이에 빠져들고 있다고 현 상황을 진단하였다. 따라서 이런 위태한 상황을 타개해야 마땅한데, 강학을 통해서 마침내 세상을 선하게 만들고 풍속을 바꿀 수 있다고 보았다. 이런 이유로 그 역할을 노주가 직접 자임하고 나선 것이었다.

노주와 가장 가까운 곳에서 있던 매산 홍직필의 현실 인식도 이와 다르지 않았다.[22] 이들이 활동하던 19세기 전반기는 세도 정치와 삼정 문란으로 인한 부패가 극심하고, 아울러 이방 문명이 속속 유입되어

21 상게서, 卷13, 〈與德峰儒生〉, a280_290b.

22 신영주(2015).

지식인 사회가 분열하고 혼란에 빠져들던 시기이다. 이 순간 매산은 가치 혼란에 따른 유속의 폐해가 이단보다 심하다고 보아 풍속과 기강을 바로 세우고 명검(名檢)을 숭상하고 부화를 물리쳐야 한다고 주장하였다.[23] 그래서 심성론과 예학을 현실에 맞게 정비해서 유도를 회복할 계획을 세웠다. 강학을 통해 후학을 양성하는 일에도 각별하게 유념하였을 뿐 아니라,[24] 사회 각처에서 윤리와 절의에 관한 미담을 발굴하여 알리는 일도 게을리하지 않았다.[25]

노주 역시 시대 위기를 극복할 방편으로 독서에 힘쓰고 강학에 매진한 것이었다. 노주는 이를 자신이 할 수 있는 최선의 대응이라고 판단하였다. 노주는 손자 오홍선(吳弘善)에게 보낸 편지에서 "어떤 책을 읽고 있느냐? 아주 아무렇게나 놀고 있는 것은 아니냐? 책은 배움을 늘려줄 뿐만이 아니라, 마음을 유지해주는 수단이기도 하다. 이를 버리면 뜻이 사라지고 기운이 꺾인다. 그리고 몸도 따라서 병든다."[26]고 했다.

5. 선경후사(先經後史)의 독서법

노주는 강학에 애쓰는 사이에 언제나 집안 자제나 문하 제자 등 여러

23 趙秉悳, 《肅齋集》 卷24, 〈梅山洪先生墓誌銘〉, a311_471a.

24 任憲晦, 《鼓山集》 卷16, 〈梅山洪先生行狀〉, a314_364a.

25 신영주(2017).

26 吳熙常, 《老洲集》 卷3, 〈與弘善〉, a280_075b.

사람의 독서 상황을 살피고 조언을 아끼지 않았다. 그중 독서 순서를 정하는 원칙으로 여러 차례 제시한 '선경후사(先經後史)'가 주목된다. 조선 유학자들이 일찍부터 제시한 독서 방법을 계승한 것이다.

> 또 근래에 《자치통감강목》을 읽고 있다고 들었다. 내가 일찍이 너에게 권한 것이나, 경서를 버리고 오로지 이것을 공부하라는 뜻은 아니다. 경서(經書)와 사서(史書)는 본래 경중의 구분이 있다. 경서를 먼저하고 사서를 뒤에 하는 것이 우리 집안에 전해오는 법문(法門)이다. 내가 일찍이 가정에서 가르침을 받을 적에 "나이 어린 유사(儒士)가 삼동(三冬)에 한 가지 경서를 읽지 않으면 선비라고 할 수 없다."라고 하셨다. 이것이 어찌 우리 후손이 지켜야 할 율령(律令)이 아니겠는가? 하물며 너는 본래 쉽게 동요하는 사람이니, 더욱 냉담(冷淡)한 경서를 읽는 것으로 활계(活計)를 삼아야 한다. 그래야 마침내 효험을 볼 수 있을 것이다.[27]

조카 오치유(吳致愈, 1798~1820)에게 보낸 편지 내용이다. 이전에 《자치통감강목》을 읽으라고 권한 것이 경서를 버린 채 《자치통감강목》을 읽으라는 것은 아니라고 타이르면서, '경서를 먼저하고 사서를 뒤에 하는 것'이 가정에서 물려받은 법문(法門)이라고 말하였다. '삼동(三冬)에 한 가지 경서를 읽지 않으면 선비라고 할 수 없다'라고 하여 경서 공부를 중시하였으나, 이는 사서를 읽지 말라는 뜻이 아니라 경서와 사서의 경중을 구분해야 한다는 것이다.

27 상게서, 卷3, 〈與致愈〉, a280_073d.

아래는 노주가 찬선 벼슬을 사직하기 위해 1827년 정월에 올린 상소이다. 이 글에서 선경후사(先經後史)에 관한 자기 생각도 함께 아뢰었다.

> 신이 듣건대, 경서는 이치에 관한 것이고 사서는 일에 관한 것이며, 경서는 순정한 것이고 사서는 잡박한 것입니다. 이런 까닭에 옛사람은 독서에 반드시 경서를 먼저 읽고 사서를 뒤에 읽었습니다. 먼저 이(理)와 의(義)의 큰 강(綱)과 목(目)을 충분히 익히고 관통하여 마음의 중심을 이룬 뒤에 사서로 보완한 것입니다. 그렇게 하면 본말이 서로 돕고 이치와 일이 일치하게 됩니다. 이로써 고금 인물의 잘잘못, 사건의 득실, 왕패(王覇), 공사(公私), 선악(善惡)의 차이를 분별하면 올바른 식견이 세워져서 조금도 어긋나지 않습니다. 만약 경서를 느긋하게 읽고 사서를 시급하게 읽어서 선후 순서를 잃으면, 마치 눈금 없는 저울이나 치수 없는 자처럼 되어서, 장차 쇠를 금이라 하고 도적을 자식이라 할 것입니다. 마침내는 공리(功利)의 함정에 빠져들 뿐, 천덕(天德)과 왕도(王道)를 배우는 데는 보탬이 없습니다. 그래서 주자는 학자가 경서를 버리고 사서를 배워 심술을 해친다고 늘 탄식했습니다. 정말 지극한 훈계입니다.[28]

경서는 이치를 다루고 사서는 역사 사건을 다루는 것이므로, 우선 경서를 읽어 의리의 강목을 바로 세우고 사서를 읽어서 사리를 분별할 수 있어야 올바른 식견을 갖출 수 있다는 것이다.

28 상계서, 卷1, 〈辭贊善兼陳所懷疏〉(1827년 정월, 65세), a280_017c.

만약 사서를 우선하고 경서를 뒤로 미루면, 마침내는 공리를 좇을 생각에 골몰할 뿐이어서 심지어 쇠를 금이라 하고 적을 자식이라 하는 지경에 이를 것이라고 우려하였다.

노주는 또한 과정을 두어 공부해야 함을 강조하였다. 아래는 노주가 오연상(吳淵常)의 큰아들 오치우(吳致愚)에게 보낸 편지이다.

> 독서는 과정(課程)을 두어 하는 것보다 좋은 것이 없다. 밥을 먹는 일에 비유하자면, 한 달 30일 동안 하루에 두 그릇씩 밥을 먹는 것과 같다. 밥 두 그릇이 비록 적으나 쉬지 않고 먹으면 효과가 나타나 자연스럽게 혈기가 충만하고 윤택해진다. 빨리 읽으려 힘써 과정을 두지 않음은, 마치 한 번에 밥 몇 말을 먹고서 온종일 먹지 않음과 같다. 밥 몇 말이 비록 많지만, 이로써 남은 날의 배고픔을 막지는 못한다. 마땅히 속히 경서 하나를 취하여 역량에 따라 과정을 세우되, 중병이 아니면 대번에 멈추지 말고 빠른 효과도 바라지 말고, 실제 일에 비추어 체인하고 궁구해야 한다. 이렇게 3, 4년 지속하면 저절로 큰 공이 이루어진다.[29]

과정을 두어서 차근차근 익혀나가는 것보다 나은 독서 방법이 없다고 확신하고 있다. 마치 끼니를 거르지 않고 일정하게 밥을 먹어야 혈기가 충만하고 윤택해지는 것과 같다고 한다. 반드시 역량에 따라 과정을 세워두고 여유롭게 가는 소리로 음미하여 읽어가면서 마음과

29 상계서, 卷3, 〈與致愚〉, a280_070b.

책이 하나가 될 수 있어야 한다.[30]

자기 역량에 맞게 과정을 정해두고 독서를 하면서 실천을 통해 체험하여 이해하고 궁구하여 밝히기를 3, 4년간 지속하는 것이 가장 훌륭한 독서 방법이다. 이렇게 했을 때 절로 큰 공을 이룰 수 있게 된다고 보았다.

설령 투철하게 읽어내지 못하고 충분한 횟수를 읽지 못하더라도 과정을 세워서 쉬지 않고 순환 반복해서 읽어야 한다. 그리고 반드시 스스로 체득하는 공부를 지속하여 자신의 몸에 체화시켜야 비로소 식견이 자라고 이를 견고하게 유지할 수 있다고 주장하였다. 한갓 장구를 찾아내고 언어를 주워 모아 글쓰기에 쓰려는 것은 올바른 독서 방법이 아니라고 선을 그었다.[31]

노주는 또한 의심을 내어 읽어야 함을 강조하였다. 아래는 둘째 아들 오치익(吳致翼)에게 보낸 편지의 내용이다.

> 또 책을 볼 때 의심을 낸다고 하니 좋은 소식이다. 다만 너희 생각에 아직 부족한 부분이 있다. 이른바 "아는 것이 진짜 아는 것이 아니며, 모르는 것이 진짜 모르는 것이 아니다"라는 것처럼, 언제나 절반은 알고 절반은 모른 채 모호하고 어두운 속에 있다면, 어떻게 발전할 수 있겠느냐? 이번에 일체를 공부할 생각이라면, 계속 그렇게 해서 읽고 외는 것으로 공부를 마쳤다고 생각해서는 안 된다. 반드시 구마

30 상게서, 卷3, 〈與致翼〉, a280_072a.

31 상게서, 卷3, 〈與致愚〉, a280_070a.

다 자마다 속으로 사색하여 의심스러운 곳을 찾아내어, 알고 모르는 경계가 두 부분으로 분명하게 나뉘지게 해야 한다.[32]

책을 읽을 때는 입으로 읽고 외는 데서 멈추지 말고 언제나 의문을 가지고 찬찬하게 음미하면서 자구 이면에 내재한 의미를 탐색해야 한다. 이는 "배우는 사람은 먼저 모름지기 의심을 낼 줄을 알아야 한다."[33]는 정자의 말과 다르지 않다. 그러나 단순하게 의문을 내는 정도로 끝난다면, 언제나 절반은 밝고 절반은 어두운 애매한 상태에 놓여 있어서 아무런 발전을 이루지 못하게 된다. 따라서 반드시 구마다 자마다 하나하나 의문을 가지고 사색해서 아는 부분과 알지 못하는 부분을 분명하게 인식해야 이런 함정에서 벗어날 수 있다고 강조한 것이다.[34]

노주는 큰아들 오치성(吳致成)에게 보낸 편지에서도 이렇게 이야기하였다.

《맹자》를 읽는다고 들었는데, 이제 몇 편에 이르렀느냐? 의난(疑難)이 있을 텐데, 어찌 일일이 적어서 보이지 않느냐? 무릇 독서를 범범하게 해서는 안 된다. 한창 읽을 때는 착력할 곳이 있음을 알아야 하고, 읽고 난 뒤에는 득력한 곳이 있음을 알아야 비로소 잘 읽었다고 할 수 있다.[35]

32 상게서, 卷3, 〈與致翼〉, a280_072b.

33 《近思錄》 卷3, 〈致知〉, "學者先要會疑."

34 吳熙常, 《老洲集》 卷3, 〈與致翼〉, a280_072b.

6. 간(看), 독(讀), 송(誦), 염(念)의 독서 4단계

노주는 독서 종류를 간(看), 독(讀), 송(誦), 염(念) 4가지로 나누어 제시하였다. 친동생 오연상(吳淵常)에게 보낸 편지에서 독서 방법에 대해 이렇게 말하였다.

> 무릇 독서에는 간(看), 독(讀), 송(誦), 염(念) 4가지 방법이 있다. 간서(看書)는 마음과 눈이 함께 작용하여 읽는 것이고, 독서(讀書)는 마음과 입과 눈이 함께 작용하여 읽는 것이고, 송서(誦書)는 마음과 입이 함께 작용하여 읽는 것이고, 염서(念書)는 홀로 마음이 작용하여 읽는 것이다.[36]

마음과 눈이 작용하여 읽는 것을 '간서(看書)'라 하고, 마음과 입과 눈이 작용하여 읽는 것을 '독서(讀書)'라 하고, 마음과 입이 작용하여 읽는 것을 '송서(誦書)'라 하고, 오직 마음 하나가 작용하여 읽는 것을 '염서(念書)'라고 하여 독서의 단계를 4가지로 구분하였다.

눈으로 보면서 생각하는 것이 가장 초보 단계이고, 눈으로 보고 입으로 소리 내어 읽으면서 생각하는 것이 두 번째 단계이고, 입으로 소리 내어 외면서 생각하는 것이 세 번째 단계다. 가장 높은 단계는 오직 마음속으로 음미하면서 사색하는 것이다. 곧 눈으로 보는 것, 입으로 읽는 것, 소리 내어 외는 것, 마음으로 음미하는 것을 독서 4단계로

35 상게서, 卷3, 〈與致成〉, a280_065a.

36 상게서, 卷3, 〈答士默〉, a280_058a.

설정하였다.

이 4단계 독서 방법은 노주가 처음 생각해낸 것은 아니다. 한 세대 후배 윤종섭(尹鍾燮, 1791~1870)은 〈돈녕부도정주공행장(敦寧府都正朱公行狀)〉에서 이렇게 말하였다.

> 삼연이 말씀하신 간(看), 독(讀), 송(誦), 염(念) 네 글자를 과정으로 삼았다. 간(看)을 하다가 부족하면 다시 독(讀)을 하고, 독(讀)을 하다가 이미 충분하면 다시 송(誦)을 하고, 송(誦)을 하다가 부족하면 다시 염(念)을 하였다. 아침에 읊고 저녁에 익혀서 이미 알고 나면 반드시 실행하였기에, 문장(文章)을 기술할 수 있었고 과환(科宦)도 지을 수 있었다. 그렇게 하지 않고 한결같이 외면으로 달려가서 후추를 통째 삼키거나 수박을 겉만 핥는 듯이 한다면, 평생 부지런히 한들 얼마나 얻을 수 있겠는가?[37]

삼연이 먼저 제시한 간(看), 독(讀), 송(誦), 염(念) 4법에 따라서 독서 4단계를 설정하였음을 말하고 있다. 처음에 먼저 간(看)을 한 뒤에, 이로는 부족하여 독(讀)을 하게 된다. 또 충분히 독(讀)을 한 뒤에 송(誦)을 하고, 송(誦)을 한 뒤에 다시 염(念)을 하는 것까지가 4단계이다. 아울러 그 뒤에 배운 바를 실천하는 단계를 설정했다. 단계에 따라 착실하게 익혀야 함을 강조한 것에서 점진적으로 밟아가는 독서 단계로 4법을 인식한 것임을 알 수 있다.

삼연은 일찍이 이렇게 말한 바 있다.

37 尹鍾燮, 《溫裕齋集》 卷5, 〈敦寧府都正朱公行狀〉, b119_713a.

한갓 독(讀)할 줄만 아는 자는 안목이 글씨를 벗어나지 못하기에 눈을 감으면 아무것도 볼 수 없고, 한갓 송(誦)할 줄만 아는 자는 글 읽는 소리가 입에서 끊이지는 않으나 읽는 소리가 끊기는 순간 그 맛도 사라진다. 오직 사(思)를 잘하는 자라야 구절마다 글자마다 하나하나 상세히 깨닫고 건건이 융통해서 마침내 관통하는 수준에 이른다.[38]

아울러 사(思)가 송(誦)보다 어렵고 송(誦)이 독(讀)보다 어렵다는 평가도 덧붙였다. 이는 앞서 언급한 독서 4법과 거의 일치한다. 간(看)의 단계가 독(讀)과 따로 분리되어 있지 않고 염(念)이 사(思)로 바뀌었을 뿐이다. 읽고 외고 사색하는 세 단계를 설정하고 그 뒤에 실천 단계를 보태어 말하였다.

덧붙여 각 단계에서 발생하는 문제를 간략하게 소개하였다.[39] 독(讀)의 단계를 건너뛰고서 송(誦)으로 갈 수 없고, 또 곧장 사(思)의 단계로 건너갈 수 없는데, 독(讀)에 머물면 글과 자신이 별개가 되어 눈을 떼고 나면 그만이어서 아무런 소득이 없게 되고, 송(誦)에 머물면 입으로 끊임없이 읊조려서 그 맛을 음미하는 듯하지만 이를 멈추면 그뿐이어서 그 맛도 찾을 수 없게 되고, 오직 사(思)를 잘해서 깨닫고 관통하는 경지에 이를 수 있어야 올바른 독서가 될 수 있다는 것이다.

삼연은 이런 문제를 사독서(死讀書)와 활독서(活讀書)로 구분하여 설명하였다.[40] 책을 덮어도 그 의리가 삼연하게 눈앞에 보이면 활독서

38 金昌翕, 《三淵集》 卷36, 〈漫錄 庚子〉, a166_177a.

39 상게서, 卷36, 〈漫錄 庚子〉, a166_177a.

이고, 책을 덮은 뒤에 도로 아득하게 망각하면 사독서이다. 그래서 활독서에 이르려면 반드시 사색하는 과정을 거쳐야 한다고 보았다.

이로써 노주의 독서 4법이 삼연의 독서 3법에서 변화되어 나왔음을 알 수 있다. 독(讀)을 간(看)과 독(讀)으로 나누고, 송(誦)을 독(讀)과 송(誦)으로 나누고, 송(誦)을 송(誦)과 염(念)으로 나누어서 그 범주를 다소 분화시킨 것이다.

매산 홍직필도 독서 4법을 언급한 적이 있다. 매산은 김체일(金體一)에게 보낸 편지에서 이렇게 말했다.

> 간(看), 독(讀), 송(誦), 염(念)으로 융회하고 관통하는 것이 곧 '주자의 허다한 공부를 통해서 주자를 알아낸다.'라는 것입니다.[41]

주희가 〈대학독법〉에서, "나의 허다한 공부를 통하지 않으면 나를 알아내지 못하고, 성현의 허다한 공부를 통하지 않으면 성현을 알아내지 못한다."[42]라고 말한 것을 원용하여 말한 것이다.

또 숙재(肅齋) 조병덕(趙秉悳)도 아들에게 보낸 편지에서 이렇게 말했다.

> 《율곡전서》의 《성학집요》와 《격몽요결》을 네가 다시 돌려받고 싶

40 金昌翕, 《三淵集拾遺》 卷31, 〈語錄〉, a167_278a.

41 洪直弼, 《梅山集》 卷25, 〈答金萬壽 體一○丁未〉, a295_604a.

42 朱熹, 〈大學讀法〉, "不用某許多工夫, 亦看某底不出, 不用聖賢許多工夫, 亦看聖賢底不出."

어 하기에, 네 말대로 한 사람을 보내었다. 다만 이 책을 간(看), 독(讀), 송(誦), 염(念)하여 강습하고 토론하여 체인(體認)하고 복행(服行)하는 토대로 삼지 못할 것이라면, 다시 돌려받은들 무슨 도움이 되겠는가?[43]

이 4법이 엄연하게 독서 방법을 규정하는 4단계 과정으로 수용되었음을 보여준다.

7. 맺음말

18세기 말에서 19세기 전반으로 넘어가는 시기는, 나라 밖에서 밀려오는 이국의 문물과 가치가 내부의 질서와 충돌하면서 조선 사회가 온통 어지러웠다. 뿐만이 아니라 조선 내부에서 대대로 지켜오던 학문 전통마저 권위가 흔들리고 유도(儒道)가 땅에 떨어져 효력을 잃고 있었다. 이처럼 조선 사회가 직면한 불안한 시대 형국을 목격한 노주는, 벼슬하는 조정 관료가 되기보다 학문 강학으로 사회를 변혁하는 유현(儒賢)이 되기를 바랐다. 이런 이유로 국왕의 끊임없는 소명(召命)이 내려와도 번번이 마다하였다. 학문 강학에 집중하기 위해서다. 그의 이런 고심은 문집 곳곳에서 발견된다.

노주의 강학 활동은 여러 곳에서 진행되었다. 그 가운데 서원을 배경으로 강학을 이어간 여러 장면이 목격된다. 사회 변화를 꾀할 수 있는

43 趙秉悳, 《肅齋集》 卷3, 〈寄章熙〉, a311_053c.

지역 거점으로 서원 공간을 주목하여 석실서원과 덕봉서원 등 여러 곳에서 강학을 주관하였다. 이로써 지역 사회를 변화시키고 나아가 온 나라를 변화시킬 수 있다고 기대하였다. 그러나 시대 흐름을 되돌리기에는 역부족이어서 기대한 만큼 효과를 얻지는 못했다. 하지만 한 시대를 살아가는 지식인으로서 왜곡된 사회 기강을 회복하고 가치 질서를 바로 세우기 위해 노력한 점은 그 자체로서 걸맞은 평가를 받아야 마땅하다.

노주는 강학에서 적용할 수 있는 여러 가지 독서 방법에 대해 자신의 견해를 밝힌 바 있다. 선경후사(先經後史)의 방법으로 경서를 우선하여 읽고 역사서로 보완하여 읽는 것과 역량에 따라서 과정(課程)을 세워서 읽는 것과 자구(字句)를 사색하고 의난(疑難)을 찾아내어 묻고 분석하면서 읽는 것이다. 이와 별개로 독서의 사법(四法)을 제시하여 4가지 독서 단계에 따라 심화시키면서 차근차근 책을 읽어나갈 것을 권장하였다.

노주의 강학 활동에 있어서 함께 주목할 것은, 세자 교육에 관한 여러 가지 의견을 제시한 것과 관북 지역 출신 유생들을 교육하는 문제에 관심을 가진 것 등이다.

한송 성백효 선생님을 중심으로 연구소 안팎의 구성원이 4년여에 걸쳐 쉼 없이 진행한 강독과 번역 교열 등의 작업 과정이 마무리되었다. 그 결산으로 이제 마침내《노주집》번역서의 출판이 이루어지는 것이다. 우리는 이 저작을 통해 위난의 시대에 처한 한 유학 지식인이 치열하게 고민하여 도출한 당대의 시대 정신과 이를 구현하기 위해 시도한 학술 활동 및 가족과 주변 인사를 다독이고 이끈 따뜻한 배려와 언행을 엿볼 수 있다. 이 번역서의 출판을 계기로 향후 관련 연구가 풍성하게 제출되기를 기대한다.

참고문헌

김병목(2014), 〈노주 오희상의 성리설 연구〉, 성균관대 석사논문

김영호(2010), 《노주 오희상 가학 연구》, 심산

김영호(2013), 〈노주 오희상의 경설과 그 특징〉, 《한국철학논집》 38, 한국철학사연구회

노대환(2008), 〈세도정치기 산림의 현실인식과 대응론 -노론 산림 오희상·홍직필을 중심으로〉, 《한국문화》 42, 규장각한국학연구원

박학래(2014), 〈노주 오희상의 성리설 연구 -19세기 전반기의 호락논쟁에 유의하여〉, 《동양고전연구》 54, 동양고전학회

신상후(2018), 〈조선조 낙학의 미발심론 연구〉, 이화여대 박사논문

신영주(2015), 〈매산 홍직필의 유도 존숭과 경세의 시문 창작에 관한 고찰〉, 《한문고전연구》□30, 한국한문고전학회

신영주(2017), 〈매산 홍직필의 외사씨 역할과 인물 군상의 기록—전장과 비지를 중심으로〉, 《한문고전연구》 34, 한국한문고전학회

신영주(2019), 〈노주 오희상의 강학 활동과 독서론〉, 《한문고전연구》 38, 한국한문고전학회

양기정(2005), 〈노주집 해제〉, 《한국문집총간 해제》 6집, 한국고전번역원

이상익(2004), 〈노주 오희상의 이기상호주재론과 심본선불가시론〉, 《동양고전연구》 21, 동양고전학회

조천래(2011), 〈노주 오희상의 노주집 잡지 (1) 역주〉, 고려대 석사논문

노주집

제1권

소疏

상서上書

서계書啓

달사達辭

의議

소疏

지평 겸 경연관 서연관을 사양하는 소
辭持平兼經筵官書筵官疏

새로 사헌부 지평 겸 경연관, 서연관에 제수된 신 오희상(吳熙常)은 진실로 황공하여 머리 조아리면서 삼가 백번 절하며 주상 전하께 말씀 올립니다.

엎드려 생각하건대, 신은 실제(實際)가 없으면서 명성을 도둑질하여 일세(一世)를 감쪽같이 속여, 끝내 위로 성상(聖上)의 총명을 기망(欺罔)하여 이에 잘못된 성은(聖恩)이 갑자기 내려왔습니다. 열흘이 되기도 전에 경연(經筵)과 서연(書筵)의 직함과 지헌(持憲 사헌부 지평)에 발탁하는 제서(除書)가 이어졌으니, 신은 진실로 온갖 감정이 정상(正常)을 잃어 어찌할 바를 모르겠습니다.

포의(布衣)의 천한 몸으로 하루아침에 격외(格外)의 특별한 명(命)을 받으니, 비록 옛날의 대학자와 덕망이 높은 이들이라도 머뭇거리면서 돌아볼 터인데, 신이 어떠한 인물이기에 감히 외람되이 이 은총을 차지할 수 있겠습니까. 비유하자면 마치 원거(鶢鶋)가 음악 소리를 듣는 것과 같으니, 곧바로 놀라서 죽는 모습을 볼 수 있을 것입니다.[1]

아! 신은 대대로 국록(國祿)을 받아 온 집안의 후손입니다. 선신(先

臣) 형제[2]가 연이어 현달한 지위에 올라, 흥성(興盛)할 때의 경계를 깊이 보존하시어 자제(子弟)들의 과거 급제를 바라지 않으셨습니다. 신 또한 세상에 쓰여 큰일을 이루기에는 재주가 부족하고 행실을 닦아 이름을 떨치는데 뜻을 품을 수도 없음을 알았기에 오직 현재의 분수를 따라 지내면서 대화(大化)[3]가 흘러가는 가운데 유유자적하게 살아가며 스스로 자신의 성명(性命)[4]이 이루어지기만을 바랐을 뿐이요 감히 망령되이 고상(高尙)[5]을 바라지 않았습니다.

지난번 전하께서 세자에 책봉되시던 날 조정의 신하들이 잘못 천거하여 신이 외람되이 계방(桂坊 세자익위사(世子翊衛司))의 관직을 욕되게

1 원거(鶢鶋)가……것입니다 : '원거'는 크기가 망아지만한 해조(海鳥)이다. 이 새가 노나라 교외에 날아와 앉자, 노나라 임금이 정중히 모셔다가 종묘에서 환영연을 베풀면서, 순(舜) 임금의 소악(韶樂)을 연주하고 진수성찬으로 대접하니, 그 새는 눈이 부시고 근심과 슬픔이 교차하여 고기 한 점도 먹지 못한 채 3일 만에 죽고 말았다는 고사가 있으므로 이렇게 말한 것이다. 《莊子 至樂》

2 선신(先臣) 형제 : 오희상의 생부(生父)는 대제학을 지낸 오재순(吳載純)인데, 예조 판서를 지낸 오재순의 아우 오재소(吳載紹)에게 입양되었기 때문에 이렇게 말한 것이다. '선신'은 임금 앞에서 자신의 작고한 부모나 조부모를 가리키는 말이다.

3 대화(大化) : 큰 덕화(德化)라는 말로 우주나 대자연을 가리키기도 한다.

4 성명(性命) : 사람이 타고난 성질과 운명을 말한다. 《주역》 〈건괘(乾卦) 단(彖)〉에 "하늘의 도가 변화함에 따라 만물은 각각 자신의 성명을 바르게 한다.〔乾道變化, 各正性命.〕"라고 하였는데, 《주역정의(周易正義)》의 소(疏)에 "성(性)은 타고난 질(質)인데 강유 지속(剛柔遲速)의 구별 같은 것이고, 명(命)은 품수(稟受)한 바로서 귀천 요수(貴賤夭壽)의 종류 같은 것이다."라고 하였다.

5 고상(高尙) : 불우한 가운데서도 자신의 고결함을 지키면서 세상사에 얽매이지 않는 것을 의미한다. 《주역》 〈고괘(蠱卦) 상구(上九)〉에 "왕후를 섬기지 않고 그 일을 고상히 한다.〔不事王侯, 高尙其事.〕"라고 보인다

차지하였습니다. 이에 뇌사(雷肆 서연(書筵))에 출입하여 가까이서 용체(龍體)를 모셨으니, 저의 누추하고 쓸모없는 실상을 일월처럼 밝으신 전하께서 이미 밝게 비춰 보셨을 것입니다.

그 뒤 십수 년 사이에 녹사(祿仕)[6]를 얻어 어버이를 봉양하려는 간절한 뜻을 가졌는데, 바람은 나무를 흔들고 세월은 기다려 주지 않아서,[7] 지극한 아픔을 갑자기 당하여 마침내 천하의 선민(鮮民)[8]이 되었습니다.

이로부터 처량하고 고독한 신세(身世)가 되었는데 고질병까지 침노하니, 스스로 자포자기하여 점점 당세(當世)에 대한 뜻이 없어졌습니

6 녹사(祿仕) : 어버이를 봉양할 녹봉을 얻기 위해 하는 벼슬이라는 뜻으로, 한유(韓愈)의 〈쟁신론(爭臣論)〉에 "옛날 맹자(孟子)가 '벼슬은 가난 때문에 하는 것이 아니지만 가난 때문에 해야 하는 경우도 있다.'고 말씀했는데, 이러한 벼슬을 '녹사'라고 한다.〔古之人有云: 仕不爲貧, 而有時乎爲貧, 謂祿仕者也.〕"라고 보인다.《五百家注昌黎文集 卷14 雜文》

7 바람은……않아서 : 원문은 '풍수부대(風樹不待)'로, 생전에 어버이께 효성을 다하지 못해 사후에 슬퍼하는 마음을 표현한 구절이다. 춘추 시대 때 공자(孔子)가 길을 가는데 고어(皐魚)라는 사람이 길에서 칼을 안고 슬피 울고 있기에 까닭을 물었더니, "나무는 고요하고자 하여도 바람이 그치지 않고 자식이 봉양하고 싶어도 어버이는 기다려 주지 않는다.〔樹欲靜而風不止, 子欲養而親不待.〕"라고 하고는, 서서 울다가 말라 죽었다는 고사에서 온 말이다.《韓詩外傳 卷9》

8 선민(鮮民) : 부모를 여의고 의지할 곳 없이 사는 외로운 백성을 말한다.《시경》에 "작은 병의 텅 빔이여, 큰 병의 수치로다. 선민의 삶이여, 죽음만 같지 못한 지가 오래되었도다. 아버지가 없으면 누구를 믿으며 어머니가 없으면 누구를 믿을까? 나가면 근심을 품고, 들어오면 이를 곳이 없어라.〔甁之罄矣, 維罍之恥. 鮮民之生, 不如死之久矣. 無父何怙, 無母何恃? 出則銜恤, 入則靡至.〕"라는 구절에서 유래하였다.《詩經 小雅 蓼莪》

다. 이에 신은 스스로를 일없이 한가하게 지내는 한 명의 하류(下流)의 인물로 여겼고, 남들 또한 신을 다만 이렇게 바라볼 뿐이었습니다. 경학(經學)과 문학의 조예는 애당초 근사(近似)하지 못한데도, 조정에서 어찌하여 신을 천거하고 등용하여 이 지경에 이르렀단 말입니까?

신은 이로부터 유선(儒選 유일(遺逸)로 천거되어 등용됨)이 더욱 가벼워져 거짓으로 조정을 속이는 일이 더욱 불어나서 일맥의 유학(儒學)이 신 때문에 끝내 끊이지나 않을까 염려됩니다. 게다가 왕위를 이을 세자를 교양(教養)하는 일이 당금의 가장 시급한 일이 됨에 있어서이겠습니까. 정자(程子)께서 일찍이 세자를 보좌하고 인도하는 방법에 대해 논하여 말하기를 "미리 가르치는 것을 우선으로 삼아야 한다."라고 하였고, 또 말하기를 "가장 급하게 힘쓸 일은 선입(先入)이다."라고 하였습니다.

우리 동궁(東宮) 저하께서는 어려서부터 옥(玉) 같은 자질이 밝게 드러났으며 예지(叡智)가 한창 열리시어 선단(善端 선한 마음)의 발현이 융숭하여 마치 봄기운이 만물을 키워내는 것과 같으십니다. 이러한 때를 맞아 참으로 도(道)가 있는 선비들과 친근하게 지내시어 저들로 하여금 격언(格言)과 지론(至論)을 날마다 앞에서 진언(陳言)하게 하여 스스로의 귀와 배에 가득 채워 훈도(薰陶)되고 무젖어져서, 익힘이 지혜와 함께 자라고 교화가 마음과 함께 이루어지게 하여, 후일 요순(堯舜)의 교화를 펼 터전을 만들어야 하니, 이는 참으로 하루도 늦출 수 없는 일입니다.

그런데 신과 같이 불초한 자를 만일 경연의 직함에 채우신다면 이는 한갓 고사(故事)에만 대비하고 겉치레로 대응하는 것이니, 무릇 천하의 모든 일에 성실하지 않고서도 공(功)을 이루는 경우는 있지 않으며 맏아들을 교육시키는 한 가지 일에 있어서는 더욱 터럭 하나만큼의 허위(虛僞)도 용납될 수가 없습니다.

어리석은 신은 죽을죄를 무릅쓰고 아뢰오니, 감히 금일의 이 조처(措處)가 진실인지 거짓인지 알지 못하겠습니다. 미천한 신이 당하는 낭패는 진실로 말할 것도 없지만, 국가의 억만 년을 이어갈 계책은 어찌한단 말입니까? 신은 삼가 이 때문에 원통한 마음으로 탄식하는 것입니다.

신이 분수에 지나치게 융숭한 은혜를 입은 이후로는 미천한 신의 자취가 외람되이 사양하는 글을 올릴 수가 없었습니다. 이에 시골집에서 땅에 머리를 조아린 채 오직 공경한 마음으로 여론(輿論)을 기다리고 있었는데, 뜻밖에 사관(史官)이 멀리서 찾아와 전달한 성유(聖諭)에 장려(獎勵)가 융숭하고 예(禮)의 뜻이 유례가 없을 정도로 두터우니, 신은 두 손을 받들고 아홉 번 머리를 조아리면서 감절이나 황공해하였습니다. 그러나 감히 이를 상례(常例)로 그대로 답습할 수가 없어 당돌함을 무릅쓰고 글을 올려 아뢰오니, 신의 사정(事情)은 곤궁하고 험하다고 하지 않을 수 없습니다.

그러나 신은 이미 만만(萬萬) 소명(召命)에 응하여 몸을 일으킬 가망이 없으니, 한결같이 침묵하는 것이 또한 어찌 의리와 분수에 편안히 할 수 있는 바이겠습니까. 이에 현(縣)과 도(道)를 통해 피눈물을 흘리며 하소연하오니, 엎드려 바라건대 자애로운 성상께서는 신의 말이 거짓으로 꾸민 겉치레에서 나온 것이 아님을 헤아리시고, 명기(名器)[9]를 오랫동안 더럽혀서는 안 됨을 헤아리시어 빨리 신에게 새로 제수하

9 명기(名器) : 관작의 명칭과 신분에 걸맞는 수레나 의복으로, 곧 벼슬을 가리킨다.

신 본임과 겸임의 관직을 면직(免職)시키는 은전(恩典)을 내리소서.

그리고 신의 이름을 관원 선발의 명단에서 영원히 삭제시켜 신이 논과 밭 사이에서 편안히 분수를 누리면서 여생을 마칠 수 있게 하여 주소서. 이렇게 해주시면 진실로 천지 부모(天地父母)께서 버리지 않고 곡진히 이루어 주는 인자함이 될 것입니다.

신은 두려워하며 간곡히 기원하는 심정을 가눌 길이 없기에, 삼가 죽음을 무릅쓰고 아룁니다.

장령을 사양하는 소

辭掌令疏

엎드려 생각하건대, 하늘의 상서(祥瑞)가 더욱 크게 이르러 큰 복이 무궁히 내려 우리 동궁 저하[10]의 관례(冠禮)를 치루는 길일(吉日)을 이미 정했으니, 기뻐 손뼉을 치고 뛰면서 중외(中外)가 모두 경하하고 있습니다.

이어 엎드려 생각하건대, 신이 지난겨울에 외람되이 잘못된 은혜를 입고서 신의 심정을 피력하여 하소연하고 공손히 성상의 지시를 기다렸는데, 성상께서 내리신 비답을 받들어 보니, 신이 사양한 바를 받아들이지 않으셨을 뿐 아니라 두터운 총애와 지극한 은혜가 전교(傳教)에 넘쳐나니, 신은 땅에 엎드려 받들고 읽으면서 마음속 깊이 두려워 어쩔 줄 몰랐습니다.

성상께서 은덕을 베푸시는 뜻을 공손히 따르자니 우인(虞人)이 의(義)를 지킴이 삶보다 더 무거운 바가 있고,[11] 또다시 절박하고 간절한 마음을 펴서 아뢰자니 존엄한 하늘을 모욕하는 일을 자주 할 수가 없어

10 동궁 저하 : 순조(純祖)의 원자로, 세자에 책봉된 효명세자(孝明世子, 1809~1830)를 가리킨다.

11 우인(虞人)이……있고 : '우인'은 전국(戰國) 시대 산택(山澤)을 담당하던 관원이다. 원래 우인을 부를 때는 피관(皮冠)을 사용하게 되어 있는데, 춘추 시대 제(齊)나라 경공(景公)이 우인을 부르면서 대부(大夫)를 부를 때 쓰는 정(旌)을 사용하자, 우인이 합당한 부름이 아니라고 여겨 죽음을 각오하고 오지 않았다는 고사가 있어 이렇게 말한 것이다. 《孟子 滕文公下》

서, 배회하며 주저한 것이 어느덧 두 해가 지났습니다.

그런데 금월 7일에 홀연히 내리신 교서를 받들어보니, 신을 장령(掌令)으로 승진시키셨습니다. 신은 이전에 명령을 따르지 않아 지은 태만하고 불경한 죄를 감당하지 못하는데, 분수를 넘는 새로운 은총이 연이어 이르니, 이는 거의 신의 목숨이 다할 때인 듯합니다.

저 상대(霜臺)의 풍헌(風憲)[12]이란 직임이 어떠한 것인데, 끝내 초야(草野)로 도망간 신에게 이를 제수하여 오랫동안 헛되이 매이게 하다가, 다시 한 걸음 더 나아가 조정에서 밤낮으로 애쓰는 현능한 이들을 절차대로 미루어 천거하는 것처럼 하시니, 부끄러워 죽고 싶은 신의 심정은 우선 논할 것이 없지만, 조정의 종합하여 살피는 정사(政事)에 전도(顚倒)되는 점이 있지 않겠습니까.

아! 신의 집안은 나라의 두터운 은혜를 입어서 대대로 충정(忠貞)을 독실하게 바쳤습니다. 신이 비록 불초하여 선조들에 비해 역할을 제대로 하지 못하나, 군신(君臣)의 대의(大義)에 대해서는 어려서부터 대략이나마 들은 바가 있습니다. 만일 신이 금화(金華)의 자리에 나아가고 동궁에 출입하여 반딧불 같은 희미한 빛으로 태양의 광채를 받들 수 있고 실개천과 작은 못의 물로 작은 바다〔少海〕[13]가 적셔 주는 일에 보탬이 될 수 있다면 끓는 물과 타오르는 불을 가리지 않을 것이나, 완강하게 두려움을 모르는 채 스스로 오만하게 명령을 거스르는 죄를

12 상대(霜臺)의 풍헌(風憲) : '상대'는 사헌부의 별칭으로 추상(秋霜)과 같이 엄하다는 뜻에서 나온 이름이다. 풍헌(風憲)의 직책은 조정의 풍기를 바로잡고 관리를 감찰하는 직임을 행하는 사헌부의 벼슬을 가리킨다.

13 작은 바다 : 세자를 지칭한 것이다. 옛날 천자는 큰 바다〔大海〕에 비유하고 태자는 작은 바다에 비유하였다. 《海錄碎事 帝王》

지어 기꺼이 주벌(誅罰)을 받고자 하는 것은 어째서이겠습니까? 여기에는 참으로 부득이한 점이 있습니다.

신의 자질은 본래 노둔하고 천박해서 모든 것이 남만 못합니다. 또 어려서 학업을 익히지 못하였고 장성하여서는 더욱 희학(戲謔)에 빠져, 나아가서는 공령(功令 과거 시험에서 보이던 여러 문체의 글)을 공부하지 못하여 과거에 응시하지 못하였고 물러나서는 사우(師友)를 좇아 뜻을 구하지 못하였습니다.

중년 이후로는 상사(喪事)에 시달렸고 노쇠함과 병으로 몸이 수척해지고 피로하여 구구한 몸의 의기(意氣)가 마치 바다로 물러나는 썰물과 같으니, 비록 별 것 아닌 장구(章句)도 오히려 뜻이 막혀 통하지 못하는 것이 많은데, 하물며 이보다 더한 것에 있어서이겠습니까. 신의 이와 같은 기량을 모르는 이가 없는데, 유독 일월과 같이 밝으신 성상께서만 우연히 밝히 보지 못하신 것일 뿐입니다.

주자가 일찍이 말하기를 "세상이 쇠하고 도가 미약해져서 사대부들이 진짜인 것처럼 위장하고 거짓을 팔고 있다. 만약 조용히 사양하는 체하며 깨끗한 관직과 아름다운 직책을 얻어서 해마다 벼슬을 제수받고 승진할 수 있다면, 어느 자리인들 이르지 못하겠는가."라고 하였으니, 신은 이 말을 외울 때마다 마치 바늘이 살을 찌르는 듯하여 저도 모르게 두려워 진땀이 났습니다.

신은 전하의 각별한 지우(知遇)를 입고서 비록 별다른 보답을 바치지는 못했으나, 진실로 이 한 몸이 전하의 성화(聖化)에 누가 되는 일을 차마 할 수가 없습니다. 그리고 신은 선왕(先王)께서 재위하시던 때에 욕되게 이조(吏曹)의 천거를 받아 첫 벼슬로 세마(洗馬)에 제수되었는데, 이때 신은 "생원(生員)도 진사(進士)도 아닌데 이 직함을 외람되이 차지한 것은 실로 천목(薦目)[14] 때문인데, 천목은 어리석은 이 몸의 분수에 행여라도 욕심을 부릴 것이 못된다."라고 생각하였습니다.

이에 소장(疏章)을 갖추어 면직(免職)을 청하였는데, 선왕께서 특별히 생각을 굽히시어 미천한 신의 고집을 곡진히 이루어주셨습니다. 당시 만물을 운행하는 대자연과 같은 선왕의 인자함을 마음속에 새겼으니, 한 번씩 추억할 때마다 감격의 눈물이 쏟아집니다.

지금 신이 입은 은혜로운 명령이 융숭하고 또 무거우니, 이조의 천거에 비하면 천만 배가 될 뿐이 아닙니다. 전일에는 이 벼슬을 사양하다가 금일에는 이 벼슬에 나아간다면, 다만 낮은 벼슬은 사양하고 높은 벼슬에는 나아가는 것이니, 어찌 부끄러워할 만한 것이 아니겠습니까. 전일에 죄를 무릅쓰고 고사(固辭)한 것이 다만 스스로 성상의 명을 어기고 태만한 죄과(罪科)에 빠져서 도망할 곳이 없게 될 것이니, 신이 어찌 머리를 쳐들고 부르짖으면서 전하께서 가엾게 여겨 주시기를 바라지 않을 수 있겠으며, 선왕조(先王祖)에서 베풀어 주셨던 크나큰 은혜를 저버리지 않을 수 있겠습니까.

말은 마음속에서 나오고 대궐은 매우 멀리 있으니, 부디 바라건대 자애로운 성상께서는 굽어 살펴 주시어 신이 사양하는 바를 허락해 주소서. 또 영원히 저의 관직을 삭탈하시고 이어 유사(有司)에게 명하시어 신이 전후에 명령을 어기고 도망간 죄를 다스리게 하시어 법의 기강(紀綱)을 밝히소서. 신은 두려워하면서 죄를 기다리는 지극한 마음을 이기지 못합니다.

14 천목(薦目) : 관원으로 추천 받을 때 필요한 조건으로, 이치(吏治)·문학(文學)·효렴(孝廉)·재능 따위의 명목이 있다.

진선을 사양하는 소
辭進善疏

엎드려 아룁니다. 신은 한 마리 땅강아지나 개미와 같은 천한 몸으로 성조(聖朝)에서 소명(召命)을 내리신 은혜를 욕보이고서 거듭 매우 간절한 심정을 아뢰었으나, 천청(天聽)이 더욱 아득하여 궁벽한 산속에서 숨을 죽인 채 밤낮으로 두려워 떨면서 오직 견책(譴責)만을 기다리고 있었습니다.

그런데 이번에 공경히 제지(除旨 벼슬을 내리는 임금의 교서)를 받들어 보니, 신을 시강원 진선(侍講院進善)에 제수하시고 이어 역마(驛馬) 편으로 속히 오라는 명령이 있었습니다. 신은 앞에 짊어진 짐을 벗기도 전에 뒤에 짊어진 짐이 더욱 무거워 갑절이나 놀랍고 두려워서 그저 땅을 파고 들어가 숨고 싶었으나 그럴 수가 없었습니다.

삼가 이 관직의 이름을 따라 그 의리를 생각해보건대, 이는 동궁 저하의 삿된 마음을 막고 선(善)한 마음을 진전시켜 교정하고 보도(輔導)하여 그 덕망을 성취시키기 위해 둔 것으로, 엄하게 가려내고 막중한 책임을 지우는 것입니다. 진실로 일대의 현사(賢士)나 준재(俊才)가 아니라면 마땅히 이 자리를 차지하여서는 안 됩니다.

선정신(先正臣) 조광조(趙光祖)가 일찍이 조정에서 "고인(古人)들이 바른 사람〔正人〕들을 태자 곁에 두고자 한 것은, 태자가 현인을 가까이하고 선비를 사랑하는 마음을 길러주려는 것입니다. 삼대(三代) 이후로 태자를 제대로 보도하고 양성(養成)하지 못하였기 때문에 혼란과 멸망이 이어지고 훌륭한 정치를 볼 수 없었던 것입니다."라고 아뢰었으며, 또 말하기를 "고인들은 태교(胎教)도 하였는데, 하물며 이미 지각(知覺)이 든 때에 있어서이겠습니까. 자질이 뛰어나더라도 이것만을 믿어서는 안 됩니다. 재기(才氣)가 남보다 뛰어난 자는 진실로 쉽게 선(善)을 행하지만 어렵지 않게 악(惡)을 행하기도 하니, 이를 생각하지 않을 수 없습니다."라고 하였습니다. 신은 글을 읽다가 여기에 이를 때마다 책을 어루만지며 격앙되어 거의 눈물을 쏟곤 하였습니다.

혹시라도 신의 학문이 작은 부분이라도 들여다 볼[15] 능력이 있어서 하찮은 재주나마 바칠 수 있다면, 신이 무엇을 꺼려서 나아갔다 물러났다 하며 머뭇거리면서 세신(世臣)의 의리를 폐하겠습니까.

다만 신의 어리석고 거칠며 실속 없는 정상(情狀)을 이미 앞뒤의 사양하는 상소문에 다 아뢰었으니, 지금 감히 다시 번거롭게 설명할 수 없사오나, 신과 같은 기량을 가진 자를 만일 동궁 저하를 시강(侍講)하는 반열에 채워 의망(擬望)한다면 이것이 어찌 원숭이의 몸에 도포(道袍)를 입히는 것과 다르겠습니까. 이는 장차 나이 어린 동궁 저하에게 선비들을 가볍게 여기는 마음을 열어 줄 것이니, 선정신 조광조의 말과 어긋나는 것이 아니겠습니까.

《서경》〈소고(召誥)〉에 이르기를 "자식을 기름은 처음 낳을 때에

15 작은……볼 : 원문은 '일반지규(一斑之窺)'이다. 일반(一斑)은 표범 가죽의 한 점의 무늬라는 의미로 전체에 있어 작은 일부분이라는 뜻이다. 진(晉)나라 왕헌지(王獻之)가 어렸을 적에 자기 부친의 문생(門生)들끼리 노름하는 것을 구경하다가 훈수를 하자, 한 문생이 왕헌지를 보고 말하기를 "이 아이도 대롱 구멍으로 표범을 엿보아 때로 한 점의 무늬만을 볼 뿐이다.〔此郎亦管中窺豹, 時見一斑.〕"라고 한 고사에서 온 말로 '규표일반(窺豹一斑)'으로도 쓰인다.《世說新語 方正》

달려 있어 스스로 밝은 명(命)을 받지 않음이 없음과 같다."라고 하였으니, 돌아보건대 지금 동궁 저하의 뛰어난 자질은 하늘이 내신 것으로 아름다운 명성이 일찍부터 드러나셨고 성균관(成均館)에 입학하시고[16] 관례(冠禮)를 치르시면서 지혜와 사려가 날로 열리셨으니, 지금 당장 조기에 학문을 깨우쳐주는 일의 때를 잃어서는 안 됩니다. 그런데 갑자기 신처럼 불초(不肖)한 자까지 모아 인원을 갖추시니, 이로써 유추해 보건대 보부(保傅)[17]를 구비함이 장차 모든 일에 소홀(疎忽)해지지 않을 수 없을 것입니다. 신은 삼가 조정을 위하여 안타깝게 여깁니다.

그리고 또 신은 타고난 기(氣)가 매우 허약하여 어려서부터 병치레가 잦았고 또 여러 번의 상(喪)을 당하여 마침내 병약하고 노쇠해져서, 다만 하는 일 없이 세월을 보내면서 인사(人事)를 안타까워하고[18] 있을

16 성균관(成均館)에 입학하시고 : 원문의 '치학(齒學)'은 원래 태자가 태학에 들어갈 때 신분을 무시하고 나이의 순서에 따라 예양(禮讓)함을 이르는데, 입학의 뜻으로도 쓰인다.

17 보부(保傅) : 태자나 성년이 되기 전의 임금을 보육하고 훈도하는 관직인 태보(太保)와 태부(太傅)의 합칭인데, 이들의 교육을 맡은 관원들을 통틀어 일컫는 말로 쓰인다. 《大戴禮記 保傅》

18 하는……안타까워하고 : 원문의 '시음(視蔭)'은 해그늘을 보면서 살 날짜를 탐한다는 뜻인 '시음게일(視蔭愒日)'을 줄여 말한 것인데, 하는 일 없이 세월을 보내면서 날짜가 지나가는 것을 애석해 하는 것을 의미하기도 하고 죽을 날이 얼마 남지 않은 것을 의미하기도 한다. 춘추 시대 진(晉)나라의 경(卿)인 조맹(趙孟)이 해그늘을 바라보면서 "아침 그늘이 저녁까지 갈 수 없는데, 어찌 5년을 기다릴 수 있겠는가?"라고 하니, 후자(后子)가 나와서 사람들에게 말하기를 "조맹은 머지않아 죽을 것이다. 백성의 주인이 되어 세월을 허송하며 살 날짜를 탐하니, 그가 얼마나 살 수 있겠는가?" 하였다.〔趙孟視蔭曰: 朝夕不相及, 誰能待五? 后子出而告人曰: 趙孟將死矣. 主民, 翫歲而愒日, 其與幾何?〕"라고 한 고사에서 유래하였다. 《春秋左氏傳 昭公 1年》

뿐입니다.

경사로운 시기를 만나 부르시는 뜻이 더욱 융숭하시니, 은혜에 감동하여 의리를 따라서 허겁지겁 나아가고 싶으나, 형편상 실로 어쩔 수가 없습니다. 그러므로 감히 위존(威尊)을 무릅쓰고 범하여 혈성(血誠)을 다 짜내어 아뢰오니, 엎드려 바라건대 밝으신 성상께서는 세자의 교육을 늦춰서는 안 됨을 깊이 살피시어 서둘러 신이 가지고 있는 직함을 바꾸시고, 단정하고 정직하며 도학(道學)이 있는 선비를 널리 부르시어 다시 이 벼슬을 제수하시어 나라 일에 다행(多幸)이 되도록 하소서. 이어 명령을 태만히 한 신의 죄를 조사하게 하시어 미천한 신을 편안히 해 주소서. 신은 크게 바라는 마음을 이기지 못합니다.

신은 두려워하며 간절히 기원하는 심정을 가눌 길이 없습니다.

집의 겸 진선을 사양하는 소
辭執義兼進善疏

엎드려 아룁니다. 신은 봄에 있던 경례(慶禮)에 거듭 부르시는 명령을 받았으니, 어찌 궁궐의 뜨락에 나아가 함께 북을 치며 기뻐하면서 견마(犬馬)와 같은 구구한 이 몸의 정성을 조금이나마 바치고자 하는 마음이 없었겠습니까.

그러나 의리상 감히 할 수 없는 점이 있고 병으로 억지로 하기 어려운 점이 있어서 오로지 명을 어기고 달아나는 데에만 열중하였으니, 이 거만한 신의 형적을 떳떳한 국가의 법으로 논해보건대 마땅히 부월(鈇鉞)로 목을 베는 주벌(誅罰)에 처해야 합니다. 그러나 성상의 도량이 관대하시어 비단 죄를 주지 않으셨을 뿐 아니라 도리어 더욱 특별한 총애를 내리시어 그 말씀이 따사롭기가 마치 봄날의 햇볕이 만물을 따뜻하게 해주는 것과 같았습니다.

이에 신은 우러러 감격하고 고개 숙여 두려워하면서 감히 다시는 성상을 번거롭게 하는 하소연을 올리지 못하고 다만 침묵하며 움츠린 채 지냈습니다. 돌아보건대 제가 차지해서는 안 될 벼슬에 몸이 매여 있어 마음이 편치 못한 채로 지내고 있으니, 마치 몸이 묶인 자가 포승에서 풀려날 것을 생각하지 못하는 것과 같을 뿐이 아니었습니다.

그런데 생각지도 못하게 지난번에 받은 직함이 체직되고 난 지 하루아침이 못되어 또 성상의 간택이 있어 신을 집의에 제수하는 새로운 명령을 받들었고, 역마를 타고 급히 오라는 명령이 이어 내려왔으니, 신의 마음은 더욱 심하게 황공하고 당혹스러울 수밖에 없었습니다.

《서경》에 이르기를 "모든 관직을 폐하지 말라."고 하였습니다. 모든 관직도 도리어 폐할 수 없는데, 하물며 신이 외람되이 차지한 직함이 바로 고인(古人)들이 이른바 '인군의 이목(耳目)'이 되는 자리임에 있어서이겠습니까. 보통 사람들도 이목의 작용을 하루도 폐하지 못하는데, 인군의 입장에서 어찌 간쟁(諫諍)을 올리는 직책을 폐할 수 있겠습니까. 이 때문에 옛날 성대한 시대에는 적임자를 신중하게 가려 뽑아 그 지위에 자리하게 하여 어떤 경우에도 그 자리를 비워 두지 않고 오직 바른 말이 들리지 않을까 두려워했습니다.

아! 신은 용렬한 하류(下流)로 이 자리에 낄 수 있는 인물이 아닙니다. 그런데 외람되이 천거에 올라 처음 지평(持平)으로부터 시작하여 계속 반복하여 천거되어 마침내 아장(亞長)[19]에 올랐으니, 상대(霜臺 사헌부의 별칭)의 한 직함이 신으로 인하여 초야(草野)에 버려지게 되었습니다. 신은 앞으로 나아갈 수도 없고 뒤로 물러날 수도 없어서 세월을 끌다가 해를 넘긴 지가 오래되었는데도, 상하(上下)가 모두 괴이하게 여기지 않아 논평하여 바로잡는 일이 들리지 않아 변통을 기대할 수 없습니다.

신이 요행으로 분수에 넘치는 벼슬에 오른 것[20]에 대한 부끄러움과 직위를 비워 두는 데에 대한 두려움은 그래도 사사로운 사정에 속하니 굳이 말할 것이 없지만, 성조(聖朝)에서 간관(諫官)의 직책[21]을 중하게

19 아장 : 장관에 버금가는 벼슬이란 뜻으로 여기서는 사헌부 집의를 가리킨다. 사헌부는 대사헌이 장관이고 집의가 그 다음이다.

20 요행으로……것 : 원문의 '명승(冥升)'은 《주역》 〈승괘(升卦) 상육(上六)〉의 효사에서 온 말인데, 흔히 요행으로 자신의 분수에 넘치게 벼슬이 오르는 것을 비유하는 말로 쓰인다.

여기고 실제의 정사를 숭상하는 뜻으로 헤아려 본다면, 어리석은 신으로 인하여 끝내 해명(解明)할 수 없는 지경에 이르고 말 것입니다.

또 지금 세자 저하의 경연이 날마다 열려 이에 세자 저하의 학문이 민첩(敏捷)해지고 있는데, 더욱이나 시강(侍講)의 임무를 허대(虛帶)[22]하도록 남에게 주어 그 직임을 태만히 하여 일을 폐하도록 내버려 둘 수 있겠습니까.

선정신(先正臣) 김창협(金昌協)이 일찍이 벼슬을 사양하면서 조정에 아뢰기를 "신이 비록 물러나 있어서 조정(朝廷)[23]의 의논에 말석이나마 받들어 참여할 수가 없으나, 눈으로 보건대 온 세상이 경박하고 사치해지고 문식이 더욱 지나쳐져서 고인들이 비난한 물거품 같은 허망한 세상이 됨을 거의 면치 못하고 있으니, 마음속으로 괴롭게 여기며 근심하지 않을 수가 없습니다. 깊이 바라건대 성상께서는 이러한 습속을 통렬히 경계하시어 정령(政令)을 거행하심에 오로지 착실함에 힘쓰소서. 그러나 지금 신을 대처하는 일로 보건대 신이 바라는 바와 자못 상반되니, 신은 이에 대해 실로 성상을 위해 개탄합니다."라고 하였습니다.

신은 글을 읽다가 여기에 이르면, 이 어른께서 비록 벼슬에 나아가지 않았으나 정성을 다해 간언(諫言)을 올린 뜻이 문자 사이로 넘쳐 나는

21 간관(諫官)의 직책 : 간언(諫言)을 올리는 일은 원래 사간원(司諫院)의 소임이나, 사헌부와 홍문관(弘文館)의 관리들도 수시로 임금을 모시면서 간언을 올리기 때문에 이렇게 말한 것이다.

22 허대(虛帶) : 관직에 임명되어 직함만 차지하고 직무를 수행하지 않음을 이른다.

23 조정(朝廷) : 원문의 '외정(外廷)'은 정사를 살피는 조정을 이르는 말로, 임금의 일가(一家)가 거처하는 금내(禁內)인 내정(內廷)에 상대되는 말이다.

것을 삼가 기뻐하고 이 때문에 여러 번 읽기를 마지않았습니다.

지금 신은 불행히도 헛된 명성이 신의 몸을 그르쳐서 이 지경에 이르렀는데, 전하께서 또한 명성과 실상이 부합하는지를 제대로 살펴 확인하지 않으시고 우선 관대하게 처분하시어 한갓 문폐(文弊)만을 자라게 하시니, 신은 삼가 근심합니다. 그러므로 이에 감히 만 번 죽임을 당할 것을 무릅쓰고 되풀이하여 말씀 올리는 것입니다.

진실로 바라건대 전하께서는 선정신 김창협의 간언(諫言)을 깊이 유념하시어, 신에게 내리신 본래의 직책과 여러 겸임들을 파직하시어 신이 본분으로 돌아갈 수 있도록 해주시고, 다시는 번거롭게 소명을 내리시지 마소서. 이로써 행여 근본과 실제에 힘쓰는 정사(政事)에 조금이나마 보탬이 된다면, 신은 또한 다행으로 여길 것입니다. 신은 두려워하면서 간절히 기원하는 지극한 마음을 이기지 못합니다.

또 엎드려 생각하건대 지난번에 동궁의 관료들에게 말〔馬〕을 하사하는 은전(恩典)이 외람되이 신에게까지 미쳤습니다. 신은 여러 번 은혜로운 명령을 어겨서 죄가 있을 뿐 전혀 기록할 만한 공로가 없는데, 이렇게 분별없는 명령이 내려진단 말입니까. 위로는 빈소(嚬笑)의 마땅함[24]을 잃었고 아래에서는 무릅쓰고 받는다는 두려움이 있습니다.

24 빈소(嚬笑)의 마땅함 : 군주는 아무리 사소한 일도 신중하게 해야 함을 이른다. 전국 시대 한(韓)나라 소후(昭侯)가 해진 바지를 보관하게 하면서 시자(侍者)에게 "내 들으니 현명한 군주는 한 번 찡그리고〔嚬〕 한 번 웃는 것〔笑〕도 아낀다 하니, 찡그리는 데에도 이유가 있고 웃는 데에도 이유가 있다. 지금 저 바지가 어찌 다만 찡그리고 웃는 것과 같을 뿐이겠는가. 찡그리고 웃는 것에 비해 큰 차이가 있는 것이다. 나는 반드시 공이 있는 자를 기다리기 때문에 보관하고서 주지 않는 것이다.〔吾聞, 明主之愛一嚬一笑, 嚬有爲嚬 而笑有爲笑. 今夫袴豈特嚬笑哉? 袴之與嚬笑相去遠矣. 吾必待有功

이에 신은 삼가 두려워 마음속에 스스로 편치 못한 바가 있어서 감히 이렇게 덧붙여 아뢰어 은전이 거두어지기를 우러러 바라오니, 신은 더욱더 황공해집니다.

者, 故收藏之未有予也.〕"라고 한 데서 온 말이다. 《韓非子 第30篇 內儲說上 說三》

집의의 소명을 사양하는 소
辭執義召命疏

엎드려 아룁니다. 신은 지난 달 29일에 삼가 승정원의 관인(官印)이 찍힌 유지(有旨 교지)를 받들었는데, 신을 사헌부 집의에 제수하고 속히 역마를 타고 올라오라는 내용이었습니다.

신은 지난번 체직(遞職)을 허락하신 은혜를 입은 이후로 다소나마 사사로운 분수에 편안하여 거의 밭을 가는 늙은이와 나무꾼이 논과 밭 사이에서 지극한 교화에 흠뻑 젖어 사는 것처럼 지낼 수 있었는데, 어찌하여 이미 해직된 몸에 곧바로 다시 벼슬을 제수하고 소명(召命)하는 유지가 내려왔단 말입니까? 신은 두렵고 의혹되고 답답하여 어찌할 바를 모르겠습니다.

신이 외람되이 소명을 받들고서 사양하는 글을 올린 것이 비단 한두 번이 아니었으니, 뜻이 이미 남아 있지 않고 말 또한 이미 다했습니다. 돌아보건대 신의 쓸모없는 실제(實際)와 나아가기 어려운 의리[25]가 마땅히 연감(淵鑑)[26]에 모두 통촉되었을 터인데도 잘못된 은혜가 거듭

25 나아가기 어려운 의리 : 벼슬에 나아가는 것을 어렵게 여기는 의리라는 의미이다. 《예기》 〈표기(表記)〉에 "임금을 섬길 적에 나아가기는 어렵게 여기고 물러나기는 쉽게 여긴다면 자리에 질서가 잡힐 것이요, 반면에 나아가기는 쉽게 여기고 물러나기는 어렵게 여긴다면 문란해질 것이다.〔事君難進而易退, 則位有序, 易進而難退, 則亂也.〕"라고 보인다.

26 연감(淵鑑) : 임금이 어떤 사물의 가치나 진위(眞僞) 따위를 알아내는 감식(鑑識)을 이른다.

내려오는 것이 이 지경에 이른 것은 어째서이겠습니까?

전하께서 신의 이름이 선적(選籍 관리 선발의 명부)에 기재되어 있다고 하여 우선 잘못된 말을 그대로 따르신 것이니, 어찌 대각(臺閣)의 한 직함을 초야의 미천한 자에게 헛되이 빌려주는 것이 무방한 일이겠습니까.

진실로 이와 같다면 관직을 가볍게 여기고 사람을 업신여겨서 천공(天工)[27]을 폐하여 성상의 교화에 흠결이 될 것이니, 이는 작은 일이 아닙니다. 게다가 지금 천심(天心)이 기뻐하지 않아 재앙이 거듭 발생하여 혹심한 가뭄이 한 달을 넘기고 성문(星文 별자리의 형상)이 경계를 고하여 백성들이 근심하고 원망하고 있어 위태로운 형상의 조짐이 이미 드러나고 있음에 있어서이겠습니까.

하늘이 사람의 일에 감응하여 재변(災變)을 내리는 즈음을 감히 잘 알지는 못하나, 요컨대 헛되이 생겨나는 것이 아니고 반드시 소치(召致)가 있을 것입니다. 그러나 신이 듣건대 재앙이 진짜 재앙이 아니라 재앙을 만나고도 두려워 할 줄 모르는 것이 바로 진짜 재앙이라고 하였습니다. 《시경》〈대아(大雅) 판(板)〉에 "하늘이 막 진동하여 나라를 쓰러뜨리려 하시니 그렇게 느긋해 하지 말지어다.〔天之方蹶, 無然泄泄.〕"라고 하였으니, 지금은 바로 군신(君臣)과 상하가 함께 다급하게 여겨서 두려워하며 몸을 닦고 돌아볼 때입니다.

27 천공(天工) : 하늘의 직임(職任)이라는 말인데, 임금이 관직을 만들어 이를 대신하기 때문에 관직을 의미하기도 한다. 《서경》〈고요모(皐陶謨)〉에 "모든 관직을 폐하지 마소서. 하늘의 일을 사람이 대신하는 것입니다.〔無曠庶官. 天工, 人其代之〕"라고 한 데서 나온 말이다.

진실로 마땅히 강직하고 나라를 진심으로 염려하는 인재를 가려 뽑아 인군의 이목(耳目)을 담당하는 관직에 포진시켜서 한 명의 인원도 부족하지 않게 하고 하루도 직임을 비우지 않게 하여야 합니다. 또 언로(言路)를 크게 열고 혈맥(血脈)을 두루 관통시켜서 인군의 결점과 관리들의 부정(不正)과 나라의 근심과 백성들의 아픔이 날마다 주상 전하의 귀에 이르게 하여야 합니다. 그리하여 이것들을 모두 거두어 널리 대처하고 이에 대해 강구(講究)하고 변통(變通)하여 이로써 하늘의 뜻에 순응하고 재해를 그치게 할 방도로 삼아야 하니, 이 일은 하루도 늦춰서는 안 됩니다.

그런데 신이 궁벽한 오두막에서 움츠린 채로 살면서 오래도록 귀를 기울였으나, 공거(公車)[28]의 사이가 고요하여 들리는 말이 없으니, 바로 이 한 가지 일이 재앙보다 더 깊이 우려됩니다.

아! 이 어찌 다른 이유가 있겠습니까. 신처럼 불초(不肖)한 자가 구차하게 은총을 도둑질하여 그 사이에 자리만 차지하여 해가 지나도록 그 관직을 비워두게 되어, 마침내 어진 이와 지혜로운 이들로 하여금 마음이 떠나가게 하여 끝내 직언(直言)이 없게 되었던 것입니다. 신은 사방의 식견(識見)이 있는 분들이 삼가 오늘날을 탄식하는 것을 두려워합니다.

다만 염려하건대, 미천한 신이 매번 현(縣)과 도(道)를 번거롭게 하니 만만 온당치 못하다는 것을 알고 있지만, 지금 현직을 허대(虛帶)하고 있는 것이 갑절이나 두렵고 부끄러우며 소명이 오래도록 철

28 공거(公車) : 한(漢)나라 때에 상주(上奏)하는 문서(文書)를 수납하던 관청으로, 조선조에서는 승정원에 해당한다.

회되지 않고 있는 것도 아무 일이 아닌 것으로 결론이 나서는 안 될 것입니다.

이에 감히 엄한 주벌(誅罰)을 무릅쓰고 가슴 속에 쌓인 생각을 피력하오니, 밝으신 성상께서 척연(惕然)히 경계하고 깊이 살피시어 신의 관직을 파직하시어 이로써 간관(諫官)의 지위를 무겁게 하소서. 또 서둘러 어명을 발포(發布)하시어 널리 곧은 말을 구하시고 실용적인 정사를 펴시어 하늘의 위엄에 우러러 답하신다면, 크게 다행으로 여기는 마음을 이기지 못할 것입니다.

신은 간절하고 두려워하면서 기원하는 마음을 이기지 못합니다.

농암 김 문간공의 문묘 배향을 청하는 소

請農巖金文簡公從祀文廟疏

경외(京外) 유생(儒生)을 대신하여 짓다.

엎드려 아룁니다. 신들이 듣건대 "도(道)의 큰 근원은 하늘에서 나온다."[29]고 하였습니다. 저승에는 귀신이 있고 이승에는 예악(禮樂)이 있는데, 모두 가르침 아님이 없지만 그 체(體)는 지극히 은미하고 그 용(用)은 지극히 심오합니다. 이에 성인(聖人)께서 나오셔서 경전(經典)을 드러내 밝혀서 이 가운데에서 능함을 이루었습니다. 그러나 성인의 말씀은 깊고 커서 인자(仁者)와 지자(智者)가 보는 것이 다르니,[30] 그렇다면 대현(大賢)의 훈고(訓詁)를 기다리지 않을 수 없습니다.

주부자(朱夫子)께서 성인(聖人) 공자(孔子)를 이어 나오셔서 육경

29 도(道)의……나온다 : 이 내용은 한(漢)나라의 학자 동중서(董仲舒)가 무제(武帝)의 물음에 답하여 대책(對策)을 올리면서 한 말이다. 《漢書 卷56 董仲舒傳》

30 인자(仁者)와……다르니 : 《주역(周易)》 〈계사전 상(繫辭傳上)〉에 "한 번 음(陰)하고 한 번 양(陽)하게 함을 도(道)라고 이르니, 계속하게 함은 선(善)이요, 갖추어져 있음은 성(性)이다. 인자는 이를 보고서 인이라고 이르고, 지자는 이를 보고서 지라고 이르며, 백성들은 날마다 쓰면서 알지 못한다. 그러므로 군자의 도가 드문 것이다.〔一陰一陽之謂道, 繼之者, 善也; 成之者, 性也. 仁者見之, 謂之仁; 智者見之, 謂之智, 百姓日用而不知. 故君子之道鮮矣.〕"라고 한 구절을 원용하였다. 주자는 이에 대해 《본의(本義)》에서 "인의 양과 지의 음은 각각 이 도의 한 쪽만을 얻었다. 그러므로 도의 전체를 보지 못하고 자신이 보는 바에 따라 전체라고 지목하는 것이다.〔仁陽知陰, 各得是道之一隅, 故隨其所見而目爲全體也.〕"라고 풀이하였다.

(六經)을 남김없이 두루 풀이하시고 천지의 이치를 범위(範圍)하여,[31] 크고 작은 만물이 모두 제자리를 찾아서 빠뜨린 것도 없고 지나친 것도 없게 하여, 만대의 장정(章程)을 물려주셨습니다. 그러나 의(義)와 이(理)는 무궁하여 여전히 남겨진 심오한 내용이 있어서 후세의 군자를 기다리지 않으면 안 되니, 아마도 주자께서도 이것들을 마음속에 연연하여 잊지 못하셨을 것입니다.

무이(武夷)가 아득해지고 난 뒤[32]에 대의(大義)가 점차 어그러지고 사둔(邪遁)의 주장[33]이 점차로 싹을 피워서 저마다 다투며 시끄럽게 떠드니, 도학(道學)이 천하의 학자들에 의해 분열되어 중화(中華)가 침몰되고 말았습니다.

이에 하늘이 우리 동방의 문물을 열어 주어 문운(文運)이 밝아져 융숭해졌고, 성군(聖君)들이 계속 나오시어 도학(道學)을 높여 백성들

31 천지의 이치를 범위(範圍)하여 : 천지의 무궁한 이치를 성인이 모두 아울러서 중도(中道)에 벗어나지 않게 함을 이른다. 《주역》〈계사전 상(繫辭傳上)〉에 성인(聖人)의 위대한 일을 말하며 "천지의 조화를 범위하여 지나치지 않게 한다.〔範圍天地之化而不過.〕"라고 하였는데, 주자는 《본의(本義)》에서 "범(範)은 쇠를 주조할 때의 거푸집과 같고 위(圍)는 틀과 같다."라고 주하였다.

32 무이(武夷)가……뒤 : '주자가 별세하신 뒤에'라는 의미이다. 무이는 중국 복건성(福建省) 숭안현(崇安縣) 남쪽에 있는 산 이름으로, 주자가 만년에 정사(精舍)를 짓고 강학(講學)한 곳이다.

33 사둔(邪遁)의 주장 : '사'는 사사(邪辭)로 사특한 말이고 '둔'은 둔사(遁辭)로 도피하는 말이다. 《맹자》〈공손추 상(公孫丑上)〉에 "편벽된 말에 그 가린 바를 알며, 방탕한 말에 빠져 있는 바를 알며, 부정한 말에 괴리된 바를 알며, 도피하는 말에서 논리가 궁함을 알 수 있다.〔詖辭知其所蔽, 淫辭知其所陷, 邪辭知其所離, 遁辭知其所窮.〕"라고 보인다.

을 다스렸습니다. 이에 여러 학자들이 구름이 피어나듯 노을이 타오르듯 대를 이어 쏟아져 나왔는데, 거개가 수사(洙泗 공자)를 조종(祖宗)으로 삼고 낙민(洛閩 낙양(洛陽)의 정자와 민중(閩中)의 주자)을 법으로 삼았으니, 그 법문(法門)의 바름이 이보다 더 성할 수 없었는데, 현묘(顯廟 현종)와 숙묘(肅廟 숙종) 두 조정에 이르러 더욱 창성(昌盛)하였습니다.

이때 선정신(先正臣) 문간공(文簡公) 김창협이 어질고 밝은 자질을 갖추고 질박하고 소탈한 심성을 지녀 아름다운 옥처럼 온윤(溫潤)하고 정련(精鍊)된 쇠처럼 순수하니, 이분의 정성스럽고 환하고 맑은 기품과 고원하고 빼어난 식견으로 말하면 세상에 드문 인걸(人傑)입니다.

처음 문정공(文貞公) 이단상(李端相)의 문하에서 배우다가 감개(感慨)하여 도를 구하려는 뜻을 가졌습니다. 얼마 뒤에 선정신 송시열(宋時烈)에게 존중(尊重)을 받게 되자 의심나는 점과 어려운 내용을 묻고 질정하니, 송시열이 번번이 자신의 예기(銳氣)를 꺾고 장려하면서 "거의 귤송(橘頌)을 지을 만하다."[34]라고 하였습니다.

송시열이 《주서차의(朱書箚疑)》를 편집할 적에 김창협과 편지로 서로 검토하고 정정하였는데, 송시열은 김창협의 검토가 물도 새지 않을 만큼 치밀하다며 자주 칭찬하였으며, 대부분 자기의 주장을 버리고 그의 견해를 따랐습니다.

송시열이 임종할 때에 김창협에게 사후의 일을 부탁하자, 김창협은

34 거의……만하다 : 귤송(橘頌)은 전국 시대 초나라의 시인 굴원(屈原)의 작품으로, 여기에 "나이는 어리지만 스승으로 삼을 만하네.〔年歲雖少, 可師長兮.〕"라는 구절이 있는데, 상대방이 젊은 나이에도 뛰어난 학식을 갖추었음을 칭송하는 의미로 쓰인다. 《楚辭 卷4》

힘을 다하여 깊이 연구하여 은미하고 오묘한 내용을 더욱 끌어내었으니, 바로 여기에서 김창협의 학문적 연원(淵源)이 어디서 유래한 것인지를 볼 수 있습니다.

김창협이 조정에 있을 적에 보인 풍교(風敎)와 덕화(德化)는 한결같이 경학에 근본한 것이고, 금화(金華)[35]에 출입하면서 마음을 다하여 임금을 계도(啓導)하여 매번 임금에게 '진실한 마음으로 항상 학문에 힘쓰고 자신의 몸을 굽혀 아랫사람들에게 물어야 한다'고 권면하였습니다. 인심(人心)과 도심(道心)의 위태롭고 은미함과, 천리(天理)와 인욕(人欲)이 이기고 지는 기미에 대해 반복하여 미루어 밝혀서 아름다운 소호(韶頀)[36]가 귓가를 가득 채우는 듯하니, 숙묘(肅廟 숙종)께서도 용모(容貌)를 고치고 경청하셨습니다.

그가 성균관의 대사성(大司成)으로 있을 적에는 날마다 유생들을 이끌고 강학의 자리를 마련하여 경서를 펴 놓고 가르치면서 시종(始終)과 본말(本末)의 양단(兩端)을 모두 일깨워 주었고[37], 또 시를 서로

35 금화(金華) : 경연(經筵)이나 서연(書筵)을 뜻한다. 원래 한나라 때 미앙궁(未央宮) 안에 있던 궁전의 이름인데, 성제(成帝)가 이곳에서 《상서(尙書)》와 《논어》 등을 강론하였으므로 후세에 경연이나 서연을 뜻하는 말로 쓰이게 되었다

36 소호(韶頀) : 상(商)나라 탕(湯) 임금의 궁중음악이라는 설도 있고, 소(韶)는 순(舜) 임금의 궁중음악, 호(頀)는 탕 임금의 궁중음악이라는 설도 있다. 옛날 태평성대의 음악을 가리킨다.

37 시종(始終)과……주었고 : 양단(兩端)은 두 가지 끝이란 뜻으로 시와 종, 본(本)과 말(末)을 이른다. 《논어》 〈자한〉에 "공자께서 말씀하기를 '내가 아는 것이 있는가? 나는 아는 것이 없다. 그러나 어떤 비루한 사람이 나에게 물으면 그가 아무리 무식하다 하더라도 나는 그 물음에 대해 양단을 다 말해 준다.' 하였다.〔子曰: 吾有知乎哉? 無知也. 有鄙夫問於我, 空空如也, 我叩其兩端而竭焉.〕"라는 구절을 원용하였다.

화답하면서 그 정신을 함양하고 창달시켜, 옛날 사술(四術)[38]의 유풍(遺風)이 흥성(興盛)해졌으니, 이때가 인재를 배양한 효과가 가장 성대하였다고 일컬어지고 있습니다.

집안이 화(禍)를 당하자,[39] 은거하여 산속에 거처하면서 모든 인연을 사절하고 전심으로 위기지학(爲己之學)을 닦았는데, 장차 하늘이 부여한 책무가 자신에게 내려져 사양할 수 없음을 알고는 마음을 다해 경전(經傳)을 연구하여 도(道)의 오묘함을 발명하는 것을 자신의 임무로 삼았습니다.

일찍이 말하기를 "주자께서 '나의 공부를 쓰지 않는다면 나의 뜻을 보지 못할 것이다.'[40]라고 하였는데, 지금 이 뜻을 모르고서 '주자의 후대에 태어났으니 애써 궁격(窮格)[41]하지 않아도 이치를 터득할 수 있다.'라고 하는 것은 다만 세상 선비들이 스스로 나태하여 하는 말이다."라고 하고는, 마침내 지극히 명민(明敏)한 재주를 굽히고 지극히 둔한 공부에 종사하여,[42] 겸손한 자세로 각고의 노력을 기울이며 차근

38 사술(四術) : 시(詩)·서(書)·예(禮)·악(樂)의 네 가지 경술을 가리킨다.《禮記 王制》

39 집안이 화(禍)를 당하자 : 숙종 15년(1689) 기사환국(己巳換局)으로 부친인 김수항(金壽恒)이 진도(珍島)에 유배되었다가 사사(賜死)된 일을 가리킨다. 이때 스승인 송시열(宋時烈)도 사사되었으며, 백부인 김수흥(金壽興)도 귀양 가서 객사(客死)하였다.

40 나의……것이다 : 이 내용은 《주자어류(朱子語類)》 권14 〈대학(大學)1〉에 "나의 허다한 공부를 쓰지 않는다면 또한 나의 뜻을 보는 것이 되지 못할 것이다.〔不用某許多工夫, 亦看某底不出.〕"라고 보인다.

41 궁격(窮格) : '궁리 격물(窮理格物)'의 준말로, 사물의 이치를 철저히 연구하여 물리(物理)의 극치에 도달하는 일이다.

차근 순서에 따라 연구하여 정미(精微)함을 이루었습니다.

물을 대는 것이 부족하면 더욱 깊이 자맥질하고 이미 배운 것을 힘써 다시 익히되 모자라면 더욱 농후한 맛이 들도록 익혀서, 분비(憤悱)[43] 한 것들이 밝아지고 유유자적한 모습이 원만하여 막힘이 없어졌습니다. 이에 문장(文章)이 시원하고 막힘이 없어서 순후(醇厚)한 가운데 더욱 순후하였습니다.

모든 이치를 연구하고 살피며 뭇사람들의 말을 낱낱이 종합하여 주장하신 말들이 고정(考亭 주자)의 큰 법도에 귀결되고 부합하였습니다. 그러나 또한 구차하게 수용하려 하지 않으면서, "의심이 깊지 않으면 믿음이 독실하게 되지 않는다."라고 하여, 반드시 마음으로 체득(體得)하려고 노력하였고 겉으로만 우러러 받들지 않았습니다.

핵심적인 의리에 대해서는 그 분변하는 차이가 털끝만하더라도 중대한 것에 관계되면, 설령 그 말이 존경하고 믿는 선배에게서 나온 것이라도 반드시 앞으로 나아가서 끝까지 따져 물어서 분명하지 않으면 그만두지 않고 이르기를 "이것은 천하의 공리(公理)이니, 경외(敬

42 지극히……종사하여 : 이 내용은 《주자어류》 권104 〈자론위학공부(自論爲學工夫)〉에 "옛사람들은 지극히 민첩한 재능으로 지극히 둔한 공부를 했는데, 지금 사람들은 지극히 둔한 재능으로 지극히 민첩한 공부를 하고자 하여 대강 스쳐 지나면서 보고 마니, 그러한 까닭에 옛 사람에게 미치지 못하는 것이다.〔前輩以至敏之才而做至鈍底工夫, 今人以至鈍之才而欲爲至敏底工夫, 涉獵看過, 所以不及古人也.〕"라고 한 구절을 원용하였다.

43 분비(憤悱) : '분(憤)'은 마음으로 알기를 구하나 되지 못하여 애태우는 모양이고 '비(悱)'는 입으로 말하려 하나 제대로 표현하지 못하여 안달하는 모양으로, 《논어(論語)》 〈술이(述而)〉에 "분하지 않으면 일러주지 않고 비하지 않으면 열어주지 않는다.〔不憤不啓, 不悱不發.〕"라고 보인다.

畏)하고 주선(周旋 남을 따라 왕래함)하기만 하는 것은 또한 진리를 찾는 바른 자세가 아니다."라고 하였습니다.

일찍이 선정신 이황(李滉)과 이이(李珥)의 사단칠정설(四端七情說)을 논하며 두 대가(大家)가 주장한 이론의 같고 다른 점과 옳고 그른 점을 분변하였는데 모두 정곡을 찔러 조금의 오류도 없었으며, 끝내 이(理)와 기(氣)가 섞이고 열리는 곳에서 기미(幾微)를 궁구하고 깊은 뜻을 파헤치고 종합하며 꿰뚫어 자세히 이해하여, 두 대가의 말 밖의 뜻을 분명하게 드러낸 것이 많았습니다. 그러나 후세의 학자들 중에 이 이치를 이해함에 도달한 사람이 드물었습니다.

송나라의 학자 가운데에는 "지(智)는 심(心)의 신명(神明)이니, 여러 이치를 묘하게 운용하고 만물을 주재한다."라고 한 자가 있었으며, 또 "지(智)는 천리(天理)의 동정(動靜)의 기틀을 포함한다."라는 말을 한 자도 있었는데,[44] 배우는 자들이 저들의 말을 옳게 여겨 따르는 자가 많았습니다.

그러나 이에 대해 김창협은 이르기를 "지(智)는 시비(是非)의 이(理)로 오성(五性) 중에 하나이고,[45] 지(知)는 신령스러운 지각(知覺)

44 송나라의……있었는데 : 이 내용들은 《대학장구대전(大學章句大全)》의 소주(小註)에 운봉 호씨(雲峯胡氏)와 파양 심씨(番陽沈氏)의 주장이라고 보인다. 운봉 호씨는 송말원초의 성리학자인 호병문(胡炳文, 1250~1333)으로 운봉은 그의 호이다. 파양 심씨는 남송 때의 학자인 심귀보(沈貴珤)로 파양은 그의 출신지이고 호는 의재(毅齋)이다.

45 지(智)는……하나이고 : 오성은 사람이 타고난 다섯 가지 선한 본성인 인(仁)·의(義)·예(禮)·지(智)·신(信)이고, 여기에서 발하는 것이 사단(四端)으로 인에서는 측은지심(惻隱之心)이, 의에서는 수오지심(羞惡之心)이, 예에서는 사양지심(辭讓之心)이, 지에서는 시비지심(是非之心)이 발하므로 이렇게 말한 것이다.

의 묘용(妙用)으로 오로지 한 마음의 용(用)일 뿐이다. 시비의 이(理)가 신령스러운 지각의 용(用)에 오로지 발현되는 것이니, 이 두 가지를 혼동하여 하나로 보아서는 안 된다."라고 하시며, 이러한 주장이 유행하면 사람들이 심(心)을 성(性)으로 알게 될 것이라고 하여 마침내 힘써 분변하여 마지않았습니다.

그리고 '《중용》의 계신 공구(戒愼恐懼)가 동(動)과 정(靜)을 관통한다.'는 주장과, '〈태극도해(太極圖解)〉의 오행(五行)이 음양(陰陽)의 경위(經緯)가 된다.'는 주장과 같은 것들은 참되고 독창적인 견해로, 전대의 학자들이 분명하게 밝히지 못했던 점을 밝힌 것입니다.

사이비(似而非) 이단인 불교와 노장의 학설을 물리치는 데 있어서는 그 원천(源泉)을 연구하여 은미(隱微)한 부분에서 이를 꺾었으며, 오자(五子)에게서 도에 합당한 말을 모으는 데[46] 있어서는 정밀히 감별하여 한 가지 미덕(美德)도 빠뜨리지 않았습니다.

나머지 논저(論著)들도 모두 성명(性命)의 근원을 통찰하고 조화의 오묘함을 궁구하여 부정(不正)하고 옳지 못한 학설들을 막고 공리(功利)를 배척하였으며 천리(天理)를 밝히고 인심(人心)을 바로잡았으니, 이것들은 모두 빠진 것들을 보완하고 숨겨진 것들을 드러내어 사문(斯文)을 호위하여 참으로 후학(後學)의 표준이 되었습니다.

김창협의 아우인 문강공(文康公) 김창흡(金昌翕)이 이르기를 "나의

46 오자(五子)에게서……데 : 오자는 전국 시대의 순경(荀卿), 한(漢)나라의 동중서(董仲舒)와 양웅(揚雄), 수(隋)나라의 왕통(王通), 당(唐)나라의 한유(韓愈)를 이른다. 김창협이 이들의 전기를 요약한 〈본전(本傳)〉과 이들이 사우(師友)들과 나눈 문답, 평소 언행 중의 정수(精髓)를 이들의 저술에서 발췌하여 《오자수언(五子粹言)》을 지었으므로 말한 것이다.

중형(仲兄)은 묻고 배우는 한 가지 일에 있어서는, 하늘이 신묘한 이해력을 내려 주어 그 능력을 홀로 독차지하게 하였습니다.[47] 하늘에서 받은 자질이 진실로 이처럼 총명하였으며 공평한 도량이 기본이 된 데에 비범한 논변(論辨)의 재능이 더해졌습니다." 하였으며, 또 말하기를 "한 글자의 분명한 가르침을 가지고 한 시대의 훌륭한 정치(政治)를 얻으려 하지 않았으니, 이는 차라리 당대의 조정이 어진 재상을 잃을지언정 주자에게 충신이 없게 할 수는 없다는 것이었습니다."라고 하였습니다.

김창흡은 김창협과 기미(氣味)와 덕(德)이 서로 같은 인물로, 형제간에 절차탁마한 것이 하남(河南)의 정명도(程明道), 정이천(程伊川) 형제가 도(道)를 강론한 것과 아주 흡사하니, 그가 한 말이 구차하지 않아 식자들이 분명하고 적절한 평가라고 생각하였습니다. 이러한 사실들을 가지고 말해보면, 앞에서 소위 '후세의 군자를 기다린다.'는 말은 오직 김창협만이 거의 이에 가까울 것입니다.

그러나 이것이 어찌 기본도 없이 이렇게 된 것이겠습니까. 김창협은 타고난 자질이 명민하여 보통 사람들보다 훨씬 더 뛰어난데다가 집안 대대로 이어오는 시(詩)와 예(禮)에 대한 가르침을 받았는데, 이는 고정(考亭 주자)의 가르침에 근본을 둔 것이며, 스승에게서 또 고명(高明)한 자리에 마음을 두는 비결을 터득하였습니다.

47 나의……하였습니다 : 이 내용은 오희상이 김창흡이 김창협에 대해 지은 제문(祭文)의 "묻고 배우는 한 가지 일에 있어서는, 내가 삼가 생각하건대 하늘이 신묘한 이해력을 내려주어 우리 중형으로 하여금 그 능력을 독차지하게 하였다.〔至於問學一事, 愚竊以爲天授神解, 使獨專其能也.〕"라는 구절을 축약하여 인용한 것이기 때문에 보충하여 번역하였다. 《農巖別集 卷之2 附錄1 祭文〔弟昌翕〕》

일찍이 젊은 나이로 백운산(白雲山)에서 부지런히 학문을 닦았는데[48] 육경(六經)의 뜻을 깊이 생각하며 밤낮으로 외고 읊으니, 진실로 밝고 넓은 근원과 암암리에 서로 부합하였습니다.

말년에 이르러 이 학문의 궁구(窮究)를 다 마치자, 스스로 이전에 《소학》의 공부를 제대로 하지 못했다고 하여 더욱 힘써 법도를 따라서 집에 한가로이 있을 때에도 반드시 의관(衣冠)을 정제하고 몸가짐을 바로잡아 엄연하게 마치 천지신명을 대하는 것처럼 하였습니다.

그의 실천(實踐)으로 말하면, 어버이를 섬기고 형에게 순종하는 일로부터 부부 관계와 손님을 접대하는 일에 이르기까지 한결같이 온화함과 유순함을 따랐으며, 자랑하거나 어려운 일을 구차하게 하는 행실이 없었습니다. 그의 기상(氣象)으로 말하면, 도리(道理)가 원숙하여 겉과 속이 모두 깨끗하였으며, 만면에 온화한 기운이 넘쳐나서 신비롭고 고상한 운치가 몸에 유동하였습니다. 후학들을 인도한 일로 말하면, 자신과 남을 함께 비추면서 겸허하게 받아들이고 기탄없이 말하니, 어진 사람도 어리석은 사람도 각각 유익함을 얻었습니다.

김창협이 일찍이 말하기를 "책은 자세히 읽지 않으면 안 되고, 이치는 면밀하게 강론하지 않으면 안 되고, 마음은 공평하게 보존하지 않으면 안 되고, 일처리에는 고집과 기필(期必)이 있어서는 안 되며, 남을 대함에 있어서는 지모(智謀)를 쓰면 안 된다."라고 하였습니다.

48 부지런히 학문을 닦았는데 : 원문의 '장수(藏修)'는 '장수유식(藏修游息)'의 줄임말로, 장수는 항상 학문을 닦아 게을리하지 않는 것을 말하며, 유식은 정해진 과정에 의해 쉬는 시간에도 학문에 마음을 두는 것을 말한다. 《예기》〈학기(學記)〉에 "군자는 학문할 적에 장하고 수하고 유하고 식한다.〔君子之於學也, 藏焉, 修焉, 息焉, 遊焉.〕"라고 보인다.

평생 동안 동산(東山)에 은거하면서도 기꺼운 마음으로 지조를 지키며 편안히 여겼으니, 그 출처(出處)[49]의 바름은 선정신 김인후(金麟厚)와 세월을 뛰어넘어 그 아름다움이 짝이 될 만합니다.

김인후는 군신(君臣)의 의(義)를 다하였고 김창협은 부자(父子)의 인(仁)을 다하여,[50] 일은 다르지만 그 법도는 같아 벼슬보다 인륜을 더욱 중하게 여겼으니, 모두 백세의 후대에 풍교(風敎)를 세울 수 있을 것입니다.

지난날 선정신 이이(李珥)는 매번 김후지(金厚之)의 출처가 매우 고상하여 우리나라에서 필적할 인물이 없다고 칭찬하였는데, 후지는 김인후의 자입니다. 만일 이이가 김창협이 수립한 바를 보았다면, 그에 대한 칭찬이 어찌 김인후보다 못했겠습니까.

무릇 군자의 도(道)는 지(知)와 행(行)[51]일 뿐입니다. 김창협은 누에 실이나 소의 털처럼 미세한 것까지 지극히 정밀하게 연구하여 인문(人文)이 밝아졌으니 그 지(知)의 높음이 저와 같았고, 규(規)처럼

49 출처(出處) : 도를 펼 만하면 나아가 벼슬하고, 그렇지 않으면 초야에 은둔함을 이른다.

50 김인후는……다하여 : 김인후(金麟厚, 1510~1560)는 자가 후지(厚之), 호가 하서(河西), 본관은 울산이다. 1540년(중종35) 문과에 급제하고 1543년 홍문관 박사 겸 세자시강원 설서를 역임하여 당시 세자였던 인종(仁宗)을 가르쳤다. 그러나 인종이 즉위한 지 9개월 만에 승하(昇遐)하자, 인종과의 의리를 지키기 위해 벼슬을 버리고 고향으로 돌아가 평생 벼슬하지 않았으며, 김창협은 청풍 부사로 있을 때 기사환국으로 부친 김수항(金壽恒)이 진도(珍島)에서 사사되자, 사직하고 영평(永平)에 은거하고 평생 벼슬에 나아가지 않았으므로 이렇게 말한 것이다.

51 지(知)와 행(行) : 지는 이치를 궁구하는 치지(致知)를 이르고, 행은 그 이치를 실천하는 역행(力行)을 이른다.

둥글고 구(矩)처럼 반듯하게 법도를 따라 행하기를 지극히 삼가서 하늘의 질서가 도타워졌으니 그 행(行)의 돈독함이 이와 같았습니다.

처음과 끝을 살펴보아도 하나의 흠이 있지 않으며 근본과 말단을 궁구하여도 모든 선(善)이 다 갖추어졌으니, 이것이 이른바 '의(義)를 정밀히 연구하여 그 쓰임을 지극히 한다.〔精義以致用〕'[52]라는 것이며 '명(明)으로부터 성(誠)에 이른다.〔自明而誠〕'[53]라는 것입니다. 이 어찌 우리 도(道)의 바른 맥(脈)이 아니며, 당대에 뛰어난 유종(儒宗 유학의 선비들이 우러러보는 큰 학자)이 아니겠습니까.

신들이 삼가 엎드려 생각하건대, 문묘종사(文廟從祀)는 그 전례(典禮)가 지극히 중요하고 그 체모(體貌)가 지극히 성대한 일입니다. 중요하고 성대한 일이기 때문에 또한 어렵게 여기고 신중하게 하지 않을 수 없습니다. 그러나 도(道)는 천하에 두루 있으나 헛되이 행해지지 않고 사람에게 보존되어 있으니, 진실로 도가 보존되어 있는 곳이라면 사람이 바로 도이고 도가 바로 사람일 뿐입니다. 그러므로 그 도를 높이고자 한다면 이에 또한 그 사람을 높일 뿐입니다.

52 의(義)를……한다 : 원문의 '치용(致用)'은 활용(活用)을 지극히 한다는 뜻으로 《주역》〈계사전 하(繫辭傳下)〉의 "의(義)를 정밀히 연구하여 신묘(神妙)한 경지에 들어감은 씀을 지극히 하기 위해서이다.〔精義入神, 以致用也.〕"라고 한 내용을 축약한 것이다.

53 명(明)으로부터 성(誠)에 이른다 : 이 내용은 《중용장구(中庸章句)》 제21장의 "성(誠)으로 말미암아 밝아짐을 성(性)이라 이르고 명(明)으로 말미암아 성실해짐을 교(教)라 이르다.〔自誠明, 謂之性, 自明誠, 謂之敎.〕"라는 구절의 '자명성(自明誠)'을 말한 것이다. 명은 선(善)을 밝게 아는 것으로 지(知)에 해당되며 성(誠)은 몸을 성실히 하는 것으로 행(行)에 해당되는바, 《중용장구》 제20장에 "선을 밝게 알지 못하면 그 몸을 성실히 하지 못한다.〔不明乎善, 不誠乎身矣.〕"라고 보인다.

이 때문에 지난날 조종조(祖宗朝) 때에 사전(祀典 제사를 지내는 예전(禮典))을 중요하게 여기지 않은 적이 없었지만, 그 사람의 도덕(道德)과 공적이 참으로 숭보(崇報)[54]에 합당하다면 혹시라도 인색했던 적이 없었습니다. 이것이 어찌 그 사람을 사사롭게 좋아하여 그러한 것이겠습니까. 진실로 높이 숭배하고 세상에 널리 알려 칭송하며 백대의 후세에 우러러보게 하여 일세(一世)를 권면시키는 것이야말로 바른 학문을 창성(昌盛)시키고 유교의 교화를 흥성(興盛)시키는 근기(根基)가 되기 때문입니다.

아! 이제 김창협이 세상에서 떠난 지 113년이 지났습니다. 지극히 고명한 언론(言論)과 정묘한 논의가 유저(遺著)에 넘쳐나며, 남겨 주신 뛰어난 풍도(風度)와 기품이 아직 없어지지 않고 사람들에게 남아 있습니다. 돌아보건대 곧바로 참다운 근원을 찾아 옛 성현의 학문을 잇고 후학들의 앞길을 열어 준 공로는 진실로 문묘에 종사된 제현(諸賢)들에게 부끄러울 것이 없는데, 아직 공부자(孔夫子)의 묘정(廟庭)에 배향되지 못하고 있는 것은 실로 사문의 광전(曠典 오랫동안 거행하지 않은 전례(典禮))이니, 식자들이 탄식한 지가 오래되었습니다.

이제 백 년이 지나 논의가 정해졌으니, 지금이 바로 능히 거행할 만한 시기입니다. 신들은 참람함과 외람됨을 헤아리지 못하고 감히 사림(士林)과 공공(公共)의 여론을 가지고 목욕재계하고 우러러 아뢰니다.

엎드려 바라건대, 전하께서는 이 일을 유념하사 가납(嘉納)하여 주

54 숭보(崇報) : 원래 '남의 은덕(恩德)에 대해 보답함'이라는 의미인데, 여기서는 문묘종사의 의미로 쓰인 것으로 보인다.

시고 유사(有司)에게 명하시어 선정신 문간공 김창협을 문묘에 배향하는 은전을 서둘러 시행하게 하여 전대의 공적을 도탑게 기리시고 우리 유도(儒道)에 다행이 되게 하소서.

신들은 하늘과 같은 성상을 우러르며 간절하고 두려워하면서 간곡히 기원하는 심정을 가눌 길이 없습니다.

집의의 소명과 겸하여 진선을 사양하는 소

辭執義召命兼辭進善疏

엎드려 아룁니다. 지난해에 은혜를 입어 체직(遞職)된 이후로, 위로는 우러러 큰 은혜를 받들고 아래로는 굽어 하찮은 이 몸이 지향(志向)하는 바를 이루었으니, 행여 지금 이후로는 분수에 맞게 편안히 쉬다가 다시 저 조화(造化)의 옛 물건으로 돌아갈 수 있으리라[55] 생각했습니다. 그런데 갑자기 초봄에 교지가 내려와 공경히 받들어 보니, 다시 신을 중승(中丞 집의) 벼슬에 제수하시고 또 역마를 타고 급히 상경하라는 명을 거듭 내리셨습니다.

신은 진실로 두려운 마음으로 놀라고 당혹하여 어찌해야할 지를 전혀 모르겠습니다. 아! 신은 일개 포의(布衣)의 미천한 몸으로 3, 4년 이래 조정에서 내린 격외(格外)의 각별한 예우를 받아 벼슬을 제수하고 부르는 일이 빈번하였는데, 명(命)을 어기고 도피하는 죄를 여러 번 범하였습니다. 전고(前古)를 두루 꼽아보건대, 재주가 없으면서 외람되이 은혜를 도둑질한 자가 비록 간혹 있었으나, 천만 가소롭기로는

55 조화(造化)의……있으리라 : 죽음을 비유하는 표현이다. 주자의 친구이자 제자인 남송(南宋)의 학자 채원정(蔡元定)이, 한탁주(韓侂胄)가 도학(道學)을 위학(僞學)으로 규정하여 주자의 학문을 일체 금지시킨 이른바 경원당금(慶元黨禁) 때에 도주(道州)로 유배되어 용릉(舂陵)에서 생을 마쳤는데, 어느 날 아들 채침(蔡沈)에게 "손님을 사절하는 것이 좋겠다. 내가 안정되고 조용한 상태에서 조화의 옛 물건으로 돌아가고자 한다.〔可謝客, 吾欲安靜以還造化舊物.〕"라고 하고는 3일 뒤에 눈을 감았던 고사에서 유래하였다. 《宋史 卷343 儒林4 蔡元定》

어찌 신과 같이 심한 자가 있겠습니까.

신이 이 은혜를 입고난 뒤로부터 집에 있을 적에는 실의(失意)에 빠져 자나 깨나 두려워 탄식하였고 외출하여서는 무안하여 남의 얼굴을 대하기가 부끄러웠으니, 이는 아마도 신이 실상도 없이 명성을 훔쳐 신명(神明)에게 시기를 받아 그런 듯합니다. 이에 신의 종적(蹤跡)이 불안해지고 신의 마음과 뜻이 위축되어 스스로 궁벽한 산중에 은거하여 삶의 즐거움을 단 하루도 누리지 못하였습니다. 이렇게 하지 않았다면 신의 죄과(罪過)를 징계할 수가 없었을 것이니, 신이 또한 무엇을 원망하고 무엇을 탓하겠습니까.

그러나 조정의 사체(事體)로 말하면, 애당초 근거 없는 말에 의거하여 자리에 맞지 않는 인물을 발탁하고 끝내 실상을 조사하지 못하여 신이 거짓으로 속이는 것을 내버려 두었으니, 거의 한 번 잘못한 일을 또다시 잘못하여 후세의 비판이 거듭 이르지 않겠습니까.

동궁에서 강연하는 직함을 빈산에서 땔나무하고 소를 치는 동리에서 세월을 헛되이 보내는 자에게 내림에 이르러서는, 그것이 무엇을 뜻하는 것인지 더욱 알지 못하겠습니다. 오직 우리 왕세자 저하께서 자질이 순수하시고 아름다운 명성이 성대하시어, 우리 온 동방의 간절히 사모하는 백성들과 온 짐승들까지[56] 모두 요순(堯舜)과 같은 성군(聖君)이

56 간절히 ……짐승들까지 : 원문의 '기종(跂踵)'은 간절히 사모함을 뜻하고 '훼식(喙息)'은 입으로 숨을 쉬는 사람과 모든 동물들을 가리키는 의미가 있으므로 이렇게 풀이하였다. 이와 달리 《사기》 권110 〈흉노열전(匈奴列傳)〉의 "모든 백성들과 아래로는 물고기와 자라, 위로는 날짐승과 네발로 걸어 다니고 부리로 숨 쉬고 꿈틀거리며 움직이는 부류들도 편안하고 이로운 데에 나아가고 위태로움을 피하지 못하는 일이 없다.〔元元萬民, 下及魚鱉, 上及飛鳥, 跂行喙息蠕動之類, 莫不就安利而辟危殆.〕"라는 구절의

될 것이라고 여겨 목을 늘이고 손을 모은 채 기대하고 있습니다.

그러나 신이 듣건대, 아름다운 자질은 쉽게 얻을 수 있으나 지극한 도는 듣기 어렵다고 합니다. 우리 저하의 거처에 출입하여 좌우와 앞뒤에서 밤낮으로 함께하는 분들이 바른 말과 바른 일을 가지고 세자 저하의 마음의 밭에 물을 대고 덕성을 잘 훈도하고 있는지에 대해 신은 감히 알지 못합니다.

삼대(三代) 이후로 주자(胄子)[57]를 교육시키는 방법에 대한 논의는 가의(賈誼)가 지은 〈보부전(保傅傳)〉[58]에 가장 잘 갖추어져 있습니다. 그러나 그 귀결을 요약해 보면, 일찍부터 깨우쳐 가르치는 것과 좌우에 둘 사람을 잘 선택하는 것에서 벗어나지 않습니다. 그리고 좌우에 있는 사람들을 잘 선발하는 것이 또 깨우쳐 가르치는 일의 근본이 됩니다.

이는 세자 저하께서 습성이 바른 사람과 함께 거처하면 강론하고 송독(誦讀)하는 것 이외에도 가르침을 올리는 일이 엄하고 치밀해지며 눈으로 보고 마음으로 느끼는 일이 더욱 가깝고 절실해지니, 이 때문에 엄격하게 간사함과 편벽됨을 막고 의리를 편안히 익혀 저절로 그만둘 수 없게 되는 것입니다. 이에 태평만세(太平萬歲)가 진실로 여기에서 기인하는 것이니 그 이치는 속일 수가 없습니다. 그러므로 말하기를

'기행훼식(跂行喙息)'과 같은 의미로 보아도 될 듯하다.

57 주자(胄子) : 천자(天子)에서 경대부(卿大夫)에 이르기까지의 맏아들을 가리킨다. 《書經 舜典》

58 보부전(保傅傳) : 한(漢)나라 가의가 지은 것으로 알려진 《신서(新書)》의 편명으로, 주로 고대 왕태자에게 가르치던 예를 기술하고 있다. 보부는 태자나 성년이 되기 전의 임금을 보육하고 훈도하는 직책인바, 《대대례기(大戴禮記)》 〈보부(保傅)〉에 "보(保)는 그 몸을 잘 기른다는 뜻이고, 부(傅)는 그 도덕을 돕는다는 뜻이다."라고 하였다.

"잘 가르치고 좌우에 있는 사람들이 바르면 태자가 바루어져서 천하가 안정된다."라고 한 것입니다.

엎드려 바라건대, 성상께서 훌륭하신 세자를 편안하게 해주는 큰 계책을 세움에 있어 여러 신하들의 말을 기다릴 필요가 없고 반드시 이것에 대해 깊이 유념하셔야 할 것입니다. 그러나 신이 삼가 초야에 엎드려서 귀를 기울인 지 여러 해이나, 세자를 바른 도로 기르는 방도[59]와 보좌하는 도구가 선왕의 법을 잘 따르고 있어 신민(臣民)들의 바람을 크게 위로하고 있다는 말을 듣지 못했으니, 이는 어째서입니까?

신이 연전(年前)에 외람되이 계방(桂坊 세자익위사)의 관직을 차지하고 또 일찍이 여러 번 뇌사(雷肆 세자시강원)에서 서연의 자리에 올랐었습니다. 삼가 보건대, 서연이 시작되는 날에 두 세 명의 궁료(宮僚)가 대열을 이루어 나아갔다가 해가 저물 무렵에 바로 물러가서, 그 왕래가 다급하고 경솔하여 한갓 형식적인 겉치레에 돌아갈 뿐이었습니다.

그러나 이 일이 아니면 세자께서 깊은 궁궐에 홀로 거처하시니 들어가 대면할 길이 없고, 사이에 또 정품(停稟 아뢰는 일을 정지시킴)이 빈번히 일어나며 서연을 여는 것도 일정치 않으니, 이미 동궁 저하의 총명을 개발시키기에 부족합니다. 그리고 한가히 지내실 때에 함께 놀고나 거처하는 자들이 궁녀나 환관 그리고 친근하고 총애하는 신하들에 불과한데, 이들이 아는 것과 행하는 것은 다만 이욕(利慾)과 교묘한 속임

59 바른……방도 : 원문의 '양정(養正)'은 어렸을 때 바름을 기른다는 말이다. 《주역》〈몽괘(蒙卦) 단(彖)〉에 "어릴 때에 바름을 기름이 성인이 되는 공부이다.〔蒙以養正, 聖功也.〕"라고 하였는데, 이에 대한 정이천(程伊川)의 전(傳)에 "순일하여 개발되지 않은 몽(蒙)으로서 바름을 기름이 바로 성인이 되는 공부이다.〔以純一未發之蒙而養其正, 乃作聖之功也.〕"라고 풀이하였다.

수를 쓰는 사사로운 뜻과 아첨하고 영합하려는 태도일 뿐이니, 이들이 동궁 저하의 마음을 좀먹고 본성(本性)을 해치는 것을 이루 다 말할 수가 없습니다.

그러나 그때는 그래도 어린 나이로 학문을 권면해야 하는 때라고 할 수 있으니 우선 간이(簡易)함을 따라야 했지만, 지금은 동궁 저하께서 이미 스승에게 나아가 공부하시어 마치 떠오르는 태양처럼 덕업(德業)이 이루어질 시기이니, 이때를 놓쳐서는 안 됩니다. 만일 강독하는 즈음에 한결같이 관례(慣例)를 따라 이전의 법들을 고치지 않으면서 세자 저하께서 온화하고 예의 있는 자질을 기르고 제왕의 학문을 다하기를 바란다면, 이는 뒤로 물러나면서 전진하기를 구하고 모래를 쪄서 밥을 지으려는 것과 거의 같을 것이니, 이는 불행히도 주자께서 말씀하신 명월주(明月珠)나 야광벽(夜光璧)[60]을 큰길가에 버려두는 것과 가까울 것입니다.

아! 신은 대대로 녹(祿)을 받아온 집안의 후손입니다. 몸은 초야의 포의(布衣)이나 마음은 왕실을 생각하지 않은 적이 없으니, 세자의 교육이 소략함을 생각할 때마다 한밤중에 가슴에 한이 맺힌 듯 탄식하지 않은 적이 없습니다. 더욱이 불초한 몸으로 외람되게 차지하지 말아야 할 자리를 점거하여 오랫동안 어진 이들의 벼슬길을 막은 것은 바로 세자 교육을 소략하게 만든 하나의 큰 이유이니, 그렇다면 신의 부끄러움과 근심과 번민과 두려움이 또 마땅히 어떠하겠습니까.

엎드려 바라건대, 전하께서는 유념하고 유념하시어 장차 신의 본직

60 명월주(明月珠)나 야광벽(夜光璧) : 명월주는 진주와 흡사한 구슬로 밤에도 환히 비친다고 하는 구슬이고, 야광벽은 밤에도 빛이 나는 푸른 옥을 이른다.

과 겸직을 모두 삭탈하시고, 빨리 단정(端正)하고 곧고 성실하여 법도로 보필하는 선비를 선발하시어 동궁을 모시는 관료의 반열에 올리소서. 그리고 이어 별도로 강연(講筵)의 조례와 제도를 다시 만들게 하시어 상규(常規)에 구애받지 말고 세자 저하로 하여금 문침시선(問寢視膳)[61]하는 여가에 항상 외당(外堂)에 임하게 하시어 법강(法講)과 소대(召對)가 아니더라도 신하들의 불시의 접견(接見)을 자주 하게 하소서. 또 저하로 하여금 예모(禮貌)를 간략하게 하고 신하들에게 조용히 자문하면서 조석으로 가까이 하게 하시고 이것이 습관이 되어 범상하게 여기게 하소서. 이렇게 되면 어진 이를 높이고 선비를 사랑함에 정의(情意)가 흘러 통할 것이며 겸허하게 묻고 배움에 그 공효가 점차 드러나서, 일폭십한(一曝十寒)과 한격(扞格)[62]의 근심이 없게 되고 이

61 문침시선(問寢視膳) : 황태자가 효성스럽게 황제에게 문안을 드리는 것을 말한다. 주 문왕(周文王)이 세자로 있을 적에 아침과 점심과 저녁 등 하루에 세 차례씩 왕계(王季)에게 문안을 올리고 침소에서 편안하신지, 음식을 잘 드시는지를 주변 사람들에게 확인한 일을 가리켜 말한 것이다. 《禮記 文王世子》

62 일폭십한(一曝十寒)과 한격(扞格) : '일폭십한'은 날씨가 하루만 따뜻하고 열흘이 추우면 생물이 자라지 못한다는 의미로, 학문도 하루만 진력하고 열흘을 폐하면 성취할 수 없음을 비유한 말이다. 《맹자》 〈고자 상(告子上)〉에 "비록 천하에 쉽게 자라는 물건이 있더라도 하루는 햇볕을 쬐게 해 주고 열흘은 춥게 해 준다면 제대로 자랄 수 있는 것이 없다.〔雖有天下易生之物也, 一日暴之, 十日寒之, 未有能生者也.〕"라고 하였다. '한격'은 완강하게 거부하여 이기지 못함을 이르는 말로, 가르침이 폐해지는 이유 중 하나이다. 《예기》 〈학기(學記)〉에 "일이 일어난 뒤에 금하면 강하게 거부하여 이기지 못하고, 때가 지난 뒤에 배우면 고생스러워 성취하기가 어려우며, 엽등해서 겸손하지 않으면 혼란하여 제대로 닦지 못하고, 홀로 배우고 벗이 없으면 고루하여 견문이 적으며, 설만한 벗을 사귀면 스승을 거역하고, 버릇이 거만하면 배우는 것을 그만둔다. 이 여섯 가지는 가르침이 폐해지는 이유이다.〔發然後禁, 則扞格而不勝; 時過然後學,

에 깊이 이해하고 일취월장(日就月將)하는 즐거움이 있게 될 것이니, 이는 진실로 종묘사직과 백성들의 무궁한 복이 될 것입니다.

신은 어리석은 충심(忠心)이 격동되어 말이 실로 참람하고 망령되오니, 죽을죄를 짓고 죽을죄를 지었습니다. 신은 성상을 우러러 보면서 황공하고 간절히 기원하는 지극한 마음을 이기지 못합니다.

則勤苦而難成；雜施而不孫，則壞亂而不修；獨學而無友，則孤陋而寡聞；燕朋，逆其師；燕辟，廢其學．此六者，教之所由廢也.〕"라고 보인다.

소명을 사양하며 자책하는 소

辭召命自引疏

직명이 곧바로 체직되어 올리지 못함

엎드려 아룁니다. 신이 월전(月前)에 병상에서 앓으며 죽어가던 중에 신을 장악원 정(掌樂院正)에 제수하는 교지가 내려왔습니다. 이에 곧바로 소장(疏章)을 올려 이조(吏曹)에 체직을 청하였는데, 열흘이 되기도 전에 자리를 바꿔 사헌부 집의에 제수하시고 소명을 따라 내리셨으니, 신은 당혹스럽고 두려운 마음을 이기지 못합니다.

삼가 생각하건대, 신이 외람되이 차지한 현직(現職)이 지금까지 여러 번이었습니다. 그러나 돌아보건대 신의 보잘 것 없는 지조를 이미 전후로 달리하기가 어려우니, 그렇다면 하루아침에 이를 버릴 수가 없음은 비단 신이 스스로 알 뿐만 아니라 여러 사람들도 함께 잘 아는 바이고 온 조정이 모두 인정하는 바입니다. 그런데 해와 달처럼 밝으신 성상께서 어쩌다가 이를 비춰보지 못하시어 아직도 허례(虛禮)로 신을 얽어매시고 조정으로 부르는 일을 그만두지 않으셔서 한 번 은혜로운 명령이 내려올 때마다 번번이 한 번 번거로운 하소연을 올리게 되니, 상하가 서로 범하면서 한갓 국체(國體)를 손상시키고 있을 뿐입니다.

신은 스스로를 근심할 겨를이 없고 신 때문에 세도(世道)에 거짓만 늘어나고 있음을 삼가 탄식하고 있습니다. 그러나 신이 올린 사직소(辭職疏)에 대해 전일에 내리신 성상의 비지(批旨 답변)를 받들고, 신은 실로 만만(萬萬) 참람하고 부끄러워서 감히 불충(不忠)을 무릅쓰고 우러러 아뢰지 않을 수가 없습니다.

신의 몸이 이미 나아가지 않았으니 신의 말이 어찌 홀로 나갈 수 있겠습니까마는, 삼가 생각하건대 금일의 종묘사직을 위한 대계(大計)는 세자 저하를 보좌하고 교도하는 일보다 더 급한 일이 있을 수 없습니다. 그러나 제왕의 학문은 필부들의 것과 다르니, 일찍부터 천덕(天德)과 왕도(王道)[63]에 대해 듣지 않고서도 능히 요순(堯舜)의 교화를 흥기시키는 경우는 예로부터 있지 않았습니다. 그러므로 삼대(三代)에 도(道)가 장구하게 이어진 이유는 실로 교주(教胄)에 기초한 것이니, 그렇다면 진(秦)·한(漢)이래로 태평한 시대가 항상 적고 난세가 항상 많았던 까닭을 알기 어렵지 않습니다.

공손히 생각하건대, 우리 조선조는 조종(祖宗)이래로 교화와 통치가 융성하였는데도 세자 저하의 어릴 때의 교육에 정성을 다하지 않은 적이 없었습니다. 조기에 행하는 교육과 좌우에 모시는 사람을 선발함에 있어 그 규모가 원대하고 조리가 상세하고 치밀함이 거의 삼대 성왕(聖王)의 정치에 견주어 부끄러움이 없었습니다.

그러나 삼가 금일 세자 저하를 보좌하고 교도하는 방법을 살펴보건대, 그 이름은 있으나 그 실상은 있지 않아서 마치 신이 이전에 소(疏)를 올려 논한 바와 같이 시종 소략하여, 더 이상 조종(祖宗)의 성대한 때와 근사(近似)한 점이 없습니다. 지위에 있는 자들을 돌아보건대, 두려워하며 안일에 빠져서 이를 마음속에 보존하는 자가 거의 없고 세월이 흘러가 다시는 오지 않을 듯이 여기니, 신은 삼가 가슴속 깊이

63 천덕(天德)과 왕도(王道) : '천덕'은 자신이 하늘로부터 부여받은 덕을 이르고 '왕도'는 백성을 덕으로 다스리는 왕도정치(王道政治)를 이르는바, 정이천(程伊川)은 천덕을 《대학》의 명명덕(明明德)에, 왕도를 신민(新民)에 해당시켰다.

근심하고 탄식하면서 매양 한 번 성상께 진언(陳言)을 드리고자 한 지가 오래되었습니다.

지난번에 신에게 내린 강연의 직함을 면직시켜 주시기를 청할 적에, 저의 의견을 첨부하여 어리석은 충정을 바치면서 만에 하나라도 삼가 말하고 침묵하는 절도를 온전히 잃음에 이르지 않고 혹 하찮은 의견을 채택하실 경우에 대비가 되기를 바랐습니다. 그러나 성상께서 내려주신 비답을 받들어 보니, 다만 칭찬과 장려하는 뜻만을 보이셨을 뿐 신의 의견을 채택하고 시행하고자 하시는 뜻은 조금도 보이지 않으셨으며 도리어 신으로 하여금 동궁에 출입하도록 하유(下諭)하셨으니, 이는 신이 스스로 헤아리고 도모하고자 한 것과 서로 어긋날 뿐만이 아니었습니다.

이는 아마도 신이 말해서는 안 될 것을 말함으로써 자신의 출세를 도모하여 성상의 심중에 비루하게 여겨져서일 것입니다. 만일 그렇지 않다면, 정성이 천박하고 말이 졸렬하여 마음속에 담아두기에 부족해서일 것이니, 예컨대 시세(時勢)에 어두운 늙은 서생(書生)이 항상 하는 말은 그다지 귀에 담아두지 않는 것과 같을 것입니다.

신은 이에 놀라 망연자실하여 몸 둘 곳을 몰라 바로 함부로 말씀드린 것을 후회하였으나, 이제 와서는 어쩔 수가 없습니다. 그러나 신이 본래 조정에서 특별한 예우를 받을 수 없다는 사실이 이에 남김없이 드러났으니, 사방의 어질고 뛰어난 선비들 또한 장차 속으로 비웃으며 함께 동료가 되는 것을 부끄러워할 것입니다.

아! 신이 비록 불초한 몸이나 한결같은 마음으로 자나 깨나 국가의 은혜를 잊지 않고 있사오니,[64] 진실로 아주 작은 효험이나마 있어서 세자 저하의 학문에 한두 가지라도 보탬이 될 수 있다면, 신이 또한 무엇을 꺼려 이를 행하지 않고 기꺼이 은혜와 덕을 저버리는 구렁으로 스스로 돌아가겠습니까.

신은 진실로 우매하고 용렬한 자질로 본래 재주와 학문이 없기에 진실로 세상에 쓰이는 일을 감당하지 못하는데, 운명이 또 기구하여 허명에 곤액을 당하여 한번 좁은 길에 들어섬에 몸을 돌릴 수가 없으니, 의를 다하고 충성을 바치는 일이 이생에는 이미 끝났습니다. 이에 신은 한밤중에 잠을 이루지 못하면서 자신을 돌이켜 보며 스스로 슬퍼하다가 눈물을 삼키지 않은 적이 없습니다.

신이 지금 다시 지극한 명령을 어겼으나, 구구한 소회에도 감히 낮은 곳의 소리도 다 듣는 하늘을 감히 막을 수 없기에 진실된 충정을 다 피력하여 말씀 올리오니, 더욱 죽을죄를 더하고 있습니다.

엎드려 바라옵건대, 전하께서는 빨리 널리 들으시어 신의 본직과 겸직을 길이 삭탈하시어 신의 미천한 분수를 편안히 해주시고, 이어

64 국가의……있사오니 : 원문의 '함결(銜結)'은 은혜를 갚는다는 말이다. '함(銜)'은 함환(銜環) 즉 고리 모양의 옥을 입에 머금은 것이고 '결(結)'은 결초(結草) 즉 풀을 묶어놓는 것으로, 모두 은혜를 갚는 일을 말한다. 후한(後漢)의 양보(楊寶)가 9세 때 화음산(華陰山) 북쪽에 이르러 올빼미에게 공격당한 노란 참새가 나무 밑에 떨어진 것을 보고 거두어 집으로 돌아와 상자 속에 넣어 두고 보살폈는데, 100여 일 만에 깃털이 이루어져서 날아갔다. 그날 밤에 노란 옷을 입은 동자(童子)가 양보를 향하여 두 번 절하고 자신이 서왕모(西王母)의 사자(使者)임을 밝히고 감사의 뜻으로 흰 고리〔環〕 네 개를 주면서 이를 징표로 삼고 양보의 자손이 재상 지위에 오르도록 힘쓸 것임을 맹서하였는데, 과연 그 말처럼 되었다고 한다. 결초(結草)는, 춘추 시대 진(晉)나라의 대부(大夫) 위무자(魏武子)가 죽자, 그 아들 위과(魏顆)가 위무자의 첩(妾)을 순사(殉死)시키지 않고 개가(改嫁)하게 하였는데, 그 뒤 위과가 전쟁에 나가 싸울 때에 그 서모의 아버지의 혼이 적장의 앞길에 풀을 잡아매어 적장을 넘어뜨려 위과에게 붙잡히게 하여 은혜를 갚았다는 고사에서 나왔다.

신이 전후에 참람하고 망령되게 전하의 위엄을 범한 죄를 다스리시어 조정의 기강을 엄숙하게 바로 잡으시옵소서. 또 신이 지난번에 올린 사직소의 내용 또한 세자 저하를 보좌하고 교도하는 신하들에게 명하시어 채택하고 시행하신다면, 죽어도 여한이 없겠습니다.

신은 두렵고 황송해 하면서 죄를 기다리는 지극한 마음을 이기지 못합니다.

하례하는 반열에 나아가지 못함을 자책하며 이어서 진선을 사양하는 소

未赴賀班自引 仍辭進善疏

엎드려 아룁니다. 상천(上天)이 보우하시고 모든 신(神)이 도우시어 동궁 저하의 홍역(紅疫)이 빨리 회복되시어 옥체가 더욱 강령해지시어 크게 길하고 찬란히 빛나시니,[65] 이는 실로 종묘사직의 무궁한 큰 경사로, 대소 신료들이 한마음으로 기뻐 박수를 치고 춤을 추고 있습니다.

더욱이 신은 불초한 몸으로 외람되이 동궁의 관직을 차지하고 있기에 동궁에 마음을 기울인 채 밭두둑 사이에서 끝없이 손을 모아 축수하였습니다. 그러나 구구한 필부의 지조를 스스로 바꾸기가 어려워 여러 궁료의 말석이나마 나아가 다소의 경하하는 정성도 펴지를 못하였사오니, 분수를 저버리고 예를 갖추지 못하였습니다.

신은 진실로 마땅히 위축되고 두려워하면서 공손히 위중한 견책을 기다리고 있습니다. 다만 신이 함부로 차지한 직함이 어떠한 것인가를 삼가 생각해보건대, 세자 저하의 좌우에서 보익하면서 그 덕을 성취시키는 일은 결코 아무 사람에게나 함부로 맡겨서도 안 되고 또 하루라도 비워 두어서는 안 됩니다. 신은 이미 합당한 인물이 아닌데도 야외에 있으면서 헛되이 직함을 차지하고 있은 지가 지금 여러 해가

65 크게……빛나시니 : 원문의 '황리(黃離)'와 '소양(少陽)'은 모두 태자(세자)를 지칭하는 말이다.

되었습니다.

전부터 애절하고 간절하게 아뢴 것에 터럭만큼의 거짓이 없는데도 성상의 동정(同情)과 양해(諒解)를 받지 못하고 한갓 형식적인 사양으로 귀결되고 있습니다. 어찌 연이어 소를 올려 간청하여 반드시 체직되고 나서야 그만두고자 하는 마음이 없겠습니까마는, 초야에 있는 천한 신하가 참람함이 심해질까 두려워 이 때문에 침묵하면서 본래 가지고 있던 직책처럼 편안히 여겨 이 지경에 이르렀으니, 이는 또한 신의 죄입니다.

지난날 선묘(宣廟 선조)께서 편찮으실 적에, 선정신(先正臣) 이이(李珥)가 큰 병이 나으신 뒤에 선(善)의 단서가 계발된다고 하여 경연의 자리에서 선묘께 자신의 의견을 두루 아뢰었는데, 성대한 그 말이 간곡하고 정성스러워서 선묘의 마음을 감동시키기에 충분하였습니다. 당일 선정 이이의 고충(苦衷)과 열혈(熱血)을 생각할 때마다, 신은 감격하여 눈물을 흘리곤 하였습니다.

지금 세자 저하의 건강이 다시 평상을 회복하여 주연(冑筵 서연(書筵))이 장차 열릴 것이니, 온 나라의 생령(生靈)들이 모두가 목을 늘이고 발돋움을 하면서 세자 저하의 덕업(德業)이 이루어지기를 고대하고 있습니다. 이 때문에 한 번의 선한 생각을 잘 보호하여 기르고 확충하며 적시에 민첩하게 익히는 학문에 계속하고 광명을 밝혀서, 나날이 더하고 다달이 늘어나는 것이 마치 샘물이 흘러나오며 불이 타오르듯 하여 절로 형용하기 어려운 신묘함이 있게 될 것이니, 이 기회를 잃어서는 안 되고 이 시기를 늦춰서는 안 됩니다.

그렇다면 더더욱 신과 같이 보잘 것 없는 자가 허미(虛縻)[66]하도록 내버려두는 일을 어찌 용납할 수 있겠습니까.

엎드려 바라건대, 전하께서는 더욱 유념하시어 신에게 내리신 시강(侍講)의 직함을 빨리 파직시키시고 어질고 덕이 있는 이에게 대신 제수하시어 세자 저하를 깨우쳐 인도하는 실제의 효험을 구하시고, 이어 신이 예의를 갖추지 않은 죄를 다스리시어 법의 기강을 밝히소서.

신은 지극한 바라는 마음을 이기지 못합니다. 이에 신은 두렵고 황공하여 간절히 기원하는 심정을 가눌 길이 없습니다.

66 허미(虛縻) : 제수된 벼슬을 사양하고 나아가지 않았는데도 벼슬을 체직시키지 않아 직함만 차지하고 있음을 말한다.

새로 내린 자급을 사양하는 소

辭新資疏

엎드려 아룁니다. 신은 초야(草野)에서 명령을 회피한 죄가 산처럼 무거운 까닭에 위축되고 두려워하면서 위중(威重)한 처벌을 공손히 기다리고 있었는데, 천만 뜻밖에 지난달 은대(銀臺 승정원)에 발탁되는 은혜를 입었습니다. 얼마 뒤에 또 돈녕부(敦寧府)에 제수하는 은혜를 공경히 받들어 제서(除書 관직을 제수하는 교서)가 연이어 계속 내려와서 영광이 찬란하오니, 신은 명령을 들음에 처음에는 두렵고 놀랐으며 이어 당혹하여 끼니조차 잊은 채 어찌 해야 할 바를 알지 못하고 있습니다.

아! 신은 본래 대대로 국록(國祿)을 받아온 집안의 후예로 서울에서 태어나고 자랐는데, 애당초 고상(高尙)한 뜻과 학문에 힘쓴 실제가 있지 않았고, 다만 질병과 상사(喪事)로 인하여 곤궁과 좌절에 처하여 마침내 마음이 처량해져서 당세에 진출할 뜻을 갖지 않았습니다. 신이 스스로 힘쓴 것은 오직 분수를 지키고 어리석은 자신을 온전히 하여 집안에 수치를 끼치지 않는 것이었습니다. 이에 반평생을 한가로이 집안에서 지내면서 사람들과 상종하는 일이 드물었습니다.

그런데 세상 사람들 중에 신의 얼굴도 모르는 자들이 제멋대로 신이 조용히 수양하여 뜻을 구한다고 짐작하고는 근거 없는 말로 헛된 명성을 함부로 가하여, 몇 해 사이에 여러 사람을 거치면서 잘못 알려졌으니, 신은 실로 두려워하면서 속으로 근심하고 있습니다.

중간에 녹사(祿仕)[67]의 계책을 세운 것은 부모를 봉양하려는 마음이 간절하였을 뿐만이 아니라 스스로 본색을 드러내어 종신을 위한 구경(究竟)의 법으로 삼고자 한 것입니다.

그런데 운명이 원수와 함께 도모하여 마침내 일이 신의 마음과 어긋나서 끝내 이 지경에 이르렀습니다. 비록 본래 신에게 사람들을 기만하고 성상을 속이려는 뜻은 없었으나, 일의 자취를 가지고 논해보면 거짓을 꾸며 은총을 취한 것이요 위선(僞善)을 행하여 벼슬을 훔친 것이니, 신이 어찌 감히 슬그머니 스스로를 용서할 수 있겠습니까.

지금 이 새로이 이른 명령의 경우는 일이 더욱 범상하지 않습니다. 조정에서 사람을 등용하여 관직을 제수할 때에는 그에게 여러 가지 일을 맡겨 재능을 시험하는 것이 가장 중요한 일인데, 신이 전후에 관직에 제수되고도 계속 돈소(敦召 왕이 신하를 간곡한 말로 부르는 일)를 어겨서 하루도 그 지위에 선 적이 없으니, 무슨 시험할 것이 있었겠습니까.

그런데도 갑자기 품계를 올려 포의(布衣)의 천한 신으로 하여금 당상관의 반열에 들게 하는 일을 이처럼 쉽게 처리하셨는데, 신은 이에 대해 곰곰이 생각해보았으나 그 이유를 알 수 없었습니다. 속담에 이르기를 "사람들의 비난이 있지 않다면, 반드시 귀신의 책망이 있게 된다."라고 하였으니, 이는 거의 신이 생명을 마칠 때인 듯합니다.

이어 삼가 생각해보건대, 우리 조선조는 나라를 세움에 있어 오로지 유학을 높였습니다. 중묘(中廟 중종) 때에 선정신 조광조(趙光祖) 등 제현(諸賢)이 당대에 등용되어 도학(圖學)을 창명하고 표준이 되어

67 녹사(祿仕) : 어버이를 봉양할 녹봉을 얻기 위해 하는 벼슬이라는 뜻으로, 자세한 내용은 53쪽 주6 참조.

예(禮)와 의(義)로 백성을 교화시키고 명검(名檢 성인(聖人)의 가르침에 따라 윤리에 맞게 행동함)으로 풍속을 인도하고 공도(公道 사회에 통용되는 공평하고 바른 도리)를 펴고 이(利)의 근원을 막아서 한 시대의 정치를 행하여, 정치가 삼고(三古)[68]와 거의 같아졌습니다.

불행하게도 끝까지 등용되지 못하였으나, 그분들이 남겨준 교화와 공적과 사업은 오래되어도 길이 전해져서 명종(明宗)과 선조(宣祖) 때에 떨쳐졌으며, 현종(顯宗)과 숙종(肅宗) 때에 이르러서는 큰 학자와 현능한 보필(輔弼)들이 성대하게 이어져 조정과 초야가 기맥이 서로 관통되어 정사(政事)와 교화(敎化)가 아름답고 밝아서 백성과 나라가 길이 이에 의뢰하였으니, 그 공은 없어질 수가 없습니다.

이후로 유학의 교화가 점점 쇠미해져 저 명성과 이익을 위한 학문을 이길 수 없게 되었으니, 예와 의와 명검이 다시는 지난날 성대한 시절과 방불할 수가 없게 되었습니다. 오늘날에 이르러는 세대가 더욱 멀어져 은택이 이미 끊어져서 독서하는 종자(種子)[69] 또한 따라서 모두 사라졌습니다.

이에 사우(師友)의 도(道)가 없어지고 명교(名敎 유교)가 땅에 떨어

68 삼고(三古) : 원래 상고(上古)·중고(中古)·하고(下古)로, 《예기(禮記)》 〈예운(禮運)〉의 소(疏)에는 "복희(伏羲)가 상고, 신농(神農)이 중고, 오제(五帝)가 하고이다."라고 하였고, 《한서(漢書)》 〈예문지(藝文志)〉의 주에는 "복희가 상고, 문왕(文王)이 중고, 공자(孔子)가 하고이다."라고 하여 설이 갈린다.

69 독서하는 종자(種子) : 책을 읽어 학문하는 사람을 이르는 말로, 남송(南宋)의 학자인 나대경(羅大經)이 지은 《학림옥로(鶴林玉露)》에 "한(漢)나라의 두 분 헌왕(獻王)이 모두 책을 좋아하여, 가장 오래도록 나라가 전해졌다. 사대부 집안에 독서종자를 끊어지게 할 수 있겠는가.〔漢二獻皆好書, 而其傳國皆最遠. 士大夫家, 可使讀書種子衰息乎?〕"라고 한 데서 유래하였다.

져 온 세상이 이익을 추구하여 나라의 근본인 백성들이 폐해를 입고 있으니, 아! 위태로운 지경이 되었습니다.

이러한 때를 당하여 마땅히 주부자(朱夫子)께서 말씀하신 '단전(丹田)과 기해(氣海)에 뜸을 뜨는 방법'[70]을 써서 한 시대의 유학의 선비들을 널리 망라하여 정도(正道)를 도와 세워야 합니다. 이들로 하여금 무너진 풍속을 분발시키고 고양시켜 언론(言論)을 아름답게 만들게 하면 진실로 경도(經道)가 바루어지고 백성들이 선(善)에 흥기될 것이니, 비록 날〔日〕로 헤아리는 공적은 없더라도 해〔年〕로 헤아리는 이익은 거의 볼 수 있을 것입니다.

돌아보건대, 신과 같은 자는 무지몽매한 일개 천품(賤品)으로 애당초 상신(相臣)들의 잘못된 천거 때문에 외람되이 관원 선발의 명부에 들었습니다. 지금 제 자신의 기량이 다 드러났으니, 이치상 응당 한(漢)나라 조정의 고사를 따라 벼슬을 그만두게 하여야 합니다. 그런데도 여전히 또 그럭저럭 허미(虛縻)하도록 내버려 두고 절차대로 승진시켜, 옛날의 충은(充隱)[71]과 같은 처지가 되어 당대에 조금의 도움도

70 단전(丹田)과……방법 : 이 구절은 뛰어난 인재를 등용하여 조정을 진작시키는 방법에 대한 비유로, 《회암집(晦菴集)》 권37 〈여적계호선생(與籍溪胡先生)〉에 "천하의 형세는 유독 그 근본을 구제하는 데 달려 있을 뿐입니다. 이른바 그 근본을 구제하는 방법은 천하의 인망이 있는 사람을 보아 그를 들어 쓰는 것에 불과할 뿐이니, 그렇게 되면 천하의 인심이 한마음으로 조정에 모여 그 기력이 쉽게 진작될 것입니다. 이는 마치 쇠약해진 병자에게 침약(鍼藥)의 효력이 미치지 못하는 단전(丹田)과 기해(氣海)에 뜸을 뜨면 기혈(氣血)이 본근(本根)에 모여서 이목과 수족이 이롭게 되는 것과 같습니다."라고 보인다.

71 충은(充隱) : 은사(隱士)가 아닌데도 은사로 추천된 거짓 은사를 이른다. 동진(東晉)의 권세가인 환현(桓玄)이, 역대에 모두 은사가 있었는데 자신의 세대에만 없는

되지 못하고 후세에 극심한 비난을 남겨주고 있습니다. 신이 단정히 앉아 거듭 생각해보건대, 신을 슬퍼할 겨를이 없고 삼가 성조(聖朝)를 위하여 크게 근심하고 있습니다.

또 신은 옛날부터 앓던 병이 늙어감에 더욱 고질이 되어 마치 썩은 나무뿌리와 상해를 입은 풀뿌리가 다시 봄을 맞이하지 못하는 것과 같습니다. 더하여 또 금년 여름의 지독한 혹서(酷暑)에 거듭 상해(傷害)를 입어, 병이 회염(會厭 목구멍 속 기관지 위에 있는 연골)에 들어 갑절이나 위태로우니, 만에 하나 신이 하루아침에 돌연 세상을 떠난다면 죽어서도 깨끗한 귀신이 되지 못할까 두렵습니다.

이에 감히 병을 무릅쓰고 호소하여 우러러 성상의 위엄을 범하오니, 엎드려 바라건대 밝으신 성상께서는 신을 가엾이 여기시어 신의 사정을 살펴주시어 빨리 신에게 새로 내린 직질(職秩 품계)을 회수하여 공공의 명기(名器)를 더럽히지 말게 하시옵소서. 이어서 신의 이름을 유선(儒選 유학자의 명부)에서 삭제하시어 소환하는 명을 영구히 거두도록 허락하시어 신으로 하여금 분수를 편히 누릴 수 있게 하여 주소서.

신은 큰 행운을 간절히 바라는 마음을 이기지 못하고 하늘을 우러러 보며 두 손을 모으고 두려워하며 간절히 바라는 지극한 마음을 가눌 길이 없습니다.

것을 유감으로 여겨, 황보밀(皇甫謐)의 6세손을 불러 저작(著作)에 임명하고 아울러 물자와 비용까지 지급하고는 그에게는 이것을 사양하고 받지 말게 한 다음 고사(高士)라고 일컬으니, 당시 사람들이 이를 충은이라고 불렀다.《晉書 卷99 桓玄列傳》

소명을 사양하고 겸하여 동부승지를 사양하는 소
辭召命兼辭同副承旨疏

엎드려 아뢰옵니다. 정월(正月)[72]이 막 이르러 만물이 크게 번성하는데, 전하께서 천시(天時)에 맞춰 다스림을 도모하시어[73] 어진 이를 구하는 것을 급선무로 여기시어, 이에 예(禮)를 갖추어 선비들을 초빙하는 행사가 있게 되었습니다.

그런데 신(臣)과 같이 불초한 자 또한 이름이 선발하는 명부에 들어 함께 초빙을 받아, 성상을 가까이에서 모시는 신하들이 거듭 쑥대와 잡초 우거진 곳으로 찾아오는 곤욕을 당하였습니다. 신은 황공하고 두려워 죽으려 하였으나 죽지 못하고는 거듭 사관(史官)의 서계(書啓)에 신의 간절한 정성을 고하였습니다. 그러나 아직까지 윤허하는 말씀이 없어 직명(職名)이 예전과 같으니, 이에 신은 자나 깨나 생각해보고 반복해서 헤아려 보았으나, 끝내 몸 둘 곳을 찾지 못하였습니다.

장차 억지로 일어나 명을 따르자니 사유(四維)[74]가 지극히 소중하여

72 정월(正月) : 원문의 '삼양(三陽)'은 양효(陽爻)가 셋인 《주역》의 태괘(泰卦 ䷊)로 정월을 가리킨다. 십이벽괘(十二辟卦)에 의하면 동지가 있는 11월은 아래에 양효 하나가 생겨나 복괘(復卦 ䷗)가 되고 12월은 양효가 둘이 되어 임괘(臨卦 ䷒)가 되며 정월은 태괘가 되는 것이다.

73 천시(天時)에……도모하시어 : 이 내용은 《주역》 〈무망괘(无妄卦) 상(象)〉에 "선왕이 이 괘를 보고 천시에 맞춰 만물을 기른다.〔先王以, 茂對時, 育萬物.〕"라는 구절을 원용하였다.

74 사유(四維) : 예(禮), 의(義), 염(廉), 치(恥)를 이른다. 《관자(管子)》 〈목민(牧

눈앞에 철한(鐵限)[75]이 되어 막고 있으며, 장차 견책을 내려주시기를 거듭 호소하려 하나 성상께서 신의 말에 개의치 않으시고 도리어 더욱 극진한 은혜를 내리셔서 진퇴유곡(進退維谷)이 되어 이치가 궁하고 운수가 다하니, 옆에서 보고 신을 가엾게 여기는 자들 또한 신을 위해 방법을 도모해 줄 수가 없습니다.

그러나 상하가 서로 버티며 오래도록 국체(國體)를 손상시키기보다는, 차라리 성상을 번거롭게 해드리는 죄를 무겁게 범하여 성상께서 깊이 헤아려 주시기를 바라오니, 이 때문에 신은 절박한 목소리로 슬피 호소하여 마지않는 것입니다.

신은 본래 자질이 둔한 하품(下品)의 인물로, 어려서는 학문을 제대로 익히지 못하였고, 만년에는 부형(父兄)께서 물려주신 가르침으로 독서를 그만두어서는 안 됨을 대강 알았으나 뜻과 힘이 강하지 못하여 혹은 북을 치기도 하고 혹은 그만두기도 하였으며,[76] 노쇠함에 미쳐서

民)〉에 "나라에는 네 가지 강령이 있다.… 첫째는 예요, 둘째는 의요, 셋째는 청렴함이요, 넷째는 부끄러움이다.〔國有四維.… 一曰禮, 二曰義, 三曰廉, 四曰恥.〕"라고 보인다.

75 철한(鐵限) : 철판을 덧씌운 문지방을 말한다. 남조(南朝) 진(陳)나라의 지영 선사(智永禪師)가 오흥(吳興)의 영흔사(永欣寺)에 거처하자, 손님이 너무 많이 찾아와 문지방이 뚫어지기까지 하여 이를 방지하기 위하여 문지방에 철판을 덧씌웠다고 한다. 여기서는 넘을 수 없는 한계라는 의미로 쓰였다.

76 혹은……하였으며 : 원문은 '혹고혹파(或鼓或罷)'로, 《주역》 〈중부괘(中孚卦) 육삼(六三)〉의 효사에 보이는데, 정이천(程伊川)은 《역전(易傳)》에서 "유열(柔說)의 자질로 이미 매어 있는 바가 있으니, 오직 믿는 바를 따라서 혹 북을 쳐 음악을 베풀기도 하고 혹 그만두기도 한다."라고 풀이하였다. 그러나 여기서는 뚜렷하게 뜻을 세운 바가 없어 기분 내키는 대로 한다는 의미로 쓰였다.

는 마침내 낙심(落心)하여 다시는 학문에 뜻을 두지 않았습니다.

예전에 들은 것들은 이미 흐릿해졌고 새로운 지식도 계속 알아가지 못하여 장구(章句)를 외우며 풀이하는 일도 여전히 남만 못하니, 이와 같은 기량으로 어떻게 성상의 덕(德)스러운 뜻을 받들고 고문(顧問)에 응할 수 있겠습니까. 또 신은 받은 기(氣)가 지극히 박약하여 아주 어릴 때부터 병치레가 잦아서 종종 병으로 추악한 모습을 보이곤 하였는데, 감히 이를 번거롭게 설명할 수가 없습니다.

가장 심하게 나쁜 것은 담(痰)이 심규(心竅)[77]를 막아 눈이 흐려지고 귀에 이명(耳鳴)이 생겨서 삼관(三官)[78]의 기능이 훼손된 것입니다. 사지(四肢)가 마비되고 마른 나무처럼 살이 빠져서 호정(戶庭 문밖 뜰)의 사이도 지팡이를 짚어야 다닐 수 있으니, 설령 염치와 의리를 버리고 공손히 달려가고자 하더라도 진실로 또한 어찌해야 좋을지 알 수 없습니다.

신이 일찍이 선정신 송준길(宋浚吉)이 관직을 사양하는 소를 보았는데, 여기에 이르기를 "만일 신이 진실로 재주와 학문을 갖추고 있다면, 비록 질병이 있더라도 억지로 힘써 충성을 바쳐 성상의 뜻을 만에 하나나마 받들 수 있습니다. 또 진실로 질병이 없다면, 재주와 학문이 없더라도 어느 처지에서든 분주하게 일하여 근력이 미치는 한 힘을 다할

77 심규(心竅) : 고대 한의학에서 심(心)은 신(神)을 간직하고 있는 장기인데, 이 신이 드나드는 구멍을 심규라 한다. 심규가 잘 통하면 정신이 분명하고, 심규가 막히면 정신이 혼미해지면서 전광(癲狂)같은 증상이 나타난다고 한다.

78 삼관(三官) : 인체(人體)의 세 가지 기관을 가리키는데, 《여씨춘추(呂氏春秋)》 권17 〈임수(任數)〉 편에서는 눈〔目〕, 귀〔耳〕, 마음〔心〕을 들었고, 《회남자(淮南子)》 권14 〈전언훈(詮言訓)〉 편에서는 눈〔目〕, 귀〔耳〕, 입〔口〕을 들어 차이가 있다.

수 있습니다. 그러나 지금 신에게는 질병이 있고 이러한 재주와 학문이 없으니, 다만 천지 사이의 한 폐물일 뿐입니다. 장차 무엇에 의지하여 세상에 이바지하겠습니까?"라고 하였으니, 이는 진실로 금일 신을 위하여 준비된 말입니다.

그러나 선정께서는 일대의 유종(儒宗)으로 또한 일찍이 나아가 성조(聖朝)의 유례없는 예우에 응하여 세도(世道)를 책임지고 크나큰 덕화(德化)를 도우셨습니다. 그런데도 그의 말이 오히려 이와 같았는데, 하물며 신과 같은 자야 어찌 더불어 말할 필요가 있겠습니까.

신은 전하께서 내리신 특별한 은총을 받았으나 보답을 도모하려고 하여도 길이 없어서, 살아서는 은혜를 저버리는 사람이 되고 죽어서는 의(義)를 저버리는 귀신이 될 것이니, 스스로를 돌아보고는 슬퍼하고 탄식하면서 눈물을 쏟아내곤 합니다.

아! 상천(上天)은 지극히 어질어서 이루어주지 않는 것이 없으니, 전하는 신에게 있어 한 하늘입니다. 전하께서 가엾게 여겨주는 것도 운명이고 가엾게 여겨주지 않는 것도 운명이니, 신이 바라는 바는 오직 해와 달처럼 밝으신 성상께서 마음을 돌리시는 것입니다. 밤낮으로 애쓰는 승지의 임무에 있어서는, 초야로 도주한 신과 같은 자가 하루라도 허대(虛帶)[79]할 수 있는 것이 아닙니다.

게다가 지금 행행(幸行)의 명이 있어 기일이 이미 정해졌으니, 더욱 속히 변통하여 직무를 오래 비워두지 않게 하여야 합니다. 엎드려 바라건대, 자애로운 성상께서는 빨리 신의 직함을 체직시키시고 소지(召

79 허대(虛帶) : 제수된 벼슬을 사양하고 나아가지 않았는데도 벼슬을 체직시키지 않아 직함만 차지하고 있다는 의미로, 허미(虛縻)와 같은 말이다.

旨)를 거두어들이시고, 이어서 신이 전후에 어명을 어기고 태만히 한 죄를 조사하게 하시어 법의 기강을 바로잡으소서.

그리고 지난날 성상의 하유(下諭)에 "'자신의 일을 고상히 하여 왕후(王侯)를 섬기지 않는다'는 것은 바로 고대 열국(列國)의 선비들이 열국의 군주에게 행한 것이요, 금일의 군주와 신하를 말한 것이 아니다."라고 하셨는데, 삼가 구구한 신에게 어리석은 믿음이 있어 외람되이 우러러 아룁니다.

《주역》〈고괘(蠱卦) 상구(上九)〉의 효사(爻辭)에 이르기를 "왕후를 섬기지 않고 자신의 일을 고상히 한다."라고 하였는데, 정자(程子)가 이를 주해하기를 "현인(賢人)과 군자(君子)가 시대를 만나지 못하여 고결함으로 스스로 지켜 세상의 일에 얽매이지 않는 것이다. 옛사람 중에 이것을 행한 자가 있으니, 초기(初期)의 이윤(伊尹), 태공망(太公望)과 증자(曾子)와 자사(子思)의 무리가 이러한 분들이다."라고 하였습니다.

바로 이러한 의리는, 우주(宇宙)에 원래 이러한 도리가 있어서 저 '영달하면 천하를 겸하여 선(善)하게 한다.'[80]는 것과 병행하여도 서로 어긋나지 않으며, 또 진실로 은둔하여 세상을 아예 잊는 부류들을 오로지 가리켜 말하는 것이 아니니, 그렇다면 삼가 열국의 선비들을 이에 해당시킬 수 없을 듯합니다.

80 영달하면……한다 : 이 내용은《맹자》〈진심 상(盡心上)〉에 "옛사람들은 뜻을 얻으면 은택이 백성에게 가해지고 뜻을 얻지 못하면 몸을 닦아 세상에 드러냈으니, 궁하면 그 몸을 홀로 선하게 하고 영달하면 천하를 겸하여 선하게 하였다.〔古之人得志, 澤加於民, 不得志, 修身見於世, 窮則獨善其身, 達則兼善天下.〕"라고 보인다.

돌아보건대 지금 시대가 저급해져 풍속이 흐려지고 어진 이가 멀어져 은택이 끊겨,[81] 선비라는 자들이 경전(經傳)을 쓸모없다고 여기고 법도를 따르는 어진 보필(輔弼)들을 배제(排除)하고 있습니다. 이들은 다만 벼슬자리의 이익과 녹봉이 있는 것만 알고 다시는 민이(民彝)와 물칙(物則)[82]의 중요함을 알지 못하여 도도하게 이익을 따라 분주히 오고가니, 이러한 형세가 바닷물이 터지고 황하가 옮겨가는 듯합니다. 만약 지금의 도(道)를 따라 지금의 풍속을 바꾸지 못한다면, 장차 삼강(三綱)이 실추되고 구법(九法)이 무너지는 것[83]을 볼 것이니, 아! 두려울 만합니다.

81 어진……끊겨 : 이 내용은《맹자》〈이루 하(離婁下)〉에 "군자의 유택도 5세면 끊긴다.〔君子之澤, 五世而斬.〕"라고 한 구절을 원용한 것이다.

82 민이(民彝)와 물칙(物則) : 사람으로서의 떳떳한 도리와 사물의 법칙을 말한다.《시경》〈증민(蒸民)〉에 "하늘이 뭇 백성을 내었으니 사물이 있으면 법칙이 있네. 백성이 떳떳한 본성을 갖고 있는지라 이 아름다운 덕을 좋아하네.〔天生蒸民, 有物有則. 民之秉彝, 好是懿德.〕"라고 보인다.

83 삼강(三綱)이……것 : 인간의 윤리도덕과 국가의 정치하는 큰 법도가 무너짐을 이른다. 한유(韓愈)의〈맹간상서에게 보낸 편지〔與孟簡尙書〕〉에 "성현의 도가 밝지 못하니, 삼강이 매몰되고 구법이 무너졌다.〔聖賢之道不明, 則三綱淪而九法斁.〕"라고 보인다. '삼강'은 충(忠)·효(孝)·열(烈)을 의미하는 말로 오륜(五倫)과 함께 유교(儒敎)의 기본 윤리가 된다. 강은 벼리로 그물 상단에 있는 큰 줄을 이르는바, 삼강은 군주는 신하의 벼리가 되고〔君爲臣綱〕 아버지는 자식의 벼리가 되고〔父爲子綱〕 남편은 부인의 벼리가 됨〔夫爲婦綱〕을 가리킨다. '구법'은 여러 설이 있으나 일반적으로《서경》〈홍범(洪範)〉에 보이는 구주(九疇)를 가리킨다. 첫 번째는 오행(五行)이고, 두 번째는 오사(五事)이며, 세 번째는 팔정(八政)이고, 네 번째는 오기(五紀)이며, 다섯 번째는 황극(皇極)이고, 여섯 번째는 삼덕(三德)이며, 일곱 번째는 계의(稽疑)이고, 여덟 번째는 서징(庶徵)이며, 아홉 번째는 오복(五福)과 육극(六極)이다.

신은 진실로 전하의 이번 하교(下教)가 일시(一時)의 단장취의(斷章取義)에서 나온 것임을 압니다. 그러나 임금의 말씀은 한번 나오면 모범이 되고 가르침이 되어 장차 대대로 천하의 준칙(準則)이 되니, 혹시라도 후생(後生)들 중에 초학자(初學者)들이 성상의 뜻을 깊이 연구하지 못하고 고상한 일이 지금의 조정에서는 마땅히 행해져서 안 되는 일로 잘못 이해한다면, 벼슬길에 나아가는 것이 더욱 분주하고 기세 있게 내달려서 나아갈 줄만 알고 물러날 줄 모를 것이니, 어찌 근심할 만한 일이 아니겠습니까.

설령 신이 전하의 깊은 관심 속에서[84] 시사를 지극히 논하더라도, 정학(正學 유학)을 숭상하고 선비들의 추향(趨向)을 바르게 하는 것을 제일의 급선무로 삼아 말씀 올림에 불과할 것인데, 신은 이미 고상한 뜻이 없는데도 거짓으로 전하를 속여 은총을 도둑질하여 군자들에게 버림받게 되었으니, 신의 입에서 나오는 말이 어찌 성상께서 경청할 만한 것이 되겠습니까.

신은 생각을 숨길 수가 없어서 말이 실로 참람하고 망령되어 더욱 죽을죄를 더하고 있으니, 황송하고 두려워하며 공손히 부월(鈇鉞)의 무거운 처벌을 기다리고 있습니다.

84 전하의……속에서 : 원문의 '전석(前席)'은 임금이 신하의 이야기에 깊은 관심을 가져 잘 듣기 위해 앞으로 바짝 다가앉는 것을 말한다. 한나라 문제(文帝)가 선실(宣室)에서 가의(賈誼)와 귀신에 대한 이야기를 나누다가 바짝 다가앉아 경청했다는 고사에 보인다. 《漢書 卷48 賈誼傳》

찬선의 소명을 사양하는 소

辭贊善召命疏

엎드려 아뢰옵니다. 신이 조정의 명령을 어긴 죄가 쌓였는데도 오랫동안 형벌을 면하고 있는지라, 지난번에 현(縣)과 도(道)를 통하여 한번 소(疏)를 올려 자백하고 오직 부월(鈇鉞)의 무거운 처벌을 기다렸습니다.

그런데 은혜롭게 내려주신 비지(批旨)를 받들어 보니, 예우(禮遇)하는 뜻을 베푸시어 신에게 내려졌던 승지(承旨) 벼슬의 해임(解任)을 허락하셨습니다. 그런데 얼마 뒤에 또 엎드려 교서를 받들어 보니, 신을 시강원 찬선(侍講院贊善)에 제수하시고 이어 일소(馹召)의 명을 내리시어 상경할 것을 독촉하셨습니다.

신은 감격스럽고 황공하나, 진실로 신과 같이 미천한 자가 어떻게 밝으신 성상께 이런 특별한 은혜를 입게 되었는지 알지 못하겠습니다.

돌아보건대, 이 직임은 효묘(孝廟 효종)께서 세자에 책봉되시는 때에 문경공(文敬公) 김집(金集)을 예우하기 위해 처음 만드셨고, 이후로 이 직함을 받은 분들은 모두 대학자와 덕망이 높은 분들로 한 시대의 인재 선발을 지극히 한 것이었는데도, 이분들 또한 모두 머뭇거리며 그 지위를 차지하려 하지 않았습니다.

그런데 신이 어떠한 사람이기에 감히 실체를 가리고 부끄러움을 무릅쓰고 옛날 명현(名賢)들의 뒤를 이어 이 자리를 받을 수 있겠습니까. 게다가 천거에 대한 자문도 없으셨고 전조(銓曹)의 격식도 구비하지 않으신 채 중비(中批)[85]로 특별히 제수하여 조금도 신중을 기하지 않으시어 명기(名器 벼슬)를 더럽히고 민심을 놀라게 하였습니다. 이는 더욱더 작은 문제가 아닌데, 아직껏 잘못을 바로 잡는 조처가 들리지 않으니, 삼가 조정을 위해 안타깝게 여깁니다. 그리고 마치 윗사람과 아랫사람이 서로 속여 아첨으로 승진의 지름길을 따르는 벼슬아치라는 비난을 자초한 일로 말하면, 지금에 이르러 극심하게 되었습니다. 신이 진실로 신의 내심을 살펴보건대 스스로 부른 잘못이니, 또한 누구를 탓하겠습니까.

이어 삼가 생각해보건대, 우리 동궁 저하께서는 실로 황천(皇天)과 조종(祖宗)께서 돌보시어 이 나라에 내려주신 분이고, 수많은 백성들이 마음으로 기대하는 분이십니다. 신이 지난해에 또한 일찍이 계방(桂坊 세자익위사)의 직임으로 뇌사(雷肆 세자시강원)의 서연(書筵)에 올랐는데, 우러러 바라보니 예표(睿表 세자의 외모)가 영특(英特)하시고 몸가짐이 안온하셨으며 글을 강송(講誦)하실 적에 성운(聲韻)이 크고 막힘이 없으셨습니다.

신은 물러나 두 손을 모으고 국가의 만년의 무궁한 아름다움을 축원하면서 하루도 그 기쁨을 잊은 적이 없었는데, 지금 어느덧 십수 년의 세월이 흘렀습니다. 세자 저하의 연치(年齒)가 점점 많아지고 덕을 기르신 지가 이미 오래되었으니, 제때에 민첩하게 힘쓰시는 학문이 거의 일취월장(日就月將)하셨을 것입니다.

주자가 일찍이 당시의 군주에게 고하기를,

"근세에 이르러 제왕이 아들을 가르치는 방법이 너무 소략해졌습니

85 중비(中批) : 이조나 병조의 의망(擬望) 없이 왕의 특명으로 벼슬을 제수(除授)하는 일을 말한다.

다. 가르치는 방법이 대개 글을 외우고 송독하거나 서찰을 쓰는 공부에 불과하고, 인(仁)과 효(孝), 예(禮)와 의(義)를 익히게 하여 깨우쳐 주는 일이 없습니다. 용모와 말투, 의복과 기물에 있어 사치가 극에 달했는데도 이를 절제시키는 일이 없습니다. 딸린 관속(官屬)들은 인원수나 채우고 있을 뿐 보부(保傅 태자에 대한 교도(敎導)를 맡은 관원의 총칭)의 엄격함이 없고, 예의를 갖추어 강독(講讀)할 뿐 잠규(箴規 잘못을 경계하고 바르게 간(諫)함)의 도움을 주는 일이 없습니다. 아침저녁으로 함께 출입하며 거처하여 허물없이 친밀하게 지내는 자라야 고작 환관과 근신(近臣)들로 청소하고 종종걸음으로 심부름하는 부류에 불과할 뿐입니다."라고 하였습니다.

아! 훌륭합니다, 이 말씀이여! 진실로 오늘날 세자 저하를 보좌하는 자들의 귀감(龜鑑)이 될 만합니다.

저 보부(保傅)와 잠규(箴規)의 유익함으로 말하면 참된 적임자를 궁료(宮僚)로 얻지 않으면 안 되는데, 도리어 신과 같이 늙고 병들어 초췌하며 공소(空疏)하고 용렬한 가장 하등의 인물로 구차하게 인원수를 채워 막중한 임무를 책임지우니, 이것이 어찌 난장이에게 구정(九鼎)을 짊어지게 하는 것과 다르겠습니까. 당장 허리가 꺾이고 부서져 요행조차 바랄 수 없음을 볼 것입니다.

아! 신의 집안은 대대로 충성을 바치기를 바라는 세가(世家)로, 융성(隆盛)한 시대를 만나서 진실로 한 자나 한 치의 작은 능력이나마 바쳐 만에 하나라도 국가에 도움이 될 수 있다면, 비록 머리가 땅에 떨어지고 몸이 가루가 되더라도 장차 사양하지 않을 것입니다.

게다가 전하께서 신의 불초(不肖)함을 알지 못하시어 예우(禮遇)의 융숭함과 회유(誨諭)의 간곡함이 보통보다 훨씬 더하셨으며 또 시강

(侍講)의 직함을 내리시어 신으로 하여금 세자를 가까이서 모시고 주연(胄筵)에서 진언하여 납약자유(納約自牖)[86]하게 하여 덕업(德業)이 이루어짐을 보게 하시니, 어찌 참으로 지극한 영광이고 크나큰 행운이 아니겠습니까. 그러나 앞에서는 법의(法義)의 지엄함이 있으니 우인(虞人)의 지조를 바꿀 수가 없고, 뒤에서는 고질병에 걸렸으니 어찌 만적(萬適)의 죽음[87]이 경계가 될 만하지 않겠습니까.

이 때문에 신은 은혜로운 말씀을 받들고는 방황하고 주저하여 마치 술에 취하고 미치광이가 된 듯하여, 끝내 감히 스스로 천거하여 벼슬을 구하는 계책을 행하지 못하는 것입니다.

군주의 은혜는 하늘과 같은데 보답할 길이 없으니 성상이 계신 곳을 우러러 봄에 눈물이 절로 흘러내립니다. 이에 감히 엄한 주벌을 피하지 않고 다시 애절하고 간곡한 신의 뜻을 거듭 펴는 것입니다. 엎드려 바라건대, 전하께서는 빨리 신에게 새로 제수한 강연(講筵)의 직함을 삭탈하시어 어진 이들이 벼슬할 수 있는 길을 여시고, 유사(有司)에게 밝게 명하시어 신이 범한 죄를 조사하게 하시어 신하의 분수를 지엄하게 하신다면 천만 다행이겠습니다.

86 납약자유(納約自牖) : 신하가 군주를 간하되, 반드시 군주가 잘 알 수 있는 것부터 시작하여 점진적으로 군주의 마음을 유도함을 이른다. 《주역》 〈감괘(坎卦) 육사(六四)〉 효사(爻辭)에 "맺음을 들이되 임금이 잘 아는 곳으로부터 하면 끝내 허물이 없으리라.〔納約自牖, 終无咎.〕"라고 보인다.

87 만적(萬適)의 죽음 : 만적은 북송(北宋)의 문신으로 자가 종지(縱之), 호가 견현자(遣玄子)이다. 벼슬을 바라지 않고 저술에 전념하였는데, 태종(太宗) 순화(淳化) 연간에 한림학사(翰林學士) 한비(韓伾)의 천거로 신현 주부(愼縣主簿)에 제수되자 병을 무릅쓰고 조정에 나왔다가 수일 만에 죽었다. 《宋史 卷457 隱逸列傳》

신은 은혜를 기리고 의리를 두려워하며 황공해하면서 간곡히 기원하는 지극한 마음을 이기지 못합니다.

찬선을 사양하고 소회를 진언하는 소

辭贊善兼陳所懷疏

엎드려 아룁니다. 신이 작년에 간곡하신 소명(召命)이 내린 뒤에 명을 어기고 달아나서 쌓인 죄가 용서받을 수 없는 지경에 이르렀습니다. 그런데도 성상께서는 하늘과 같이 큰 도량으로 신의 어리석음을 가엾이 여기시고 신의 병을 민망하게 여기시어 주벌을 내리시지 않았을 뿐 아니라, 도리어 신에게 과분한 하유(下諭)를 따뜻하게 내리시고 소명을 거두시어 신으로 하여금 편안한 마음으로 조식(調息)할 수 있도록 해 주시니, 신의 천한 목숨을 연장할 수 있게 된 것은 우로(雨露)의 윤택과 같은 성상의 은혜 덕분입니다.

신은 밭두둑 사이에서 몸을 굽히고 엎드려 있으면서 성상의 은혜를 가슴속에 품고 은덕을 받들었으니, 어찌 다시 다른 생각을 마음에 두겠습니까. 그러나 오직 몸에 맞지 않는 직책이 여전히 신변(身邊)에 있는 채로 해가 바뀌어 바야흐로 1년이 되었으니, 신은 이에 두려워하면서 깜짝 놀라, 마치 결박당한 자가 풀려나기를 바라는 것과 같습니다.

이즈음에 동궁 저하께서 춘방(春坊)과 계방(桂坊) 양방(兩坊)에 하유(下諭)하신 것을 엎드려 보건대, 학문에 힘씀이 중요함을 유념하여 세월이 쉽게 흘러감을 걱정하시고 지난 세월을 헛되이 보냄을 후회하시어 스스로 힘쓰시는 모습이 분연(奮然)하기가 빠른 바람과 번개와 같고, 신하들의 도움을 구하시는 뜻이 온화하고 친근하여 따사로운 봄기운이 내뿜는 듯합니다.

한번 저하의 말씀을 널리 펴심에 사방의 어진 백성들이 모두 기뻐하여 북을 울리고 춤을 추고 있는데, 게다가 신처럼 명색(名色)이 강관(講官)의 반열에 있는 자에 있어서야 더욱 마땅히 어떠하겠습니까.

아! 세월은 쉽게 흘러 따라잡기 어렵고 기회는 얻기 어렵고 잃기 쉬우니, 금일은 바로 우리 저하께서 맨 처음 심기일전하시고 떨쳐 일어나신 때이고 기회입니다. 이때야말로 마땅히 많은 궁료(宮僚)들이 조석으로 좌우에서 진실하고 절실하게 저하를 계옥(啓沃)[88]하여 저하의 뜻을 천양(闡揚)하여야 하니, 참으로 단 하루도 머뭇거려서는 안 됩니다. 그런데도 신처럼 용렬하고 누추한 최하등의 인물이 차지하지 말아야 할 자리를 외람되이 도둑질하여 한갓 자리만 차지하고 1년이 넘도록 녹(祿)만 받아먹고 있습니다. 전하께서는 신이 선적(選籍)에 오랫동안 올라 있었다고 하여 하루아침에 물리치고자 하지 않으시어 우선 이렇게 관직을 내려주셨으나, 신의 의리에 있어, 어찌 한갓 경외하는 마음을 품고 사직을 청할 생각을 하지 않아서 어진 이를 등용하는 길에 방해가 되고 국사를 병들게 할 수 있겠습니까.

이에 부득불 훈목(薰沐 향료(香料)를 옷에 뿌리고 머리를 감아 깨끗이 재계하는 일)하고 상소를 갖추어 마음속의 참된 정성을 우러러 드러내지 않을 수가 없습니다. 엎드려 바라건대, 전하께서 장차 신이 지니고 있는 강연의 직함을 빨리 삭탈하시고 이어서 선부(選部 이조)에 명하시어

88 계옥(啓沃) : 신하가 충심을 다하여 임금을 계도하고 보좌하여 임금을 선도(善道)로 유도한다는 뜻이다. 《서경》 〈열명(說命)〉에 은(殷)나라 고종(高宗)이 부열(傅說)에게 "네 마음을 열어 내 마음에 대도록 하라.〔啓乃心, 沃朕心.〕"라고 한 말에서 유래하였다. 한편 이에 대해 채침(蔡沈)은 《집전》에서 "계(啓)는 엶이요, 옥(沃)은 관개(灌漑)함이다. '네 마음을 열라'는 것은 마음을 열어 숨김이 없는 것이요, '내 마음에 대라'는 것은 내 마음에 대어서 흡족하게 하는 것이다."라고 주하였다.

단정하고 반듯한 법도로 보필하는 신하를 널리 구하시어 주연(冑筵)의 자리를 메꾸시어 세자 저하를 보좌하고 계도하는 실효(實效)를 깊이 구하신다면, 신은 참으로 다행스럽게 여기는 마음을 이기지 못할 것입니다.

또 신은 삼가 마음속에 구구하고 어리석은 정성이 있기에, 감히 여기에 끌어다가 덧붙여 말씀을 올립니다. 지난번에 명령하시기를 하루 세 번의 진대(晉對 임금이나 세자를 배알하고 물음에 답하는 일)에 모두《강목(綱目)》을 과정의 과목으로 삼겠다고 하셨습니다.

신이 듣건대, 경학(經學)은 이치이고 사학(史學)은 사건(事件)이며 경학은 순수하고 사학은 잡박하다고 합니다. 그러므로 옛사람들은 독서할 적에 반드시 경학을 먼저하고 사학을 뒤에 하여, 이(理)와 의(義)의 광대한 강목(綱目)으로 하여금 무젖어 융회 관통(融會貫通)하여 마음의 주인이 되게 한 뒤에 사학으로 이를 돕게 하였습니다. 이렇게 하면 본말이 서로 의뢰하고 이(理)와 사(事)가 일치되니, 고금의 인물들의 사정(邪正)과 정사(政事)의 득실, 왕도(王道)와 패도(覇道)의 공사(公私)와 선악(善惡)의 구분에 있어 이로써 저울질한다면, 올바른 견해가 확립되어 털끝만한 잘못도 없게 될 것입니다.

만약 경학을 늦추고 사학을 급하게 여겨 선후(先後)의 순서를 잃는다면, 비유하건대 눈금이 없는 저울과 치수가 없는 자와 같아서, 장차 철(鐵)을 금(金)이라고 부르고 역적을 아들로 인식하여, 마침내 공리(功利)의 상투적인 틀에 빠지게 되어 천덕(天德)과 왕도(王道)의 학문에 도움이 되는 바가 없을 것입니다.

그러므로 주부자(朱夫子)께서 항상 배우는 자들이 경서를 버리고 사서를 전공해서 심술(心術)에 폐해가 됨을 탄식하셨으니, 참으로 지극한 훈계입니다.

삼가 국조(國朝)의 고사(故事)를 상고해보건대, 법강(法講)에는 경서를 사용하고 소대(召對)에는 사서를 썼으니, 주인으로 중하게 여기고 손님으로 가볍게 여기는 뜻을 여기에서 볼 수 있습니다.

엎드려 바라건대, 전하께서는 동궁께서 옆에서 모시는 여가에 조종(祖宗)의 아름다운 법규로 조용히 가르치고 깨우치시며 날마다 서연(書筵)을 열고 겸하여 소대(召對)를 행하여, 경서를 날줄로 하고 사서를 씨줄로 해서 계술(繼述)의 도를 다하실 수 있게 하소서. 해바라기가 해를 바라보는 것처럼 신은 이를 바랍니다.

신은 황공하고 두려워하며 간절히 축원하는 지극한 마음을 이기지 못합니다.

받들어 위로를 올리고 이어 이조참의 겸 세손부를 사양하는 소
奉慰仍辭吏曹參議兼世孫傅疏

엎드려 아뢰니다. 황천(皇天)이 재앙을 내려 왕세자 저하께서 홀연히 비창(匕鬯)의 중임(重任)을 버리셨으니,[89] 아! 하늘이여, 어찌 이다지도 모질단 말입니까. 4년 동안의 감무(監撫)[90]에 교화가 바야흐로 새로워져서 종묘사직이 반석(磐石) 위에 올라 더욱 공고해지고 신하와 백성들이 기대하고 바라는 마음이 더욱 간절하였는데, 금일 이광(离光)이 갑자기 빛을 잃어서[91] 나라의 운명이 위기에 처할 것[92]을 어찌 생각

89 왕세자……버리셨으니 : 왕세자는 순조(純祖)의 원자(元子)인 효명세자(孝明世子)를 이른다. 어려서부터 성군(聖君)의 자질을 보였는데, 나이 18세인 1827년(순조 27)에 순조의 건강을 이유로 대리청정(代理聽政)하게 되자 의욕적으로 인재를 등용하고 호적법을 정비하고 형옥(刑獄)을 공정하게 하는 등 훌륭한 정사를 폈으나, 1830년 윤4월에 병으로 승하하였다. 비(匕)는 종묘(宗廟)의 제기(祭器)의 일종인 숟가락이고 창(鬯)은 종묘의 제사에 쓰는 울창주(鬱鬯酒)를 가리킨 것으로, 비창은 종묘의 제사를 의미한다.

90 감무(監撫) : '감국무군(監國撫軍)'을 줄인 말로, 세자가 임금을 도와 국사(國事)를 감독하고 군사를 순무(巡撫)하는 일을 이른다.

91 이광(离光)이……잃어서 : 효명세자의 승하를 가리킨 구절이다. 이광은 이명(离明)과 같은 말인바, 원래 밝은 해를 가리키는 말로 《주역》 〈설괘전(說卦傳)〉에 "이(离)는 불이 되고 해가 된다.〔离爲火, 爲日.〕"라고 한 데서 유래하였는데, 전하여 임금의 밝은 덕 또는 곧바로 임금이나 세자의 지위를 이르는 말로도 쓰인다.

92 위기에 처할 것 : 원문은 '철류(綴旒)'이다. 철은 매단다는 의미이고 류는 면류관에 구슬을 꿰어 드리운 술을 말하는데, 이리저리 흔들리는 모양으로 인하여 국가의 형세가

했겠습니까. 말이 여기에 미치면 저도 모르게 창자가 끊어지는 고통 속에 피눈물을 흘립니다.

생각하건대, 우리 전하께서는 성인(聖人)이 자식을 사랑하는 정으로[93] 천륜(天倫)에 있어 끝없는 슬픔을 당하신 지 이미 한 달이 지나 세자 저하의 훌륭한 위의(威儀)를 길이 땅속에 묻으셨으니, 저촉되는 곳마다 마음이 아프시어 몸의 영위(榮衛)[94]를 해치기 쉽습니다. 이에 신은 참으로 근심과 번민으로 애가 타서 마음이 마치 물이 끓어오르는 듯합니다.

돌아보건대, 지금 수많은 일들이 오직 성상께서 먼저 스스로 몸을 더욱 잘 조섭하심에 달려 있으니, 이렇게 하여야 세손(世孫)을 조호(調護)하실 수 있고, 이렇게 하여야 나라의 천명(天命)을 길이 연장할 수 있습니다. 엎드려 바라건대, 이치에 통달하고 변화에 순응하시어[95]

위태로운 것을 비유하게 되었다. 진(晉)나라 유곤(劉琨)의 〈권진표(勸進表)〉에 "나라의 위태로움이 류를 매단 듯하다.〔國家之危有若綴旒.〕"라고 보인다.

93 자식을 사랑하는 정으로 : 원문의 '지자(止慈)'는 부모가 자녀를 사랑하는 마음을 뜻한다. 《대학장구》 전 3장에 "《시경》에 이르기를 '깊고 원대하신 문왕이여, 아, 계속하고 광명하고 공경하여 그치시다.' 하였으니, 문왕께서는 임금이 되어서는 인에 그치고, 신하가 되어서는 공경에 그치고, 자식이 되어서는 효에 그치고, 아버지가 되어서는 인자함에 그치고, 나라 사람들과 사귈 때는 신에 그치었다.〔詩云"穆穆文王, 於緝熙敬止", 爲人君止於仁, 爲人臣止於敬, 爲人子止於孝, 爲人父止於慈, 與國人交止於信.〕"라고 보인다.

94 영위(榮衛) : 영기(榮氣)와 위기(衛氣)의 합친 말로, 영기는 원기(元氣)를 왕성(旺盛)하게 하는 피의 순환을 이르고 위기는 몸을 호위하는 기의 순환을 이른다.

95 이치에……순응하시어 : '이치에 통달한다'는 것은 춘추(春秋) 시대 오(吳)나라 계찰(季札)이 제(齊)나라에 다녀오는 길에 자식을 잃어 제나라에서 장례를 치렀으나 이치에 통달하여 아들의 죽음을 담담히 받아들인 고사에서 나온 말이다. '변화에 순응한

힘써 마음을 너그럽게 가지고 슬픔을 억제하시어 온 세상의 많은 백성들의 소망에 굽어 따르소서.

이어 생각하건대, 신의 이름이 욕되게 궁료(宮僚)의 한 자리를 차지하고 있어 신이 세자 저하를 존경하고 떠받드는 마음이 갑절이나 간절합니다. 그러나 신은 밭두둑 사이에 엎드려 살다가 병에 걸려 거의 죽어 가고 있기에, 세자 저하께서 편찮으신 초기에는 문안하는 자리에 나아가 정성을 펴지 못하였고, 부음(訃音)을 받든 뒤에는 또 도성(都城)에 포복(匍匐)하여 갈 수가 없어서 다만 현(縣)의 뜨락으로 달려가서 백성들과 선비들 뒤에서 울부짖었을 뿐이니, 분수와 의리를 어그러뜨리고 예(禮)를 갖추지 못한 것이 이보다 더 큰 것이 없습니다. 상법(常法)으로 헤아려 보건대 엄중한 추궁을 어찌 면할 수 있겠습니까.

다만 신은 또 작은 정성이나마 펴서 반드시 우러러 아뢰고자 하는 것이 있습니다. 신이 맡고 있는 천관(天官 이조)의 참의(參議) 벼슬은 세상에서 문보(文譜)의 준선(峻選)[96]이라고 일컬어지고 있으며 그 직임(職任)이 지극히 중요하여 실로 육조(六曹)의 으뜸이 되니, 함부로 제수하거나 환광(瘝曠)[97]하도록 두어서는 안 됩니다.

신은 평범하게 선발된 말단의 음관(蔭官)으로 초야에서 이 직임을

다'는 것은 《예기》 〈단궁 하(檀弓下)〉에 "슬픔을 절제하는 것은 변화에 순응하는 것이다.〔節哀, 順變也〕"라고 한 말을 원용한 것이다.

96 문보(文譜)의 준선(峻選) : '문보'는 조선 시대 문과 급제자들을 성씨와 본관별로 분류하고, 출신과 가정 환경, 선조의 일까지 두루 기록한 인명록을 이른다. 본인을 중심으로 선대 8세와 외조, 장인을 족보의 형태로 정리하였다. '준선'은 문과 급제자 중에서 엄선하는 자리라는 의미이다.

97 환광(瘝曠) : 벼슬아치가 여러 가지 핑계로 공무를 잘 살피지 않는 것을 말한다.

헛되이 차지하고 있어서 이미 뭇사람들의 마음을 놀라게 하였고, 또 한 달이 넘도록 헛되이 관직에 매여 있어서 거듭 어진 이들을 등용하는 길을 방해하고 있습니다.

돌아보건대, 신이 벼슬을 사양하고 받는 구구한 일들은 비록 근심할 것이 못되나, 깨끗한 조정에서 종합하여 다스리는 정사(政事)에 있어서는 어찌 이와 같이 구차한 일을 용납할 수 있겠습니까. 또 세손부(世孫傅)의 겸직에 이르러서는, 더욱 얼마나 융숭하고 특별한 직임입니까? 전후로 이 직함에 자리하신 분들은 요컨대 모두 산림(山林)의 큰 유학자요 조정의 높은 품계의 재신(宰臣)들이니, 그렇다면 신처럼 용렬하고 천한 자를 뽑아 충원할 수 있는 자리가 결코 아닙니다.

더구나 의리에 있어 반드시 사양할 수밖에 없는 것 또한 이유가 있습니다. 차례를 건너 뛰어 제수되는 것은 염치를 손상시키고, 반자(班資 지위와 녹봉)가 도치되는 것은 조정의 체면과 관계되니, 이 어찌 다만 사람과 벼슬이 전혀 걸맞지 않을 뿐이겠습니까.

지난번 초봄 세자 저하께서 대리청정(代理聽政)하시던 때에, 신이 외람되이 상소문을 갖추어 피눈물을 흘리며 호소하여 잘못 내려진 은혜를 거두어 주시기를 삼가 바랐으나, 말이 졸렬하고 성의(誠意)가 부족하여 체량(體諒)을 받지 못하였습니다. 신은 황공함과 근심으로 위축되어 세월이 흐를수록 잠시도 편안히 있을 수가 없어서, 이에 감히 연계하여 덧붙여 아뢰면서도 서서히 말씀드릴 겨를이 없습니다.

바라건대 인자하신 성상께서는 특별히 가엾게 여겨 밝게 살피시어 속히 신에게 내리신 본래의 직임과 겸임 등을 모두 삭탈하시어 공적으로나 사적으로나 다행이 되게 하소서. 이어 신이 명을 태만히 하고 결례(缺禮)한 죄를 다스리시어 무너진 기강을 진작시키시기를 천만 간절히 바랍니다.

신은 슬픔으로 눈물을 떨구며 흐느끼면서 간곡히 기원하는 지극한 마음을 이기지 못합니다.

빈궁의 화재 후에 받들어 위로를 올리고 이어 이조 참의를 사양하는 소

殯宮火灾後奉慰 仍辭吏曹參議疏

엎드려 아룁니다. 세월이 쏜살같이 흘러 연경묘(延慶墓)의 현실(玄室)이 어느덧 닫혀 세자 저하의 아름답던 모습이 아득히 멀어지고 인자함에 그치는 성상의 마음속에 슬픔이 더하오니, 신은 동궁의 서연(書筵)에 지난날의 자취가 있는 몸으로 원통함에 부르짖고 비통함에 마음이 무너져서 마치 초상(初喪) 때와 같사온데, 지난날 빈궁(殯宮 상여가 나갈 때까지 왕세자나 왕세자빈의 관을 두던 곳)의 화재에 이르러서는 더 무슨 말을 하겠습니까.

신은 밭두둑 사이에 움츠려 엎드려 있다가 늦게야 소식을 들었는데, 저도 모르게 오장(五臟)이 무너지고 사지(四肢)가 축 늘어졌습니다. 뒤이어 재실(梓室 세자의 관)을 바꾸어 모셨는데, 금교(衾絞 시신을 묶는 홑이불)와 수의(壽衣)가 하나도 손상되지 않아서 장례를 제때에 치를 수 있었다는 소식을 들었으니, 이는 아마도 하늘이 돕고 신이 보호한 것이지 사람의 힘이 미칠 수 있는 바가 아닙니다.

그러나 화재가 지극히 범상치 않아서 예전의 기록에 있지 않은 것이니, 당시 성상께서 놀라고 슬퍼하심이 응당 어떠하셨겠습니까.

그러나 이는 바로 두려움이 사람을 깨우쳐 격려시키고 큰 우환이 성군(聖君)의 마음을 열어 주는 기회이오니, 엎드려 바라건대 전하께서는 수신(修身)과 반성(反省)의 방도를 힘써 강구하시어 수많은 백성들의 소망에 답하소서.

이어 엎드려 생각하건대, 신이 전조(銓曹)의 직함을 맡은 지 지금 5개월이나 되었습니다. 평범한 반열의 산직(散職 일정한 직무가 없는 벼슬)이라도 오래도록 헛되이 매어 있게 해서는 안 되는데, 하물며 이조의 중임에 있어 어찌 하루의 환광(瘝曠)이라도 용납할 수 있겠습니까. 그런데 신이 나아가지도 못하고 물러나지도 못하는 까닭에 이 중임이 바로 초야에 버려져 있으니, 전전긍긍하고 위축되어 스스로 편안히 지내지 못하는 것은 그래도 신의 사사로운 사정이지만, 헤아려보건대 조정의 사체(事體)가 너무 전도되는 것이 아니겠습니까.

그동안 간곡히 아뢰었으나 윤허(允許)를 받지 못하였으니, 이는 오로지 하루살이나 개미와 같이 천한 신의 정성이 미미하여 성상의 마음을 돌리지 못해서입니다. 다만 신은 근년 이래로 병들어 늙어가며 지리멸렬해져서 죽을 날이 멀지 않았으니, 만에 하나 사직(辭職)을 윤허받지 못한 채 갑자기 먼저 아침이슬이 사라지듯 세상을 버리게 된다면, 장차 구천(九泉)까지 품고 갈 한이 될 듯합니다.

매번 생각이 이에 미치면 마음속에 얼음과 숯불이 오고가는 듯합니다. 이에 위로를 올리는 글에 외람되이 다급한 호소를 덧붙였으니, 엎드려 바라건대, 자애로운 성상께서는 특별히 가엾게 여기시어 신에게 내리신 이조 참의[98]의 직임을 속히 교체하시어 관방(官方 관리들이 지켜야 할 규율)을 무겁게 하시고 미천한 분수를 편안하게 해주신다면, 공사(公私) 간에 천만 다행일 것입니다.

신은 눈물을 흘리며 흐느끼면서 절박하게 간곡히 기원하는 지극한 마음을 이기지 못합니다.

98 이조 참의 : 원문은 '삼전(三銓)'으로 세 번째 전관(銓官)이라는 뜻인데, 이조 참의를 달리 이르는 말이다.

찬선을 사양하고 겸하여 공조 참의와 상전을 사양하는 소

辭贊善兼辭工曹參議賞典疏

엎드려 아룁니다. 신이 일전에 차지할 수 없는 자리를 다시 함부로 차지하였는데, 분수에 넘친 별유(別諭)를 받들어 보니 말뜻이 간곡하고 정성스러우며 지우(知遇)가 더욱 융숭하셨습니다. 신은 절하고 머리를 조아리며 정중하게 읽고는 감사하는 마음이 지극하여 눈물을 떨구었습니다.

신이 그동안 은혜로운 소명을 어긴 것이 어찌 좋아서 한 짓이겠습니까. 염치를 무릅쓰고 나아가자니 신의 보잘것없는 지조를 실로 버리기 어려운 점이 있고, 나아가지 않자니 기쁨과 슬픔을 나라와 함께 하는 의리를 또한 스스로 막는 것이라 이렇게 할 수도 없었습니다.

이에 방황하며 위축되어 마음이 서로 싸우고 있었는데, 끝내 쇠잔한 몸과 위태로운 목숨이 병을 무릅쓰고 끝까지 달려가 명에 응하고자 하나 마음대로 힘이 따라주지 않으니, 비유하자면 병든 둔마(鈍馬)가 채찍질에도 몸을 일으키지 못하는 것과 같습니다. 그러므로 지난번에 사관(史官)이 돌아갈 때에 대략 실정(實情)을 드러내어 명령을 태만히 한 죄에 대해 처벌해 주시기를 바랐습니다.

마침내 동궁 저하의 서연(書筵)이 길일을 택하여 처음 열렸는데, 성상께서 기뻐하시고 이 경사(慶事)를 기념하여 백성들에게 은혜를 베풀어 여러 물품을 하사하신 것[99]이 미천한 신에게까지 미쳤습니다.

99 물품을 하사하신 것 : 원문의 '비반(匪頒)'은 《주례(周禮)》 〈천관 태재(天官大

신은 초야에서 처벌을 기다리고 있는 처지로 외람되이 서연에 오르는 궁료들과 함께 은택을 흠뻑 받았으니, 개인적인 마음에 황공하고 부끄러움이 또 응당 어떠하겠습니까.

아! 신은 천학비재(淺學菲才)의 불초한 인물로 한갓 떠도는 말과 헛된 명성으로 잘못 유선(儒選)을 더럽힌 지가 오래되어 어언 15년의 세월이 흘렀습니다. 그 사이에 화관(華貫)[100]을 역임하고 특별한 은총을 받았으니, 이 모든 것이 본래의 분수에 넘치는 일이라 신은 항상 두려워하고 두려워하여 마치 나무에 올라가 있는 듯 불안하였고 또 특별히 마음속으로 스스로를 슬퍼하였습니다.

사람이 이 세상을 살아감에 각자가 정해진 품수(品數)가 있는데, 유독 신만은 몸이 허실(虛實)과 진위(眞僞) 사이에 놓인 채 이를 판별할 기약이 없으니, 이는 아마도 신이 세운 뜻이 성실하지 못하여 얼굴빛은 인(仁)을 취하나 행실은 위배되어[101] 당금의 세상을 심하게 속여 이렇게 된 듯합니다.

지금 천한 신의 나이가 이미 70을 꽉 채웠고, 질병에 시달려 심히 지쳐 귀신이 될 일이 날로 가까워지고 있으니, 장차 부끄러움을 가슴에 품고 땅속으로 들어갈 것입니다.

오직 바라건대, 전하께서는 특별히 신을 가엾게 여기시어 한(漢)나

宰)〉에 나오는 말로, 왕이 신하들에게 물건을 나누어 주는 것을 말한다. 비(匪)는 분(分)과 같고, 반(頒)은 반포(班布)의 반(班)과 같다.

100 화관(華貫) : 중요하고 높은 벼슬을 이른다.

101 얼굴빛은……위배되어 : 이 내용은 《논어》 〈안연(顔淵)〉의 "문(聞)이란 얼굴빛은 인(仁)을 취하나 행실은 위배되며 여기에 머물면서 의심하지 않는 것이다.〔夫聞也者, 色取仁而行違, 居之不疑.〕"라는 구절을 원용한 것이다.

라 조정에서 나이가 늙어 수척해지는 병이 든 자를 조정으로 보내지 않은 고사를 본받아서 신을 선적(選籍)에서 제거하시고 영원히 소지(召旨 조정으로 부르는 교지)를 중단하시어, 신으로 하여금 죽기 전에 종내 바라는 바를 얻을 수 있도록 해 주신다면, 신은 은혜를 심중에 품고 은덕을 받들어 비록 죽는 날이라도 살아 있는 해와 같을 것입니다.

공조 참의의 직책에 3년 동안 헛되이 매여 있는 일과 격외(格外)의 은혜로운 하사품이 분별없이 베풀어진 것과 같은 일은 모두 평범하게 선발된 천품(賤品)의 신에게 마땅한 일이 아니니, 모두 처분을 내려주시어 멋대로 벼슬을 비우고 참람하게 상을 받았다는 비난을 면하게 해주소서. 구구한 이 몸은 실로 간절히 바라는 마음을 이기지 못합니다.

그리고 신은 동궁 저하를 보도(輔導)하는 한 가지 일에 대해 삼가 없애려야 없앨 수가 없는 고심(苦心)과 충정(衷情)이 있습니다. 맹자께서 말씀하시기를 "들어가면 법도를 지키는 세신(世臣)의 집안과 보필하는 선비가 없고 나오면 적국(敵國)과 외환(外患)이 없는 군주는, 그 나라가 항상 망한다."라고 하였습니다.

돌아보건대, 지금 법도를 지키는 세신의 집안과 보필하는 선비가 비로 쓸어낸 듯 사라져서 사사로운 욕심들이 하늘에 닿아 명교(名敎)가 무너지고 세도(世道)가 모두 망하였으니, 적국과 외환을 기다릴 것도 없이 실로 조석(朝夕)으로 급급히 위태로운 조짐이 있습니다. 그러나 사람들의 마음과 백성들의 목숨이 매달릴 곳이 있어서 민란(民亂)이 일어나 흙이 무너지고 기와가 깨어지는 지경에 이르지 않는 것은, 진실로 한 분의 원량(元良)[102]이 있어 억만 년 무궁한 아름다움의

102 원량(元良) : 세자를 의미하는 말로, 《예기》 〈문왕세자(文王世子)〉에 "한 사람

터전을 다졌기 때문입니다. 게다가 옥(玉)과 같은 자질이 영특하고, 지혜롭고 아름다운 명성이 일찍부터 퍼졌으니, 장차 하(夏)·상(商)·주(周) 삼대로부터 이어 온 유구한 법도가 펼쳐질 것을 점칠 수 있게 되었습니다.

그러나 주자가 말하기를 "아름다운 자질은 쉽게 얻을 수 있으나, 지극한 도는 듣기 어렵다."라고 하였고, 선정신(先正臣) 조광조(趙光祖) 또한 일찍이 조정에 건의하기를 "옛사람은 태교(胎教)까지 하였는데, 하물며 이미 지각(知覺)이 있는 때이겠습니까. 뛰어난 자질은 믿을 수 없습니다. 재기(才氣)가 남보다 뛰어난 자는 선(善)을 행하는 것이 진실로 쉽지만 악(惡)을 행하는 것도 어렵지 않으니, 염려하지 않을 수 없습니다."라고 하였습니다.

또 말하기를 "고인들이 태자를 바른 사람〔正人〕과 함께 거처하게 하고자 한 것은, 태자가 어진 선비를 친애하고 선비들을 아끼는 마음을 기르도록 하고자 해서입니다. 삼대(三代) 이후로는 태자를 잘 보양하지 못했기 때문에 패란(敗亂)과 멸망(滅亡)이 계속되고 훌륭한 정치가 보이지 않은 것이었습니다."라고 하였으니, 이 말은 지극한 정성에서 나와서 방망이와 손바닥으로 때려 남은 혈흔[103]도 그 통절함을 다 비유

원량이 있으면 만국이 이로써 안정되니, 세자를 말한다.〔一有元良, 萬國以貞, 世子之謂也.〕"라고 보인다.

103 방망이와……혈흔 : 원문의 '장혈조흔(掌血條痕)'은 방망이로 내려치고 손바닥으로 때려서 생긴 붉은 핏자국이라는 뜻으로 본래 선종(禪宗)의 용어인데, 후대에 성현(聖賢)이 사람들에게 간절하게 일러 준 가르침, 혹은 그 가르침을 사람들이 간절하게 받아들여야 함을 비유하는 말로 쓰이게 되었다. 《주자어류》 권34에 "대개 성인이 하시는 일은, 예를 들면 방망이로 내려쳐서 한 가닥 혈흔(血痕)이 생기게 하고 손바닥으로

하기에 부족합니다. 그렇다면 가르치고 깨우쳐 주기를 일찍 하지 않으면 안 되고, 바른 사람을 가리지 않아서는 안 됩니다.

지금 세손 저하의 보령(寶齡)이 딱 6세로 숫자를 배우실 때[104]가 되셨는데 처음으로 강관(講官)을 접하시니, 이는 정자(程子)가 말한바 '먹을 수 있고 말할 수 있는 시기'[105]와 견주어 본다면 이미 너무 늦은 것입니다.

신이 밭두둑 사이에 움츠리고 엎드려 있으면서 귀를 기울여 들어 보았으나, 성대한 조종조(祖宗朝) 때의 훌륭한 법규대로 궁료들을 신중하게 선발했다는 소식을 듣지 못하였으니, 또 그 소략함이 어찌 이다지 심하단 말입니까. 이와 같은데도 세손의 자질을 양성하여 장차 취학하게 하여 후일의 지극한 정치의 터전으로 삼기를 바라고자 한다면, 어렵지 않겠습니까.

아! 금일의 종묘사직을 위한 대계(大計)는 동궁 저하를 가르치는 일보다 급한 것이 없으니, 진실로 잠시라도 안일을 탐하고 세월을 허송함[106]을 용납할 수가 없습니다. 일찍부터 가르치지 않으면 추악한 말들

때려서 혈인(血印)이 생기게 하는 바로 그런 것과 같은 것이다.〔大概聖人做事, 如所謂一棒一條痕, 一摑一掌血, 直是恁地.〕"라고 보인다.

104 보령(寶齡)이……때 : 이 내용은 《예기》 〈내칙(內則)〉에 "6세에 수와 방소의 이름을 가르친다.〔六年, 教之數與方名.〕"라는 구절이 있으므로 이렇게 말한 것이다.

105 정자(程子)가……시기 : 정자는 이천(伊川) 정이(程頤)를 이른다. 이 내용은 《이정문집(二程文集)》 권7 〈이천문집(伊川文集) 상태황태후서(上太皇太后書)〉에 "옛날에 자식이 태어나 밥을 먹을 줄 알면 오른손을 사용하도록 가르치고, 말을 할 줄 알면 빨리 대답하고 천천히 대답하는 것을 가르쳤다.〔古者子生, 能食則教之以右手, 能言則教之唯諾.〕"라고 보인다.

106 안일을……허송함 : 원문의 '완게(玩愒)'는 '완세게일(玩歲愒日)'을 줄여 쓴 것으

이 먼저 들어가서 가르침이 막히고 통하지 못하는 우환이 생겨나고, 사람을 가려 쓰지 않으면 강학(講學)이 헛되이 베풀어져서 실제의 효험을 바랄 수 없게 됩니다.

기회를 한 번 잃으면 후회한들 무슨 소용이 있겠습니까. 신은 생각이 이에 미칠 때마다 잠을 못 이루고 벽을 따라 서성이다가 새벽을 맞이하곤 하였습니다. 이에 주광(黈纊)[107]의 아래에 이 일을 한번 아뢸 것을 생각하여, 감히 면직을 청하는 상소를 올리는 기회에 말로써 몸을 대신하여 이 상소와 연관시켜 덧붙여 진언합니다.

초야에 있는 신이 함부로 한 말들이 대부분 참람하고 경솔하니, 신은 만 번 죽을죄를 지었습니다. 간절히 바라건대, 전하께서는 사람이 나쁘다고 하여 그 말을 버리지 마시고, 후손들을 편안하게 해줄 큰 계책을 깊이 생각하소서. 이에 성상의 인재 선발을 보필하는 신하에게 명하시어 정밀하고 명백하게 전하의 명령을 받들어 널리 알리고 따로 조례를 강구하시어 강론(講論)하는 관원을 선발하시되 위임하여 공을 이루게 하시고, 진대(進對 신하가 나아가서 임금을 뵙고 여러 가지 정사(政事)를 의논하던

로, 안일을 탐하고 세월을 허송한다는 의미이다. 《춘추좌씨전(春秋左氏傳)》 소공(昭公) 원년 조에 "후자가 나와서 사람에게 고하기를 '조맹은 머지않아 죽을 것이다. 백성의 주인이 되어 세월을 허송하며 안일만을 탐하니, 그가 얼마나 살 수 있겠는가.' 하였다.〔后子出而告人曰: 趙孟將死矣. 主民, 翫歲而愒日, 其與幾何?〕"라고 보인다.

107 주광(黈纊) : 왕이 잘잘못을 함부로 듣지 않겠다는 뜻을 보이는 의미로, 면류관에 달아 두 귀 양쪽으로 늘어뜨린 황면(黃綿)으로 만든 작은 솜방울을 이른다. 《회남자(淮南子)》 〈주술훈(主術訓)〉에 "옛날 임금들이 면류관 앞에 유(旒)를 늘어뜨리는 것은 보는 것을 가리기 위한 것이며, 주광을 늘어뜨려 귀를 막는 것은 듣는 것을 가리기 위한 것이다.〔古之王者, 冕而前旒所以蔽明也, 黈纊塞耳, 所以掩聰.〕"라는 내용이 보인다.

일)를 자주 여시되 상격(常格 전례가 되어서 두루 시행되고 있는 규정이나 격식)에 구애받지 말게 하소서.

또 강독(講讀)하는 외에 한가하게 거처하시고 유희하는 중에도 반드시 많은 시간을 외당(外堂)에 계시게 하여 법도 가운데에 무젖어 습관이 되게 하시고, 올바르지 못한 사람〔匪人〕과 친밀하게 지내지 못하게 하신다면, 바름으로 길러 성인(聖人)이 되는 공부가 진실로 여기에 있을 것이니, 신은 두 손을 모으고 기원하면서 간절하고 간절히 바라는 마음을 이기지 못합니다.

신은 하늘을 우러러 격절(激切)하고 황공해 하면서 기도하는 지극한 마음을 가누지 못합니다.

상서上書

하례하는 반열에 나아가지 못한 것을 자책하며 이어 찬선을 사양하는 서

未赴賀班自引 仍辭贊善書

시강원 찬선(侍講院贊善) 신(臣) 오희상은 참으로 황공하여 머리를 조아리고 조아리면서 삼가 두 번 절하며 왕세자 저하께 글을 올립니다. 엎드려 생각하건대, 우리 성상께서는 원대한 도모를 깊이 생각하시어 이에 저하께 국가의 중요한 일을 대리청정(代理聽政)하도록 명하셨으니, 이는 참으로 종묘사직의 무궁한 아름다움이 될 것입니다.

이에 성대한 의식을 크게 거행하여 두 밝음〔明兩〕[108]이 대를 이어 비추어, 온 팔도(八道)의 생명이 있는 무리들이 모두 득의양양하게 생기(生氣)를 발하고 있는데, 신은 대대로 국록(國祿)을 먹는 집안의 후손으로 지나친 혜택과 특별한 은총을 받았으니, 지금 늙어 거의 죽게 됨에 실로 조금만 더 살아 태평성대를 보기 바라는 소원이 있을 뿐입니

108 두 밝음 : 임금인 순조와 그 아들 효명세자를 가리킨다. 《주역》 〈이괘(離卦) 상(象)〉에 "밝음이 둘인 것이 이(離)가 되니, 대인이 보고서 밝음을 계승하여 사방을 비춘다.〔明兩作離, 大人以, 繼明, 照于四方.〕"고 한 데서 유래하였다.

다.[109]

평소 변통(變通)할 줄을 모르고 늙고 병든 몸으로 억지로 출사(出仕)하기 어려워, 스스로 배반(陪班 임금을 모시는 반열)을 따르는 것을 막아 참으로 호숭(呼嵩)[110]하지 못하였으니, 신의 겸연쩍은 마음은 우선 놓아두고 논하지 않더라도, 상법(常法)으로 살펴보건대 어찌 마땅히 무거운 벌을 당할 일이 아니겠습니까.

더구나 신이 삼가 생각해보건대, 전학(典學)[111]은 진실로 나라를 다스리는 근본이 되니 그렇다면 저하께서 처음 대리청정을 시작하심에 있어 더욱 마땅히 분발하시어 새로운 정사를 펴시어 모든 것이 여기에 달려있음을 생각하시옵소서.[112] 날마다 서연(書筵)을 열어 마음을 겸

109 조금만……뿐입니다 : 이 내용은《한서(漢書)》〈가산전(賈山傳)〉의 "조금만 더 수명이 연장되어 죽지 않아서 덕화(德化)가 완성되는 것을 볼 수 있기를 바란다.〔願少須臾毋死, 思見德化之成也.〕"라는 구절을 원용하였다.

110 호숭(呼嵩) : 나라에 큰 의식이 있을 때 황제나 임금의 축수(祝壽)를 표하기 위하여 만수무강(萬壽無疆)을 비는 뜻에서 신하나 백성들이 '만세(萬歲)' 또는 '천세(千歲)'를 크게 외치는 일이다. 한(漢)나라 무제(武帝)가 숭산(嵩山)에 올라가 제사를 지낼 때 곳곳에서 만세 소리가 들렸다는 고사(故事)에서 나왔다.

111 전학(典學) : 군주가 늘 학문에 힘쓰는 것을 이른다. 은(殷)나라 고종(高宗)이 부열(傅說)에게 가르침을 줄 것을 청하자, 부열이 말하기를 "오직 학문은 뜻을 겸손하게 해야 합니다. 힘써서 때로 민첩하게 하면 그 닦여짐이 올 것이니, 독실히 믿어 이것을 생각하면 도가 그 몸에 쌓일 것입니다. 가르침은 배움의 반이니, 생각의 처음과 끝을 항상 학문에 둔다면 그 덕이 닦여짐을 자신도 깨닫지 못할 것입니다.〔惟學遜志, 務時敏, 厥修乃來, 允懷于玆, 道積于厥躬. 惟斅學半, 念終始典于學, 厥德修罔覺.〕"라고 하였다.《書經 說命下》

112 모든……생각하시옵소서 : 이 내용은《서경(書經)》〈대우모(大禹謨)〉에 "생각함도 여기에 있고, 버리고 생각하지 않으려 하여도 여기에 있으며, 이름하여 말해도

손하게 하고 제때에 민첩하게 하여[113] 성현(聖賢)들의 가르침에 무젖어 융회하시고 천덕(天德)과 왕도(王道)에 대해 강습(講習)하시어, 이로써 근본을 단정하게 하고 근원을 맑게 하시어 천리를 밝히고 인심을 바르게 하고 유학의 교화를 높이고 선량들을 구하여 일대의 아름다운 정치를 이루소서. 그리하여 우러러 대조(大朝 왕세자가 섭정하고 있을 때의 임금을 이르던 말)께서 내리신 엄중한 부탁에 부응하시고, 수많은 백성들의 간절한 기대와 소망에 굽어 따르소서.

돌아보건대, 그 요체는 오직 빈료(賓僚 세자시강원의 궁료)를 신중히 선발하여 저하의 좌우에서 깨우쳐 인도하게 하여 겉치레의 문식을 버리고 실익(實益)을 구함에 달려 있으니, 단 하루도 헛되이 보낼 수가 없습니다.

신과 같이 불초한 자가 헛되이 보도(輔導)의 직임에 매여 있어서 벼슬이 방치되고 일이 폐해지는데도 파직하라는 명을 내리지 않으시니, 어찌 다만 저하의 종합하여 치밀히 살피는 정사(政事)에 누가 될 뿐이겠습니까. 저하께서 학문에 전념하는 시기에 어진 이를 등용하는 길에 방해가 될 것이니, 이는 또 작은 폐해가 아닙니다.

여기에 있고, 진심에서 나와도 여기에 있으니, 황제께서는 그의 공을 생각하소서.〔念茲在茲, 釋茲在茲, 名言茲在茲, 允出茲在茲, 惟帝念功.〕"라는 구절을 원용한 것이다. 이 구절은 순(舜)이 우(禹)에게 제위(帝位)를 선양(禪讓)하려 하자, 우가 고요(皐陶)를 추천한 말로, 백성들이 고요의 덕을 깊이 그리워하여 늘 생각과 말이 고요를 향해 있음을 표현한 것이다.

113 마음을……하여 : 이 내용은 《서경》 〈열명 하(說命下)〉의 "마음을 겸손하게 하고 제때에 민첩하게 하면 그 닦여짐이 올 것이다.〔惟學遜志, 務時敏, 厥修乃來.〕"라는 구절을 원용한 것이다.

신은 이 일에 대해 갑절이나 두려워서 감히 스스로 마음을 편안히 할 수가 없기에, 이에 현(縣)과 도(道)를 통하여 노장(露章)[114]으로 죄를 자백하옵니다. 엎드려 바라건대, 자애로운 저하께서는 굽어 살피시고 재량(裁量)하시어 먼저 신이 결례(缺禮)한 죄를 다스리시어 무너진 기강(紀綱)을 바로잡으시옵소서. 이어 신의 관직을 삭탈하고 신의 이름을 선적(選籍)에서 제거하도록 명하시어 관리들의 기강을 깨끗하게 하시고 거짓된 풍속을 바로잡으신다면, 새로운 교화에 도움이 됨이 어찌 작다고 하겠습니까.

신은 우러러 간곡히 기원하며 두려워 죄를 기다리는 지극한 마음을 가누지 못합니다. 삼가 죽음을 무릅쓰고 아룁니다.

114 노장(露章) : 사람들에게 널리 알리기 위해 봉함(封緘)하지 않고 올리는 소장(疏章)을 말한다.

하례하는 반열에 나아가지 못한 것을 자책하며 상전을 사양하는 서

未赴賀班自引 兼辭賞典書

엎드려 아룁니다. 원손(元孫)께 큰 복(福)이 내리고 상서(祥瑞)가 나타나니 나라의 기본이 더욱 공고해지고, 현호(顯號)로 대조(大朝 왕세자가 섭정하고 있을 때의 임금을 이르던 말)를 찬양하니 원손(元孫)의 효성이 능히 천양(闡揚)되자, 길한 경사가 모두 모여들어 귀신과 사람들이 함께 기뻐합니다.

이로 인하여 엎드려 생각해보건대, 신은 전하를 속이고 은총을 도둑질하고 명(命)을 어기고 도피하는 일을 여러 번 범하였으니, 평소 두려워하여 마치 큰 짐을 지고 있는 듯합니다.

대소(大小)의 신료들이 발을 구르고 춤을 추는 때를 만났는데도 구구한 이 몸의 작은 고집은 또 주위(周圍 대궐)에 몸을 바쳐 소략하게나마 견마(犬馬)의 충성을 바칠 길이 없사오니, 예(禮)를 잃은 죄가 드러남에 더욱 도피할 곳이 없습니다. 이에 삼가 글을 올려 신의 죄를 자책하고자 하였는데, 뜻밖에 이때에 전하께서 신하들에게 물품을 하사하는 일이 갑자기 천한 신에게 미쳤으며, 심지어는 고을 수령들을 신의 누추한 집으로 보내 선유(宣諭)하셨습니다. 신은 절하고 머리를 조아리며 받았는데, 은총이 각별하니 마음에 황공하고 부끄러움이 가득하여 영광을 기뻐할 겨를도 없었습니다.

아! 신은 일찍이 단 하루도 조정에 나가 직무를 수행하고 뇌사(雷肆 세자시강원)의 연석에 올라 저하의 온화하고 의젓한 모습을 모신 적이 없었습니다. 그렇다면 애당초 기록할 만한 수고가 없으니, 어찌 밤낮으로 조정에서 일을 담당하여 힘써 노력하는 어진 분들과 함께 똑같이 섞여 은전(恩典)을 받을 수 있겠습니까.

저하의 마음이 비록 경사(慶事)를 기념하는 뜻에서 나온 것이기는 하나, 은전(恩典)이 너무 외람되고 지나치니, 밝은 조정의 종합하여 치밀하게 살피는 정사(政事)에 있어 비단 빈소(嚬笑)의 마땅함[115]을 잃을 뿐만이 아닙니다. 그 근본을 탐구해보면, 이 일이 일어난 것은 신이 차지해서는 안 될 자리를 무릅쓰고 차지하고 있기 때문입니다. 전후(前後)로 사직을 청한 것이 한두 번에 그치지 않았으나, 신의 정성이 부족해서 성상의 윤허(允許)를 받지 못하여 여러 해 동안 헛되이 관직을 차지하고 있어 마칠 기약이 없습니다.

돌아보건대, 지금 온 세상에 허위(虛僞)가 넘쳐 온갖 법도가 바르지 못한데, 신이 이때에 스스로 충은(充隱)[116]의 비난을 불러 저하께서 청명(淸明)한 교화를 막 시작하는 자리를 욕되게 하오니, 신은 생각이 여기에 미칠 때마다 저도 모르게 얼음과 숯불이 마음속에 교차하여 한밤중에도 여러 번 일어나곤 합니다.

엎드려 바라건대, 동궁 저하께서는 특별히 재량(裁量)하시어 신이

115 빈소(嚬笑)의 마땅함 : 임금의 포상에 마땅한 근거가 있어야 함을 이른다. 전국시대 한 소후(韓昭侯)가 자신의 해진 바지를 보관해 두기를 명하며 "훌륭한 군주는 한번 찡그리고 한번 웃는 것도 아낀다고 하였다. 한번 찡그리고 한번 웃는 데도 까닭이 있어야 하니, 바지에 비하겠는가. 나는 공(功)이 있는 사람에게 이 바지를 주겠다."라고 한 데서 나온 말이다. 《韓非子 內諸說上》

116 충은(充隱) : 은사(隱士)가 아닌데도 은사로 추천된 거짓 은사를 이른다. 자세한 내용은 106쪽 주71 참조.

받은 은사(恩賜)를 환수하여 사체(事體)를 중하게 하시고 이어 신의 직명(職名)을 영원히 삭제하도록 명하시어 실제에 힘쓰는 정사(政事)를 밝히소서. 신은 크게 바라는 마음을 이기지 못합니다.

신은 간곡히 기원하며 두려워하는 지극한 마음을 감당할 수 없습니다.

세손부를 사양하고 겸하여 찬선을 사직하는 서

辭世孫傅 兼辭贊善書

엎드려 아룁니다. 우리 왕세손께서 점점 성장하시어 책봉(冊封)의 예(禮)를 막 거행하게 되었습니다. 이는 나라의 뿌리를 공고히 하고 왕통(王統)을 중하게 하는 것으로 위로 하늘의 돌봄에 답하고 아래로 백성의 소망에 관계되는 것이니, 억만 년 무궁한 아름다움이 지금부터 시작될 것입니다.

신이 다행히도 잠시 동안이나마 죽지 않아서 함께 참여하여 이 경사를 보니, 경애하고 떠받들며 손뼉을 치며 축원하는 마음이 어찌 다함이 있겠습니까. 이어 신이 왕명을 거역한 죄가 쌓인 것을 생각하여 스스로 전야(田野)에 엎드려 숨어 있는 중에, 노쇠에 따른 병이 침범해서 오직 저승사자가 이르기를 기다리고 있었습니다. 그런데 갑자기 지난겨울에 제서(除書 벼슬에 임명하는 문서)가 이르러 공경히 받들어보니, 신을 세손부(世孫傅)로 삼으셨습니다.

신은 이 명령을 듣고 놀라고 두려워 오장(五臟)이 뒤집어졌는데, 명기(名器 벼슬)를 오랫동안 혼탁하게 버려둘 수가 없으니, 마땅히 즉시 만사(萬事)를 무릅쓰고 글을 올려 저에게 제수된 벼슬을 환수해 주시기를 우러러 빌었어야 하나, 먼 초야에 있는 천(賤)한 신이 성상의 마음을 번거롭게 하고 어지럽힐까 두려워 우물쭈물하며 세월을 덧없이 보내다가 마침내 해가 바뀌었습니다.

이에 예전과 같이 헛되이 관직에 매여 있는데, 이를 비판하여 바로잡는다는 말이 들리지 않으니, 신은 이에 더욱더 황공해 하고 있습니다.

그러나 만약 신이 말씀 올리지 않으면 저하께서 어떻게 신의 본말(本末)을 알아서 신을 처리할 방법을 생각하시겠습니까.

아! 신의 집안은 대대로 나라의 두터운 은혜를 받아 좋은 일이나 궂은일을 국가와 함께 하였습니다. 신이 비록 재주가 없으나 어찌 선조의 발자취를 잇고 전통을 따라 왕사(王事)에 종사하고 싶은 바람이 없겠습니까마는, 불행히 어려서 병이 들어 학업에 힘쓰지 못하여 과거 공부를 그만 두었고 중간에 상화(喪禍)를 많이 당하여 신세가 처량하고 괴로웠습니다.

이로 인하여 일체의 세상 인연이 텅 비고 꺼진 재처럼 식었으니, 오직 문을 걸어 닫고 청정함을 지켜 집안에 수치를 끼치지 않기만을 바라나 이 또한 쉽지 않을 듯하니, 어떻게 고상함을 흠모하고 학문에 진력하여 한결같이 학문에 매진하는 선비들에게 스스로 저를 비할 수 있겠습니까.

다만 저의 하찮은 기량(伎倆)이 한가로운 경계에서 밝혀지지 못하여, 개가 그림자만 보고 짖는 것처럼 사람들이 실제보다 더욱 높이 평가하여 마침내 전전(輾轉)하여 명성을 사칭(詐稱)하게 되었습니다.

처음에는 전조(銓曹 이조)의 천거에 오르고 종내에는 또 정초(旌招)[117]의 대열에 외람되이 든 지가 지금 12년이 넘었습니다. 저는 외람되이 대조(大朝) 전하의 특별한 지우(知遇)와 은혜를 입어 조정에서

117 정초(旌招) : 학덕이 높은 선비를 과거를 거치지 않고 유림(儒林)의 천거로 벼슬을 제수하고 부르는 일을 이른다. '정(旌)'은 꿩의 깃털을 깃대 끝에 단 기를 말하는데, 고대에 대부(大夫)를 부를 적에 정을 사용한 데서 유래하였다. 《맹자》 〈만장 하(萬章下)〉에, "서인은 전(旃)으로 부르고, 사는 기(旂)로 부르고, 대부는 정(旌)으로 부른다.〔庶人以旃, 士以旂, 大夫以旌.〕"라고 보인다.

전후로 관직에 부른 것이 7번이요, 전하께서 특별히 부른 것이 2번입니다.

신은 스스로를 성찰할 때마다 사람들을 속여 온 죄가 깊어 황송하고 부끄러운 마음을 품지만 이를 분명하게 밝힐 기약이 없으니, 문폐(文陛)[118]에 나아가 한 번 성상의 얼굴을 뵙고 세신(世臣)의 의리를 대략 펴고 신의 추악함을 드러내어 애오라지 구경(究竟)의 법으로 삼고자 합니다. 그러나 전후에 외람되이 훔친 벼슬이 모두 특별히 높은 자리에 선발된 것으로, 음직(蔭職)으로 범상하게 얻을 수 있는 것이 아니었습니다. 그러므로 방황하고 주저하며 끝내 우인(虞人)의 경계를 지켰으니, 신이 어찌 이를 좋아서 한 것이겠습니까.

금일의 새로운 명령과 같은 것은, 문손(文孫)[119]을 정호(定號)하면서 세손강서원(世孫講書院)을 설치하고 관료를 배치해서 세손을 일찍 가르치는 방도를 다하게 한 것인데, 그중에도 부(傅)는 덕의(德義)로 가르쳐 바른 도리로 길러 성인(聖人)이 되는 공부의 기초를 닦는 역할이니, 그렇다면 그 임무가 어찌 막중하지 않겠습니까.

반드시 그 사람의 인망(人望)과 실제가 모두 높아서 학문과 행실이 충분히 동궁 저하의 덕성을 훈도(薰陶)할 수 있고 도의(道義)에 무젖게 할 수 있어야 비로소 이 직임을 저버리지 않을 수 있으니, 미천함이 신처럼 멸렬(蔑裂 하찮고 손상됨)한 자가 헤아려 논의할 수 있는 바가

118 문폐(文陛) : 임금이 있는 대전(大殿)의 섬돌로 무늬 있는 돌을 다듬어서 만들기 때문에 이렇게 부르는데, 혹 조정(朝廷)을 가리키기도 한다.

119 문손(文孫) : 《서경》 〈입정(立政)〉의 '문자문손(文子文孫)'에서 나온 말로, 왕세손을 가리키는 말이다.

아님이 분명합니다.

더구나 지금 사림(士林)의 덕망이 높은 분들 중에 본래 적임자가 있는데도, 천거하는 자에게 묻지도 않고 전조(銓曹)의 주의(注擬)도 갖추지 않으신 채 마침내 신을 먼저 제수하셨으니, 신은 마음속으로 의아해 하였습니다. 또 조정의 위차(位次)는 낮은 것과 높은 것이 서로 이어져 질서정연한 차례가 있어서 혹시라도 뛰어넘을 수가 없는데, 지금 3품의 품계로 버젓이 한 원(院)의 수장이 되어 중신(重臣)과 재신(宰臣)의 위에 자리하니, 이는 진실로 예전에 없었던 처음 보는 격식입니다.

신이 어떤 인물이기에 함부로 이 격식에 응하여 총괄하여 관할하는 정사(政事)에 누를 끼치고 후세의 비난을 부른단 말입니까. 그러나 이는 다만 염치(廉恥)와 예방(禮防)의 한 쪽 측면만을 말한 것일 뿐입니다. 돌아보건대, 신은 고질병이 골수에 맺혀서 정신이 쇠약해졌습니다. 젊고 혈기가 왕성한 시절에도 이미 보통 사람만 못하였는데, 지금 엄자산(崦嵫山)[120]의 석양(夕陽)과 같은 신의 나이가 어느덧 칠순에 가깝습니다. 몸이 파리하고 쇠잔해져서 스스로 늙은 폐인임을 분수로 여기니, 실로 구책(驅策 사역(使役))에 대비하는 일을 감당할 수가 없습니다.

설령 신이 은혜에 감동하고 의(義)를 두려워해서 보잘것없는 지조를 버리고 공손히 달려가는 정성을 바치고 싶어도 결코 할 수가 없으니, 그 실정을 자세히 따져 밝혀보면 또한 곤궁하고 또 가엾다고 할 만합니

120 엄자산(崦嵫山) : 태양이 들어가 쉰다는 전설상의 산 이름으로, 만년(晩年) 또는 노년(老年)의 비유로 쓰인다.

다. 지금 신이 매여 있는 찬선(贊善)의 직책은 한번 맡은 이후 5년이 되어감에 마치 신에게 본래 있었던 자리처럼 편안하게 여겨 천공(天工)[121]을 비워 두게 하고 현자가 등용되는 길을 방해하니, 이것이 어찌 도리이겠습니까.

이에 마음속으로 잠시도 관직에서 해임되기를 바라는 생각을 잊은 적이 없으나, 감히 번번이 현(縣)과 도(道)를 번거롭게 할 수가 없어서 이처럼 침묵을 지키고 있었습니다. 지금 부득이하여 이글에 덧붙여서 함께 아뢰오니, 엎드려 바라옵건대 밝고 자애로우신 저하께서는 특별히 가엾게 여겨주소서.

이에 신에게 매여 있는 본직과 겸직의 여러 직함을 빨리 삭탈하도록 허락하시고 이어 신의 이름을 선적(選籍)에서 삭제하도록 명하시어, 산골에 사는 신이 남은 목숨을 부지하다가 저 조화(造化)의 옛 물건으로 돌아갈 수 있게[122] 하여 주소서.

성상(聖上)의 교화에 무젖은 채로 여생을 마치게 해주시는 것이 실로 뜻을 통하고 남을 이루어 주는 지극한 인(仁)과 큰 덕(德)이 됩니다.

신은 두 손 모아 간곡히 기원하며 두려워하는 지극한 마음을 이길 수가 없습니다.

121 천공(天工) : 사람이 하늘을 대신하여 천하를 다스리는 일로, 관직을 가리킨다. 《서경》 〈고요모(皐陶謨)〉에 "안일함과 욕심으로 제후들을 가르치지 말아서 삼가고 두려워하소서. 하루 이틀 사이에도 기미가 만 가지나 됩니다. 모든 관직을 비우지 마소서. 하늘의 일을 사람이 대신하는 것입니다.〔無教逸欲有邦, 兢兢業業. 一日二日萬幾. 無曠庶官, 天工人其代之.〕"라고 보인다.

122 조화(造化)의……있게 : 죽음을 비유하는 표현이다. 자세한 내용은 88쪽 주55 참조.

서계 書啓

사관 김이적이 별유를 전한 뒤에 올리는 부주
史官金履迪宣別諭後附奏

천한 신은 분수에 넘치는 은혜를 특별하게 입은 뒤에 오정(五情)이 놀랐는데, 통할 사람도 찾아갈 사람[123]도 없기 때문에 황량한 산골로 달아나 엎드려서 어찌 할 바를 알지 못하고 있습니다.

이런 때에 사관(史官)이 또다시 신의 집에 임하여 성유(聖諭)를 전하였는데, 비루하고 천한 소신(小臣)이 감히 받들 수 있는 바가 아니었습니다. 어찌 준례에 따라 글을 올려 그 참람한 죄를 더하겠습니까. 땅에 엎드려 황송해 할 뿐입니다. 이에 사관이 돌아갈 적에 외람되이 위태롭고 절박한 심정을 써서 왕명을 출납(出納)하는 승정원에 다소나마 드러내어 행여 하문하실 적에 전달되기를 바라오니, 신은 더욱 죽을 죄를 졌습니다. -서연(書筵)의 직함을 계하(啓下)하신 뒤에 특별히 별유(別諭)를 내리시니, 공경히 받은 뒤에 감히 준례에 따라 부주(附奏)할 수가 없어서, 이를 기록하여 사관에게 주어 급히 파발마를 달려 아뢰지 말고 복명(復命)하는 날에 이것을 승정원에 바쳐서 아뢰게 하였다.-

123 통할……사람 : 원문의 '인극(因極)'은 '수인수극(誰因誰極)'을 줄여 쓴 것이다. 《시경》 〈용풍(鄘風) 재치(載馳)〉에 "큰 나라에 하소연하고프나, 누구를 통하며 누구에게 가야 하나.〔控于大邦, 誰因誰極.〕"라고 보인다.

사관 김낙풍이 별유를 전한 뒤에 올리는 서계
史官金樂灃宣別諭後書啓

신은 겨우 현(縣)과 도(道)를 통하여 외람되이 신의 간절한 마음속 생각을 정성을 다하여 아뢰고 반대(鞶帶 관복)를 벗기를 공경히 기다렸는데, 천만 뜻밖에 사관이 멀리 황량한 산골의 나무하고 짐승을 기르는 마을까지 와서 크게 성유(聖諭)를 선포하였습니다.

이 예(禮)는 열조(列朝)에서 덕이 높고 명성이 큰 선비들을 공경하고 영예롭게 하는 특별한 은전(恩典)이고 두터운 은혜인데, 지금 이 예(禮)를 신과 같이 누추하고 변변치 못한 자에게 베푸시어 장차 보고 듣는 사람들로 하여금 놀라 의혹에 빠지게 하고 현자(賢者)와 지자(智者)들을 나태하게 만드시니, 신은 진실로 당혹스럽고 부끄럽고 두려워 일이 이 지경이 된 이유를 알지 못하겠습니다.

아! 신은 실상(實相)도 없이 명성을 도둑질하여 물러나는 것으로 은총을 구하니 가는 곳마다 죽을죄가 아님이 없는데, 쫓아내는 처벌이 가해지지 않아 동궁(東宮)의 직함을 그대로 가지고 있습니다.

이번에 부르시는 명령에 이르러서는 특별한 의미가 있으니, 천재일우(千載一遇)의 경사로운 때를 맞이해서 열조의 고사(故事)를 펴실 것을 생각하신 것입니다. 그런데 신의 이름이 선발하는 명부에 있음으로 말미암아 다시 변별하지 않으시고, 세신(世臣)의 의리로써 책임을 지우시고 문식(文飾)의 뜻으로 하유(下諭)를 내리시니, 처음부터 끝까지의 백여 자가 엄중하고 간곡하여 반복해서 깨우쳐 이끌어 주셨습니다. 신은 목석(木石)이 아니고 또한 이성(彝性 근본으로 타고난 떳떳한 성품)을 갖추고 있으니, 어찌 홀로 경사(慶事)를 먼저 보고 싶은 소원이 없겠습니까.

게다가 신은 지난해 계방(桂坊 세자익위사(世子翊衛司))에서 대죄(待罪)[124]하였고 뇌사(雷肆 세자시강원(世子侍講院))에 출입하여 저하의 훌륭한 의표(儀表)를 가까이 모신 지가 어느덧 5개 성상(星霜)이 되었습니다. 어리시던 저하께서 점점 성장하시어 삼가(三加)의 성대한 예(禮)[125]를 장차 거행하게 되었으니, 목을 빼고 바라보는 충심(衷心)이 갑절이나 더 격해집니다.

그러나 신이 또한 상세하게 생각해보건대, 옛날 선배들은 명예와 덕이 함께 높아 명망과 실제가 모두 뛰어났으니, 옥과 비단으로 예(禮)를 갖춘 부름에 영광스럽게 응하여 당당하게 나아가 성상 앞에 읍했던 것이 진실로 당연했습니다.

그러나 신과 같은 자는 만만 옛 사람의 역할을 하지 못하고 한갓 성상의 은총만 도둑질하니, 비유하면 옥잔에 개똥을 담는 것과 같아서 다만 성대한 자리를 크게 더럽혀 후세에 비난을 받을 뿐입니다. 이는 신이 크게 두려워하는 바이니, 만약 그렇지 않다면 앉은뱅이와 절름발이들까지도 모두 진작(振作)되는 때를 맞아서, 어찌 이처럼 위축되고 머뭇거리면서 일부러 나아가기 어려운 태도를 지어 거듭 성상의 총명을 속이겠습니까.

124 대죄(待罪) : 죄를 기다린다는 말로, 전하여 관리가 자기 직책을 수행하는 것을 겸손하게 이르는 말로도 쓰인다.

125 삼가(三加)의 성대한 예(禮) : 관례(冠禮)를 이른 것으로, 이때 세 번 관을 갈아 쓰는 의식을 행하기 때문에 이렇게 말한다. 관례 때에 초가(初加)에는 치포관(緇布冠), 재가(再加)에는 피변(皮弁), 삼가(三加)에는 작변(爵弁)을 쓴다.

신의 위태롭고 절박한 심정은 마치 궁한 사람이 돌아갈 곳이 없는 것과 같습니다. 정자(程子)가 말씀하시기를 "그 땅에서 나는 곡식을 먹고 왕의 백성이 되었으면서 왕이 부르는데도 가지 않으면, 나라에는 떳떳한 법이 있다." 하셨습니다. 신이 떳떳한 법을 범한 것이 또한 이미 여러 번이니, 죄를 끝내 피할 수가 없습니다.

오직 빨리 나라의 법에 따라 처벌받기를 바라오니, 신은 간곡히 기원하는 마음을 감당하지 못합니다.

사관 안형진이 별유를 전한 뒤에 올리는 서계
史官安亨鎭宣別諭後書啓

신은 나이가 노경(老境)에 이르고[126] 병이 고황(膏肓)에 들어서 송장처럼 누워 해그늘을 보며 흐르는 세월만 안타까워하면서 문 밖의 일을 살피지 못하였습니다. 그런데 천만 뜻밖에 은대(銀臺 승정원)의 벼슬에 제수하는 글을 엎드려 받들었고, 뒤이어 사관이 멀리 강을 건너 와서 성상의 소지(召旨)를 전하니, 신은 이에 놀랍고 두렵고 황송해서 몸 둘 바를 모르겠습니다.

아! 이 일은 성상께서 조종(祖宗)의 아름다운 법을 계술할 것을 생각하시고 저군(儲君 동궁)을 보필할 큰 계책을 유념하신 데서 나온 것으로, 10줄의 천찰(天札)[127]에 세상에 드문 은혜와 예(禮)가 넘치니, 보고 듣는 모든 사람들이 누군들 감격하고 찬탄하지 않겠습니까마는, 다만 그 베푼 대상이 그에 걸맞는 인물이 아닙니다.

신은 본래 세신(世臣)의 후예로 시정(市井)의 백성일 뿐입니다. 재주도 없고 문장도 못하여 망령되이 벼슬길의 영화로운 진취를 바라지

126 나이가 노경(老境)에 이르고 : 원문의 '엄자(崦嵫)'는 중국 감숙성(甘肅省) 서쪽 경계에 있는 산의 이름으로 이곳으로 해가 지기 때문에 흔히 말년 또는 노경(老境)의 비유로 쓰인다.

127 10줄의 천찰(天札) : 원문의 '십항(十行)'은 10줄의 글이란 의미이며 '천찰'은 바로 임금의 수찰(手札)을 이른다. 후한의 광무제(光武帝)가 각 지방에 내리는 조서를 모두 작은 글씨 열 줄로 종이 한 장에 쓴 데에서 유래한 말이다.《後漢書 卷76 循吏列傳序》

는 않으나, 다만 마음으로 원하는 것은 바로 작은 녹봉을 얻어 이로써 노경(老境)의 어버이에게 반포(反哺)[128]하고자 하는 것으로, 이는 처음부터 항상 가지고 있던 바람입니다.

또 일찍이 말직(末職)의 벼슬을 지냈으나, 타고난 운명이 기구하여 거듭 어버이의 상(喪)을 당하여 어버이를 잃은 곤궁한 삶이 의지할 곳이 없었습니다. 바람에 날리는 쑥대처럼 정처가 없고 매달린 뒤웅박처럼 쓸모가 없어서, 목지(牧地)가 있는 교외의 적막한 물가에 엎드려 살면서 행적이 서울과 멀어 사람들과 접촉하는 일이 드물었습니다. 이에 혹자들이 제가 고요함을 지키고 뜻을 구한다고 짐작하고는 잘못 천거해서, 외람되이 인재를 불러 모으는 대열에 끼인 지가 어느덧 지금 10년이 되었습니다.

신은 매번 잠을 자다가도 놀라 깨어서는 탄식하면서 스스로 마음속으로 "인생의 죄과(罪過) 중에는 속이는 것이 가장 무겁다. 그런데 이 몸이 이 자리에 있는 것은 비록 운명이 원수와 더불어 모의하여 이렇게 된 것이나, 행적으로 보면 실로 명예를 도둑질하여 한 세상을 크게 속이고 끝내 위로 군부(君父)를 속인 것이니, 그렇다면 또 오로지 운명 탓이라고 핑계를 대어 스스로를 용서할 수 없는 점이 있는 것이다. 오직 밭두둑 사이에서 일생을 마쳐서 한 발짝도 문 밖으로 나가지 않아야 거의 혹 여생(餘生)을 위한 도모가 되고 보답하지 않음으로 보답하

128 반포(反哺) : 까마귀 새끼가 장성하면 먹이를 물어다가 제 어미에게 먹여 준다는 데서 온 말로, 자식이 효성을 다하여 어버이의 은혜에 보답함을 이른다. 진(晉)나라 성공수(成公綏)가 지은 〈오부(烏賦)〉에 "새끼가 장성해 능히 날아다님이여, 먹이를 물어다 어미에게 먹이도다.〔雛旣壯而能飛兮, 乃銜食而反哺.〕"라고 보인다.

는 것[129]이 될 수 있을 것이다."라고 여겨, 이에 스스로 귀신에게 질정하고 맹세하였습니다.

만약 신이 분수를 두려워하고 위엄을 두려워하여 갑자기 신의 작은 신의(信義)를 바꾼다면, 이는 참으로 스스로 자신의 양심을 속이는 일이니, 군자가 내리는 법도와 의리의 주벌을 피하기 어려울 것입니다. 신이 어찌 감히 이러한 일을 하겠습니까.

질병이 천만 억지로 낫기 어려운 점과 관직명이 천만 걸맞지 못함에 이르러는, 완곡하게 아뢸 겨를이 없어서 지루한 말들을 늘어놓았습니다. 그러나 신은 이 명령을 받은 뒤에 국가의 체통을 우러러 생각하고 사사로운 자신의 분수를 굽어 살펴봄에 마음과 간장이 모두 타들어 갑니다.

죽음에 임박한 위태로운 목숨이 장차 조석(朝夕) 사이에 다하게 된다면, 신이 비록 한낱 미천한 몸이나, 대자연이 만물을 운행하는 것과 같은 전하의 인자함으로 어찌 차마 신이 꺾이고 쇠잔해지는 것을 내버

129 보답하지……것 : 은혜에 보답하지 않음으로써 도리어 은혜에 보답한다는 뜻으로, 곧 벼슬에 나가서 국무(國務)에 종사하는 것만이 임금의 은혜에 보답하는 길이 아니라, 벼슬에 나가지 않고 자신을 수양하는 것도 임금의 은혜에 보답하는 한 가지 길이 된다는 뜻이다. 원래 《능엄경(楞嚴經)》에 보이는 말로, 아난(阿難)이 말하기를, "이 심신을 가지고 모든 세상의 중생들을 받드는 것, 이것을 이름하여 부처님 은혜에 보답하는 것이라 하네.〔將此心身奉塵刹, 是則名爲報佛恩.〕"라고 하였는데, 그 주석에 이르기를 "성과(聖果)를 얻고 중생을 제도(濟度)하는 것은 부처의 은혜에 보답하는 것과는 상관이 없지만, 이것을 가지고 보답하지 못하는 은혜에 보답하는 것으로 삼는다.〔得聖果度衆生, 無與於報佛, 而以此爲報此不報之報也.〕"라고 하였다. 주자가 진동보(陳同甫)에게 답한 편지에서 이를 인용하여 출처(出處)를 구차히 해서는 안 된다는 의리를 논하면서부터 위와 같은 의미로 쓰이게 되었다. 《朱子大全 卷36 書 答陳同甫》

려두고 구휼하지 않을 리가 있겠습니까.

바라건대, 신을 불쌍하고 가련하게 여기시어 빨리 잘못 내리신 은혜를 거두어들이시어 신으로 하여금 대자연의 조화 속에서 스스로 삶을 이룰 수 있게 하여 주소서. 땅에 엎드려 간절히 기도합니다.

동부승지 서상록이 선유를 전한 뒤에 올리는 서계
同副承旨徐相祿宣諭後書啓

건릉(健陵)에 거둥하실 때이다.

신이 일전에 선영에 성묘하기 위해 병든 몸을 이끌고 광주(廣州)의 월곡(月谷) 땅에 왔는데, 이때 마침 성상께서 건릉(健陵)에 참배하기 위해 거둥하셨습니다. 제가 있는 곳이 연로(輦路 임금이 거둥하는 길)와 불과 수십 리밖에 떨어져 있지 않기에, 감히 사사로이 머무는 곳에서 편안히 누워 있을 수가 없어 거처에서 나와 밭 사이에 엎드려 성상을 시종하는 수레가 일으키는 먼지를 멀리 바라보면서 견마(犬馬)의 정성을 다소나마 폈습니다.

그런데 갑자기 은대(銀臺 승정원)의 신하가 명령을 가지고 신의 뒤를 따라 찾아와 꿈속에서도 생각지 못한 하교(下敎)를 전하였는데, 은혜가 격례(格例)에서 벗어나 성상의 뜻이 더욱더 높고 지극하였습니다. 신은 이에 땅에 엎드려 공경히 받들었는데, 당혹스럽고 감격하여 자신도 모르게 눈물이 줄줄 흘러 얼굴을 덮었습니다.

아! 신이 황량한 들에 몸을 숨긴 채 은혜로운 명령을 여러 번 어긴 것이 어찌 신이 좋아서 한 것이겠습니까. 진실로 거짓으로 성상을 기망(欺罔)하여 성주(聖主)의 밝은 안목을 훼손하고 후세의 비난을 초래하기 때문이었습니다.

더구나 지금 행궁(行宮)에서 예를 갖추어 맞아들이는 것은 바로 조종조(祖宗朝)에서 명현(名賢)을 높이고 영화롭게 하는 특별한 예우이니, 신과 같이 불초한 자가 더욱 어찌 이 다행스러운 기회를 틈타 어리석게 지키던 지조를 버리고 당돌하게 몸을 드러내어 무엄함에 대한 주벌을 거듭 자초하겠습니까.

왕의 신하가 되어서 부르는데도 가지 않으면, 나라에 떳떳한 법이 있으니, 오직 머리를 숙이고 두려워 숨을 죽이면서 공손히 처분(處分)을 기다릴 뿐입니다.

해래사관[130] 김희유가 별유를 전한 뒤에 올리는 서계
偕來史官金熙逌宣別諭後書啓

신이 전후(前後)에 입은 은혜로운 명령이 갈수록 더욱 융숭해지고 있으나, 은혜를 저버린 죄가 이미 깊고 병(病)에 병이 더해져서 엎드려 움츠린 채 신음하던 끝에 도리어 뚜렷이 떠오르는 한 생각이 있어 부끄러워하고 두려워하고 있었습니다.

그런데 이번에 사관이 다시 와서 성유(聖諭)를 크게 전하였는데, 전후의 3백여 자가 따뜻하고 정성스럽고 간절하고 지극하여 신의 잘못을 용서하고 조정으로 나올 것을 허락하신 것으로, 내용이 온화하고 부드럽기가 봄날의 햇볕이 따뜻이 비춰주는 것과 같고 서로 감응하는 이치에 반복하여 뜻을 다하셨습니다. 신에게 세신의 의리로 권면하시고 저군(儲君 세자)을 보양(輔養)하는 책임에 대해 거듭 말씀하시고는 이어 사관과 함께 오라는 명령이 있으시니, 신은 두 손으로 받들어 읽고 아홉 번 머리를 조아리면서 저도 모르게 감격하는 눈물을 줄줄 흘렸습니다.

아! 신은 곤궁한 삶을 살고 있는 백성입니다. 효도를 옮겨 충성을 하는 것이 바로 신이 평소 품은 마음인데, 재주가 용렬하고 능력이 부족해서 문보(文譜 문과 급제자의 명단을 적은 책)에 이름을 올려 왕사(王事)에 종사하지 못하였으나, 다만 음직(蔭職)의 미관말직에 의탁해서

130 해래사관(偕來史官) : 신하를 부르기 위해 사관을 보내면서 반드시 함께 데리고 오라고 당부하며 보낸 사관을 말한다.

분수를 따라 정성을 다하였습니다. 전인(前人)의 비궁(匪躬)의 의리[131]를 폐하지 않고 남은 생애에 거의 스스로 힘쓸 수 있을 것으로 여겼는데, 신의 운명이 시대의 요구와 어긋나서 일이 마침내 크게 잘못되어 갑자기 좁은 길로 들어와 몸을 돌릴 수가 없게 되었습니다. 이에 충성하기를 바라던 평소의 마음을 헛되이 저버리고 한갓 명령을 태만히 하는 중한 죄를 쌓아서 돌아갈 곳이 없는 곤궁한 사람과 같이 움츠리고 있으니, 신의 정황(情況)은 또한 애처롭습니다.

그러나 옛 사람이 말하기를 "신하가 군주를 섬길 적에, 지조를 지키는 것이 최상이고 군주의 은혜를 갚는 것이 그 다음이다." 하였으니, 신은 일찍이 이 말에 의미를 느껴 이를 지켜 허물을 적게 하고자 하였습니다.

신이 허다하게 속인 죄가 이미 용서받기 어려우니, 오직 출처(出處)와 거취(去就)에 있어서 창피를 당하고 뒤엎어짐에 이르지 아니하여 한 몸의 염치와 예의를 다소나마 지켜 선유(先儒)의 법문(法門)을 위반하지 않는 것이 바로 이른바 '이 마음을 가지고 부처님의 은혜에 보답한다.'는 것[132]이 될 것입니다. 신이 만약 성상의 위엄을 두려워하여

131 전인(前人)의 비궁(匪躬)의 의리 : '전인'은 선대의 훌륭한 사람을 이르며, '비궁의 의리'는 신하로서 자신의 안위는 돌보지 않고 오직 국사에만 힘을 다하는 의리를 말한다. 《주역》 〈건괘(蹇卦) 육이(六二)〉 효사(爻辭)의 "왕의 신하가 국가의 어려움에 힘을 다하는 것은 자기 한 몸을 위함이 아니다.〔王臣蹇蹇, 匪躬之故.〕"라는 구절에서 유래하였다.

132 이……것 : 《능엄경(楞嚴經)》에 보이는 아난(阿難)의 말인데, 유학자들이 벼슬에 나가지 않고 자신을 수양하는 것도 임금의 은혜에 보답하는 한 가지 길이 된다는 의미로 썼다. 자세한 내용은 156쪽 주129 참조.

신의 지조를 잃는다면 이것은 큰 바탕이 이미 어그러진 것이니, 장차 무엇을 손에 들고 은혜를 갚겠습니까.

또 엎드려 생각하건대, 우리 동궁 저하께서는 뛰어난 자질을 타고났고 훌륭한 명성이 날로 드러나서, 인효(仁孝)의 덕(德)과 집희(緝熙)의 학문[133]을 팔도의 백성들이 모두 칭송하여, 장차 하 (夏)·상(商)·주(周) 삼대(三代)로부터 이어 온 유구한 법도를 볼 수 있게 되었습니다. 이러한 때에 저하를 보익(輔翼)하고 성취하는 임무는 바로 옛날부터 당세(當世) 제일류라고 일컬어지는 인물에게 맡겨져야 합니다. 그런데 신처럼 허술하고 비루해서 모든 것이 남보다 못한 자로 구차히 인원수를 채워 한갓 특별한 예우를 번거롭게 내려서 듣는 사람들을 놀라게 하니, 관복이 걸맞지 않음이 어찌 다만 신 한 몸의 재앙일 뿐이겠습니까.

신의 행적은 숨어사는 은자(隱者)들과 다르고 신이 지켜야 할 의리는 국가와 휴척(休戚 즐거움과 근심)을 함께하는 데에 있어서 군주를 사랑하여 받드는 정성이 다른 사람들의 백배가 됩니다. 그러나 이 성대한 기회를 만나서도 은혜와 의리를 저버리는 죄과(罪科)에 스스로 빠지는 것을 달갑게 여기는 것은 매우 부득이해서이니, 이는 더욱 신이 죽어도 눈을 감기 어려운 점입니다.

신은 이미 몸을 움직일 형편이 되지 못하는데, 왕인(王人 임금이 보낸

133 집희(緝熙)의 학문 : '집희'는 계속하여 밝힌다는 뜻으로, 임금이 선왕(先王)의 학문을 이어 광명함에 이름을 가리킨다. 《시경》 〈대아(大雅) 문왕(文王)〉에 "심원하신 문왕이여. 아, 계속하여 밝혀서 공경하였다.〔穆穆文王, 於緝熙敬止.〕" 하였는데, 주자는 《집전(集傳)》에서 "집(緝)은 계속함이고, 희(熙)는 광명함이다."라고 주하였다.

신하)이 지키고 있어서 흉년에 이들에게 숙식을 제공하느라 백성과 고을이 곤란을 겪고 있으니, 더욱 더해진 신의 죄에 어찌할 바를 모르겠습니다.

가주서 최치상이 별유를 내린 뒤에 올리는 서계

假注書崔致常宣別諭後書啓

신은 상유(桑楡)[134]의 짧은 햇빛과 같아서 여생이 얼마 남지 않았는데도 무거운 짐이 몸에 있어 자나 깨나 이를 벗을 것을 생각하여, 지난번 위로를 아뢰는 글에 외람되이 비통하게 하소연하였습니다. 내려주신 비답(批答)을 보니, 10항의 글이 찬란하여 간곡하신 장려(奬勵)와 정성스럽게 반복하여 보여주신 뜻이 하루살이와 같은 미천한 신하가 받들어 감당할 수 있는 것이 아니었습니다. 그리고 견마와 같은 신의 병을 가엾이 여기시어 특별히 사직(辭職)을 윤허하셨으니, 이는 또 분수에 넘치는 큰 은혜입니다.

비유하자면 하늘이 장소를 가리지 않고 비와 이슬을 내려 주어 마른 풀뿌리와 썩은 나무의 그루터기 또한 남은 물기에 적셔져서 하루의 삶을 다소나마 연장하는 것과 같습니다. 신은 절하고 머리를 조아리고 엄숙하게 읽고서 이 은혜로운 말씀을 마음속에 간직한 채 편안히 일생을 마치려고 하였습니다. 그런데 뜻밖에 얼마 되지 아니하여 사관이 신의 집에 와서 소지(召旨)를 전하니, 신은 황송하고 두려워하다가

134 상유(桑楡) : 지는 해의 그림자가 뽕나무와 느릅나무 끝에 걸려 있다는 말로, 저물녘을 이르는데 또한 인생의 노년기를 가리키기도 한다. 반대로 해가 뜨는 곳을 동우(東隅)라고 한다. 후한(後漢)의 장군(將軍) 풍이(馮異)가 적미군(赤眉軍)과 싸울 때, 처음에는 패주했다가 나중에 적을 격파하자, 광무제(光武帝)가 "동우에서는 잃었으나 상유에서 수습하였다.〔失之東隅, 收之桑楡.〕"라고 했던 고사(故事)에서 연유한다. 《後漢書 卷47 馮異列傳》

이어 정신이 어지럽고 당혹스럽습니다.

아! 전하께서는 국본(國本)이 의지할 데 없고 위태로운 것을 깊이 생각하시어 우리 세손(世孫)을 책봉하여 저이(儲貳)로 지위를 올리시니, 국가의 만 년의 무궁한 아름다움이 실로 오늘부터 다시 시작될 것입니다. 걸어 다니고 숨을 쉬는 온 나라의 모든 백성들이 누군들 목을 늘이고 두 손 모아 축원하지 않겠습니까.

신은 대대로 녹봉을 받은 집안의 후손으로 일찍이 계방(桂坊 세자익위사)의 관직을 함부로 차지하여 동궁에서 전하를 모시고 강론하였는데, 지금에 이르도록 늙어 죽지 아니하여 또다시 이러한 경사를 보게 되니, 경사를 축하하고 군주를 경애하고 떠받드는 마음이 다른 사람들보다 백배나 되옵니다.

더구나 내려주신 별유(別諭)가 인자하고 간곡하여 돼지와 물고기도 충분히 감동시킬 수 있으니, 신은 받들어 읽고 마음이 벅차올라 눈물이 빰에 한가득 쏟아집니다. 어찌 한 번 나아가 저하의 영특하신 모습을 보고 물러나와 구학(溝壑)에서 죽으려는 소원이 없겠습니까마는, 염치와 예의가 앞에서 얽어매고 질병이 뒤에서 제지하니 어쩌겠습니까.

전하께서는 비록 선왕조(先王祖)의 고사(故事)를 우러러 계승하라고 하교하셨으나, 저 두 신하[135]는 모두 사림(士林)의 덕이 높은 인물들이니 옥백(玉帛)의 초빙에 영광스럽게 응하여 밝은 조정에 의표(儀表)가 된 것은 진실로 당연합니다.

그러나 신과 같은 자는 일개 미천한 시정(市井)의 백성으로 음직(蔭

135 두 신하 : 앞에 올린 소(疏)의 내용으로 보건대 정암(靜菴) 조광조(趙光祖)와 동춘당(同春堂) 송준길(宋浚吉)을 가리킨 것으로 보이나, 분명하지 않다.

職)으로 벼슬하였을 뿐입니다. 군주를 속여 은총을 도둑질해서 이미 성상의 간택을 욕되게 하였으니, 혹시라도 다시 경사로운 기회를 인연(夤緣)하여 어리석게 지키던 지조를 버린다면, 이는 불초한 몸으로 현자의 초빙에 응하여 장차 유문(儒門)에서 벼슬에 나아가는 첩경(捷徑)을 열어놓게 될 것이니, 신이 비록 비루하나 어찌 차마 이런 짓을 하겠습니까.

신은 이 때문에 명령을 태만히 한 죄로 주벌을 받을지라도 감히 후회하지 않을 것입니다. 또 신은 나이가 많고 고질병을 앓고 있어 위태로운 목숨이 매우 곤궁하여 병석에서 겨우 목숨을 부지하고 있으니, 이는 고치 속의 누에가 이미 늙어서 생기(生氣)가 다하여 오직 말라 죽을 날만 기다리는 것과 같을 뿐입니다. 가령 신이 어려움을 무릅쓰고 나아가려는 마음이 있더라도, 신의 기력이 이 마음에 부응하지 못합니다.

우리 전하께서 전일에 신의 마음을 깊이 헤아려 주신 것이 진실로 사랑하여 살려주고자 하시는 지극한 마음에서 나온 것이니, 그렇다면 이 마음을 미루시어 새로 내린 명령을 거두어들여서 처음부터 끝까지 온전하게 은택을 베풀어 주시기를 어찌 신이 우러러 바라지 않을 수 있겠습니까.

지극히 간곡하고 절박한 마음에 말을 재량할 줄 모르오니, 신은 더욱 죽을죄를 지었습니다.

달사 達辭

동궁께서 설서 김영순을 보내시어 안부를 물어주신 뒤에 올리는 달사

東宮遣說書金英淳存問後達辭

신은 엄한 소명(召命)을 여러 번 어기고 머리를 조아린 채 견책(譴責)을 기다리고 있었는데, 뜻밖에 이번에 저하께서 처음으로 동궁의 관료를 보내어 안부를 물어 주심에 은혜와 예우가 매우 융숭하였습니다. 그런데 이는 바로 열성(列聖)이 동궁으로 계실 때에 당세의 현자들에게 베푸셨던 것이니, 신은 땅에 엎드려 공경히 받들면서 감격하고 황송하여 무어라 아뢸 바를 알지 못하였습니다.

오직 목을 길게 빼고 바라는 한 생각이 단사(丹砂)처럼 밝기에, 이에 선정신(先正臣) 송시열(宋時烈)이 옛날 숙묘(肅廟 숙종)에게 고했던 말을 공경히 외워 아뢰옵니다.

그의 말에 이르기를 "오직 원컨대 저하께서는 바르지 못한 사람을 가까이하지 말고 추악한 말을 듣지 말며, 교유(交游)하실 적에 몸을 삼가시고 음식을 마시고 드실 적에 절제하시며, 어진 이를 가까이하고 선비를 사랑하며 배우기를 부지런히 하고 묻기를 좋아하시어, 능히 성덕(聖德)을 이루시어 우리 종묘사직과 만 백성의 소망에 부응하소서." 하였으니, 이 어찌 오늘날 저하께서 마땅히 힘쓰고 힘써야 할 것이 아니겠습니까.

다만 신은 몸이 원래 나아가지 않았으니 말을 내서는 안 되오나 어리석은 마음이 격동되어 망령되이 말씀을 바치오니, 엎드려 바라옵건대, 저하께서 사람이 하찮다고 하여 말을 버리지 않으시면 매우 다행이고 매우 다행이겠습니다. 황공함을 무릅쓰고 감히 진달하옵니다.

의 議

국상의 졸곡 전에 서연을 열어야 하는지 정지해야 하는지에 대한 의

國恤卒哭前書筵開停當否議

신은 동궁의 관직을 헛되이 지니고 있으면서 소명(召命)을 여러 번 어겼습니다. 밤낮으로 두려워하며 오직 엄한 형벌이 내려지기를 기다리고 있었는데, 천만 뜻밖에 인산(因山 국상(國喪)) 전에 주연(胄筵)을 열어야 하는지 정지해야 하는지를 널리 묻는 일이 분별 없이 신(臣)에게까지 미쳤습니다.

신은 이미 학식이 없고 또 현직으로 자처하지 않으니, 어찌 감히 그 사이에 끼어들어 말하겠습니까마는, 다만 신은 저하의 학문 한 가지 일에 대해 마음에 잊지 못하여 자연 끝내 침묵할 수 없는 점이 있습니다. 이에 감히 어리석은 말을 망령되이 올려서 성상의 재결(裁決)에 대비하옵니다.

신이 삼가 고사(故事)를 보니, 주연을 여느냐 정지하느냐에 대해 선배들의 의논이 비록 같지 않으나, 어리석은 신이 엎드려 생각하건대, 목하(目下) 서연이 간절하고 급박하게 필요하니 지난날의 상례(常例)를 고집스럽게 지켜서는 안 된다고 여겨집니다. 현재 저하의 나이가 점점 지학(志學 15세)에 가까워지는데 저하를 보도하고 가르치는 일에 대한 준비는 조종(祖宗)의 성대할 즈음에 천만 미치지 못하니, 실로 '세월이 빨리 흘러가서 다시 오지 않을 듯하다'[136]는 탄식이 있습니다.

만일 또다시 사례(事例)에 구애되어 동궁의 관료들이 척일(隻日)로 강독하는 것[137]까지 아울러 정지한다면, 그 사이 6, 7개월의 좋은 세월을 헛되이 보내어 깊은 궁중에서 한가로이 지내시는 중에 가까이서 친하게 지내는 자들이 환관(宦官)과 총애하는 근신(近臣)에 지나지 않을 것이고, 훌륭한 빈료(賓僚)들은 자기 자리만 차지한 채 할 일이 없어서 날마다 소원해질 것이니, 우려할 만한 일이 오로지 글을 외고 읽는 공부를 하지 못함에 있을 뿐이 아닙니다.

대체로 예의(禮義)는 독서로부터 나옵니다. 그러므로 예경(禮經)에 상중(喪中)에도 예서(禮書)를 읽으라는 가르침이 있고, 《예기》〈단궁(檀弓)〉의 "대공(大功)의 상(喪)에는 몸에 익히는 업(業)을 그만 둔다."라고 한 내용에 이르러서는, 주석가(註釋家)들이 "업은 몸이 익히는 것을 이름이니, 춤을 배우고 활쏘기를 배우고 거문고와 비파를 타는 것을 배우는 것과 같은 따위이다." 하였습니다. 그리고 주부자(朱夫子) 또한 말씀하기를 "애당초 거상(居喪) 중에 독서하지 말라는 글이 없다. 옛 사람들이 거상 중에 폐한다는 업은 바로 순거(簨簴) 위의 판자(板

136 세월이……듯하다 : 이 내용은 《서경》〈진서(秦誓)〉에 보인다.

137 동궁의……것 : '척일(隻日)'은 홀수인 날로 일진에 갑(甲)·병(丙)·무(戊)·경(庚)·임(壬)이 들어 있는 날이다. 송나라 인종(仁宗)이 즉위한 뒤에 처음에는 짝수 날에만 경연을 열다가, 왕증(王曾)이 인종이 처음 즉위하였으므로 사유(師儒)를 가까이하여야 한다고 주장하여 손석(孫奭)과 풍원(馮元)을 불러 《논어》를 강독하게 하고, 이때부터 홀수의 날에도 시신(侍臣)을 불러 강독하게 하였다. 《續資治通鑑長編 卷99》

子)[138]이다." 하였고, 또 일찍이 수황(壽皇)의 상에 산릉(山陵)을 정하기 전에 경연을 열 것을 청하셨으니,[139] 선철(先哲)들이 강학(講學)을 시급하게 여긴 것이 이와 같았습니다.

또 우리 조선조의 지난 예(例)를 가지고 말하면 대상(大喪)이 빈전(殯殿)에 있는 날에도 강연을 폐하지 않았음을 분명히 상고할 수 있습니다. 이는 진실로 군주의 덕을 성취하는 것은 오로지 강학에 달려 있어서 단 하루도 헛되이 보낼 수 없어서입니다. 상을 당한 슬픔에 마음이 담박(淡泊)해진 가운데 선한 단서의 발현(發現)이 더욱더 진실하고 절실해지니, 이때 강학에 납신다면 그 위의(威儀)를 검속하고 사려(思慮)를 전일하게 하여 상대하는 자가 어진 사대부이고 강학하는 책이 성현의 가르침이 될 것이니, 다만 학문을 진전시킴에 있어 효험을 보기가 쉬울 뿐만 아니요, 겸하여 또한 상례(喪禮)를 다함에 도움이 될 것입니다.

또 기년복(朞年服)은 자최(齊衰)와 참최(斬衰)와는 다르고 어린 나이는 더욱 마땅히 학문을 힘써야 하니, 신은 생각하건대 슬픔으로 인하여 강학을 폐해서 오랫동안 주연(冑筵)을 단절시켜서는 안 될 듯합니다.

나무꾼처럼 천한 자에게도 하문하시는 훌륭한 도량에 감동하여 사

138 순거(簨簴) 위의 판자(板子) : 여러 가지 음악이란 뜻이다. '순거'는 악기(樂器)를 다는 틀로, 순(簨)은 편종(編鐘)이나 편경(編磬)을 다는 틀이고, 거(簴)는 종이나 경쇠 또는 북 따위를 다는 틀의 기둥이다.

139 수황(壽皇)의……청하셨으니 : 수황은 '지존수황성제(至尊壽皇聖帝)'를 줄인 말로 남송(南宋) 효종(孝宗)의 존호(尊號)이다. 이 내용은 《주자대전》 권14 〈경연유신면진사사차자(經筵留身面陳四事箚子)〉에 보인다.

사로운 마음이 격렬하고 간절해져서 말을 절제할 줄 모르오니, 지극히 황송하고 부끄러운 마음을 이길 수 없습니다.

가순궁[140] 상에 대전이 복을 벗은 다음 평상시 거처할 때의 의복에 대한 의

嘉順宮喪大殿除服後燕居服議

신은 해를 넘겨 병석에 누워서 문을 닫고 조용히 지내고 있었는데, 뜻밖에 왕인(王人)이 집에 와서 전하의 교지를 전하였는데, 교지에서 전하께서 가순궁(嘉順宮)에 대한 시마복(緦麻服)을 벗은 뒤에 평상시에 어떤 의복을 입어야 하는지에 대해 하문하셨습니다.

신이 엎드려 생각하건대, 전하께서는 존자(尊者)와 한 몸이 되시어[141] 예(禮)가 엄하나 정(情)에 굽혀서 그 가운데에서 스스로 예(禮)를 다하고 싶으실 것입니다. 그러나 조종(祖宗)의 옛 법에 의거할 만한 것이 없기에 널리 물으시는 조처가 있게 되어 이에 초야에 있는 신에게까지 미쳤으니, 이는 매우 훌륭하신 마음입니다.

천한 신의 마음이 스스로 격앙되니, 어찌 감히 아름다운 명령을 공경히 받들어서 전하의 마음을 널리 선양(宣揚)할 방법을 생각하지 않을 수 있겠습니까. 그러나 신은 학문이 없고 견문이 적어서 평범한 일반 백성의 예(禮)조차도 일찍이 강구(講究)하지 못했는데, 하물며 왕조(王朝)의 막중한 의식과 예절에 대해서 더욱이 상하로 강론할 수 있겠

140 가순궁(嘉順宮) : 순조의 생모인 수빈 박씨(綏嬪朴氏)의 궁호이다. 1787년(정조 11) 2월 빈(嬪)에 책봉되었고, 1822년 12월 26일 별세하였다. 《正祖實錄 11年 2月 11日, 12日》《純祖實錄 22年 12月 26日, 23年 2月 3日》

141 존자(尊者)와……되시어 : '존자'는 별세하신 생모(生母) 가순궁 수빈 박씨를 이른다. 순조는 정비인 효의왕후의 아들이 되어 적자가 되어 왕세자에 책봉되었다.

습니까.

다만 이름이 선적(選籍)에 남아 있다고 하여 조정에서 다시 분별없이 신을 자문에 응할 사람 중에 넣었으니, 모든 것이 신이 기망(欺罔)한 죄 아님이 없습니다. 얼굴이 무안하고 등에 땀이 나서 몸을 용납할 곳이 없는 듯하오니, 어찌 감히 머리를 들고 입을 놀려서 성상의 총명을 어지럽히겠습니까.

질문을 하셨으나 대답을 못하오니, 신의 죄가 만 번 죽어 마땅합니다. 땅에 엎드려 두려워하면서 오직 엄중한 추궁을 기다릴 뿐입니다.

황단[142]의 축문에 상순의 일자에 붙이는 초 자를 마땅히 삭제하느냐 여부에 대한 의
皇壇祝文上旬日子之初字 當刪與否議

저하께서 몸소 황단(皇壇)에 제향을 올리고자 하시면서 풍천(風泉)의 생각[143]에 감회를 일으키시어, 축문(祝文)의 날짜를 기록하는 양식을 한결같이 명나라 대통력(大統曆)의 옛 법을 따르고자 하시니, 이 조처는 주(周)나라를 높이는 의리입니다. 의심할 것이 없고 어긋나지 않는다고 이를 만한데, 다만 신중을 기하시는 뜻으로 조정에 있는 신하들에게 널리 물으시고, 이에 초야에 있는 신에게까지 하문이 미쳤습니다.

천한 신의 마음이 격앙됨에 어찌 저하의 생각을 널리 선양(宣揚)할 생각이 들지 않겠습니까마는, 다만 신은 기만(欺瞞)으로 은총을 도둑질해서 명령을 어긴 죄에 대해 감처(勘處)[144]를 기다리고 있어서 유신

142 황단(皇壇) : 임진왜란 때 원병을 보내 우리나라를 구원해 준 명(明)나라 신종(神宗)의 은혜를 기리기 위해 창덕궁 후원에 세운 제단으로, 대보단(大報壇)이라고 부르기도 한다. 1704년(숙종30)에 건립하였으며, 1749년(영조25)에 와서는 명나라 태조(太祖)와 마지막 임금인 의종(毅宗)도 합사(合祀)하였다.

143 풍천(風泉)의 생각 : '풍천'은 비풍(匪風)과 하천(下泉)을 줄인 말로, 비풍은 《시경(詩經)》〈회풍(檜風)〉의 편명(篇名)이고, 하천은 《시경》〈조풍(曹風)〉의 편명이다. 이 두 편은 모두 주(周)나라 왕실(王室)이 점점 쇠약해지는 것을 현인(賢人)이 개탄하며 옛날 번성했을 때의 주나라 왕실을 생각하는 내용이다. 여기서는 멸망한 명(明)나라에 대한 감회를 말하였다.

144 감처(勘處) : 죄인을 심리하여 그 죄에 따라 처단하는 일을 이른다.

(儒臣)으로 자처할 수가 없습니다. 그렇다면 또 어찌 감히 당돌하게 여러 신하들 뒤에서 함께 섞여 의논해서 기탄없는 행위에 대한 주벌을 거듭 부르겠습니까.

신이 이미 저하의 뜻을 우러러 받들 수가 없어서 왕인(王人)을 헛되이 욕되게 하였으니, 그지없이 황송한 마음을 이기지 못하겠습니다.

왕세자의 상에 대전의 복제에 대한 의

王世子喪 大殿服制議

신은 천만 뜻밖에, 왕세자 상(喪)에 입으셔야 할 전하의 복제(服制)에 대한 하문(下問)을 엎드려 받았사온데, 신은 진실로 그 명령을 들음에 가슴이 답답하였습니다. 그러나 삼가 생각하건대, 영종 대왕(英宗大王 영조)께서 고례(古禮)를 깊이 체득하시어 이 상례를 삼년복(三年服)으로 정하시고 특별히 《상례보편(喪禮補編)》의 책에 기재해서 천고(千古)의 잘못을 한꺼번에 깨끗이 씻으셨습니다. 이는 후세(後世)에 영원히 전할 만하니, 무릇 우리 후대의 왕과 현자들은 진실로 마땅히 이에 의거하여 예(禮)를 행해야 합니다.

선왕조(先王祖) 병오년(丙午年)에 기년복(朞年服)을 입은 것[145]으로 말하면 별도로 그 사이에 정밀한 의리가 있으니, 금일의 경우는 정체(正體)의 자리에 있어서 삼가 다시 의논할 필요가 없을 듯합니다. 그러나 다만 신은 평소 학식이 없어서 이미 유신(儒臣)의 반열에 숫자를 채우지 못하고 근래 또 병이 들어 거의 죽게 되어 정신이 혼몽하니, 어찌 감히 왕조의 막중한 큰 예절인 상례(喪禮)를 정하는 일에 참여하여 듣겠습니까. 오직 널리 하문하여 조처하시기를 바랄 뿐입니다.

145 선왕조(先王祖)……것 : '선왕조 병오년'은 정조(正祖) 10년인 1786년으로 문효세자(文孝世子)가 승하한 해이다. 이때 정조의 복을 정할 적에 기년복을 따랐는데, 이는 제왕(帝王)의 경우 그 한 몸이 지극히 높아 삼대(三代) 이후로 장자와 중자(衆子)를 막론하고 모두 기년복을 입었기 때문에 이런 전례(前例)에 따라 정한 것이었다.

노주집

제2권

書서

아버님께 올림
上親庭

이 자식의 거취를 반복해 생각해 보았으나, 끝내 석연하게 풀리지 않고 있습니다. 당초 계방(桂坊)에 출사(出仕)했던 것은 실로 부득이해서였습니다. 그러므로 조만간에 있을 승륙(陞六)[1]을 기다린 뒤에 이 하찮은 신의(信義)를 펴려고 했었습니다. 그런데 지금 만약 나아가 사은숙배(謝恩肅拜)한다면, 이는 이미 제 평소의 뜻이 아닙니다. 더구나 거취의 어려움이 더더욱 옛날에 비할 바가 아님에 있어서이겠습니까. 지금 만약 차질(蹉跌)을 빚는다면, 향후에 일이 변하여 더욱 수습하기가 어려울까 적이 염려됩니다.

대체로 보건대, 사대부(士大夫)의 출처(出處)와 거취는 관직이 미천하다고 하여 구차하게 해서는 안 될 것입니다. 다만 대의(大義)가 어떠한지를 보아서 굳게 정하고 흔들리지 않아야 하니, 어찌 밖에서 하는 말에 연연하여 진퇴를 정하겠습니까.

근래 저에게 출사하라고 권하는 설이 세 가지이니, 하나는 스스로를 높인다는 혐의를 피하라는 것이요, 하나는 어버이를 위해서 뜻을 굽히라는 것이요, 하나는 세신(世臣)의 의리로 독려하는 것입니다.

스스로를 높인다는 혐의를 피하라는 설은, 생각해 보건대 혐의는

1 승륙(陞六) : 정7품 이하의 참하관(參下官)에서 종6품 이상의 참상관(參上官)으로 오르는 것을 말하는데, 참상관은 조회에 참여할 수 있으므로 승륙은 관로(官路)의 한 관문으로 여겨졌다.

진실로 피해야 하나 미래에 발생할 혐의 때문에 현재의 의리에 대해 도리어 소홀히 하는 것은 이미 합당한 바가 아니니, 그 혐의를 피하여 벼슬에 나아가기보다는 차라리 혐의를 피하지 않고 물러나는 것이 난진이퇴(難進易退)의 의리[2]에 부합할 듯합니다.

어버이를 위해서 뜻을 굽히라는 설은, 생각해 보건대 집이 가난하고 어버이께서 연로하신 것이 진실로 벼슬할 만한 이유가 되나, 이것 또한 마땅히 때를 따라 의리에 맞게 해야 하지 일률적으로 논해서는 안 될 것입니다. 돌아보건대 우리 집안은 그다지 가난하지 않고 또 아버님께서 이미 대부(大夫)의 녹봉을 받고 계시니, 녹사(祿仕)[3]의 계책은 급히 여길 바가 아닙니다.

세신(世臣)의 의리에 대해 생각해 보면, 혹 떠나가든 혹 나아가든 그 몸을 깨끗이 하고자 함인데, 몸을 깨끗이 함은 바로 나라의 은혜에 보답하기 위한 것이니, 어찌 이 의리가 반드시 벼슬함에만 있는 것이겠습니까.

이 세 가지 설을 마음속에 반복해서 생각해 보았으나 끝내 의심할

2 난진이퇴(難進易退)의 의리 : 벼슬에 나아가기는 어렵게 하고 물러나기는 쉽게 하는 의리이다. 《예기》 〈표기(表記)〉에 "군주를 섬길 적에, 나아가기는 어렵게 하고 물러나기는 쉽게 한다면 지위에 질서가 있을 것이요, 나아가기는 쉽게 하고 물러나기는 어렵게 한다면 지위가 문란해질 것이다. 그러므로 군자는 세 번 읍한 뒤에 나아가고 한 번 사양하고 곧바로 물러남으로써 문란해지는 것을 멀리한다.〔事君難進而易退, 則位有序, 易進而難退, 則亂也. 故君子三揖而進, 一辭而退, 以遠亂也.〕"라고 보인다.

3 녹사(祿仕) : 어버이를 봉양할 녹봉을 얻기 위해 하는 벼슬을 이른다. 한유(韓愈)의 〈쟁신론(爭臣論)〉에 "옛날 어떤 사람이 '벼슬은 가난 때문에 하는 것이 아니지만, 가난 때문에 해야 하는 경우도 있다.'고 말했는데, 이러한 벼슬을 '녹사'라고 한다.〔古之人有云: 仕不爲貧, 而有時乎爲貧, 謂祿仕者也.〕"라고 보인다. 《古文眞寶後集 卷3》

만한 것이 없지 못한데, 배움이 부족하고 식견이 어두워서 무엇을 따라야 할지 알지 못하는 것이 더욱 한스럽습니다.

큰 형님에게 올림
上伯氏

절을 올리고 작별한 지가 여러 날이 되었는데도 안부의 편지를 받지 못하여 밤낮으로 그리움만 더해 가고 있었는데, 뜻밖에 고을의 인편에 보내 주신 편지가 이르렀습니다. 엎드려 받들어 보니, 막 더워지는 날씨에 어버이 모시는 몸이 강녕하시고 집안 식구들도 모두 잘 지낸다고 하시니, 즐겁고 기쁜 저의 마음을 말로 다할 수가 없습니다.

이 아우는 도중(道中)의 숙식이 다행히 모두 흡족합니다. 이번 여행에 여주(驪州) 고을을 경유하기에 청심루(淸心樓)를 찾아 한 번 올라가서 여기에서 아버님을 모시고 유숙(留宿)한 일을 회고해 보니, 어느덧 네 번의 성상(星霜)이 지났습니다. 이번 길에는 난간(闌干)에 홀로 의지하고 있으니, 서글픈 마음을 금할 수가 없습니다.

이날 지암(止菴)[4] 어른의 궤연(几筵)에 곡(哭)하였고 지나는 길에 민공저(閔公著)[5] 어른을 찾아뵈었으며 저녁에는 이씨 어른 댁에 투숙하여 하룻밤을 지냈는데, 도(道)가 있는 분들을 가까이하여 다정스런

4 지암(止菴) : 김양행(金亮行, 1715~1779)으로, 지암은 그의 호이다. 자는 자정(子靜), 시호는 문간(文簡), 본관은 안동이다. 1758년(영조34)에 학행(學行)으로 천거되어 사간원 정언(司諫院正言)에 임명되었으나 나가지 않다가, 그 뒤에 직제학(直提學)을 거쳐 이조 참의와 형조 참판을 지냈다.

5 민공저(閔公著) : 민이현(閔彝顯)으로 공저는 그의 호이고 본관은 여흥(驪興)이다. 대사헌을 지낸 민우수(閔遇洙, 1694~1756)의 손자로 지평(持平) 벼슬을 지냈다. 《萬家譜》

말씀과 가르침을 받았으니 적이 스스로 다행으로 여겨집니다.

다만 가난한 집에서 손님을 대접하느라 자못 심신이 손상되었을 것이니, 이것이 죄송스러웠습니다. 김청부(金淸夫)[6] 또한 와서 만났습니다. 지난번엔 동자의 모습이었는데, 이제는 우뚝하게 두각(頭角)이 드러났습니다. 다만 시간이 바빠서 뜻을 지극히 하여 깊이 토론하지 못한 것이 한스럽습니다.

나흘 전에 이곳에 와서 흥지(興之)[7]와 함께 관란정(觀瀾亭)[8]에 머물고 있습니다. 정자(亭子)가 한 줄기 긴 강에 임해있는데 그 경계가 깨끗하고 상쾌하며 방과 마루가 밝고 잘 단장되어 있어서 아름다운 정취가 아주 풍성합니다. 한창 흥지와 함께 《대학》을 강학하였는데 계발(啓發)한 내용이 많이 있었습니다. 다만 아버님 모시는 일을 오랫동안 비우게 되어 이 때문에 집으로 돌아갈 길을 재촉하여, 만족스러운 강학이 될 수 없을 듯합니다. 어쩌겠습니까.

처음에는 배를 타고 단양(丹陽)의 여러 명승지를 찾아 거슬러 올라가려고 하였으나, 주인이 지금 심상(心喪) 중이어서 함께 갈 수가 없

6 김청부(金淸夫) : 지암 김양행의 손자 김직순(金直淳)으로 청부는 그의 자로 보이는바, 김여(金鑢)의 문집 《담정유고(藫庭遺藁) 보유집(補遺集)》 권12 〈김순필전(金舜弼傳)〉에 보인다.

7 흥지(興之) : 권중업(權中業, ?~1784)으로 흥지는 그의 자이다.

8 관란정(觀瀾亭) : 충청북도 제천시 송학면 장곡리에 있는 조선 시대의 누정이다. 단종이 왕위를 빼앗기고 노산군으로 강봉되자, 생육신 중의 한 사람이었던 원호(元昊)가 단종을 그리면서 강가에 단을 세우고 아침저녁으로 눈물을 흘리며 영월을 향해 절을 올렸는데, 그가 죽은 뒤에 그의 후손과 유학자들이 원호의 충의를 기리고자 1845년(헌종11)에 비석과 정자를 세우고 그의 호에 따라 '관란정'이라고 하였다.

고 저 혼자 가는 것은 전혀 운치가 없으니, 장차 빚을 남겨두고 돌아가야 할 형편입니다. 그믐쯤에 귀로에 오를 듯한데, 지나는 길에 여주(驪州) 읍에 들러서 공저(公著) 어른과 동행하기로 약속하였으니, 집에 가서 얼굴을 뵙는 것은 요컨대 단오(端午) 전에 있을 것입니다. 이만 줄입니다.

큰 형님에게 올림
上伯氏

근래 추위가 심한데 어버이 모시고 지내시면서 체후(體候)가 어떠하신지 모르겠습니다. 우러러 그리워하는 저의 마음을 가누지 못합니다.

아우는 이곳에 온 이래로 외부의 시끄러움이 없어서 마음과 몸이 고요하고 안정되니, 이는 거의 근년에 처음 있는 일입니다. 글을 읽고 기거하는 모든 것이 참으로 재미있고, 때로 흐르는 물가의 바위에 걸터앉으면 또한 마음속의 깊은 근심을 충분히 달랠 수가 있습니다. 다만 아버님을 곁에서 모시지 못함이 한스러우니, 이제야 비로소 천하에는 완벽함을 구하기 어렵다는 것을 알았습니다.

《중용(中庸)》은 귀신장(鬼神章 제16장)까지 읽었는데 정해 놓은 과정 없이 번거로움을 견디면서 이해하고자 하나, 좌치(坐馳)[9]하는 나머지 사려가 끝내 조리가 없어 다만 가슴속에 의혹이 더욱더 분분해짐을 깨달으니, 이는 근본의 중요한 자리에 일단(一段)의 공부가 없기 때문입니다. 만약 이곳에 오래 머물 수 있으면 혹시라도 이 마음을 깨끗이 걸러내어 두서(頭緖)를 찾을 수 있을 듯하나, 다만 부모님께 근심을 끼쳐드릴까 염려됩니다.

이 편의 '계구(戒懼)'[10]는 바로 성학(聖學)의 본령(本領)입니다. 의

9 좌치(坐馳) : 조용히 앉아 있는 듯해도 마음속으로는 외물로 치달리는 온갖 잡념이 그치지 않는 것을 말한다. 《장자(莊子)》〈인간세(人間世)〉에 보인다.

10 계구(戒懼) : '계신공구(戒愼恐懼)'의 줄인 말로, 《중용장구》 제1장에 "군자는 보

리의 정밀함이 이보다 더한 것이 없으니, 실로 저와 같은 초학자(初學者)의 몽매(蒙昧)한 식견으로 용이하게 미루어 밝힐 수 있는 바가 아닙니다. 제가 집에 있을 때에 미처 가르침을 받지 못하였으니, 이곳에 와서 시험 삼아 사색(思索)한 것이 여러 날이 되었으나 끝내 뚫을 만한 틈이 없었습니다.

어제 밤중에 우연히 다른 글의 뜻을 생각하다가 이로 인해 생각이 이어져 여기에 미쳤으니, 어렴풋한 사이에 갑자기 소소한 하나의 부분[11]을 엿봄이 있는 듯합니다. 이에 생각나는 대로 써서 이와 같이 설을 만들어 먼저 올려 아뢰나, 올바른 뜻과는 마치 연(燕)나라와 월(越)나라처럼 천리만리 떨어져 있지나 않을지 모르겠습니다. 비평과 가르침을 분명하게 내려 주시기를 엎드려 바라옵고, 또 몇 가지 질문을 올렸으니, 또한 아울러 분명하게 가르쳐주시기 바라옵니다. 이만 줄입니다.

계구는 정(靜)을 위주로 하되 동(動)에도 통하는 공부입니다. 어째서 이겠습니까? 《중용》 제1장 제2절 장구(章句)에 이르기를 "군자의 마

지 않을 때에도 경계하고 근신하며, 들리지 않을 때에도 걱정하고 두려워하는 것이다.〔君子戒愼乎其所不睹, 恐懼乎其所不聞.〕"라고 보인다.

11 소소한 하나의 부분 : 원문의 '일반(一斑)'은 표범 가죽의 한 점의 무늬라는 의미로, 전체에 있어 작은 일부분이라는 뜻이다. 진(晉)나라 왕헌지(王獻之)가 어렸을 적에 자기 부친의 문생(門生)들끼리 노름하는 것을 구경하다가 훈수를 하자, 한 문생이 왕헌지를 보고 말하기를 "이 아이도 대롱 구멍으로 표범을 엿보아 때로 한 점의 무늬는 본다.〔此郎亦管中窺豹, 時見一斑.〕"라고 한 고사에서 온 말로, 주로 '규표일반(窺豹一斑)'으로 쓰인다.《世說新語 方正》

음이 항상〔常〕 공경함과 두려워함을 보존하여 자신이 비록 보고 듣지 않더라도 또한〔亦〕 감히 소홀히 하지 않는다."라고 하였고, 제3절의 장구에 이르기를 "군자가 이미〔旣〕 항상 계구(戒懼)하고 여기에 더욱〔尤〕 삼감을 가하는 것이다."라고 하였습니다. 위 절(節)에 이미 상(常) -상은 바로 항상(恒常)으로 중간의 그침이 없다는 뜻이다-을 가지고 역(亦)과 상대하여 말하였고, 아래 절(節)에서는 또다시 기(旣)를 가지고 우(尤)와 상대하여 말하여 본래 정밀한 뜻이 있으니, 계구(戒懼)가 동(動)과 정(靜)에 관통함을 보여준 것이 아주 정성스럽고 간절하다고 이를 만합니다.

그리고 마지막 절 장구에 이르기를 "계구로부터 요약하여 지극히 고요한 가운데에 편벽되고 치우친 바가 없어서 그 지킴이 잃지 않는 데에 이르면 그 중(中)을 지극히 하여 천지가 제자리를 편안히 할 것이요, 근독(謹獨)으로부터 정밀히 하여 사물을 응하는 곳에 조금도 잘못됨이 없어서 가는 곳마다 그렇지 않음이 없는 데에 이르면 그 화(和)를 지극히 하여 만물(萬物)이 생육(生育)될 것이다." 하였으니, 이 단락의 계구는 근독과 상대가 되어서 비록 동(動)과 정(靜)의 공부로 나누어지나, 이미 윗글의 계구에서 일관되게 온 것이어서 그 뜻을 달리 보아서는 안 되니, 그렇다면 그 통체(統體)의 뜻이 그 사이에 스스로 있지 않은 적이 없습니다.

선유(先儒) 중에는 혹 계구를 오로지 정(靜) 한 쪽에 소속시키고 신독(愼獨 근독(謹獨))을 오로지 동(動) 한 쪽에 소속시키신 분이 있는데, 얼핏 보면 아주 가지런하고 정돈되어서 기뻐할 만하나, 장구의 뜻을 세세히 연구해보면 끝내 그렇지 않은 바가 있습니다.

만약 나누어서 상대하는 뜻만 보고 다시는 그 통체의 묘함을 살펴 알지 않는다면 공부가 자못 강령(綱領)이 없어서 깨지고 물이 새어 완전하게 요약(要約)하지 못할 듯하니, 위로 통하고 아래로 통하는 성학(聖學)의 공부가 이와 같이 고루하지 않을 듯합니다.

일찍이 삼가 생각해보건대, 보지 않고 듣지 않음은 바로 지극히 정(靜)한 것이요, 보지 않고 듣지 않은 외에 별도로 지극히 고요한 경계가 있지 않습니다. 그렇다면 이른바 '요약〔約〕'이란 것은 일찍이 보고 들을 때에 경계하고 두려워하던 것을 요약하여 미루어 내면으로 들어가 지극히 고요한 가운데에 이르러서도 편벽되고 치우친 바가 없음을 말하는 것이요, '신독(愼獨)'이란 막 동(動)하는 기미를 삼가는 것입니다. 이른바 '정밀히 한다〔精之〕'는 것은 조용하게 홀로 있을 때에 성찰(省察)을 정밀히 해서 미루어 외면으로 나가게 하여 사물을 응하는 곳에서 조금도 잘못함이 없음에 이른 것입니다. 이와 같이 본다면 어찌 원활(圓滑)하지 않겠습니까.

'도(道)란 것은 잠시도 떠날 수 없는 것이다.〔道也者, 不可須臾離〕'라는 문장에 이어 '계신(戒愼)과 공구(恐懼)'를 말했으니, 그렇다면 동(動)으로부터 정(靜)에 이르고 안으로부터 밖에 통하여, 어느 때 어느 곳이든 잠시도 단절되어서는 안 되는 것이니, 말은 정(靜)에 치우친 듯하나 뜻은 실로 동(動)까지 관통하고 있습니다.

그러므로 장구(章句)의 제2절과 제3절의 두 절(節)에서 모두 '상(常)' 자를 사용하여 훈(訓)한 것이니, 이는 바로 자사(子思)가 글 쓴 뜻을 발명(發明)한 것입니다. 그렇다면 신독(愼獨)의 '신(愼)' 자는 계신(戒愼)의 '신(愼)' 자에 불과하여 별도의 공부가 아니고 통체(統體)의 가운데에서 끄집어내어 다만 한 '찰(察)' 자의 의사(意思)를 붙였을 뿐입니다. 그 극치에 이르러서는 체(體)가 확립되면 천지가 제자리를 편안히 하고 용(用)이 행해지면 만물이 잘 생육될 것이니, 이에 이르러 동(動)과 정(靜)이 상대가 되어 각각 효험으로 응하는 것입니다.

이 때문에 정(靜)의 본체(本體)의 자리에는 계구가 진실로 존양(存養)[12]의 실제가 되고, 동(動)하여 운용(運用)될 때에는 이 계구가 바로 또 성찰(省察)의 근본이 되는 것입니다. 그러므로 말하기를 "계구라는 것은 정(靜)을 위주로 하되 동(動)에도 통한다."라고 한 것입니다.

> 혹자가 '보지 않고 듣지 않는 것'과 '지정(至靜)'을 가지고 두 경계로 나누는 것은 나의 견해와 똑같지 않으니, 보내온 글이 잘못이 없을 듯하다.[13]

사물과 아직 교감하지 않고 사려(思慮)가 아직 싹트지 않았을 때에 하나의 성(性)이 완전하여 도(道)와 의(義)가 모두 온전한 것이 바로 미발(未發)의 경계입니다. 미발이라는 칭호는 진실로 순수하게 선(善)합니다. 그렇다면 미발은 오직 성인(聖人)만이 가지고 있다고 말할 수 있고, 중인(衆人) 이하에게는 미발이 있다고 허여할 수 없을 듯합니다.

그러나 중인의 마음이 비록 지극히 어둡고 어리석으며 어지럽고 방탕하더라도, 잠시 동안에 한 번이라도 마치 바람이 자고 파랑이 그쳐서

12 존양(存養) : '존심양성(存心養性)'을 줄여 쓴 것으로, 본래의 마음을 보존하여 본성을 기름을 이른다.

13 혹자가……듯하다 : 이 내용은 큰 형님인 윤상(允常)이 답한 내용을 병서(並書)한 것이다.

지극히 맑고 고요한 때가 있다면, 미발의 경계가 전혀 없다고 말할 수는 없지 않겠습니까. 아니면 아주 짧은 시간의 광경을 가지고 대번에 미발이라고 허여할 수 없는 것입니까?

아직 사물과 접하여 대응하지 않았을 때에 이미 마음이 맑고 고요하지 못한데 또 사물과의 교감과 사려의 싹틈이 없다면, 이것을 미발이라고 해야 합니까? 아니면 이발(已發)이라고 해야 합니까? 만약 이것을 미발이라고 한다면 하나의 성(性)이 완전한 체(體)를 보지 못하겠고, 또 만약 이발이라고 한다면 또한 사물과 접하여 대응하고 사려하는 용(用)을 볼 수가 없습니다. 여기에 실로 대처하기가 어려우니, 어떻게 보면 좋을지 모르겠습니다.

선유(先儒)들이 매번 이에 대해 의심하여 마음이 현혹되어 혹 "미발에도 여러 단계가 있다."라고 하였는데, 이 말은 어떻습니까?

> 《주자어류(朱子語類)》에 이르기를 "미발의 때에는 우두커니 아무것도 모르는 것이 마치 목석(木石)과 같다."라고 하였고, 또 말하기를 "중인(衆人)은 미발의 때에도 이미 스스로 어지럽다." 하였으니, 이는 사려가 아직 발(發)하지 않은 것을 범연히 논한 것이요, 자사가 말씀한 대본(大本)의 미발을 가리키는 것이 아니다. 만약 이것을 가지고 예(例)로 삼는다면 사물을 접하지 않았을 때를 정(靜)이라고 하는 것도 가할 것이다. 다시 한 번 생각해 보아라.

제11장 장구에 이르기를 "용(勇)을 의뢰하지 않고도 충분하다."라고 하였습니다. 지(智)와 인(仁)과 용(勇)이 합해서 덕(德)이 이루어지는데, 지금 용을 의뢰하지 않는다고 말해서 마치 용을 버린 듯한 것은

어째서입니까?

삼가 경문(經文)에서 찾아보면 '불회(不悔)'[14] 두 글자는 이미 용(勇)의 의사(意思)를 띠고 있는데, 장구에서 말한 것은 바로 '억지로 힘쓰지 않는다〔不勉强〕'는 뜻을 위주로 말하여 용(勇)은 자여(自如)한 것입니까? 그렇다면 '불뢰(不賴)'라는 글자를 마땅히 주의하여 보아야 할 듯합니다. 어떨지 모르겠습니다.

편지에서 말한 내용이 옳은 듯하다.

제16장 수절(首節)의 '위덕(爲德)' 두 글자는 미(微)와 현(顯)을 포함하여 말하였으니, 제2절의 '보아도 보이지 않고 들어도 들리지 않는다.'는 것은 미(微)이고, 또 '사물의 체(體)가 되어 빠뜨릴 수 없다.'는 것은 현(顯)입니다. 제3절에는 현(顯)을 말하고, 4절에는 미(微)를 말하고, 마지막 절에는 상문(上文)을 총괄하였는데, '성(誠)' 자가 미(微)와 현(顯)을 관통하니, 수절의 '덕의 성(盛)함'과 조응(照應)이 되어서 다시 더할 나위가 없습니다.[15]

14 불회(不悔) : 《중용(中庸)》 제11장 제3절에 "군자는 중용을 따라 세상에 은둔하여 알아줌을 받지 못해도 후회하지 않는다.〔君子依乎中庸, 遯世不見知而不悔.〕"라고 보인다.

15 수절(首節)의……없습니다 : 수절은 '귀신의 덕됨이 지극하다〔鬼神之爲德, 其盛矣乎!〕'이고, 제2절은 '보아도 보이지 않으며 들어도 들리지 않으나 사물의 근간이 되어 빠뜨릴 수 없다.〔視之而弗見, 聽之而弗聞, 體物而不可遺.〕'이며, 제3절은 '천하의 사람들로 하여금 재계하고 깨끗이 하며 의복을 성대히 하여 제사를 받들게 하고는 양양하게 그 위에 있는 듯하며 그 좌우에 있는 듯하다.〔使天下之人, 齊明盛服, 以承祭祀, 洋洋乎如在其上, 如在其左右.〕'이며, 제4절은 '《시경》에 이르기를 「신의 옴을 예측할 수 없으

이와 같이 보는 것이 어떨지 모르겠습니다. 이 장은 비단 의리가 깨끗하고 정밀하며 깊고 은미할 뿐만 아니라 문세(文勢)와 어법(語法) 또한 지극히 신묘하고 원활하니, 마음을 비우고 읊어봄에 정신과 생각이 절로 넘쳐나서 사람을 고무(鼓舞)시킵니다.

다섯 절을 '미'와 '현'에 나누어 소속시킨 것은 다 좋다. 제4절은 상문(上文)의 '제사를 받듦에 삼가지 않을 수 없다.'는 뜻을 이은 것이다. 선유(先儒)의 설에 혹 이 절을 가지고 오로지 '은(隱)'에 소속시킨 경우가 있는데, 일찍이 의심하고 감히 믿지 않았노라.

마지막 절에 '은미한 것이 드러난다.〔微之顯〕'는 것은 바로 12장에 '비하고 은미하다.〔費而隱〕'는 것과 서로 응합니다. '비하고 은미하다.〔費而隱〕'는 것은 비(費) 위에서 은(隱)을 말한 것이고 '은미한 것이 드러난다.〔微之顯〕'는 것은 미(微) 위에서 현(顯)을 말한 것인데, '이(而)' 자와 '지(之)' 자에 지극한 뜻이 있으니, 끝내 두 가지 일이 아님을 볼 수 있습니다. 이렇게 보는 것은 어떻습니까?

'비하고 은미하다.〔費而隱〕'는 것은 비에 나아가서 은을 말한 것이고, '은미함이 드러난다.〔微之顯〕'는 것은 체(體)로부터 용(用)을 말한 것이다. '이(而)' 자와 '지(之)' 자에서 두 가지 일이 아닌 뜻을 견득(見得)하였으니, 보기를 매우 정밀히 하였다.

니, 하물며 신을 싫어할 수 있겠는가.」 하였다.〔詩曰: 神之格思, 不可度思, 矧可射思?〕'이며, 마지막 절은 '은미한 것이 드러나니, 성의 가릴 수 없음이 이와 같구나.〔夫微之顯, 誠之不可揜, 如此夫!〕'이다.

큰 형님에게 올림

上伯氏

문 미발(未發)의 설을 왜 다시 보여주지 않느냐? 사람이 사물을 접하지 않았으나 마음이 맑고 고요하지 못한 시절이 있으니, 이는 진실로 대처하기가 어렵다. 그러나 미발(未發)과 이발(已發) 사이에 이미 점거할 만한 경계가 없어서 대본(大本)의 미발(未發)에 비의(比擬)할 수 없으면, 이것이 이발(已發)에 속하지 않고 어디에 속하겠느냐? 이미 이것을 이발에 소속시킨다면 이것을 동(動)이라고 하는 것이 옳겠느냐? 정(靜)이라고 하는 것이 옳겠느냐? 지난번 편지에 동(動)에 소속시킨 것은 이 때문이다. 나의 생각은 이와 같으니, 다시 한 번 잘 헤아려 생각해서 보여 다오.

답 지난날 우러러 여쭌 여러 조항을 다시 하문하셔서 저로 하여금 분비(憤悱)[16]하게 하시니, 참으로 저를 잘 이끌어 주시는 것이나, 다만 저의 어리석고 나약한 자질로 받들어 감당하지 못할까 두렵습니다. 세 번째 조항의 미발에 대해 말하신 것은 비록 인이불발(引而不發)[17]하

16 분비(憤悱) : 진리를 알려고 노력하는 태도를 가리키는바, 분(憤)은 마음으로 알기를 구하나 되지 못하여 애태우는 모양이고, 비(悱)는 입으로 말하려 하나 제대로 표현하지 못하여 안달하는 모양이다. 《논어》 〈술이(述而)〉에 "분하지 않으면 일러주지 않고, 비하지 않으면 열어주지 않는다〔不憤不啓, 不悱不發.〕"라고 보인다.

17 인이불발(引而不發) : 화살을 건 활시위만 당길 뿐 활을 쏘지는 않는다는 뜻으로, 《맹자》 〈진심 상(盡心上)〉에 보이는데, 주자의 주에 "사람을 가르침에 다만 그것을 배우는 원칙을 전수해 주고 그것을 터득하는 묘리(妙理)는 말해 주지 않는다."라고

신 것이나, 높으신 뜻이 어디에 있는지를 어슴푸레하게나마 헤아릴 수 있기에 이에 또다시 편지를 올려 가르침을 구하는 것입니다.

저 미발(未發)은 정(靜)이고 이발(已發)은 동(動)입니다. 동과 정 두 가지가 순환하여 끝이 없으니, 어찌 정도 아니고 동도 아닌 사이에 별도로 자리하는 경계가 있겠습니까. 그렇다면 사람이 아직 사물을 접하지 않았으나 그 마음이 맑고 고요하지 못한 시절엔 비록 구처(區處)하기가 어렵습니다. 그러나 사물을 아직 접하지 않은 것은 외면의 고요함이고 마음이 맑고 고요하지 못한 것은 내면이 고요하지 못한 것이니, 근본을 따라 실제를 살펴보면 진실로 마땅히 이발(已發)에 소속시켜야 합니다.

그러므로 범연히 동정(動靜)을 말하면 내(內)와 외(外), 본(本)과 말(末)을 겸하여 말해서 가리키는 것이 대략적이고 넓지만, 이발과 미발을 논하게 되면 마음에 나아가 성(性)과 정(情)을 말해서 가리키는 것이 정밀하고 간략합니다. 그러나 이발과 미발, 동과 정에도 깊고 얕음과 층위(層位)를 구분하여 말할 수 없는 것이 있습니다.

그러므로 그 말한 바의 자리에 따라 다른 뜻으로 바뀌니, 예컨대 《중용장구(中庸章句)》에서 주자가 말한 "계구(戒懼)로부터 요약하여 지극한 정(靜)에 이른다."는 구절의 '정(靜)' 자는 바로 자사(子思)가 말씀한 대본(大本)의 미발(未發)인 것이고, 《주자어류(朱子語類)》에서 말한 "중인(衆人)은 미발(未發)의 때에도 이미 스스로 어지럽다."라는 구절과 또 같은 책에서 말한 "미발의 때에는 우두커니 아무 것도 모르는 것이 마치 목석과 같다."는 구절에서의 '미발'은 사려(思慮)가

하였다.

발하지 않음을 가리킴에 불과하니, 이것을 대본의 지정(至靜)에 비의(比擬)하여 논할 수가 없습니다. 이러한 것들은 융통성 있게 보아야 하고 글자의 뜻과 명칭에 너무 얽매여서는 안 됩니다.

이것이 바로 제가 한 때에 헤아려 추론한 견해인데, 혹시라도 크게 잘못됨에 이르지 않았는지 모르겠습니다. 다시 밝은 가르침을 받기를 바랍니다.

큰 형님에게 올림
上伯氏

세상에서 일찍이 말하기를 "율곡(栗谷)은 사람을 앎에 밝아서 마치 거북점이나 거울과 같았으나, 오직 정인홍(鄭仁弘)과 이산해(李山海), 최영경(崔永慶)[18] 세 사람에 대해서는 제대로 알지 못했다."라고 하였습니다. 율곡을 독실하게 믿은 사계(沙溪 김장생(金長生))조차도 오히려 율곡이 속임을 당했다고 의심하였습니다.

그러나 율곡이 《경연일기(經筵日記)》에서 이 세 사람을 논한 것을 보면 율곡이 이들을 제대로 알지 못했다고 말할 수 없습니다. 정인홍을 논하기를 "기국이 가볍고 도량이 좁아서 일을 처리함에 조급하고 부산하다."라고 하였고, 이산해를 논하기를 "기절(氣節 기개와 절조)이 적고

18 정인홍(鄭仁弘)과 이산해(李山海), 최영경(崔永慶) : 정인홍(1535~1623)은 자가 덕원(德遠), 호가 내암(來庵), 본관은 서산(瑞山)으로 남명(南冥) 조식(曺植)의 수제자이다. 1573년(선조6) 학행으로 천거되어 출사하고 선조 말년에 대북파(大北派)를 이끌고 소북파(小北派)에 대항하여 광해군 즉위에 큰 공을 세워 1612년(광해군4) 우의정이 되고, 이이첨(李爾瞻)과 함께 계축옥사를 일으켜 영창대군을 제거하고 영의정에 올랐다. 그러나 1623년 인조반정으로 참형되고 가산이 적몰(籍沒)당하였다. 이산해(1539~1609)는 자가 여수(汝受), 호가 아계(鵝溪), 본관은 한산(韓山), 시호는 문충(文忠)이다. 1561년(명종16)에 식년 문과에 급제하고 벼슬이 영의정에 이르렀다. 북인(北人)의 영수로 광해군이 즉위하자 원상(院相)으로 국정을 맡았다. 최영경(1529~1590)은 자가 효원(孝元), 호가 수우당(守愚堂), 본관이 화순(和順)으로 남명 조식의 문인이다. 학행으로 여러 벼슬에 천거되었으나 모두 사양하고 나아가지 않았다. 선조 22년(1589)인 기축년 정여립(鄭汝立)의 모반(謀叛) 사건 때 연루되어 국문 중 옥사(獄死)하였으나 다음해 신원(伸寃)되었다.

공손하고 나약하여 다른 사람의 말을 피해서 상하(上下)에 거슬림이 없다."라고 하였고, 최영경을 논하기를 "학식이 부족하고 다만 기절을 숭상한다."라고 하셨으니, 바로 이러한 병통(病痛)은 세 사람에게 있어 모두 낭패의 장본(張本)이 되기에 충분한 것이었습니다.

맹자께서 분성괄(盆成括)이 죽임을 당할 것을 미리 안 것[19] 또한 이와 같을 뿐입니다. 그렇다면 율곡이 이들을 제대로 알지 못했다는 말씀은 잘못인 듯합니다. 우연히 《율곡전서(栗谷全書)》를 보다가 이런 생각이 나서 애오라지 이에 우러러 여쭙니다.

19 맹자께서……것 : 이 내용은 《맹자》 〈진심 하(盡心下)〉에 보인다. 분성괄(盆成括)은 제(齊)나라의 벼슬아치로 작은 재주가 있었으나 군자의 대도(大道)를 알지 못한 인물이었다.

종씨 교관공 서상[20] 에게 올림

上從氏教官公 敍常

지난해에 집사(執事)와 함께 책상 아래에서 큰 형님을 함께 모셨는데, 큰 형님께서 운초 부군(雲樵府君)[21]의 유고(遺稿)를 보실 때마다, 부군께서 향년을 제대로 누리지 못하시어 뜻과 공업(功業)을 이루지 못한 것을 애통해 하셔서 번번이 오열하여 스스로 북받치는 감정을 이기지 못하시니, 차마 우러러 바라볼 수가 없었습니다.

지금 돌이켜보면 마치 어제 일 같은데, 큰 형님의 묘소에 풀이 이미 두 해나 묵었습니다. 근래 큰 형님께서 남기신 글을 교정하는 일로 인해서 책을 읽어 보는 사이에, 큰 형님이 당일에 느끼시던 심사(心事)를 똑같이 느끼게 되어 저도 모르게 눈물과 콧물이 모두 쏟아졌습니다.

아! 우리들은 큰 형님께 가르쳐 주신 은혜를 함께 입었는데, 지금은 모두 끝났습니다. 추후에 보답하는 방도는 오직 각자 자신의 몸을 삼가고 서로 이끌어 큰 형님께서 힘써 우리를 인도한 뜻이 사라지지 않게 함에 있거니와, 더구나 집사에게는 또 선친의 뜻과 사업을 계술(繼述)할 책임이 있지 않습니까.

20 교관공(教官公) 서상(敍常) : 오희상의 사촌 형인 오서상(吳敍常, 1761~1800)으로, 자는 사돈(士惇)이다. 음직으로 돈녕부 참봉(敦寧府參奉)으로 출사하였으며 동몽교관(童蒙教官)을 지냈다.

21 운초 부군(雲樵府君) : 오희상의 중부(仲父)인 오재유(吳載維)로, 자는 지경(持卿)이다. 음직으로 출사하여 진산 군수(珍山郡守)를 지내며 치적을 쌓았으나 36세로 요절(夭折)하였다.

근래 병상에 쓸쓸하게 누워 지내면서 심정이 참으로 괴롭기에 이 편지를 통해 마음속에 쌓인 것을 우러러 펼치니, 부디 굽어 살피시길 바랍니다.

종씨에게 올림
上從氏

오랫동안 소식이 적조(積阻)했습니다. 모든 생활에 가호(加護)를 입으시고 점점 온화해지는 날씨에 한가롭게 조용히 거처하시길 엎드려 바랍니다.

바위틈에 핀 붉은 꽃과 시냇가의 푸른 버들이 서로 비춰주고 봄 술이 막 익어서 넘실넘실 항아리에 가득합니다. 이에 사방의 밭두둑에서 사람들을 불러 즐기니, 모두 우리와 한 뿌리의 친족입니다. 화락한 정이 화창하니, 그 즐거움이 어떻습니까? 저와 같이 녹록(碌碌)한 자는 굳이 말할 것이 없습니다.

지난번 우리 집안에서 전주(銓注)를 맡은 이후로[22] 집안이 크게 혼잡함을 깨달았습니다. 하루 종일 귀와 눈으로 접하는 바가 세속의 사람과 세속의 일 아닌 것이 없으니, 다만 제 도심(道心)을 충분히 손상시킬 뿐이었습니다. 그런데 다행히 뜨락에 심겨진 매화가 참으로 고고(孤高)해서 사랑할 만하니, 손님을 응접하는 여가에 때로 홀로 매화를 찾아 그 높은 의표와 깨끗한 운치를 마주하여 이 어지럽고 괴로운 마음을 달랠 뿐입니다. 이만 줄입니다.

22 우리……이후로 : '전주(銓注)'는 전조(銓曹)의 주의(注擬)란 말로 인물을 심사하여 벼슬자리를 배정하는 것으로, 오희상의 생부인 오재순(吳載純)이 1787년(정조11)에 이조 판서를 맡았으므로 이렇게 말한 것이다.

재종씨 민상[23]에게 답함

答再從氏 敏常

지난번 보내주신 정겨운 편지에 종이 한가득 여러 가지 말씀을 해 주시어 한 책상에 앉아 흉금을 털어 놓고 가르침을 받드는 것과 다름이 없었으니, 참으로 산과 강에 막힌 채 멀리 떨어져 있음을 알지 못하였습니다. 소식을 보내신 뒤 무더운 날씨에 어버이 시봉 외에도 보살피는 정무(政務)가 평온하시길 엎드려 바랍니다. 가르침을 주신 구학(邱壑)의 계책을 편지로 받아봄에, 저도 모르게 정신이 왕성해졌습니다.

우리들 6촌의 형제가 6, 7명에 불과한데 피차간의 형제 중에 이미 각각 죽은 사람들이 있고, 뒤이어 또 사방으로 벼슬살이 나가서 서로 떨어져 사는 경우가 많고 만나는 경우가 적으니, 옛날 일을 거슬러 생각할 때마다 인사(人事)의 감회를 금할 수 없습니다.

만약 노년에 깨끗하고 참되고 한가롭고 넓은 지역에서 서로 모여, 제부(諸父)들께서 화락하게 즐거워하시던 일을 추억하면서 여생(餘生)을 마친다면 실로 지극한 소원이요 큰 행운이 되겠지만, 결함 많은 세상에서 원만한 일을 어찌 쉽게 기약할 수 있겠습니까.

편지 말미에 이 아우가 남에게 요구하는 바가 없다고 하여 지나치게 가상히 여기고 칭찬해 주시니, 자신을 돌아봄에 부끄럽습니다. 제가

23 재종씨 민상 : 오희상의 6촌 형인 오민상(吳敏常, 1757~?)으로 자는 사수(士修)이며, 부친은 오재경(吳載絅)이다. 1801년(순조1) 증광 생원시에 합격하고 이듬해 영릉 참봉(寧陵參奉)에 제수되었다.

청렴하고 깨끗해서 남에게 요구하는 것을 박(薄)하게 여겨 하지 않는 것이 아닙니다. 저는 본래 성품이 게으르고 졸렬한데 늙어갈수록 더욱 심해져서 몸을 기르는 조도(調度 사물을 정도에 맞게 처리함)에 대해서도 모두 그럭저럭 처리하여, 추우면 옷을 입고 굶주리면 밥을 먹는 일에 있어서도 때로 스스로 보살피지를 못합니다. 이런 상황이니, 어찌 남을 향해서 무엇을 해달라고 요구할 수 있겠습니까.

그러나 형께서 혹 저의 성질을 가엾게 여겨서 후하게 음식을 내리신다면, 반드시 사양하는 지조는 없을 것이니, 한 번 시험해 보시는 것이 어떻겠습니까. 받들어 웃고 받들어 웃습니다.

재종씨에게 답함

答再從氏

하늘이 우리 집안에 화(禍)를 내리신 것을 뉘우치지 않아서 치준(致俊)[24]이 갑자기 요절하니, 여러 대의 종사(宗事)가 두렵게도 의탁할 곳이 없게 되었습니다. 우리 선조들께서 선(善)을 행하여 복을 쌓고 인덕(仁德)을 쌓으셨는데도 한 명의 종손을 제대로 보호하지 못하였으니, 이것이 무슨 이치입니까?

우러러 생각하건대, 관문(關門) 밖에서 이 소식을 들으심에 친애하는 이에 대한 애통이 갑절이나 더 하실 것입니다. 어떻게 견뎌내고 계십니까? 이 아우는 종씨(從氏)[25]와 나이가 비슷하여 학문을 함께하며 성장하였는데, 종씨는 불행히 중년을 넘기지 못하고 먼저 세상을 버렸습니다. 저는 종씨에게 마음속으로 기대하는 일이 영원히 끝난 것을 속으로 서글퍼 해서 그가 남긴 고아를 거두어 기르고 가르쳐서 세상에 남아 있는 자의 책임을 다소나마 힘쓸 것을 생각하였습니다.

설사 이 아이가 재주가 없더라도 차마 버릴 수가 없는데, 하물며 너그럽고 후덕하고 자상하고 온화한 자질은 얻기가 매우 어려운 것이

24 치준(致俊) : 오희상의 8촌 형인 오서상(吳敍常, 1761~1800)의 아들이다. 오서상은 자가 사돈(士惇)으로 음직으로 돈녕부 참봉(敦寧府參奉)에 제수되고 동몽교관(童蒙教官)을 지냈다. 오서상의 부친인 오재유(吳載維)는 본래 오희상의 숙부인데 종손(宗孫)인 오완(吳琓)에게 양자로 갔으므로 실제로는 4촌이 된다.

25 종씨(從氏) : 치준의 부친인 오서상으로, 본래는 4촌간이기 때문에 이렇게 부른 것이다. 위의 주 참조.

었고 문학과 덕행에 있어 엄숙하게 가르치지 않아도 진전되어서 엄연(儼然)하게 성인(成人)의 태도가 있으니, 종가의 사당을 의탁할 수 있는 사람이 있음을 깊이 기뻐했습니다. 또 스스로 마음속으로 헤아려 보건대, 어리석은 이 아우는 믿어주는 사람이 아무도 없었는데 오직 치준만이 저를 돈독히 믿어서 기미(氣味 의취(意趣)나 정조(情調))에 있어서 본래 말하지 않고도 서로 이해하는 것이 있었습니다.

문중에 어찌 훌륭한 자질(子姪)들이 없겠습니까마는, 치준을 가장 깊이 믿어 제 사후의 일을 장차 이 사람에게 의지해서 중하게 하려 하였는데, 지금 마침내 새벽별처럼 사라져 잃고 말았습니다. 백번 생각해 봄에 치준은 실로 요절할 이치가 없는데 아마도 저의 곤궁한 운명이 치준에게 누를 끼쳐서 그런 듯하니, 원통하고 괴로워 다시 무슨 말을 하겠습니까. 다만 스스로 가슴을 칠 뿐입니다.

사묵 연상[26] 에게 줌

與士默 淵常

갑자기 가을 절기에 나그네 회포가 쓸쓸하고 불편해지면 때로 《시경》을 읊어서 마음을 달래곤 하였는데, 〈상체(常棣)〉와 〈소완(小宛)〉[27] 두 시에 이를 때마다 일찍이 반복하여 읽고 그 뜻에 마음을 붙이지 않은 적이 없었네.

다만 반년 동안 떨어져 있는 그리움 때문만이 아니요, 날과 달로 매진하나 그 닦여짐[28]이 오지 않으니, 시를 읊고 탄식하는 즈음에 자연

26 사묵(士默) 연상(淵常) : 오희상의 아우인 오연상(1765~1821)이다. 사묵은 그의 자이고, 호는 약암(約菴), 시호는 문원(文元)인데, 진사 오재륜(吳載綸)에게 입양되었다. 1800년(정조24) 정시 문과에 급제하고 벼슬이 이조 참판에 이르렀다.

27 상체(常棣)와 소완(小宛) : 모두 《시경》 소아(小雅)의 편명인데 형제 또는 형제간의 화락한 정을 비유한다. 아가위나무를 이르는 상체는 "활짝 핀 아가위 꽃 얼마나 곱고 아름다운가. 이 세상에 누구라 해도 형제만한 이가 없다네.〔常棣之華, 鄂不韡韡. 凡今之人, 莫如兄弟.〕"라는 구절에서 연유하였다. 〈소완〉에서는 "저 척령(脊令)을 보니 곧 날며 곧 울도다. 내 날로 매진하거든 너도 달로 나아가라. 일찍 일어나고 밤늦게 자서 너를 낳아주신 분을 욕되게 하지 말지어다.〔題彼脊令, 載飛載鳴. 我日斯邁, 而月斯征. 夙興夜寐, 無忝爾所生.〕"라고 하였는데, 척령은 할미새로 형제간에 위급한 일이 있을 적에 달려가 구원함을 비유하는 말로 쓰인다.

28 날과……닦여짐 : '날과 달로 매진한다.'는 구절은 《시경》 〈소아(小雅) 소완(小宛)〉의 "내 날로 매진하거든 너도 달로 나아가라〔我日斯邁, 而月斯征.〕"는 구절을 원용한 것으로, 형제가 각자 노력하여 한가하고 안일하게 하여 화(禍)를 취해서는 안 됨을 말한 것이다. '닦여짐'은 원문이 '궐수(厥修)'로 《서경》 〈열명 하(說命下)〉의 "배움은 뜻을 겸손하게 해야 하니, 힘써서 적시(適時)에 민첩하게 하면 그 닦여짐이 올 것입니

나도 모르게 가슴에 감촉(感觸)되어 일어나는 것이네. 그대가 《시경》을 읽고 외다가 이 시들에 이르면 생각이 어떠할지 상상해보네.

근간에 늦더위가 여전히 심한데 어버이 모시는 몸이 더욱더 여유가 있고 온 집안이 무탈하신가? 그리운 마음 간절하고 간절하네. 형은 근래 며칠 동안 서체(暑滯 더위로 인하여 생기는 체증)로 괴로워하느라 신기(神氣)가 지극히 피로하여 참으로 근심스러우나, 오직 어버이 안후(安候)가 편안하심이 다행이네.

규아(奎兒)[29]의 나태한 습관은, 내가 집에 있을 때에 경계시키고 깨우쳐 주지 않은 것이 아니나 끝내 그 고치는 효험을 보지 못했는데, 더구나 어디를 가도 이 아이를 경계할 어른들이 없으니, 마땅히 병이 더 고질이 되어서 치료하기가 어려울 것이네. 이는 절대로 작은 문제가 아니니, 모름지기 때때로 통렬히 가르침을 내리고 또 절대로 잡류(雜類)들과 친하게 지내지 말게 하게. 인편이 급하여 이만 줄이네.

다.〔惟學遜志, 務時敏, 厥修乃來.〕"라고 보이는데, 채침은 《서경집전(書經集傳)》에서 "학문에 민첩하여 미치지 못하는 바가 있는 듯이 하여 겸허히 남에게 받아들이고 부지런히 자기를 힘쓰면, 그 닦여지는 바가 마치 샘물이 처음 나오듯이 하여 원원(源源)히 올 것이다."라고 풀이하였다.

29 규아(奎兒) : 오희상의 아들로 오윤상(吳允常)에게 양자 간 오치규(吳致奎, ?~1844)를 가리킨다. 자는 서오(瑞五), 호는 아관(我觀)이며 다른 이름은 오치성(吳致成)이다. 1810년(순조10) 사마시(司馬試)에 합격하고, 벼슬이 상주 목사(尙州牧使)에 이르렀다.

사묵에게 줌

與士默

내가 관직에 다시 제수된 뒤에 행적이 마음과 어긋나고 거취가 가지런하지 못하여 불쾌하고 답답하여 자못 스스로 편안하게 지내지 못하였네. 구구(區區)한 이 몸의 하찮은 신의를 본래 남들이 알아주기를 바라지 않으나, 한 집의 형제간에 이르러 만약 끝내 서로 믿지 못하는 것이 있다면 이것은 바로 나의 잘못이니, 내 한번 마음에 있는 것을 피력(披瀝)하여 고하고자 하네.

내가 벼슬에 마음을 끊은 것은 실로 지보(地步)를 높이 차지하고자 하는 것도 아니고, 또한 내 스스로 편리한 것을 택한 것도 아니네. 그 의리를 취한 것은 마음속으로 있는 곳이 있으니, 돌아가신 큰 형님의 유문(遺文) 중에 〈친구에게 답하다〔答友人〕〉는 편지를 한 번 읽어보면 거의 알 수 있을 것이네.

스스로 돌아보건대, 뜻과 자질이 우둔하고 용렬해서 큰 형님에게 힘이 되지는 못했지만, 다만 풀무로 쇠를 단련하는 가르침을 두텁게 받아서 이러한 도리가 있음을 대략이나마 알았는데, 불행히 큰 형님께서 일찍 세상을 떠나시어 그 뜻과 사업을 전하지 못하니, 실로 천고(千古)의 지사(志士)의 한이 있었네.

오직 가르쳐 주신 한 맥(脈)이 이 몸에 있으니, 그렇다면 또한 감히 노둔하고 열등하다고 스스로 좌절할 수가 없었네. 그러나 연래(年來)에 노쇠하고 나태해지며 스스로 기운을 잃어 날로 비천해져서 옛날 책상에서 학문을 전수받던 때와는 견줄 수가 없으니, 나 자신을 돌이켜

봄에 스스로 세상에 알려지지 않음을 서글퍼 할 겨를이 없네. 단지 큰 형님의 여운(餘韻)[30]이 장차 인멸(湮滅)되는 것이 서글퍼서 문을 닫고 조용히 분수를 지키면서 부형(父兄)의 서여(緖餘)[31]를 대략 전술(傳述)하여 여러 아동들에게 전해주려고 하네. 비록 부형께서 끝마치지 못한 뜻과 사업을 현양(顯揚)할 능력은 없지만, 이로써 조금이나마 세상에 남아 있는 자의 책임을 바치기를 바라서 이 마음을 성실하고 전일하게 할 것을 이미 스스로 마음속에 맹세하였네.

더구나 근간에는 사심(私心)이 멋대로 유행하여 인심이 괴열(壞裂)되어서 처세의 어려움이 큰 형님이 살아 계시던 때보다 백배나 더하니, 이에 또 원굉(袁閎)[32]처럼 토실(土室)에서 살려는 생각이 있었네. 그런데 뜻밖에 초봄에 외람되이 천거로 벼슬에 제수되니, 거취(去就)의 즈음에 시비(是非)가 어지러워져서 비난하는 소리가 사방에서 이르렀네.

처음에는 바깥에서 이르는 비난 때문에 갑자기 내면의 지조를 바꾸려고 하지 않았는데, 결국 일이 뜻대로 되지 않아 절조(節操)를 굳건하

30 여운(餘韻) : 원래의 뜻은 전인(前人)이 남긴 시부(詩賦)나 전인의 시문(詩文)의 기운(氣韻)과 풍격(風格)이라는 뜻이나, 여기서는 전인이 남긴 문학적, 학문적 성취라는 의미로 보인다.

31 서여(緖餘) : 실을 뽑아낸 누에고치에 남은 실오리를 이르는 말로, 근본이 되는 사상이나 학설 이외의 여론(餘論)이란 뜻이다.

32 원굉(袁閎) : 후한(後漢) 말의 은사로, 자는 하보(夏甫)이다. 명망이 높아 159년(환제 연희(延熹)2) 진번(陳蕃)이 환제에게 천거하였으나 벼슬에 나아가지 않았으며, 당고의 화〔黨錮之禍〕가 발발하자 세상을 버리고 토실(土室)을 쌓고 살다가 토실에서 별세하였다. 《後漢書 卷45 袁閎列傳》

게 지키지 못하여 어쩔 수 없이 다시 벼슬에 나아갔으니, 한밤중에 이를 생각할 때마다 나도 모르게 후회하면서 밤을 새우곤 하였네. 조만간에 동궁(東宮)의 직함에서 벗어나는 날을 기다려 나 자신의 본분으로 돌아가서 다시 처음의 뜻을 이루려고 하였는데, 이번에 직명(職名)이 내려짐에 또 일이 전도(顚倒)되어 지조를 잃게 됨을 면치 못하였네.

아! 한번 진세(塵世)의 그물에 떨어짐에 이 몸이 이미 내 것이 아니네. 주자(朱子) 같은 대현(大賢)도 오히려 조시(朝市 진세(塵世))가 어지럽혀 본심을 잃게 될까 두려워하였는데, 하물며 나 같은 자이겠는가. 필경 낭패를 당하여 불행해질 것이 명약관화(明若觀火)하네.

맹자가 말씀하시기를 "섬기는 일 중에 무엇이 큼이 되는가? 어버이를 섬김이 큼이 된다. 지키는 일 중에 무엇이 큼이 되는가? 지조를 지킴이 큼이 된다. 몸의 지조를 잃지 않고서 그 어버이를 잘 섬긴 자는 내가 들었고, 몸의 지조를 잃고서 그 어버이를 잘 섬긴 자는 내가 듣지 못하였다."라고 하셨네. 금일에 나에게 벼슬할 것을 권유하는 자들은 모두 다 한결같이 어버이를 기쁘게 해드릴 수 있을 것이라고 말하는데, 내가 비록 어리석으나 어찌 이것을 모르겠는가.

그러나 어버이를 기쁘게 해드리는 것은 한때의 일이고 몸의 지조를 지키는 것은 종신(終身)의 일이니, 경중(輕重)을 헤아려 보건대, 결코 이것을 가지고 어버이를 기쁘게 해드리는 것과 바꿀 수 없네. 이 때문에 감히 한 번 벼슬하러 나아갔다고 해서 따라서 그대로 있을 수가 없으니, 반드시 지금 스스로 벼슬을 그만두기를 도모해서 불원복(不遠復)[33]의 계책으로 삼고자 하네.

33 불원복(不遠復) : 불선(不善)한 행동이 있는 초기에 그 잘못을 깨닫고 곧바로 선

일찍이 생각하기를, 그대는 나와 연치(年齒)가 비슷하여 서로 배우며 함께 성장해서 출처는 비록 길이 다르더라도 거의 내 마음을 알 것이라고 여겼네. 그런데 근일에 서로 편지를 주고받는 즈음에 매번 벼슬하기를 권하는 뜻이 있으니, 이는 필시 아직도 서로를 제대로 알지 못하는 바가 있기 때문일 것이네.

그러므로 애오라지 이처럼 말한 것이니, 부디 그대는 나의 뜻을 잘 양찰(諒察)해 주게나. 겸하여 가정 안에서 두루 잘 다스려서 집안 식구들로 하여금 나의 뜻과 완전히 부합하게 하여 남들이 흠잡을 수 없게 하고자 하네.

이 일로 인하여 또 권면할 만한 한 가지 말이 있네. 돌아보건대, 불초한 이 몸은 물러나 숨어사는 것을 스스로 분수로 삼고, 입신양명(立身揚名)하는 효도는 이미 그대에게 양보하였네. 그러나 '벼슬에 나아가기는 어렵게 하고 물러나기는 쉽게 하는 것〔難進易退〕'은 바로 사군자(士君子)의 출처(出處)하는 본령(本領)이네. 그대가 지금 과거에 급제하여 조정에 서서 청운의 길이 막 열렸으니, 이 '난진역퇴(難進易退)' 네 글자를 마음속에 붙여두고 어느 때 어느 곳에서나 이해하고 버리지 않는다면 생각하여 깨달음이 절반을 넘을 것이요, 선조의 훌륭한 명성과 훌륭한 전통을 실추시키지 않는 것 또한 여기에 있을 것이네. 또한 여기에 있을 것이네.

(善)으로 돌아온다는 뜻이다. 《주역》〈복괘(復卦) 초구(初九)〉 효사(爻辭)에 "초구는 멀리 가지 않고 돌아오므로 후회에 이름이 없으니, 크게 선하여 길하다.〔初九, 不遠復, 无祇悔, 元吉.〕"라고 보인다.

사묵에게 줌

與士默

지난번 내가 서연(書筵)에 출입할 적에 우러러보니, 세자 저하의 자질이 하늘이 내리신 것이어서 서연(書筵)에 임하여 논점에 대해 질문하실 적에 보통 사람들보다 크게 뛰어나시어, 서연의 신하가 때로는 밝으신 질문에 우러러 대답하지 못하는 경우도 있었는데, 당시 저하의 나이가 공자께서 말씀하신 학문에 뜻을 두는 나이인 지학(志學 15세)에 몇 해나 미치지 못하였네.

삼가 생각하기를, 저하의 학문이 비록 일찍 이루어졌으나 덕을 진전시키고 학업을 닦으며 자신의 몸을 닦고 남을 다스리는 설(說)을 배우기에는 너무 이른 듯하고, 오직 지금의 선(善)한 마음의 실마리가 발현됨이 마치 따뜻한 봄의 기운에 만물이 싹을 틔우는 것과 같으니, 여기에 나아가서 이 선한 마음의 실마리를 보양하고 확충하는 것이 실로 제일의 의리라고 여겨졌었네.

그 다음의 의리는, 군주는 마땅히 먼저 도량을 넓혀야 하니, 지극히 큰 도량이 있어야 지극히 큰 임무를 맡을 수 있네. 또 당대의 군주가 남을 시기하고 의심하여 간언(諫言)을 받아들이지 않았던 것은 모두 도량이 좁았기 때문이니, 이 뜻을 또한 저하의 지혜와 생각이 한창 열리는 날에 일찍 아뢰지 않을 수 없었네.

그 다음의 의리는, 어린 나이에 숨겨진 덕에 있어 비록 지적해서 말할 만한 잘못이 없으나, 오직 근습(近習 가까이에서 모시는 신하)과 편폐(便嬖 가까이에서 모시는 환관 또는 후궁)가 금일의 근심이 되고 후일의 병폐를 열어 놓을 자가 되니, 이것이 당장 가장 경계할 만한 일이 되네. 그러므로 전후로 서연에 올라갔을 적에 감히 이 세 가지 말씀을 가지고 매번 글 뜻을 아뢰는 것을 틈타서 여러 번 아뢰었는데, 번번이 마음을 여시고 이를 받아들이겠다는 말씀을 들으니, 삼가 혹 나의 하찮은 정성이 어디에서 나온 것인지를 굽어 통촉하시는 것이라고 생각하였네. 지금 이것을 회상해보면 감격스럽고 황송한 마음을 이길 수 없네.

지금은 그때 경신년(庚申年)으로부터 해가 이미 두 번이 지나서 보령(寶齡)이 더욱 많아지심에 성스러운 지혜가 날로 열리셨네. 이에 대리청정(代理聽政)에 임어(臨御)하시어 점점 시간이 흘러 기무(機務)를 날마다 친히 살피시나, 선입된 주견과 이미 이루어진 원칙이 아직 있지 않음은 지난해와 비하여 다를 것이 없으시니, 만약 좋은 가르침과 훌륭한 계책을 가지고 날마다 세자 저하의 앞에서 깨우쳐주고 이끄는 자가 있다면, 형편상 진실로 이를 쉽게 받아들이실 것이네.

그대가 이미 경악(經幄 경연)에 참여하고 있으니, 세속을 따라 결단을 못한 채 머뭇거리지 말고 마음을 결백하게 하고 스스로 힘을 다해서 일에 따라 자신의 생각을 모두 아뢴다면, 세신(世臣)으로서 충성을 바치고 의리를 다하는 뜻을 거의 저버리지 않을 것이네. 그러나 말씀을 올리는 방도는 깊고 얕음과 완만하고 급함에 있어 모름지기 요체(要諦)를 알아서 그 순서를 잃지 않아야 비로소 쉽게 깨우치게 할 수 있으니, 실로 구차하게 영합하여서는 안 되네.

성학(聖學)을 말하면 마땅히 덕성(德性)을 함양하고 큰 뜻을 분발케 하는 것을 우선으로 삼아야 하고, 치국(治國)의 강령(綱領)을 말하면 마땅히 문(文)을 물리치고 질(質)을 숭상하는 것[34]을 위주로 해야 하고, 당대의 폐단을 말하면 마땅히 이익의 근원을 끊고 공정한 도(道)

를 펴며 사정(私情)이 통하는 길을 막고 언로(言路)를 여는 것을 힘써야 하니, 이 몇 가지 일을 가지고 제목으로 삼아서 헤아려 생각하여 잘 부연(敷衍)해서 명백하고 진실하게 말씀드려야 하네. 한 번 진언(陳言)하고 바로 그만두어서는 안 되고 서연 때마다 계속해서 이를 제기하여 아뢰어 그 뜻을 반복해서 전해야 하니, 요컨대 물이 스며들 듯 익숙하게 한 뒤에야, 거의 개발되어 마음이 서로 통하는 효험이 있을 것이네.

또 진강(進講)하는 즈음에 반드시 옛 성현이 말씀한 뜻에 먼저 착안하시도록 권할 것이요, 단지 훈고(訓詁)의 잘잘못과 문장의 고하(高下)에 관계되는 것들에는 마음과 생각을 허비하지 않으시도록 하여야 하네. 주부자(朱夫子)께서 "인주(人主)가 훈고와 문장에 능하게 되면, 이것들은 다만 스스로 총명하다고 여겨 성현(聖賢)인 척하는 도구가 될 뿐이다."[35]라고 말씀하신 가르침이 있으니, 이 말씀을 한 번 외워서 경계 말씀을 올려야 하네.

인군에게 말씀을 올리는 자는 마땅히 말 이전에 성의(誠意)가 있기를 힘써서, 말은 항상 부족하고 성의는 항상 유여(有餘)하게 하여 모름

34 문(文)을……것 : 여기서의 '문'은 아름다운 문식(文飾)을 중시함을 이르고, '질(質)'은 본바탕을 중시함을 이른다. 《논어》 〈옹야(雍也)〉에 "질(본바탕)이 문(아름다운 외관)을 이기면 촌스럽고, 문이 질을 이기면 사(史 겉치레만 잘함)하다.〔質勝文則野, 文勝質則史.〕"라고 보이는데, 양시(楊時)는 "문과 질은 서로 이겨서는 안 된다. 그러나 질이 문을 이김은 그래도 단맛이 조미를 받을 수 있고 흰색이 채색을 받을 수 있는 것과 같지만, 문이 이겨 질을 없앰에 이른다면 그 근본이 없어지니, 비록 문이 있은들 장차 어디에 베풀겠는가?"라고 하였다.

35 인주(人主)가……뿐이다 : 이 내용은 《주자대전(朱子大全)》 권25 〈서(書) 답장경부(答張敬夫)〉에 보인다.

지기 윗사람과 아랫사람이 서로 믿기를 기대해야 할 것이고, 또 새로운 설을 만들어 내는 것과 유속(流俗)의 의논은 절대로 피해야 하네.

만사(萬事)가 유유해짐은 오직 인군이 덕을 성취함에 달려 있으니, 어느 때인들 그렇지 않겠는가마는 돌아보건대 오늘날 더욱 절실하네. 그러나 사람들 중에 이 뜻을 아는 이가 적으니, 어찌 통탄하지 않을 수 있겠는가. 나의 마음에 염려가 되기에 이처럼 피력하니, 부디 그대는 양찰해 주시게나.

사묵에게 답함
答士默

보내온 편지에 사양(辭讓)의 의리에 대해 말하였는데, 옛 사람이 관직에 제수되거나 품계가 승진했을 때에는 사양한 뒤에 나아가는 것이 예(禮)였네.

영관(瀛館 홍문관)의 관직은 사양하지 않는다는 옛 법이 어느 때에 시작되었는지 알 수 없으나, 원래 확고부동하여 넘을 수 없는 한계인 것은 아니네. 내가 집안에서 직접 보고 기억하고 있는 것을 가지고 말하더라도, 옛날 처음 벼슬에 제수되셨을 때에 또한 사양한 뒤에 나아가 명령을 받들었는데, 그때 옛 법 때문에 어렵게 여긴 경우가 있었다는 말을 듣지 못하였네. 대체로 일을 당했을 때에 남에게 묻는 것이 진실로 좋으나, 만일 선(善)을 택하여 굳게 지키는 용감함이 없으면 도리어 한갓 정신만 산란해져서 일을 이루지 못할 뿐이네.

또 상소(上疏)에 덧붙여서 아뢰는 일을 가지고 논한다면, 아뢰는 것이 비록 스스로 보기에 겸연쩍더라도 원래 헌근(獻芹)의 정성[36]에서 나왔다면, 어찌 공연히 남의 이목(耳目)에 대해 신경 쓸 것이 있겠는가. 자기의 말 속에 실로 털끝만큼이라도 도움이 되는 점이 있기를 바라야 할 뿐이네.

36 헌근(獻芹)의 정성 : 하찮은 것이라도 임금을 위해 바치려는 아랫사람의 정성을 가리킨다. 옛날 어떤 농부가 미나리를 먹다가 매우 맛이 있어서 이를 윗사람에게 바친 고사에서 나왔다. 《列子 楊朱》

그리고 인군에게 아뢸 즈음에는 오로지 마음을 진실하게 하고자 힘써야 하는데, 지금 마침내 허다하게 계교(計較)하는 생각을 낸다면, 아뢰는 바가 지극히 선(善)하더라도 어떻게 인군의 마음을 감동시킬 수 있겠는가. 진실로 이와 같다면 도리어 그만두어 일을 줄이는 것만 못하네.

내가 아뢴 것이 인군을 사랑하는 혈성(血誠)에서 나온 것이라면 화(禍)와 복(福)을 피하지 않아야 하니, 남의 구설을 어찌 굳이 괘념(掛念)할 것이 있겠는가. 혹 먼저 하고 혹 뒤에 하는 것의 득실이 어떻겠느냐고 물은 것에 대해서는, 누에 실처럼 세밀하게 생각해 본 자가 아니면 어떻게 분별할 수 있겠는가. 정말 우습네.

사묵에게 줌

與士默

생각하건대 지난번 답장으로 나의 뜻을 자세히 알았을 것이네. 수십 년 이래로 신하들이 조정에서 바른말 하는 것을 기피하고 있는데, 신하들이 모두 이러한 문제를 안고 있으면서도 이것이 크게 우려할 만한 것임을 알지 못하네. 그러므로 비록 평상시에 인군에게 아뢰어 권면하는 글도 한결같이 긴요하지 않다고 하여 말살시켜 버리네.

이번에 옛 법이라는 설(說)이 한번 나오자, 사람들이 바람에 풀이 쓸리듯 하나같이 옳다고 하니, 습속(習俗)이 사람의 마음을 병들게 하는 것이 바로 이와 같네. 생각이 이에 미치면 깊이 한번 탄식하게 되네. 그대 또한 이 말이 옳다고 여기면 그만이지만, 이미 기필코 해야겠다고 생각했다면 어찌 굳이 먼저 하고 뒤에 하는 것을 계교(計較)할 필요가 있겠는가.

먼저 앞장서면 전모(前茅 척후대(斥候隊))의 혐의가 있지만, 뒤에 하는 것은 어찌 효빈(效顰)[37]의 수치가 없겠는가. 전모와 효빈이 똑같이 싫어할 만한 것이니, 차라리 전모가 되어 앞장서 외치는 것이 낫네. 만일 새로이 홍문록(弘文錄)[38]에 오른 사람들 중에 낭봉(囊封 누설될까

37 효빈(效顰) : 자신의 처지를 고려하지 않고 무턱대고 남의 흉내를 낸다는 뜻이다. 월(越)나라의 미인 서시(西施)가 가슴 앓는 병이 있어 가슴을 움켜쥐고 얼굴을 찡그리곤 하였는데, 그 모양이 매우 예뻐서 이웃 추녀가 서시를 따라 자신도 가슴을 움켜쥐고 얼굴을 찡그린 고사에서 나온 말이다. 《莊子 卷4 外篇 天運》

38 홍문록(弘文錄) : 홍문관(弘文館)에 결원이 생길 때를 대비하여 만들어진 제도로,

염려하여 주머니에 넣어서 봉함해 올리는 상소)을 안고 옛 법이란 설에 정중(鄭重)하여 올리지 못하던 자가, 내가 앞장서 외침으로 인해서 그 충성스러운 말과 좋은 계책을 올려서 인군의 덕과 시무(時務)에 도움이 된다면, 나 또한 어찌 참여하여 영화가 있지 않겠는가. 빗속에 한가로이 앉아 있는 중에 우연히 이런 생각이 나기에 이에 다시 말하네.

홍문관의 부제학(副提學) 등이 함께 의논하여 〈본관록(本館錄)〉을 작성하고, 이를 이조(吏曹)에 이송하면 이조에서는 이를 심사하여 〈이조록(吏曹錄)〉을 작성하였으며, 이 〈이조록〉과 〈본관록〉을 의정부에 이송하면 의정부는 〈본관록〉을 중심으로 누락과 오류의 여부를 심사하여 〈정부록(政府錄)〉을 작성하였는데, 이를 〈홍문록〉이라 하였다. 홍문관에 결원이 생기면, 이조는 〈홍문록〉 중에서 세 사람을 추천하고, 왕이 이 중 한 명을 낙점하여 임용하였다.

사묵에게 줌

與士默

그대가 경악(經幄)에서 나와서 작은 현(縣)을 맡으니,[39] 생각이 어떠한가? 옛날 내가 큰 형님에게 들었는데, 운초 숙부(雲樵叔父)[40]께서 일찍이 말씀하시기를 "지금의 재상들은 한갓 빈이름을 가졌을 뿐이다. 사대부로서 자신의 분수를 따라 나라에 보답하고자 한다면, 오직 영장(令長 현령 또는 현감)이 되는 것이 다소나마 낫다."라고 하셨다고 하네.

백성을 가까이하는 것은 영장보다 더한 자리가 없으니, 만일 진실한 마음과 진실한 정사(政事)를 가지고 법령 사이에서 적절하게 영합할 수 있다면, 한 치와 한 자 정도라도 모두 백성을 이롭게 할 수 있네. 돌아보건대, 지금 백성들의 삶이 곤궁하고 괴로움이 많아서 도처에서 거꾸로 매달린 듯 고통스러워하니, 주(州)와 현(縣)을 다스리는 자가 진실로 이러한 뜻을 마음속에 보존하였다면, 어찌 백성들이 이 지경에 이르렀겠는가. 생각하면 고통스럽네.

39 경악(經幄)에서……맡으니 : 경악은 원래 경연(經筵)을 의미하는 말인데, 여기서는 홍문관(弘文館)을 가리켰다. 오연상은 1802년(순조2) 홍문관 부수찬을 지냈는데, 상소(上疏)에 불손한 말이 있다고 하여 잠시 내쳐졌다가 이듬해 1월에 함평 현감(咸平縣監)에 제수되었기 때문에 말한 것이다. 《承政院日記 純祖》

40 운초 숙부(雲樵叔父) : 오재유(吳載維)로 자는 지경(持卿)이다. 음직으로 출사하여 진산 군수(珍山郡守)를 지냈다.

사묵에게 답함
答士默

별지의 내용은 아주 상세하여 마치 얼굴을 맞대고 말하는 것과 차이가 없으니, 천리 밖 먼 곳에 있음을 거의 알지 못하겠네.

편지에서 언급한 선인(先人)의 가르침에 대해서는 몇 번이고 반복하여 읽고 나니, 마치 어제 일처럼 느껴져 서글픔이 극에 달해 눈물이 떨어지네. 늙어가면서 부형의 가르침이 참되고 간절함을 더욱 알게 되나, 당일에 이것을 가슴에 새겨 익히지 못하였으니, 지난날의 잘못을 생각해보면 후회막급이네. 이러한 뜻이 연래에 더욱 간절해졌는데 지금 보내온 편지를 보니, 그대 또한 나와 똑같은 의사(意思)라고 생각되네.

지금부터 죽을 나이에 이르기까지 얼마의 세월이 남았는지 모르겠으나, 우리가 서로 닦고 서로 가르쳐서 전일의 잘못을 다소나마 보충한다면, 혹 지하에 돌아가서 돌아가신 부형을 배알할 면목이 있을 것이니, 이것을 간절히 깊이 바라는 바이네.

그대의 풍도와 기개가 전일보다 크게 달라진 것은 다만 나이가 들어서 그런 것이 아니네. 옛날 가정에서 뜰을 지나다가 부형(父兄)께 들은 가르침[41]이 그대 마음속에 뿌리를 내렸었는데, 다만 기질에 가리고 습

41 뜰을……가르침 : 원문은 '과정지교(過庭之教)'로 부형에게 받는 가르침이란 의미인데, 공자가 홀로 뜰에 서 있을 적에 아들 백어(伯魚)가 종종걸음으로 뜰을 지나가자〔趨而過庭〕, 공자가 불러서 시(詩)와 예(禮)를 배워야 한다고 가르침을 내렸던 고사에

속에 빼앗겼다가 지금 점점 물의 수위가 떨어지는 시절에 가까워지자, 이것이 가슴속에서 발로되어 속일 수가 없어서 그러한 것이니, 이는 참으로 무한히 기쁜 소식이네.

그러나 이러한 생각이 한가롭고 고요한 지경에서는 쉽게 발현되나 번화하고 화려한 곳에서는 이를 잡아 지키기가 쉽지 않네. 모름지기 수많은 말〔馬〕들이 치달리는 가운데에서 발걸음을 멈추어 크게 공력을 써야 거의 전날의 가르침을 저버리지 않을 수 있을 것이네.

얻기도 어렵고 보존하기도 어렵다는 말은 참으로 자신을 헤아린 뜻에서 나온 줄을 알겠으나, 그 뜻을 반복해서 생각해보건대, 끝내 계교(計較)하는 분수(分數 비율(比率))가 많아서 지극한 의리를 말하지 못하는 것이라고 여겨지네.

돌아보건대, 지금 세도(世道)와 조정의 형편은 손댈 만한 곳이 없네. 그러나 스스로 자신의 식견과 재능을 헤아려 보아 혹시라도 기우는 국운을 붙들고 위태로운 사직을 부지할 만한 것이 있으면, 세신(世臣)의 의리에 진실로 마땅히 사생(死生) 간에 앞으로 향해서 나아가야 할 것이네. 성공과 실패, 이롭고 해로움은 계산하지 말아야 하니, 어찌 물러나 피하고 편의를 취하여 자기 한 몸을 위한 계책으로 삼겠는가.

만일 스스로 자신을 헤아려 볼 적에 여기에 미치지 못하는데도 한갓 영화와 이익을 위한 계책으로 삼는다면, 이는 일찍 스스로 물러나서 학문을 닦는 것만 못하네. 몸을 깨끗이 하고 절개를 닦아서 사사로운 이익을 탐하는 마음이 멋대로 흐르는 세계에서 초탈(超脫)한다면, 한갓 조상을 욕되게 하지 않는 계책이 될 뿐만 아니라 국가에 있어서도

서 유래하였다.《論語 季氏》

불보지보(不報之報)[42]가 될 것이니, 이 의리가 또한 어찌 소소한 것이겠는가.

나 역시 자네가 세상에 쓰일 만한 재주가 아님을 아네. 그러므로 지난날 둔촌(遁村)에 은거하는 계책을 듣고 즐겁게 권하였는데, 듣자하니 이미 남 대감(南大監)이 그곳을 선점(先占)했다고 하니, 지금은 논할 만한 것이 없네. 다시 무슨 생각해 둔 것이 있는지 모르겠네. 만일 먼저 마음속에 정해져 있다면, 어찌 무릎하나 용납할 만한 좁은 땅이 없겠는가.

치우(致愚 오연상의 아들)는 자질이 진실로 가르칠 만하니, 만일 잘 인도(引導)한다면 충분히 집안을 보전할 훌륭한 자제가 될 것이네. 다만 유순함이 강함을 이겨서 끝내 곧게 서는 기상이 부족하네. 그러므로 나는 매번 그를 격앙시켜서 뜻을 일찍 세우게 하려하였는데, 저와 사귀는 자들이 모두 부산하게 치달리는 아이들이어서 자기보다 나은

42 불보지보(不報之報) : 은혜에 보답하지 않음으로써 도리어 은혜에 보답한다는 뜻으로, 곧 벼슬에 나아가서 국무에 종사하는 것만이 임금의 은혜에 보답하는 길이 아니라, 벼슬에 나아가지 않고 자신을 수양하는 것도 임금의 은혜에 보답하는 한 가지 길이 된다는 뜻이다. 이는 원래 《능엄경(楞嚴經)》에 보이는 말로, 아난(阿難)이 말하기를 "이 심신을 가지고 모든 세상의 중생들을 받드는 것, 이것을 이름하여 부처님 은혜에 보답하는 것이라 하네.〔將此心身奉塵刹, 是則名爲報佛恩.〕"라고 하였는데, 그 주석에 이르기를 "성과(聖果)를 얻고 중생을 제도(濟度)하는 것은 부처의 은혜에 보답하는 것과는 상관이 없지만, 이것을 가지고 보답하지 못하는 은혜에 보답하는 것으로 삼는다.〔得聖果度衆生, 無與於報佛, 而以此爲報此不報之報也.〕"라고 한 말에서 유래하였다. 주자가 진동보(陳同甫)에게 답하는 편지에서 이를 인용하여 출처(出處)를 구차히 해서는 안 된다는 의리를 논하면서부터, 위와 같은 의미로 쓰이게 되었다. 《朱子大全 卷36 書 答陳同甫》《朱子書節要集解 卷3 答陳同甫》

자를 보지 못하여 이 때문에 진전하지 못하니, 걱정스럽네.

경종(庚鍾)[43]의 경우 자질이 취할 만한 점이 있으나, 거의 제멋대로 치달리는 망아지의 갈기와 같아서 아직은 무엇을 향하고 무엇을 등져야 하는지 알지 못하네. 지난겨울에 원리(元履)[44]의 서재로 따라가서 열흘 동안 《맹자》 한 권을 배우고 왔는데, 뒤이어 피를 토하는 병증이 있어 《맹자》를 읽는 것을 그만두었다가 며칠 전부터 다시 시작하였네.

송수(松壽)[45]는 바로 우리 집의 천리구(千里駒)[46]인데, 다만 법도에 들이기 쉽지 않으니 만일 제멋대로 치달릴 적에 억눌러 잡아 주는 사람이 없으면, 참으로 우려할 만하네. 다만 성품이 너그럽고 겁이 많은 것은 사람이 될 수 있는 장본이 되니, 이것은 믿을 만하네.

세상에서 항상 말하기를 "자제가 읍재(邑宰)가 되어서 자신의 부형에게 선물을 보내는 일은 인정상 그만둘 수 없는 것이다."라고 하는데, 나의 본래 생각은 그렇지 않네. 지금 현재 밥과 죽이 절로 여유가 있어서 별도의 조도(調度 사물을 정도에 맞게 처리하고 조정함)가 필요 없네. 그러므로 관청의 재물을 가지고 나 자신에게 누(累)를 끼치고 싶지 않네. 지난해 봄에 이것을 그대에게 말해 주었으니, 생각하건대 지금까지도 기억하고 있을 것이네.

43 경종(庚鍾) : 이름이나 자로 보이나 누구인지 미상이다.

44 원리(元履) : 민치복(閔致福, 1776~1814)의 자이다. 호는 확재(擴齋), 본관은 여흥(驪興)으로 아버지는 이조 판서 민종현(閔鍾顯)이다. 1789년(정조13) 사마시에 합격하고 벼슬이 남평 현감(南平縣監)에 이르렀다.

45 송수(松壽) : 이름이나 자로 보이나 누구인지 미상이다.

46 천리구(千里駒) : 어린 천리마라는 뜻인데, 뛰어나게 잘난 자손을 칭찬하여 이르는 말이다.

이번에 보내온 돈 10민(緡)은 의약에 쓰라는 비용이라고 말하니 비록 명분이 없는 것이 아니나, 이 또한 관의 재물이 넉넉하면 괜찮지만, 부채(負債)가 이미 많아서 구차하고 간략함을 면치 못한다고 하니 이 후로는 다시 하지 않는 것이 옳을 것이네.

사묵에게 답함
答士默

편지에서 말한 쉽게 늙어 간다는 감회는 나이가 많은 자가 비교적 더 깊을 것이네. 스스로 생각하건대, 젊었을 적에는 망령되이 도(道)를 듣겠다는 뜻을 가지고 있었는데, 지금 나이가 들어감에 더욱 확락(濩落)[47]을 이루어 어느덧 빈궁한 오두막에서 탄식하게 되었네.

사람이 곤궁하면 근본으로 돌아가게 되니, 내가 심중으로 기대하고 바라는 것이 〈소완(小宛)〉 시의 머리 장에 있었는데,[48] 다만 치아와 머리털만이 일찍 노쇠했을 뿐이 아니라 여러 번 상(喪)을 당하여 심력(心力)이 시들어 줄어들고 힘줄과 뼈도 이미 느슨해져서, 근간에는 어버이를 섬기고 몸을 검속하는 도리도 스스로의 힘으로 하지 못하는 때가 있다네. 이와 같아서야 어찌 온전히 자신을 삼가고 어린 자식들을 신칙해서 부모를 욕되지 않게 하는 도모를 할 수 있겠는가. 한 번 이것을 생각할 때마다 나도 모르게 마음으로 슬퍼하며 탄식하게 되네.

47 확락(濩落) : 원래 '공허하고 쓸쓸하다〔廓落〕'의 의미인데, 인신하여 '영락(零落)하여 뜻을 잃다〔淪落失意〕'는 의미로도 쓰인다. 당나라 한유(韓愈)가 지은 〈증서주족질(贈徐州族姪)〉 시에 "초라하게 있는 돈 다 써버리고 영락하여 문과 거리는 텅 비어 있네.〔蕭條資用盡, 濩落門巷空〕"라는 용례가 보인다.

48 내가……있었는데 : 부모에게 효성을 바치기를 바랐다는 뜻이다. 소완(小宛)은 《시경》 소아(小雅)의 편명이고, 그 머리 장은 "작은 저 명구여, 날아 하늘에 이르도다. 내 마음 근심하고 서글퍼 하는지라, 옛 선인을 생각하노라, 날이 새도록 잠을 이루지 못하여, 부모님 두 분을 그리노라.〔宛彼鳴鳩, 翰飛戾天. 我心憂傷, 念昔先人. 明發不寐, 有懷二人.〕"라고 되어 있다.

그러나 그냥 이대로 기가 꺾인 채 부형께서 남기신 가르침이 나에 이르러 없어지게 되는 것을 또한 어찌 차마 볼 수 있겠는가. 이에 그대와 함께 서로 닦고 서로 가르쳐서 늘그막의 공을 함께 거두기를 바라는 마음 간절하네.

다만 연래에 모이고 흩어지는 것이 무상해서 옛날 책상을 맞대고 지낼 때와 똑같을 수가 없으니, 그렇다면 이미 인사(人事)에 감회를 금할 수가 없는데, 이번의 작별은 훌쩍 세월이 흘러서 또 장차 1년이 다 되어 가네. 때로 서로 그리워하는 괴로운 마음을 견딜 수가 없어서 이에 선친의 문집에 있는 〈경리부(警離賦)〉[49]를 외워 뜻을 붙이네. 생각하건대, 필묵(筆墨) 밖에서 정신으로 이해할 것이네.

49 선친의……경리부(警離賦) : 선친은 노주의 생부인 오재순(吳載純)을 이르고, 〈경리부〉는 오재순의 문집인 《순암집(醇庵集)》 권1에 실려 있다.

사묵에게 줌
與士默

세상 사람들은 집안을 유지하기 위해서는 과거에 급제해서 벼슬해야 한다고만 생각하고, 명예와 절개가 문호(門戶)를 빛낸다는 것을 알지 못하네.

나는 가정에서 가르침을 받아서 일찍이 이것을 알았네. 그러므로 그대가 석갈(釋褐)[50]한 이래로 혁혁한 관직을 바라지 않고 오직 몸을 깨끗이 하고 행실을 가다듬어서 부귀에 방탕해지지 않기를 바랐었네. 그런데 근간에 그대가 벼슬하고자 하는 일체의 마음을 보건대, 점점 이에 담박(澹泊)해지고 있음을 느꼈으니, 바로 왕복하는 편지의 내용으로 알 수 있네.

부디 이로 인해 점점 내외(內外)와 경중(輕重)의 구분을 연구해서 취사(取捨)할 바를 알기를 바라네. 내가 마음속으로 가상히 여기고 기뻐함은 자못 과거에 급제해서 문희(聞喜)[51]하던 날보다 더함이 있네.

지난번 편지에 거듭 권면한 것은, 그대가 스스로 말한 것을 믿지 않아서가 아니라 우애(友愛)의 정이 간절하고 기대하는 마음이 끝이

50 석갈(釋褐) : 갈(褐)은 신분이 낮은 사람이 입는 옷으로, 이 옷을 벗는다는 것은 과거에 급제하여 관직에 오름을 이른다.

51 문희(聞喜) : '문희연(聞喜宴)'의 줄인 말로, 과거 급제를 축하하는 잔치를 말한다. 당나라 때 과거에 급제한 사람들이 명단 발표 뒤에 곡강정(曲江亭)에 모여 크게 잔치를 벌이면서, 이를 곡강회(曲江會) 혹은 곡강연(曲江宴)이라고 하였는데, 송나라 사람들은 이를 문희연이라고 불렀다.

없어서, 비록 이미 그러함을 알지만 그래도 그렇지 못할까 염려하고, 이미 잘하고 있음을 알지만 그래도 잘하지 못할까 근심해서이네.

진실로 행여 미치지 못할 것처럼 신신당부하고 권면하고 또 권면하려는 것은, 비유하면 진귀한 옥과 보배로운 구슬을 쌓아 놓고 있는 자가 찬란하게 빛이 나지 않는 것은 아니나 그래도 혹시 찌끼와 하자가 있어서 남의 지적을 받을까 두려워하는 것과 같으니, 그대가 어찌 우리 집의 기이한 보물이 아니겠는가.

사묵에게 줌
與士默

김덕수(金德叟)[52]가 지난번에 올린 한 편의 상소문은 조양(朝陽)의 봉황(鳳凰)[53]이라고 이를 만하네. 옛날 청송 선생(聽松先生 성수침(成守琛))이 《맹자》의 "대인이라야 군주의 마음을 바로잡는다."[54]는 말씀을 읽을 때마다 세 번 반복하여 읽고 격앙(激昂)되어 눈물을 흘리기까지 하셨으니, 이는 당시 사람들이 이런 의리를 강(講)하지 못함을 서글퍼 하신 것이네.

아! 지금의 시대는 또 청송의 시대와 멀리 떨어져 있으니, 금화(金華 궁중)를 출입하는 자들 중에 이러한 의사(意思)를 잘 아는 자가 몇

52 김덕수(金德叟) : 김매순(金邁淳, 1776~1840)으로 덕수는 그의 자이다. 호는 대산(臺山), 본관은 안동(安東)이다. 1795년(정조19) 문과에 급제하여 예조 참판과 강화 유수(江華留守) 등을 역임하였다. 당대의 문장가로 홍석주(洪奭周, 1774~1842)와 함께 이름이 높았고, 창강(滄江) 김택영(金澤榮, 1850~1927)의 《여한십가문초(麗韓十家文鈔)》에 그의 글이 수록되었다.

53 조양(朝陽)의 봉황(鳳凰) : 훌륭한 인물이 간언하는 것을 비유하는 말이다. 조양은 아침 해가 뜨는 동산으로 《시경》 〈대아(大雅) 권아(卷阿)〉에 "봉황이 우니 저 높은 산에서 울도다. 오동나무가 자라니 저 조양에서 자라도다.〔鳳凰鳴矣, 于彼高岡. 梧桐生矣, 于彼朝陽.〕"라고 보인다. 당나라 고종(高宗) 때에 저수량(褚遂良)이 죽은 뒤로는 직간하는 자가 없었는데, 어사(御史) 이선감(李善感)이 고종에게 직간을 하니, 사람들은 이것을 '봉황이 조양에서 운 것〔鳳鳴朝陽〕'이라고 하였다. 《新唐書 卷105 韓瑗列傳》

54 대인이라야……바로잡는다 : 이 내용은 《맹자》 〈이루 상(離婁上)〉에 보이는 "오직 대인이라야 군주의 나쁜 마음을 바로잡을 수 있다.〔惟大人, 爲能格君心之非.〕"라는 구절을 줄여 쓴 것이다.

사람이나 되겠는가. 돌아보건대 이 몸은 두문불출하고 외부의 명성을 다 버리고자 하였으나, 오직 이 일에 있어서는 절로 마음속에 깊이 새겨 없어질 수 없는 것이 있었네. 그런데 지난번 이 상소문을 보고는, 마치 술에 취했다가 깨어난 듯하고 지극히 기뻐서 나도 모르게 벌떡 일어났네.

상소의 내용을 자세히 살펴보건대 간략하여 쓸데없이 길지 않고 간절하여 범연(泛然)하지 않으니, 참으로 이른바 '한 번 손바닥으로 침에 핏빛 손자국이 남고, 한 번 회초리로 침에 한 가닥 멍이 생긴다.'는 것이네. 또 아주 간곡하고 온후(溫厚)해서 한 번 읽으면 바로 군주를 사랑하는 뜨거운 피가 있어서 한때의 의견에서 써진 글이 아님을 알 수 있으니, 이 때문에 능히 성상의 마음을 감동시켜 채납(采納)을 받은 것이네. 그러나 가탄스러운 것은 한 명의 설거주(薛居州)가 있을 뿐 보조(輔助)하는 사람이 없는 것이네.[55]

그대에게서 이 친구가 어질다는 말을 들을 때마다 나는 그의 이름과 행실을 잘 알지 못했기 때문에 다만 속으로 생각하기를, 학문과 지식이 풍부하여 스스로 자신의 지조를 아끼는 아름다운 학사(學士)라고 여겼는데, 이제야 비로소 그대의 말에 과장이 없어 참으로 공경할 만한 선비임을 알겠네.

또 그대에게 부친 편지를 읽어보니, 그가 권면한 것이 체(體)와 용

55 한……것이네 : 설거주(薛居州)는 전국 시대 송(宋)나라의 어진 신하이다. 맹자가 설파하기를 "비록 어진 신하인 설거주가 조정에 있다 하더라도 다른 사람들이 모두 선하지 않다면 한 사람의 힘만 가지고는 임금을 선한 쪽으로 인도할 수 없다."라고 하였으므로 이렇게 말한 것이다. 《孟子 滕文公下》

(用)의 선후(先後)와 화(華)와 실(實)의 경중(輕重)에 대해 정성을 다해 간곡하게 면려하여 실로 그대의 풀무가 되니,[56] 서로 인정하는 지극한 뜻을 알 수 있었네. 이 세상의 이러한 의리를 또한 어찌 쉽게 얻겠는가. 모름지기 이 말을 깊이 생각해서 훌륭한 벗의 바람을 저버리지 않는 것이 어떻겠는가.

56 그대의 풀무가 되니 : '풀무'는 대장간에서 불을 피울 적에 바람을 일으키는 도구를 말하는데, 인물을 도야(陶冶)할 때 필요한 가르침을 비유한다.

사묵에게 답함
答士默

봄추위에 문을 닫고 아무 생각 없이 바보처럼 앉아 있는데, 이때 그대가 쓴 편지를 받으니 견줄 바 없이 정신이 맑아지고 마음이 위로되네. 더구나 어버이 모시며 매우 편안히 지냄을 알았으니 더욱 기쁘네.

대행대비(大行大妃)[57]의 시호(謚號)는 이미 의논하여 결정되었는가? 이곳은 공문(公文)이 이틀 늦게 도착하여 어제서야 비로소 성복(成服)을 하였는데, 부인과 어린아이와 절름발이와 앉은뱅이까지 분주히 달려와서 슬피 통곡해서 대상(大喪 임금의 상사(喪事))과 차이가 없으니, 백성들의 마음을 크게 볼 수 있네.

4년 동안 수렴청정(垂簾聽政)한 혜택이 사람들 마음에 스며들어서 돌아가신 뒤에도 잊지 못하는 생각은 온 나라 사람들이 똑같네. 사옥(邪獄)을 끝까지 다스린 것[58]과 장용영(壯勇營)을 철폐한 것[59]으로 말

57 대행대비(大行大妃) : 대행은 제왕이나 후비(后妃)가 승하한 뒤 시호 올리기 전의 존칭이다. 여기서는 정순왕후(貞純王后)를 가리킨다.

58 사옥(邪獄)을……것 : 신유사옥(辛酉邪獄)으로 천주교도들을 철저하게 탄압한 것을 가리킨다. 순조 즉위 후 수렴청정에 나선 정순왕후가 1801년(순조1) 1월 천주학을 엄금하고 뉘우치지 않는 자에게는 반역죄를 적용하며, 전국적으로 오가작통법(五家作統法)을 실시해서 신자의 씨를 남기지 말라는 명령을 내려 철저하게 천주교를 탄압하였다.

59 장용영(壯勇營)을 철폐한 것 : 장영용은 정조(正祖)가 1785년(정조9) 새로운 금위(禁衛) 체제의 일환으로 국왕 호위의 전담부대인 장용위(壯勇衛)를 설치하였다가, 1793년 확대하여 군영(軍營)으로 발전시켜 왕권 강화의 상징으로 삼은 것인데, 1802년(순조2)에 정순왕후에 의해 혁파되었다.

하면, 실로 국가의 안위와 흥망의 기밀(機密)과 관계되는 일들인데 단연코 이것을 행하고 의심하지 않았으니, 이와 같은 큰 공렬(功烈)은 지난날의 명철한 군주들에게서 찾아보아도 이보다 더 큰 것이 없네. 다만 한스러운 것은 당일 군주를 보필하는 자리에 좌우에서 대양(對揚)하여 바라는 대로 다스려지는 정치[60]를 받들어 감당할 수 있는 사마공(司馬公)[61]과 같은 어진 신하들이 부족했던 것이네.

편지 말미에 말한 것은 다 자세히 보았네. 온 세상이 명리(名利)를 좇아 분주하게 오가서[62] 현철한 사람치고 어리석지 않은 이가 없으니,[63] 눈을 높은 곳에 두고 발을 견고하게 멈출 수 있는 자가 몇 사람이나

60 바라는……정치 : 원문의 '종욕지치(從欲之治)'는 《서경》 〈대우모(大禹謨)〉에 "나로 하여금 원하는 대로 정치를 할 수 있게 하여 사방이 풍동(風動)하게 하니, 이는 바로 너의 아름다운 공이다.〔俾予從欲以治, 四方風動, 惟乃之休.〕"라고 한 순(舜) 임금의 말씀을 원용한 것이다. 이에 대해 채침(蔡沈)은 《집전(集傳)》에서 "백성들이 법을 범하지 않아서 윗사람이 형벌을 쓰지 않는 것이 순 임금이 바라는 바이다."라고 주하였다.

61 사마공(司馬公) : 북송(北宋)의 명재상으로 온국공(溫國公)에 봉해진 사마광(司馬光)을 가리킨다. 일찍이 왕안석(王安石)의 신법(新法)을 반대하였으나 뜻대로 되지 않자, 관직에서 물러나 낙양에 살면서 《자치통감(資治通鑑)》을 편찬하는 일에 전념하였다. 그 후 신종(神宗)이 죽고 어린 철종(哲宗)이 즉위하자 고태후(高太后)가 섭정하면서 왕안석의 신법당을 축출하고 사마광의 구법당을 등용하여 정치를 일신하였다.

62 명리(名利)를……오가서 : 원문의 '희양(熙穰)'은 사람들이 분주하게 이익을 좇아 오가는 모습을 형용한 말이다. 《사기(史記)》 권129 〈화식열전(貨殖列傳)〉에 "천하 사람들이 번잡하게 오는 것은 모두 이익을 위해 오는 것이요, 천하 사람들이 분란(紛亂)하게 가는 것은 모두 이익을 위해 가는 것이다.〔天下熙熙, 皆爲利來; 天下壤壤, 皆爲利往.〕" 라고 보인다. '壤'과 '穰'은 통용되었다.

63 현철한……없으니 : 원문은 '미철불우(靡哲不愚)'로, 《시경》 〈대아(大雅) 억(抑)〉에 그대로 보인다.

되겠는가. 이것을 생각하면 근심을 이길 수가 없네.

기억하건대, 옛날 곁에서 선친을 모시던 때에 선친께서 나를 불러 말씀하시기를 "윗사람과 사귈 때에 아첨하지 않고 아랫사람과 사귈 때에 함부로 하지 않으며, 화(和)하여[64] 그 무리를 잃지 않고 강건(剛健)하여 사당(私黨)을 만들지 말아야 하니, 이것이 내가 조정에서 몸을 지킨 부절(符節)이었다."라고 하셨네. 아직도 이 말씀을 마음속 깊은 곳에 간직하고 있으나, 이 몸은 병들어 폐인이 된 것을 스스로 잘 아는지라 세상에 참여하여 주선(周旋)할 수가 없네.

그러나 그대와 같이 선조의 발걸음을 이어 궁중을 출입하여 항상 벼슬길에 있는 사람이 이 가르침을 마음속에 간직해서 잠시라도 잃지 않는다면, 장차 명성과 절조가 완전해져서 평탄한 곳에 있으나 험한 곳에 있으나 넉넉하게 여유가 있을 것이니, 힘쓰고 힘쓰시게.

정월 초하루에 애오라지 이것을 가지고 축원하네. 다음 달 기일(忌日)이 오는데 국상(國喪) 때문에 제사를 행할 수가 없으나, 여기에서 이 날을 보내게 되니 마음이 몹시 애통하네. 다음 달 보름 사이에 서울로 올라가서 그대들과 함께 신위(神位)를 설치하고 슬픔을 쏟아내고 이어서 직산(稷山)으로 가서 성묘하고 돌아오고자 하는데, 다만 그 사이에 내 발걸음을 붙잡을 걱정거리가 생기지 않을는지 이를 염려하고 또 염려하네. 이만 줄이네.

64 화(和)하여 : 여기의 화는 《논어》 〈자로(子路)〉에 보이는 '군자는 화하고 동하지 않는다.〔和而不同〕'의 화인데, 주자는 《집주(集註)》에서 "화는 거스르고 어기는 마음이 없는 것이다."라고 주하였다.

사묵에게 줌

與士默

근래 서재 뒤의 궁벽한 곳에서 새로운 샘물을 얻어 관아의 종으로 하여금 썩은 흙을 파내고 더부룩한 풀을 잘라내고 물을 소통하게 하여 못을 만들고 돌을 쌓아 대(臺)를 만드니, 아름다운 나무와 푸른 덩굴들로 좌우가 울창하여 매우 기이한 지취가 있게 되었네. 때로 발걸음 가는 대로 홀로 다니며 유유자적하게 사방을 둘러보면서 그런대로 나그네의 시름을 풀고 있네.

이어서 덧없는 인생이 얼마 남지 않았음을 생각하건대, 이 몸의 사지(四肢)가 아직 그리 쇠약해지지 않은 때에 이와 같은 그윽한 경치를 진세(塵世)의 밖에서 얻었으니, 그대와 함께 누리고 싶으나 쉽게 기약할 수가 없네. 이에 나도 모르게 절로 마음이 서글퍼지네.

바로 이때 손수 쓴 편지가 와서, 이속(吏屬)들의 일로 근래 매우 분주하여 거의 퇴청(退廳)하여 집에서 편히 식사할 겨를조차 없음을 알았네. 나와 비교하여 한가하고 바쁜 차이가 마침내 이와 같으니, 옛날 임천(林泉)에 살겠다던 생각이 번잡하고 소란스런 즈음에 사라지지나 않았는지 모르겠네.

무릇 사람들이 고요한 곳에 거처할 때에는 이에 걸맞는 좋은 생각을 하게 되나, 한번 득과 실을 따지는 마당으로 들어서면 화란을 당할까 두려워하고 이익에 유인되어 자신이 지키는 바를 잃지 않는 이가 드물다네. 모름지기 눈을 높은 곳에 두고 마음을 너그럽게 가지며 등뼈를 꼿꼿이 세워야 비로소 날마다 변화하여 세속화하는 누를 면할 수 있을 것이네. 자주 반성하고 더 힘쓰기를 거듭 바라네.

이곳의 나는 어버이 곁에서 그럭저럭 세월을 보내고 있으니, 이것이 다행이네. 근래 내가 일정한 거처 없이 돌아다니느라 우익(愚翼) 등 아이들의 공부를 감독할 사람이 없으니, 공부를 하는 둥 마는 둥 한결같이 유유범범(悠悠泛泛)[65]하게 지내고 있을 것임을 말하지 않아도 상상할 수 있네. 생각하면 근심스러우니, 부디 때로 편달을 가해주게나. 나머지는 이만 줄이네.

65 유유범범(悠悠泛泛) : 일을 다잡아 하지 않고 그럭저럭 세월을 보냄을 이른다. 용례가 《주자대전(朱子大全)》 권60 〈답증무의(答曾無疑)〉에 "시간이 가는지라. 세월은 나를 위하여 기다려 주지 않는다. 뜻을 둔 장부가 어찌 마땅히 유유범범하게 배회하고 머뭇거리며 그 몸을 늙게 할 것인가.〔日月逝矣, 歲不我與. 丈夫有志者, 豈當爲此悠悠泛泛, 徘徊猶豫, 以老其身乎?〕"라고 보인다.

사묵에게 답함
答士默

봄추위에 갖옷(털옷)을 다시 입으면서 참으로 그대에게로 달려가는 생각에 마음이 힘들었는데, 이때 손수 쓴 편지를 받고서 그대의 동정(動靜)이 편안함을 알았으니, 기쁘고 반가움을 말로 다할 수가 없네. 이곳의 나는 나그네라 일이 적으니 도리어 정취가 있음을 깨닫는다네.

편지에서 우리 집을 흥은(興恩)[66]의 집과 바꾸어서 큰집과 작은집이 다시 옛 마을에서 단란히 모여 살자는 말은 좋지 않은 것은 아니나, 다만 한 가지 마음에 만족스럽지 못한 일이 있네. 옛 사람이 말하기를 "검소하다가 사치해지기는 쉽고, 사치하다가 검소해지기는 어렵다." 하였는데, 이는 참으로 뜻깊은 말이네.

우리 집안의 옛 저택은 크고 웅장하여 짝할 만한 집이 드물었네. 이 집은 성상께서 하사하여 대대로 전해온 집이니, 비록 하루아침에 버릴 수는 없으나, 끝내 검소한 유자(儒者)의 본색에는 합당하지 않았네. 그러므로 선친께서 이곳에 사실 적에 위축(萎縮)되어서 스스로 편안하지 못한 것처럼 여기시어 부서진 문과 무너진 담장을 그리 수선하지 않아서 그런대로 갖추어졌다[67]는 뜻을 보존하고자 하셨으니, 이

66 흥은(興恩) : 사도세자(思悼世子)와 혜경궁(惠慶宮) 홍씨의 차녀인 청선군주(清璿郡主)와 결혼한 흥은부위(興恩副尉) 정재화(鄭在和, 1754~1790)를 이른 것으로 보인다.

67 그런대로 갖추어졌다 : 원문은 '구완(苟完)'으로 공자께서 위(衛)나라의 공자 형(荊)에 대해 "그는 집에 거처하기를 잘하였다. 처음 〈가재도구를〉 소유했을 때에는

것은 바로 부친께서 가르침을 내리실 적에 그대와 내가 함께 들은 것이네.

지금 이미 집을 옮겨서, 커다란 집을 검소한 집으로 바꾸고 시끄러운 곳을 버리고 조용한 곳으로 나아갔으니, 어찌 옛날 살던 곳에 대한 그리움이 없겠는가. 그러나 실로 새로 사는 집에 대해 흡족한 마음이 있는데 몇 년이 되지 않아서 갑자기 다시 넓고 큰 곳에 나아가 잘 지은 군주(郡主)의 집과 바꾸어 산다면, 이는 비단 평소의 분수에 편안한 바가 아닐 뿐이 아니요 또한 후손들에게 남겨 줄 수 있는 방도가 아니네.

대저 자신의 몸을 봉양하는 여러 가지 일은 진실로 마땅히 곳에 따라 절제함이 있어야 하고, 그중에도 저택에 있어서는 더욱 한계를 두지 않으면 안 되네. 지금 살고 있는 이 집도 너무 크다고 느끼기 때문에 후일에 만일 다시 옮길 일이 있게 되면 차라리 줄일지언정 더 크게 하지 말라는 뜻을 일찍이 이미 집안사람들에게 말해 두었는데, 그대는 혹 이 말을 미처 듣지 못했는가 보네. 이만 줄이네.

'그런대로 모아졌다.' 하였고, 다소 갖추어졌을 때에는 '그런대로 갖추어졌다.' 하였고, 많이 소유하고 있을 때에는 '그런대로 아름답다.' 하였다.〔善居室. 始有, 曰: 苟合矣. 少有, 曰: 苟完矣. 富有, 曰: 苟美矣.〕"라고 한 논평에 보인다. 《論語 子路》

사묵에게 답함

答士默

어제 돌아온 인편을 통해 편지를 받고, 지나는 길에 서계(西溪 수락산의 서쪽 계곡)를 찾아서 벼슬을 사양하자마자[68] 바로 표연(飄然)히 진세(塵世) 밖에 살려는 생각이 있음을 알았으니, 기뻐할 만한 소식이네.

나 또한 십수 년 전에 민원리(閔元履 민치복(閔致福))와 조국진(趙國珍 조진구(趙鎭球)) 등과 함께 서계 사이에서 소요하며 손발을 씻었는데, 지금까지도 그 일을 잊지 못하네. 서계는 골짝이 그윽하고 깊으며 산세(山勢)가 원만하고 단정하며 돌이 깨끗하고 물길이 빨라 울퉁불퉁한 바위나 어긋나 있는 돌무더기들이 없어서, 천석(泉石)이 산만하여 기이함이 없는 도봉산(道峯山)에 비할 바가 아니네. 근교에 있는 여러 명승지를 하나하나 뽑아보건대, 청담(淸潭)[69]이 의당 최고가 될 것이요, 서계가 그 다음이 될 것이네. 또 도봉산의 만장봉(萬丈峰)이 정면에서 우뚝 솟아 있어 마치 책상을 대하는 듯한데, 이 풍광 또한 쉽게 얻을 수 없는 하나의 절경(絶景)이네.

청한자(淸寒子)[70]의 유상(遺像)은 과연 풍골(風骨)이 좋으나, 검은

68 벼슬을 사양하자마자 : 원문의 '춘명(春明)'은 옛날 장안(長安)의 성문인 춘명문으로, 이를 사양한다는 것은 벼슬을 그만둔다는 말이다.

69 청담(淸潭) : 북한산에 있는 청담동(淸潭洞)으로 인수봉(仁壽峰) 북쪽에 있다.

70 청한자(淸寒子) : 김시습(金時習, 1435~1493)의 호이다. 자는 열경(悅卿), 호는 동봉(東峰)이고 또 다른 호는 매월당(梅月堂), 본관은 강릉(江陵)이다. 생육신의 대표적인 인물로 세조가 단종을 내치고 왕위를 차지하자 승려가 되어 방랑생활을 하였다.

승려 복에 염주를 목에 두르고 있어 매우 해괴하네. 일찍이 듣건대, 선배들이 대부분 그가 유자(儒者)가 아님을 싫어하여 절하지 않았는데, 농암(農巖)께서 이 산에 이르러서, 불가(佛家)의 모습을 하고 있으나 마음이 유가(儒家)라 하여 특별히 절하시니, 수행한 문생(門生)들 또한 모두 허리를 굽혀서 공경을 다했다고 하네.

매월당(梅月堂)의 깨끗한 풍도와 고절(孤節 가혹한 시련 속에서 홀로 외롭고 굳게 지키는 절개)을 어찌 선가(禪家)로 도피했다고 하여 하찮게 여길 수 있겠는가. 그러나 바로 그의 외면이 끝내 나로 하여금 애석한 마음을 금치 못하게 하네.

뒤에 수락산에 은거하였는데, 매월당은 바로 김시습이 거처하던 곳이며, 동봉이란 호도 김시습이 수락산을 좋아하여 스스로 붙인 자호이다.

사묵에게 줌

與士默

타향에서 이별하고 갈 길이 아득히 머니, 산의 구름과 관문(關門)의 나무가 모두 그리운 마음을 자아내게 하였네. 근래 날씨가 깨끗하고 화창한데 정사를 살피는 몸의 체후는 좋으신가?

나는 3일 밤을 자고 고개를 넘어 왔는데 도중에 아무 일이 없었고 오늘 양문점(梁門店)에 이르렀네. 집이 있는 고향이 점점 가까워지니, 유람하다 지친 마음이 자못 위로되네. 이번 여행에 관하(關河)[71]를 대략 둘러보아서 마음과 눈이 트였으니, 충분히 평생의 쾌사(快事)가 될 만하였네. 다만 한번 국도(國島)[72]를 가보지 못한 것이 한이 되네.

어제 지나는 길에 삼부연(三釜淵)[73]을 찾았네. 지난해 해산(海山 금

71 관하(關河) : 본래 중국의 함곡관(函谷關)과 황하(黃河)를 가리키는 말로 고향이나 도성에서 멀리 떨어진 변방을 뜻하는데, 여기서는 관북 지방의 산천(山川)을 가리킨 것으로 보인다.

72 국도(國島) : 안변 도호부(安邊都護府 지금의 함경남도 안변군) 앞 바다에 위치한 작은 섬으로, 동남쪽으로 깎아지른 석벽(石壁)이 서 있고 그 아래에 두 굴(窟)이 있는데, 굴 안의 돌은 기둥처럼 깎아 세운 듯하고 여기저기 오색 칠을 한 듯하며, 좌우 벼랑에는 좌석(座石) 천여 개가 있어서 경관이 매우 아름답다고 한다.《世宗實錄 地理志》

73 삼부연(三釜淵) : 강원도 철원에 있는 폭포 이름이다.《여지도서(輿地圖書)》 철원도호부 산천 조에 "삼부연(三釜淵)은 용화산(龍華山)에 있다. 여러 시내가 뒤섞여 모여 갈수록 깊고 점점 커지다가 석벽에 거꾸로 걸리면서 문득 3층의 돌구덩이를 만들었다. 그 깊이는 알 수 없는데 모양은 세 개의 가마솥과 같으므로 그렇게 부른다. 곧

강산)에서 돌아오는 길에 철원(鐵原)의 동음(洞陰) 등 여러 경승(景勝)을 두루 탐방하려 하였으나 그대가 병이 나서 빚을 남겨 두고 돌아왔었는데, 이제야 비로소 빚을 갚았으나, 다만 그대와 함께하지 못한 것이 아쉽네. 물을 따라 몸을 씻고 시를 읊으니, 모였다가 흩어지고 만났다가 헤어지는 사이에 어찌 감개가 없을 수 있겠는가.

이 삼부연은 골짝이 기이하고 바위가 기이하고 폭포가 기이하니, 금강산의 여러 경승 사이에 두더라도 그다지 뒤지지 않을 듯하네. 무릇 산수를 볼 때에는 먼저 동부(洞府)[74]의 체세(體勢)를 취해야 하네. 삼부연은 관도(官途)에서 5리쯤 떨어진 곳에 있는데, 작은 고개 하나를 넘어가면 깎아지른 절벽과 빼어난 산봉우리가 물을 따라 꺾어 돌아 서로 막고 있고, 폭포 밑에 이르러 비로소 가운데가 둥글고 평탄하여 한 동천(洞天 산천으로 둘러싸인 경치 좋은 곳)을 이루었네.

앞에는 푸른 봉우리가 우뚝하게 솟아 문을 막고 있어 오는 길이 보이지 않아서 그윽하고 깊고 고요하니, 바위와 폭포의 아름다운 경승을 기다리지 않더라도 그 경물(境物)이 이미 매우 기이하네. 산꼭대기가 갈라져서 물이 이곳을 따라 격렬하게 쏟아져 폭포가 되는데, 그 길이가 10여 장(丈)이네.

은색의 눈 같은 폭포수가 뿜어져 나와 함께 못의 중앙으로 떨어지는데, 못의 넓이는 여러 무(畝)가 되고 그 깊이는 측량할 수 없네. 물빛이

기우처(祈雨處)이다."라고 하였다. 김창흡(金昌翕)이 이곳에 거주지를 마련하고 '삼연(三淵)'이라고 자호(自號)하였다.

74 동부(洞府) : 도교(道敎)에서 신선들이 사는 지역을 일컫는 말인데, 전하여 아름다운 골짜기나 마을을 이른다.

검푸르고 차가운 바람이 표연(飄然)하여 가까이 다가가 볼 수가 없네. 폭포 좌우로 우뚝 솟은 석벽은 그 높이가 폭포와 같고, 우뚝한 돌집은 마치 만 개의 도끼로 찍어 만든 듯하네. 폭포의 상안(上岸)에 있는 바위의 형세가 꺾어 돌고 있으며, 꺾어 돈 곳이 물에 부딪혀 침식되어 움푹 패어 구덩이를 이루어서 마치 두 개의 큰 가마솥과 같고 깊이 또한 끝이 없는데, 아래 폭포의 구덩이까지 아울러서 세 개의 가마솥이 되었네.

삼부연을 따라 몇 리를 가면 지세가 더욱 뛰어난데 10여 개의 울타리가 숲 사이에서 어렴풋이 보이니, 바로 이른바 '용화촌(龍華村)'으로 삼연(三淵 김창흡(金昌翕)) 어른이 일찍이 은둔하여 사신 곳이네. 굽어보고 우러러 보며 소요하노라니, 사람으로 하여금 천고(千古)의 생각이 일어나게 하네. 더 늙기 전에 그 사이에 초가집을 지어 선배의 높은 자취를 따르고 싶으나, 이 절름발이 몸에는 삼연 어른처럼 산속에 살기를 도모하는 기량(氣量)과 복력(福力)이 없음을 어찌하겠는가.

후일 왕래하는 길에 한번 찾아가 감상하시게. 조만간에 서로 마주하여 품평하는 것도 한 가지 운치 있는 일이나, 다만 걷는 수고를 꽤나 들여야 하니 이것이 염려할 만하네. 길에서 돌아가는 인편을 만났기에 대강 쓰고 이만 줄이네.

사묵에게 줌

與士默

근일에 우환으로 애를 태워서 마음을 다하여 문자를 보지 못하였네. 그러다가 아침과 저녁으로 《국조야승(國朝野乘)》을 가져다 보니, 위로 명종(明宗)과 선조(宣祖) 때로부터 아래로 영조(英祖) 중년에 이르기까지 어진 보필과 훌륭한 신하가 거의 유문(儒門)에 연원(淵源)하지 않은 사람이 없고, 만일 자신이 직접 유문에서 수학하지 않았더라도 또 종유(從遊)한 의리와 사숙(私淑)[75]한 도(道)가 있어서 출처(出處)와 언론(言論)에 대해 반드시 전수받은 바가 있었으니, 이와 같이 하지 않으면 거의 스스로 설 수가 없었던 것이네.

그러므로 당시 사람들이 대부분 유학을 두터이 숭상하고 뜻과 절개를 갈고 닦았는데, 근간에 이 도(道)가 폐해짐에 사람들이 모두 방탕해지고 제대로 서지 못해서 꺼리는 바가 없어 사사로운 생각이 멋대로 흐르고 이욕(利慾)을 좇아 분주하게 오가서 사유(四維)[76]가 무엇인지

75 사숙(私淑) : 직접적인 가르침을 받지는 못하였으나 마음속으로 사모하여 도나 학문을 닦음을 이르는 말로, 사사로이 좋아하여 자신의 몸을 선(善)하게 한다는 뜻이다. 《맹자》 〈이루 하(離婁下)〉에 "나는 공자의 문도가 되지는 못하였으나, 나는 남에게서 들어서 사사로이 선하게 하였노라.〔予未得爲孔子徒也, 予私淑諸人也.〕"라고 한 맹자의 말씀에서 나왔다.

76 사유(四維) : 나라를 다스리는 네 가지 기강인 예(禮), 의(義), 염(廉), 치(恥)를 이른다. 《관자(管子)》 〈목민(牧民)〉에 "나라에는 네 가지 강령이 있다.……첫째는 예요, 둘째는 의리요, 셋째는 청렴함이요, 넷째는 부끄러움이다.〔國有四維.……一曰禮, 二曰義, 三曰廉, 四曰恥.〕"라는 내용이 보인다.

알지 못하니, 어찌 세도(世道)가 무너지고 혼란에 빠지지 않을 수 있겠는가.

또 우리 조선조는 대체로 언어와 문자에 의한 반역(反逆)이 많았는데 점점 더 심해지더니 근세에 이르러 극도에 이르렀네. 사람을 등용하고 물리치는 것은 온 세상을 권면하고 징계하는 것인데, 한 번 반역이라는 이름이 많아진 뒤로부터 모든 사람을 등용하고 물리침에 어질고 간사함을 따지지 않고 반드시 충역(忠逆)으로 결단하네. 인물을 등용하고 물리칠 적에, 애당초 경수(涇水)와 위수(渭水)의 정해진 품평[77]을 보지 않고 오직 때와 권세에 몰려다니는 것을 보고 이로써 충역을 나누므로, 조정에 있는 벼슬아치들이 명분과 행실로 스스로 서고자 하지 않고 다만 따르고 피함을 교묘하게 잘하는 것으로 몸을 편안히 하고 명을 세우는[78] 방법으로 삼을 줄만 아니, 인물이 또 어떻게 질곡(桎梏)되고 없어지지 않을 수 있겠는가.

수백 년에 걸친 세도(世道)와 인물을 읽어보니, 세도가 높아지고 낮아짐과 인물이 성하고 쇠함에 감개(感慨)하지 않을 수 없기에, 부질없이 털어놓는 것이네.

77 경수(涇水)와……품평 : 경수와 위수(渭水)는 중국 섬서성(陝西省) 고대 진(秦)나라에 있는 강들인데, 경수는 물이 탁하고 위수는 맑기 때문에 옳고 그름과 청탁(淸濁)에 대한 비유로 쓰인다.

78 몸을……세우는 : 원문은 '안신입명(安身立命)'으로, '안신'은 몸을 편안히 쉬는 것으로 《주역》 〈계사전 하(繫辭傳下)〉에 "군자는 몸을 편안히 한 뒤에 움직인다.〔君子安其身而後動.〕"라고 보이며, '입명'은 《맹자》 〈진심 상(盡心上)〉에 "요절하거나 장수함에 의심하지 않아, 몸을 닦고 천명을 기다림은 명을 세우는 것이다.〔殀壽不貳, 修身以俟之, 所以立命也.〕"라고 보이는데, 후세에 두 구절을 합하여 안신입명이라는 말을 많이 사용하였다.

사묵에게 답함

答士默

보내준 〈조대기(朝臺記)〉[79]는 참으로 법식에 맞는 훌륭한 글로 지적할 만한 하자가 없는데, 오직 몇 군데 자구(字句)가 편안하지 못한 것이 있기에 원래의 초고에다 지우고 다시 고쳐서 보내니, 자세히 살펴보아야 할 것이네.

나와 여량(汝亮)은 비록 자주 어울려 다니지는 못했으나, 한두 차례 그가 술 마신 뒤에 담론(談論)하는 것을 보았는데, 가슴속에 품은 생각이 매우 좋았네. 말세의 인물이 아닌 듯하기에 마음속에 기억하고 있었는데, 그가 죽었다니 나도 모르게 눈물을 흘리며 그의 단명함을 애석히 여겨 잊지 못하였네.

지금 조대를 지은 자취를 보니 괴이하고 광달함이 참으로 여량이 행할 만한 것이었고, 또 〈조대기〉 가운데에 서술한 것이 자못 정채(精彩)가 있어서 마치 그가 두건을 비스듬히 쓰고 농담하며 웃는 것을

79 조대기(朝臺記) : 아래 민원리의 말로 보건대 이 글은 편지의 당사자인 사묵 오연상이 쓴 글로 그 내용 중에 여량(汝亮)에 대한 자취가 있는 것으로 보인다. 오연상의 문집인 《약암집(約菴集)》 10권이 필사본으로 전해지고 있다고 하니, 확인할 수 있을 것으로 보인다. 여량은 이를 자로 쓴 이명연(李明淵, 1758~1803)으로 보이나, 분명하지 않다. 호는 구포(瞿圃), 본관은 전주(全州)로 세종의 아들인 광평대군(廣平大君) 이여(李璵)의 후손이다. 1790년(정조14) 증광 문과에 급제하고 벼슬이 영흥 부사(行永興府使)에 이르렀다. 1797년 사헌부 집의로서 장문의 상소를 올려 시폐(時弊)와 왕의 잘못을 숨김없이 극간하였는데 이 상소로 인해 시국을 비방한 죄로 끊임없이 탄핵을 받아, 정조의 비호가 있었으나 내직으로 들어오지 못하였다.

다시 보는 듯하니, 이 때문에 자못 슬퍼해 마지않았네.

일전에 민원리(閔元履)가 찾아왔는데, 원리 또한 여량과 옛날부터 아는 사이였네. 이에 부질없이 이 글을 꺼내 보이고 훌륭한 작품이라고 여러 번 칭찬하였더니, 원리가 웃으며 말하기를 "대대로 문병(文柄)을 잡는 일은 도학을 하는 집안에서 꺼리는 바입니다. 계씨(季氏)에게 말을 전해서 부디 글을 쓰지 말게 하여야 하니, 문병의 임무가 다가올까 두렵습니다."[80]라고 하였네.

이 말이 비록 농담에 가까우나 또한 생각해 볼만한 이치가 있기에 애오라지 외워서 들려주는 것이네.

80 대대로……두렵습니다 : '문병(文柄)을 잡는다.'는 것은 대제학에 제수되는 것으로, 민원리가 〈조대기〉의 글이 매우 뛰어나서 대제학에 제수될 만하다고 칭찬한 것이다. 이들 형제의 할아버지인 오원(吳瑗)과 친부(親父)인 오재순(吳載純)이 모두 대제학을 지냈기 때문에 이렇게 말한 것이다.

사묵에게 답함
答士默

북청(北青)은 천파(天坡)[81] 선조께서 탄생하신 땅으로 고로(故老) 사이에서 지금까지 서로 전해오고 있네.

그대가 이미 그곳 가까운 고을의 읍재(邑宰)가 되었으니, 북청에 비를 세워 사적(事蹟)을 기록하고자 함은 인정에 그만 둘 수 없는 것이네. 더구나 선조께서 탄생한 경사가 바로 임진왜란을 만나 병란을 피한 때에 있어서 사적이 더욱 기이하니 내버려둘 수 없음에 있어서이겠는가.

문자(文字)는 그대가 스스로 지으면 되니, 어찌 굳이 멀리 나에게 구할 것이 있는가.

81 천파(天坡) : 오숙(吳䎘, 1592~1634)의 호이다. 그는 본관이 해주(海州)이고, 자가 숙우(肅雨)이다. 1612년(광해군4)에 문과에 급제하여 좌승지, 경상도 관찰사 등을 역임하였다. 문집으로 《천파집(天坡集)》이 있다.

사묵에게 줌

與士默

선친께서 돌아가시어 우리들이 애통하게 곡한 지[82]가 어느덧 17년이 되었네. 따라 죽지 못하고 모질게 참고 세상에 남아서 장차 유집(遺集《순암집(醇庵集)》)이 간행됨을 보게 되었네. 당일에 붓과 벼루를 받들고 책상 앞에서 모시던 것을 추억하니 마치 어제 일과 같은데, 덕스러운 모습과 목소리가 아득하여 떠올리기 어려우니, 나도 모르게 피눈물이 줄줄 흐르네.

후지(後識)는 어제 이미 인쇄해 냈는데, 선조(先朝 정조)의 은혜로운 전교(傳敎)를 삼가 찾아 풀어보니 참으로 위대한 임금님의 말씀이어서 포함하지 않은 바가 없네. 전교(傳敎)에 "깊고 침착하고 중후(重厚)하다."라고 하신 것은 원고 전체의 체재(體裁)를 평론하신 것이요, "소싯적 시문(詩文)이 왕왕 매우 뛰어나다."고 말씀한 것은 선친의 젊었을 때의 정밀한 공부를 아신 것이요, "작가를 모방하고자 하는 각신(閣臣)들이 본받고자 해도 본받지 못한다."라고 하신 것은 다른 사람은 바라미칠 수 없음을 말씀한 것이며, 끝에 또 "자신의 재덕(才德)을 잘 숨긴다.〔善韜晦〕"라는 세 글자를 들어서 세상 사람들 중에 우리 선친을 아

82 선친께서……지 : 원문의 '읍아지통(泣莪之痛)'은 부모를 잃은 애통함을 이르는 말로, 《시경》〈소아(小雅) 육아(蓼莪)〉 편이 부모가 세상을 떠난 뒤 생전에 효도하지 못한 슬픔을 노래한 시이기 때문에 이렇게 말한 것이다. 선친은 이들 형제의 친부인 오재순(吳載純, 1727~1792)이다.

는 자가 적음을 탄식하시고 이어 말씀하기를 "속히 판각(板刻)하지 않으면 안 된다."라고 하셨으니, 이것은 자못 세상에 표창하셔서 《시경》 〈대아(大雅) 역복(棫樸)〉[83]편의 문왕의 교화를 돕고자 하시는 것이네.

성인(聖人)의 신묘한 품평과 명철한 감식(鑑識)으로 이런 지극한 표창이 있어서 문집 가운데 드러내어 백세에 펴서 보여줄 만한 것이었는데, 어찌 우리들의 책상 속에다가 사사로이 둘 수 있는 것이겠는가. 당초에 생각이 여기에 미치지 못한 것은 소략(疏略)하였다고 이를 만하네.

가령 우리 불초한 자식들이 세상에서 두루 찾아 글을 잘하는 군자에게 요청하더라도 어찌 이보다 낫겠는가. 살아서는 목숨을 바치고 죽어서는 결초보은(結草報恩)하더라도, 이 큰 은혜를 보답할 수가 없네. 또 이 불초에게는 특별히 마음속에 깊은 감동이 있네.

아! 선군자는 문장에 있어서도 알아주는 자가 적었는데, 하물며 높은 덕에 있어서이겠는가. 문집 가운데 허다한 말씀은 일언이폐지(一言以蔽之)하면 마음을 보존하고 행실을 삼가고 말을 삼간다는 것인데, 이는 선군자께서 몸소 행하고 마음으로 터득해서 수사(修辭)에 나타난 것이나, 이것을 누가 알아주겠는가.

무릇 우리 선군자의 자손이 된 자들은 이것을 주역(紬繹)하여 가슴속에 새겨 문집 가운데에 있는 말씀이 빈말로 돌아가지 않게 해야 하니, 이렇게 한다면 선군자의 덕을 천양(闡揚)함에 있어 무엇이 이보다 더 크겠는가. 내가 죽기 전에 그대와 함께 이것을 가지고 서로 권면하

83 역복(棫樸) : 저본에는 '복역(樸棫)'으로 되어 있으나, 역복의 전사의 오류로 보고 수정하여 번역하였다.

고 또 아이들로 하여금 이 뜻을 잘 이해하여 잃지 않게 할 수 있기를 바라네.

사묵에게 답함
答士默

무더위가 갈수록 더욱 심해지는데, 어버이 모시는 중에 건강을 조심하여 건승(健勝)하신가? 마음속의 그리움이 그지없네.

지난번 편지에 선친의 뜻을 말하였으나, 아직도 다 밝히지 못한 것이 있기에 지금 다시 말하네. 선친께서는 젊은 시절 과거(科擧)를 달갑게 여기지 않으시어, 30세가 넘은 이후 처음 나아가 과거에 응시하셨네. 과거에 응시하신 것은 까닭 없이 하신 것이 아니고, 스스로 대대로 국가의 은혜를 받아서 실로 나라에 충성하고 의리를 다하려는 뜻이 있어 그러하신 것이니, 이것은 바로 운초공(雲樵公)에게 주신 편지의 대지(大旨)이네.

급제하시고 난 뒤에는 큰일을 할 수가 없었고 또 대번에 물러나실 수도 없었네. 이에 덕을 닦고 몸을 공손히 하시어 있는 곳마다 스스로 극진하게 하셨으니, 요컨대 자신의 마음을 저버리지 않으실 뿐이었네. 이것은 바로 《주역》〈곤괘(坤卦) 육사(六四)〉 효사(爻辭)의 뜻인데,[84] 알지 못하는 자들은 이르기를 "자신의 재주를 드러내지 않고 남에게 영합한다."고 하니, 이는 선친에 대한 이해가 깊지 못한 것이네.

말년이 되어 군주의 은혜가 더욱 깊어지고 작위(爵位)가 더욱 높아졌으나, 시대가 훌륭한 일을 할 수 없음은 이전과 같았네. 이에 선친께

84 주역……뜻인데 : 〈곤괘 육사〉의 효사(爻辭)는 "주머니의 주둥이를 묶듯이 하면 허물도 없으며 칭찬도 없으리라.〔括囊, 无咎, 无譽.〕"로, '주머니의 주둥이를 묶듯이 한다.'는 것은 자신의 지혜를 감추고 드러내지 않음을 말한다.

서는 더욱 울적하고 답답해하며 스스로 만족하지 못하시게 되자, 실로 자신을 책망하시며 벼슬을 그만두고자 하셨네. 그러나 평생에 한 번도 말을 앞세운 적이 없으셨기 때문에 집안사람들조차 이러한 뜻을 제대로 안 이가 드물었는데, 오직 불초가 한가하게 지내실 적의 얼굴빛과 말씀하는 사이에서 안 것이 몇 차례였네.

말년에 마음을 달래기 위해 지으신 글에서도 또한 어렴풋이 이러한 뜻을 볼 수가 있었는데 결국 관직에 계신 채 별세하시니, 이것은 곧 시대와 형세에 의해 이렇게 된 것이요 평소에 뜻하신 바가 아니네.

아! 이것은 아는 자와는 더불어 말할 수 있고 알지 못하는 자와는 더불어 말할 수가 없네. 그대의 편지 말미에 선조를 욕되게 하지 않기 위해 노력하고자 한다는 말은, 뜻이 매우 훌륭해서 나의 마음속에 뭉클한 감동이 있게 하네.

배우지 못하여 아는 것이 없음은 그대나 나나 똑같은데, 그대는 세상에 나아가고 나는 병으로 폐해졌으니, 다만 동(動)과 정(靜)의 차이가 있을 뿐이네. 《주역》에 이르기를 "길(吉)과 흉(凶), 후회〔悔〕와 부끄러움〔吝〕이 동(動)에서 생겨난다."라고 하였네.[85] 동에서 생겨나는 것이 4가지인데 이중 좋은 것은 길(吉) 하나뿐이고, 나쁜 것은 흉(凶)과 후회와 부끄러움 세 가지이니, 동을 삼가지 않을 수 없음이 이와 같네.

동(動)할 때도 정(靜)하고 정(靜)할 때 또한 정(靜)하는 것은 참으로 훌륭하니, 만일 능히 정으로써 동을 제재해서 항상 정을 동의 근본으로 삼는다면, 길하여 이롭지 않음이 없어서 장차 후회와 부끄러움이 적을 것이니, 어찌 흉함을 밟을 것이 있겠는가.

85 주역에……하였네 : 이 내용은 《주역》 〈계사전 하(繫辭傳下)〉에 보인다.

그대가 세상에 나아가서 공명(功名)을 세울 기회에 응한 것이 지금 10년이 채 못 되어 종(鍾)이 아직 울리지 않았고 물시계의 물이 다 떨어지지 않았는데,[86] 모두 거두고 물러나 교외에 넓고 한가로운 지역에 거처해서 마치 세상 일체의 영욕(榮辱)과 득실(得失)을 다 깨달아 이해하여 밖으로 앙모(仰慕)의 마음이 없는 듯하니, 이것은 바로 동과 정의 일대(一大) 기틀이네.

이후로부터 말하고 침묵하고 나아가고 은둔함에 이 기틀을 변치 않으면, 세상의 길이 백 가지로 갈라지고 평탄함과 기울어짐이 만 가지로 변하더라도[87] 무엇을 두려워하고 무엇을 염려하겠는가.

그러나 한낱 이것을 믿어 편안하게 여겨서는 안 되고, 모름지기 책을 읽어 이치를 밝혀서 한 마음을 동(動)과 정(靜), 체(體)와 용(用)의 사이에서 잡아 지키고 성찰해서, 두 가지가 서로 길러주고 서로 의지하게 해야 하네. 이렇게 한다면 거의 덕을 이루어서 참으로 선조를 욕되게 하지 않을 수 있는 계책이 될 것이네.

부디 그대는 이러한 때에 맹렬하게 노년의 공부를 해서 세월을 헛되이 보내지 말게.

86 종(鍾)이……않았는데 : '종이 울리고 물시계의 물이 다 떨어졌다.'는 것은 늙어서도 벼슬이나 명리에 연연함을 비유하는 표현인바, 이를 뒤집어 사용하여 늙기 전에 미리 관직에서 용퇴함을 말한 것이다. 삼국 시대에 위(魏)나라의 전예(田豫)가 "나이가 칠십이 넘어서도 자리에 있는 것은 비유하면 종이 울리고 물시계의 물이 다하였는데도 밤길을 쉼 없이 가는 것과 같으니, 이는 죄인입니다.〔年過七十而以居位, 譬猶鐘鳴漏盡而夜行不休, 是罪人也.〕"라고 하였다. 《三國志 卷26 魏書 田豫傳》

87 평탄함과……변하더라도 : 세상의 길흉화복이 필연적으로 변함을 비유하는 말로, 《주역》 〈태괘(泰卦) 구삼(九三)〉에 "평평하기만 하고 기울지 않는 것은 없으며, 가기만 하고 돌아오지 않는 것은 없다.〔無平不陂, 無往不復.〕"라고 한 데서 온 말이다."

사묵에게 답함
答士默

왕실의 외척[88]이 어진지 아닌지는 구별하기가 어렵지 않으니, 다만 궁중에 사사로이 통하는 길이 있는가의 여부를 보면 되네. 하나라도 사사로이 통하는 길이 있으면, 비록 일마다 모두 선(善)하더라도, 사군자(士君子)는 결코 그 사이에 발자취를 들여놓아서는 안 되네.

만약 외면(外面)을 따라 언의(言議)와 사위(事爲)가 좋은 것을 얼핏 보고서 가볍게 몸을 허락하면, 치욕을 당하고 폐해짐에 이르지 않을 자가 드물 것이네.

88 왕실의 외척 : 원문의 '척리(戚里)'는 본래 한(漢)나라 때 장안(長安)에 있던 마을의 이름인데, 고조(高祖)의 외척이 이 마을에 살았으므로 이후 임금의 외척이 사는 마을, 혹은 임금의 외척을 뜻하는 말로 쓰이게 되었다.

사묵에게 줌
與士默

세상에서 혹 말하기를 "주상(主上)의 나이가 어려서 나라의 형편이 어렵고 위태로우니, 이럴 때에는 외척에게 의지하지 않으면 안 된다." 라고 하니, 이것 또한 말세(末世)의 의논이네.

가령 왕실의 외척들에게 국가에 대한 지성(至誠)과 혈성(血誠)이 있다면, 먼저 궁중과 조정은 일체라는 의리[89]를 이해해서 조정의 공경(公卿)들에게 몸을 낮추고 함께 국사를 이루고자 하여 광명하고 정대해서 추호(秋毫)의 그늘진 뜻이 없고, 들어가서 임금에게 계책을 고하고 나와서 폄에 사람들이 모두 그 내용을 볼 수 있어야 하니, 이렇게 한다면 어찌 외척이라고 해서 일을 함께 못하겠는가. 다만 이와 같은 사람을 얻기가 끝내 어려울 뿐이네.

죽천(竹泉)이 잣떡을 올리지 않은 것[90]과 여양부원군(驪陽府院君)이 어찰(御札)을 대하지 않은 것[91]은 얼마나 훌륭한 일인가. 당시의 사류

89 궁중과……의리 : 이 내용은 촉한(蜀漢)의 승상(丞相) 제갈량(諸葛亮)이 지은 〈전출사표(前出師表)〉에 "궁중과 조정이 모두 일체가 되어야 하니, 잘하는 사람을 승진시키고 잘못하는 사람을 벌주는 것을 차별을 두어 달리해서는 안 됩니다.〔宮中府中俱爲一體, 陟罰臧否, 不宜異同.〕"라고 보인다.

90 죽천(竹泉)이……것 : 죽천은 김진규(金鎭圭, 1658~1716)의 호이다. 자는 달보(達甫), 본관은 광산(光山)으로 광성부원군(光城府院君) 김만기(金萬基)의 아들이다. 1686년(숙종12) 문과에 급제하고 대제학을 거쳐 예조 판서 등을 역임하였다. 잣떡을 올리지 않았다는 것은 미상이다.

(士類)들이 모두 하나같이 그분들에게 돌아가 의지했던 것은 참으로 이유가 있어서이니, 어찌 다시 이러한 일을 말세에서 볼 수 있겠는가. 나로 하여금 크게 탄식하게 하네.

91 여양부원군(驪陽府院君)이……것 : 여양부원군은 숙종의 비 인현왕후(仁顯王后)의 아버지인 민유중(閔維重, 1630~1687)을 가리킨다. 민유중의 자는 지숙(持叔), 호는 둔촌(屯村), 본관은 여흥(驪興), 시호는 문정(文貞)이다. 어찰(御札)을 대하지 않은 것은 그 내용이 미상이다.

사묵에게 줌

與士默

제갈무후(諸葛武侯)의 〈출사표(出師表)〉에 "궁중과 부중(府中 조정)이 모두 일체가 되어야 하니, 잘하는 사람을 승진시키고 잘못하는 사람을 벌주는 것을 차별을 두어 달리해서는 안 됩니다."라는 구절은, 비록 말한 내용은 심상(尋常)하나, 왕도(王道)의 본령(本領)이 실로 여기에서 벗어나지 않네.

무후가 정치의 체통을 깊이 안 것을 볼 수 있으니, 이는 무후에게 학술의 올바름이 있기 때문이었네. 하(夏)·은(殷)·주(周) 3대 이후로 상하(上下) 수천 년 사이에 명철한 군주와 어진 재상 중 한 사람도 이 의리를 강론하여 일을 행함에 조처한 자가 없었으니, 어떻게 훌륭한 좋은 정치가 있었겠는가.

매번 〈출사표〉를 읽다가 이 부분에 이르면, 나도 모르게 책을 덮고 길게 탄식하네.

사묵에게 답함

答士默

지난번 편지에 이(理)와 기(氣)가 충분한가, 부족한가의 기준을 가지고 문장의 좋고 나쁨을 논하였는데, 그 말이 긴요하고 간명(簡明)하다고 이를 만하네. 이(理)는 안〔內〕을 주재하여 뿌리가 되고 실제가 되며, 기(氣)는 밖에 나타내서 꽃부리가 되고 광채가 되네. 이(理)가 부족한 자는 모름지기 식견을 정진(精進)시켜야 하고 또 기(氣)가 부족한 자는 모름지기 책을 많이 읽어야 하니, 이것이 바로 작문(作文)하는 방법이네.

그러나 옛 사람이 말하기를 "글은 도(道)를 싣는 그릇이다."라고 하였네. 글에 실을 만한 도가 없다면 이는 빈 그릇일 뿐이니, 빈 그릇을 또 어찌 높일 것이 있겠는가. 그러므로 문장은 대소(大小)와 정조(精粗)와 천심(淺深)과 고하(高下)를 막론하고, 각각 자신의 역량(力量)에 따라 도를 위주로 하려고 하여야 성인(聖人)의 글과 어그러지지 않기를 바랄 수 있을 것이네.

그대는 지금 노쇠하였으니 많이 읽어서 기운을 배양하는 것은 이미 미칠 수 없지만, 이로 인해서 뿌리로 돌아가고 실제로 달려가서 경전(經傳)의 의리의 글에 유영(游泳)하여 식견과 취향을 넓힌다면, 어둠으로 향하고[92] 요약함으로 돌아가는 공부가 어찌 이보다 더 뛰어난 것

92 어둠으로 향하고 : 원문의 '향(向)'은 향(嚮)과 통하는바. 《주역》〈수괘(隨卦) 상(象)〉에 "못 가운데에 우레가 있는 것이 수(隨)이니, 군자가 보고서 날이 어둠으로

이 있겠는가.

향하거든 방안에 들어가 편안히 쉰다.〔澤中有雷隨, 君子以, 嚮晦入安息.〕"라고 하였는데, 정이천은 《역전(易傳)》에서 "군자(君子)가 낮에는 스스로 힘쓰고 쉬지 않다가, 날이 저물어 어두워지면 내실로 들어가 편안히 쉬어 그 몸을 편안히 한다."라고 풀이하였다.

사묵에게 줌
與士默

이현일(李玄逸)[93]의 후손이 자신의 선조를 위해 억울함을 하소연한 글을 그대의 편지에서 읽고, 나도 모르게 놀라 탄식하였네.

이현일이 산림(山林)의 인물로 진실로 출처(出處)의 절개를 강구(講究)할 수 있었다면, 어찌해서 인현왕후(仁顯王后)께서 운수가 막히어 위태로울 즈음에 관(冠)의 먼지를 털고 벼슬에 나아갔으며, 얼마 되지도 않은 기간에 사업(司業)에서 갑자기 높고 현달한 지위에 올랐겠는가.[94] 이것은 이미 매우 수치스러울 만한 것이네.

가령 임금이 부르는 명령을 받아들인 것이 면전(面前)에서 간쟁하기 위한 계책이었다면, 등대(登對)했을 때에 왜 강력히 간하지 않았는가? 또 간하는 말이 받아들여지지 않았는데 왜 몸을 거두어 물러나지 않았는가?

끝내는 또 조정에 남아서 민암(閔黯), 민종도(閔宗道), 목래선(睦來

93 이현일(李玄逸) : 1627~1704. 자는 익승(翼昇), 호는 갈암(葛庵), 본관은 재령(載寧)이다. 과거에 응시하지 않았으나 1677년(숙종3) 미수(眉叟) 허목(許穆)의 천거로 지평에 제수되었으며, 벼슬이 이조 판서에 이르렀다. 당시 남인의 대표적 인물로 예송(禮訟) 등의 문제로 서인과 갈등이 심했으며, 인현왕후(仁顯王后)의 폐출에 있어 강력히 반대하지 않아 서인들에게 심한 비난을 받았다.

94 인현왕후(仁顯王后)께서……올랐겠는가 : 인현왕후는 숙종의 계비로 1689년(숙종15) 5월에 폐위되었으며, 이현일은 이해 2월에 산림(山林)에게만 제수하는 사업(司業)에 임명되었다가 6월에 좨주(祭酒), 8월에 대사헌에 올랐는바, 노주는 이현일이 세상이 어지러울 때에 벼슬에 나아가서 빠른 시간에 승진한 것을 비판한 것이다.

善)[95]의 무리와 함께 시종 서로 어울려 친하게 지내느라 스스로 몸을 빼내지 못했으니, 만일 기사년(己巳年)에 올린 한 편의 상소가 없었다면, 경화(更化)하는 날에 어떻게 연좌(連坐)의 형률을 면할 수가 있었겠는가.[96]

그러므로 내 일찍이 "이현일에 대한 단안(斷案)은 오로지 상소한 말이 도리에 어긋나고 오만함에 있지 않고, 실로 여러 불온한 무리들과 함께 나아가서 사양하지 않음에 있다."라고 한 것이네.

그러나 다만 목래선과 민종도와 같은 죄로 그의 이름이 아직도 단서(丹書)[97]에 남아 있는 것은 혹 잘못에 가까운 듯하니, 지금 세월이 많이

95 민암(閔黯) 민종도(閔宗道) 목래선(睦來善) : 모두 남인으로 민암(閔黯, 1636~1693)은 자가 장유(長孺), 호가 차호(叉湖), 본관이 여흥(驪興)이다. 1668년(현종9) 별시 문과에 급제하고 벼슬이 우의정에 이르렀다. 1689년의 기사환국 때 대사헌에 기용되자 김수항(金壽恒)과 송시열(宋時烈)을 탄핵하였다. 1694년(숙종20) 갑술환국(甲戌換局)으로 제주도로 유배되었다가 사사되었다. 민종도(閔宗道, 1633~1693)는 자가 여증(汝曾), 본관이 여흥(驪興)으로 1662년(현종3) 증광 문과에 급제하고 벼슬이 예조판서에 이르렀다. 1693년에 사망하였는데, 갑술환국 때 관작이 추탈되었다. 목래선(睦來善, 1617~1704)은 자가 내지(來之), 호가 수옹(睡翁), 본관이 사천(泗川)으로 1650년(효종1) 증광 문과에 급제하고 벼슬이 좌의정에 이르렀다가 갑술환국 때 절도에 유배되었다.

96 만일……있었겠는가 : 기사년(己巳年)은 1689년 숙종15년으로 이해 9월 이현일은 폐비 민씨를 옹호하는 소를 올렸으나 가납되지 못하였다. '경화(更化)하는 날'은 갑술경화(甲戌更化)를 이른다. 1694년(숙종20) 폐비 민씨(閔氏)의 복위 운동을 반대하던 남인이 화를 입어 실권하고 소론과 노론이 재집권하게 된 사건으로, 갑술환국 또는 갑술옥사(甲戌獄事)라고도 한다.

97 단서(丹書) : 죄인의 범죄 사실을 기록한 문서를 가리킨다. 붉은 글씨로 쓰기 때문에 이렇게 칭한다.

흐른 뒤에 자손이 이에 대해 억울하다고 말하는 것은 그래도 괴이한 일이 아니긴 하네. 그러나 도리어 은근히 벗어날 계책을 내어 그 장주(章奏)가운데 몇 개 되지도 않는 말을 주워 모아서 마치 큰 절개를 수립한 것처럼 한다면, 이는 지극히 기탄(忌憚)이 없는 행위가 될 것이네.

그 사람이 어제 이곳에 왔다가 그대 처소로 가서 이 글을 남겨 두고 간 것은, 그 뜻이 아마도 우리를 시험하고자 한 듯하니, 만일 다시 와서 만나보기를 청하거든 좋게 여기지 않는 뜻을 보여서 사절(謝絶)해 보내는 것이 어떻겠는가?

사묵에게 줌
與士默

나는 게을러 세상일을 폐하고 병들어 칩거하면서 벼슬을 감당하지 못하는 것을 스스로 분수로 여겼는데, 어느덧 백발이 이미 성성(星星)해졌네.

인생은 뜻에 맞게 사는 것을 귀하게 여기는데, 지금 돌아보건대 여생이 얼마나 될지 모르겠으나 요컨대 또한 많지 않을 것이네. 남은 경서(經書)를 안고서 분수를 따라 편안히 거처하면서 여생을 보내는 것이 바로 나의 소원이네.

예전에 한 번 벼슬에 나아갔지만, 그것이 어찌 내가 좋아서 그리하였겠는가. 그러나 한 번 병으로 체직한 뒤로는 이조(吏曹)에서 다시 나를 천거하여 견복(甄復)[98]하지 않을 듯하였네. 이에 나는 아마도 세상 사람들이 나의 쓸모없음을 알고서 관직을 내게 맡기지 않아 나도 세상을 잊고 세상 사람들도 나를 잊어서, 행여 대화(大化) 속에서 흘러가서 스스로 그 성명(性命)을 이룰 수 있게 된 것을 속으로 다행이라 여겼네.

그런데 지난번에 모 대감의 말을 들어보니, 이조에서 나를 뽑으려는 뜻이 있는 듯하다고 하네. 비록 분명한 소식인지 알 수 없으나, 세상에는 또한 일을 만들기를 좋아하는 자가 있으니, 만일 야유(揶揄)를 받아서 거취가 진퇴양난에 빠진다면, 애당초 이 일이 없는 것만 못하네.

98 견복(甄復) : 퇴임자 중에 적합한 사람을 선발하여 다시 관직에 복귀시키는 것을 이른다.

가령 내가 억지로 힘써 벼슬에 나가더라도, 지난 평생을 스스로 헤아려보건대 남과 더불어 잘 어울리지 못하였고 고집스럽고 옹졸하여 세태에 영합하지 못하였으니, 필경 스스로 낭패를 자초하여 일에는 보탬이 없고 다만 허물과 부끄러움을 더할 것이네. 여기에 이르면 장차 후회한들 무슨 소용이 있겠는가.

그대는 나의 심정을 잘 아니, 부디 모 대감에게 잘 말해서 그분으로 하여금 그 의논을 잠재우게 하여 내가 곤경에 빠지지 않게 해 주는 것이 어떻겠는가?

사묵에게 줌

與士默

단비가 주룩주룩 내리는데, 궁중에 숙직하는 몸의 기미(氣味)는 맑고 편안하신가? 이번에 성상께서 창졸간에 거처를 옮기시어[99] 여러 사람들의 마음을 놀래고 당혹하게 하시니, 나와 같은 시정(市井)에 있는 신하도 칠실(漆室)의 근심[100]을 금하지 못하였네. 며칠이 되지 아니하여 환궁(還宮)하라는 명령을 내리시니, 자신의 허물을 밝게 고치신 성상의 모습[101]에 누가 공손히 우러르지 않겠는가마는, 홍 직학(洪直學)이 올린 상소문[102]이 힘이 되었음을 또한 속일 수 없으니, 조정에

99 이번에……옮기시어 : 1810년(순조10) 6월 5일에 순조가 왕대비(王大妃)인 효의왕후(孝懿王后)의 하교를 받들어 경희궁으로 거처를 옮긴 일을 말한다. 《순조실록》

100 칠실(漆室)의 근심 : 자기 신분에 맞지 않는 근심을 뜻한다. 춘추 시대 노(魯)나라 목공(穆公) 때, 칠실이란 읍(邑)에 사는 과년한 처녀가 자신이 시집가지 못하는 것은 걱정하지 않고 임금은 늙고 태자가 어린 것을 걱정하여 기둥에 기대어 울자, 이웃집 부인이 비웃으며 "이는 노나라 대부가 할 근심이니, 그대가 무슨 상관인가?"라고 한 고사에서 유래하였다. 《列女傳 卷3 漆室女》

101 자신의……모습 : 원문의 '일월지경(日月之更)'은 군자의 잘못은 모든 사람들이 다 볼 수 있어서 허물을 고치면 다 우러러본다는 의미이다. 《논어》 〈자장(子張)〉에 "군자의 허물은 일식이나 월식과 같아서, 허물이 있을 적에 사람들이 모두 보고, 허물을 고쳤을 적에 사람들이 모두 우러러본다.〔君子之過也, 如日月之食焉. 過也, 人皆見之, 更也, 人皆仰之.〕"라고 보인다.

102 홍 직학(洪直學)이 올린 상소문 : 홍 직학은 홍석주(洪奭周, 1774~1842)로, 직학은 직제학(直提學)을 이른다. 자는 성백(成伯), 호는 연천(淵泉), 본관은 풍산(豊山)으로 1795년(정조19) 춘당대 문과에 갑과로 급제하고 벼슬이 좌의정에 이르렀다.

옛일을 상고하여 현실에 적절히 대처하는 사람이 없어서는 안 됨을 더욱 알겠네.

상소문 가운데 '거조(擧措)를 살피시고 기거(起居)를 신중히 하셔야 한다.'는 한 단락의 말에서 고심(苦心)이 어디에 있는지를 대략 볼 수 있는데, 내용이 완곡하면서도 간절해서 간쟁(諫諍)하는 체통을 깊게 얻었으니, 잠시 서서 말하는 사이에 성상의 마음을 바로잡은 것이 당연하네.

명철하신 성상께서 혹시라도 이 말에 대해 기뻐하고 이를 풀어내어 미루어 나가신다면, 그 효험이 어찌 다만 오늘날 환궁하는 일 한 가지에 그치겠는가. 내 속으로 깊이 축원하는 바이네.

상소문 끝 부분에 조정의 대소 신하들이 당일에 끝까지 간쟁하지 못한 것을 비판한 부분에 이르러는, 더욱 지극히 통쾌해서 나로 하여금 더욱 생기를 띄게 하네. 위피(骫骳)[103]한 세계에 마침내 이처럼 세상을 근심하고 세속을 개탄하는 열혈의 충심(衷心)이 있을 줄 내 헤아리지 못하였네. 나도 모르게 벌떡 일어나서 그 상소문을 한 번 소리 내어 읽으면서 한 번 찬탄하네. 이만 줄이네.

홍석주가 올린 상소문의 일부가 《순조실록》 6월 10일 기사에 보인다. 여기에는 벼슬이 형조 참판으로 되어있는데, 직제학을 겸임하고 있었거나 바로 직전의 벼슬이기 때문에 노주가 이렇게 칭한 듯하다.

103 위피(骫骳) : 남에게 영합하고 강직한 기개가 없음을 이른다.

사묵에게 답함

答士默

총수산(葱秀山)[104]에서 얼굴을 보지 못하고 돌아오면서 걸음마다 뒤돌아보았네. 물가의 갈대와 관문(關門)의 나무들이 아득히 바라보여 나의 시름겨운 마음을 더욱 서글프게 하였네.

이틀 밤을 묵고 돌아와 어버이를 뵙고 또 하루 밤을 자고 돈녕부(敦寧府)로 와서 숙직하면서 잎이 진 나무가 가득한 뜰에 외로이 앉아 무료히 지내고 있는데, 초열흘 날 보낸 편지가 갑자기 이르러 편지를 펴봄에 나도 모르게 마음과 눈이 모두 탁 트였네. 게다가 아무 탈 없이 어버이를 맞이하였고 판여(板輿)로 모시고 가는[105] 도중에 한결같이 편안하셨음을 알았으니, 염려하고 있던 차에 참으로 마음이 놓였네.

내가 이번 벼슬에 출사하겠다고 계획한 것은 오로지 부친의 뜻에 순종하겠다는 데에서 나온 것이네. 이에 내 자신에게 달고 쓴 것은 따지지 않고 다만 마음에 편안한 것을 취하여 나아갔으니, 향후의 이해(利害)는 다만 운명에 맡길 뿐이네.

104 총수산(葱秀山) : 황해도 평산(平山) 북쪽 30리 지점에 있는 산인데, 옛날에 서북 지역으로 가는 요로(要路)였다.

105 판여(板輿)로 모시고 가는 : '판여'는 부들방석을 깔아 푹신하게 만든 노인용 가마를 이르는데, 지방관이 된 자식이 늙은 어버이를 모시고 임지로 감을 이른다. 진(晉)나라 반악(潘岳)의 〈한거부(閑居賦)〉에 "태부인을 판여에 모시고 가벼운 수레에 오르시게 한 뒤 멀리 궁성을 유람하고 가까이 집안 뜨락을 소요하게 해 드린다.〔太夫人乃御板輿, 升輕軒, 遠覽王畿, 近周家園.〕"라고 한 데에서 유래하였다.

이 노년의 여생이 장차 이 풍진 세상에 함몰될 것을 생각할 때마다 답답하여 스스로 서글퍼하지 않을 수 없네. 그러나 이것 또한 인연 따라 한다는 '수연(隨緣)' 두 글자를 가지고 스스로 마음을 달래는데, 다만 당장에 사람들과의 일을 주선함에 심력(心力)을 허비해서 짧은 머리털이 자못 더욱 세어졌네. 그러나 어찌하겠는가.

듣자하니 관서 지방에 흉년이 들었는데 영변(寧邊)이 더욱 심하다고 하니, 내년에 식량 등을 확보하여 백성들을 구휼하여 살리는 대책을 장차 어떻게 조처할 생각인가? 돌아보건대 지금 국사(國事)가 한 가지도 믿을 만한 것이 없는데, 그중에도 가장 시급한 것은 나라의 뿌리인 백성들이 장차 쓰러지게 된 것이니, 이것을 말하면 애통해지네.

수령이 된 자가 진실로 백성을 사랑하고 만물을 이롭게 하는 데 마음을 둔다면 조금이나마 구제할 수 있을 것이니, 이 또한 국가의 은혜에 보답하는 한 가지이네. 부디 이 의리를 작게 보지 말고 깊이 유념하시게나.

사묵에게 줌

與士默

흉년에 백성을 구제하는 정사(政事)는 옛 사람들이 항상 어렵다고 생각하였으니, 이는 숱하게 죽어가는 백성들의 목숨을 구원하고자 하기 때문으로, 다만 백성을 진휼하는 물자를 구하기 어려워서 그런 것이 아니니, 완급(緩急)과 허실(虛實)의 사이에서 재량(裁量)하여 마땅함을 얻는 것이 더욱 어려운 일이네.

부디 고을 사람들 가운데 부지런하고 진실하며 두루 살가면서 인자한 마음이 있는 자 몇 사람을 먼저 뽑아서 이들을 감관(監官)과 색리(色吏)[106]의 직임에 두고 정성을 기울여 위임해서 스스로 힘을 다하도록 책임지우면, 거의 수고롭지 않고도 일에 두서가 있게 될 것이네.

이는 다만 구휼하는 정사를 가지고 말한 것이나, 대저 다스리는 방도에 있어 나라를 다스리거나 고을을 다스리는 것을 막론하고 모름지기 인재를 얻는 것을 급선무로 여기네. 그러므로 내 일찍이 말하기를 "수령들이 만일 각 면(面)의 풍헌(風憲)[107]을 제대로 얻고, 감사가 만일 각 읍의 수령을 제대로 얻고, 조정이 만일 각 도의 감사를 제대로 얻는

106 감관(監官)과 색리(色吏) : '감관'은 관아나 궁방에서 금전 출납을 맡아보거나 중앙 정부를 대신하여 특정 업무의 진행을 감독하던 관직을 이르고, '색리'는 일정한 일을 맡아 보는 아전을 가리킨다.

107 풍헌(風憲) : 조선 시대 유향소(留鄕所 향청(鄕廳))에서 면(面)이나 리(里)의 일을 맡아보던 사람을 이르는 말이다. 유향소는 중아에 있다가 향리로 하향한 품관(品官)들이 악질 향리를 규찰하고 향풍을 바로잡기 위해 조직한 자치기구이다.

다면, 민생이 거의 해결될 것이다."라고 한 것이네.

그러나 인재를 선발함에 요령이 있으니, 수령이 훌륭한 풍헌을 선발하고자 하면 먼저 좌수(座首)[108]와 이방(吏房)을 잘 얻어야 하고, 조정이 훌륭한 감사와 수령을 선발하고자 하면 먼저 상신(相臣)과 전신(銓臣 이조 판서와 병조 판서)을 잘 얻어야 하네. 그러나 인재를 취하는 방도가 어찌 우연히 되는 일이겠는가. 또 반드시 자신의 덕에 근본하여야 하네.

그러므로 옛말에 이르기를 "정사를 행함은 사람에게 달려 있고, 사람을 취함은 자신의 덕으로써 한다." 하였으니,[109] 정사를 행하는 자는 또한 이 뜻을 알지 않으면 안 되네.

108 좌수(座首) : 조선 시대 지방의 자치기구인 유향소의 가장 높은 직임으로, 고을의 사족(士族) 중 나이가 많고 덕망이 있는 사람을 선출하였다

109 옛말에……하였으니 : 이 내용은 《중용장구》 제20장의 "정사를 행함이 사람에게 달려 있으니, 사람을 취하되 몸으로써 하고, 몸을 닦되 도(道)로써 하고, 도를 닦되 인(仁)으로써 해야 한다.〔爲政在人, 取人以身, 修身以道, 修道以仁.〕"라는 구절을 발췌하여 원용한 것이다.

노주집

제3권

書서

사묵[1]에게 답함

答士默

문묘종사(文廟從祀)는, 전현(前賢)으로 덕망과 학문이 고명(高明)해서 사람들이 존경하고 우러러보는 분이라도 진정으로 옛 성인(聖人)을 잇고 후학에게 학문의 길을 열어준 공(功)이 있는 분이 아니면 대번에 이를 의논할 수가 없네.

서울에서 멀리 떨어진 지역의 인사(人士)들은 사체(事體)가 이렇게 중대한 줄을 알지 못하고 서원(書院)에 배향하는 것과 동일시하여 각자 자기가 좋아하는 바를 가지고 별 어려움 없이 조정에 아뢰어 청하네. 이것은 굳이 깊이 책망할 것이 못되나 근본을 탐구하고 근원을 거슬러 올라가면 본래 이렇게 된 이유가 있으니, 이것이 참으로 개탄스럽네.

이로 인하여 생각해보니, 우리 국조(國朝)의 여러 현자들을 하나하나 꼽아보건대 도(道)의 오묘함을 참으로 알아서 글로 엮어 후세에 남겨 이를 천명(闡明)하고 발휘(發揮)한 공이 있는 분은 율곡(栗谷) 선생 이후에 오직 농암(農巖) 한 분뿐이니, 삼연(三淵)께서 '주자(朱子)의 충신'이라고 말한 것이 아마도 지나친 말이 아닐 것이네.

또 집안이 화(禍)를 당하자 스스로를 폐(廢)하였으니,[2] 출처의 바름

1 사묵(士默) : 오희상의 아우인 오연상(吳淵常, 1765~1821)으로, 사묵은 그의 자이다. 호는 약암(約菴), 시호는 문원(文元)인데, 진사 오재륜(吳載綸)에게 입양되었다. 1800년(정조24) 정시 문과에 급제하고 벼슬이 이조 참판에 이르렀다.

이 마땅히 김하서(金河西)[3]와 견줄 만하네. 하서는 군신의 의(義)를 다하였고 농암은 부자의 인(仁)을 다해서 일은 같지 않으나 그 법도는 같아서 윤리의 중함을 더 무겁게 하였으니, 두 분 모두 백세(百世)에 교화를 세울 수 있네. 그렇다면 농암께서는 실로 율곡 선생의 도학(道學)과 하서의 절의를 겸하였으니, 문묘에 종사하는 국전(國典)이 없다면 모르겠지만, 진실로 지금 있는데 농암 어른을 버려두고 그 누구를 문묘에 종사하겠는가.

지금 이 어른의 시대가 지난 지 이미 백년이 넘었네. 시간을 가지고 고찰해보면 이 어른을 문묘에 종사하는 것이 옳은데 아직도 아무런 이야기가 들리지 않으니, 후세에 어떤 사람이 사문(斯文)의 이 책임을 맡아 일을 주재하여 지금 빠뜨리고 행하지 못하고 있는 이 의식을 거행할는지 알지 못하겠네.

2 집안이……폐(廢)하였으니 : 농암(農巖) 김창협(金昌協, 1651~1708)은 1682년(숙종8) 증광 문과에 장원으로 급제하여 출사하였는데, 청풍 부사로 있을 적에 기사환국(己巳換局)으로 부친인 문곡(文谷) 김수항(金壽恒, 1629~1689)이 진도(珍島)에서 사사(賜死)되자, 벼슬을 사퇴하고 영평(永平)에 은거하고 다시는 벼슬에 나아가지 않았으므로 이렇게 말한 것이다.

3 김하서(金河西) : 김인후(金麟厚, 1510~1560)로 하서는 그의 호이다. 자는 후지(厚之), 본관은 울산(蔚山)으로 1540년(중종35) 별시 문과에 급제하고 1543년 세자시강원(世子侍講院) 설서가 되어 세자를 보필하고 가르치는 직임을 맡았다. 1545년 자신이 가르친 인종이 즉위하였다가 1년 만에 붕어하고 이어 을사사화가 일어나자, 병을 이유로 고향인 장성(長城)에 돌아가 학문에 전념하였다. 시호가 문정(文正)이며 문묘에 종사되었다.

사묵에게 답함
答士默

내가 향리로 내려가려는 계획을 세운 것은 한때의 슬프고 괴로운 생각에서 나온 것이 아니네. 돌아보건대 이 4년 동안에 거듭 흉화(凶禍)를 만나 영원히 어버이를 잃었으니, 천지가 쓸쓸하여 이 한 몸을 의지할 곳이 없게 되어 거의 어린아이가 길에 버려져서 온전히 살아갈 이치가 없는 것과 같네.

서울에 있는 옛집에 그대로 살 생각이 없고 오직 향리로 돌아가려는 소원이 있으나, 새로 모신 무덤가에는 이미 몸을 의탁할 만한 집이 없으며 설령 집을 대충 지으려고 해도 또한 여기에 미칠 만한 사력(事力)이 없네. 이로 인하여 생각해보니, 선친께서는 몸이 조정에 매여 있었으나, 항상 나아가고 물러가는 사이에 초야(草野)에 마음을 두지 않은 적이 없으셨으니, 석천(石泉)의 별장과 노원(蘆原)에 지으신 집에서 평소에 무엇을 숭상하셨는지를 대략 알 수 있네.

그러나 석천은 서울과 너무 가까워서 은둔하여 살기에 마땅치 않은데 반하여, 노원은 비록 그다지 취할 만한 점은 없으나 약간 궁벽하고 외져서 좋아할 만하네. 또 그 당(堂)과 실(室)의 위치와 문과 담장의 제도는 선친께서 당일에 도면을 직접 그리신 것으로, 후일에 돌아와 노년을 보내려고 하셨는데 다만 미처 뜻을 이루지 못하셨을 뿐이네.

지금 장례를 끝마치고 이곳으로 반우(反虞 장례를 지낸 뒤에 신주(神主)를 모시고 집으로 돌아오는 것)하여 3년 동안 상식(上食)을 받든다면, 인정(人情)에 편안하고 영혼(靈魂) 또한 흡족해 하실 것이네. 이에 이 계획을 이미 정했는데, 그대의 뜻은 어떠한지 모르겠네.

사묵에게 답함

答士默

서쪽 지방에 경보(警報)[4]가 있은 이후로, 공사(公私) 간의 인편이 두절되었네. 아득히 멀리 있는 저 약산(藥山)은 반적(叛賊)들이 호시탐탐(虎視眈眈) 노리는 곳인데, 지금 편안한지 위태로운지 죽었는지 살았는지 소식이 들리지 않고 전해져 퍼지는 말들이 또 지극히 위태롭고 불안하니, 몸속의 모든 피가 솟구쳐 올라 몸이 땅에 편안히 있지 못하여 한번 말에 채찍을 가하여 달려가지 못하는 것이 한스러웠네. 그런데 뜻밖에 섣달그믐에 호장(戶長)이 달려와서 비로소 지난 섣달 21일에 직접 쓴 편지를 보니, 마치 격세(隔世)의 소식을 얻은 듯하였네. 참으로 놀라고 기뻐서 나도 모르게 눈물을 줄줄 흘렸네.

이 편지는 최근의 소식이 아니고 바로 난리가 난 뒤에 쓴 편지이나, 정신이 망가지지 않았고 사려와 계책이 주도면밀하여 모든 조처가 아주 철저하여 허술한 점이 없음을 알 수 있었으며, 필획에 있어서도 두려워하거나 부동(浮動)하는 뜻이 없으니, 크게 위안이 되었네. 또 편지 끝에 "일이 여기에 이르렀으니 굳이 깊이 염려할 것이 없습니다.〔事到此處, 不必深慮.〕"라는 여덟 자에서 충의(忠義)로써 스스로

4 서쪽 지방에 경보(警報) : 홍경래(洪景來)의 난을 가리킨다. 1811년(순조11) 관서지방에 큰 흉년이 들어 민심이 흉흉하자, 홍경래 등이 조선 시대 내내 이어져 온 서북인의 차별에 대해 울분을 터뜨리며 반란을 일으켰다. 이 난은 1811년 음력 12월 18일 가산(架山) 군청을 습격하여 점령한 것을 시작으로 이듬해 음력 4월 19일 반란군이 토벌될 때까지 4개월간 지속되었다.

결단함을 볼 수 있으니, 우리 아우의 뛰어남에 더욱 감탄하게 되네. 다시 내가 무슨 쓸데없는 말을 해서 이미 정해진 마음속을 혼란하게 하겠는가.

애오라지 송 동래(宋東萊)의 "군신의 의리는 중하고, 부자의 의리는 가벼워라.〔君臣義重, 父子恩輕.〕"라는 말[5]을 외워 보내네. 그러나 황지(潢池)의 작은 도적[6]들은 저절로 평정될 날이 있을 것이니, 오직 승전보가 빨리 이르기를 기다릴 뿐이네.

5 송 동래(宋東萊)의……말 : 송 동래는 임진왜란 때 동래 부사로 군사를 이끌고 성을 지키다가 중과부족으로 순국한 송상현(宋象賢, 1551~1592)이다. 자는 덕구(德求), 호는 천곡(泉谷), 본관은 여산(礪山), 시호는 충렬(忠烈)로 1576년(선조9) 별시 문과에 급제하고, 군자감 정, 동래 부사 등의 벼슬을 지냈다. 송상현의 말은 성이 함락될 즈음에 손수 부채에다 "달무리처럼 포위당한 외로운 성, 대진(大鎭)의 구원병은 오지 않는구나. 군신의 의리는 중하고, 부자의 은혜는 가벼워라.〔孤城月暈, 大鎭不救. 君臣義重, 父子恩輕.〕"라고 써서 가노(家奴)에게 주어 부친 송복흥(宋復興)에게 보낸 시의 일절이다.

6 황지(潢池)의 작은 도적들 : 민란(民亂)을 일으킨 홍경래 무리를 가리킨다. 황지는 물이 고여 만들어진 작은 못을 이른다. 전한(前漢) 선제(宣帝) 때에 발해(渤海) 지방에 민란이 일어나자, 공수(龔遂)를 발해 태수로 임명하여 적당을 토벌하게 하였는데, 공수가 "이번의 반란은 굶주림과 추위에 시달리는 백성들을 관리들이 제대로 돌보아 주지 않자, 폐하의 어린아이인 백성들이 폐하의 무기를 슬쩍 훔쳐서 황지 가운데에서 한번 장난을 쳐 본 것일 뿐입니다.〔其民困于飢寒, 而吏不恤. 故使陛下赤子盜弄陛下之兵于潢池中耳.〕"라고 보고하였다.《漢書 卷89 龔遂傳》

사묵에게 줌

與士默

치성(致成)[7]의 아내가 끝내 병석에서 일어나지 못했으니, 차마 무슨 말을 하겠는가. 우리 가문으로 들어온 지 14년이 되었는데, 처음 어린 몸으로 곧바로 가사(家事)를 맡아 제사를 올리고 존장(尊章 시부모)을 모시며 노복들을 통솔함에 있어, 모든 일이 법도에 맞고 일을 빠뜨리는 잘못이 없었네.

내가 마음속으로 이 아이를 칭찬하는 이유는 진실로 사사로운 애정 때문이 아니네. 생사(生死)의 사이에 있어서 이 아이의 어짊을 더욱 잘 알 수 있었네. 어린 딸과 아들이 좌우에서 우는 것은 인정(人情)으로 감내하기가 어려운 것인데, 죽는 것을 슬퍼하고 근심하는 모습을 끝까지 남에게 보여주지 않고 오직 몸을 뒤척이고 신음하는 중에도 내가 노심초사하는 것을 민망히 여기다가 죽음에 임하여도 여전히 그러하였으니, 이와 같은 인물을 여인들 중에서 어찌 쉽게 얻겠는가.

돌아보건대 그 모습이 대체로 요절할 상이 아닌데 마침내 이와 같이 죽었으니, 아마도 이것은 내가 쌓은 재앙이 누를 끼친 듯하니, 어찌하겠는가. 어찌하겠는가.

7 치성(致成) : ?~1844. 오희상의 아들로, 어려서 오희상의 형 오윤상(吳允常)에게 양자 갔다. 자는 서오(瑞五), 호는 아관(我觀)으로 1810년(순조10) 사마시(司馬試)에 합격하고, 벼슬이 상주 목사(尙州牧使)에 이르렀다.

사묵에게 줌

與士默

치유(致愈)[8]는 본래의 자질이 좋을 뿐만이 아니라 여러 아이들 가운데 기상이 가장 자유분방(自由奔放)하니, 일찍부터 그를 지도하여 법도 안으로 들어오게 해서 밖으로 내달리게 못하게 한다면, 장래를 자못 기대할 수 있을 것이네. 다만 근래에 그대를 따라가 관부(官府)에 있는 때가 많아서 방종하게 버려둠을 면치 못했으니, 내 마음속으로 항상 근심하고 애석히 여겼네.

이곳에 와서 궁벽한 곳에 거처하여 일이 없으니, 진실로 마땅히 선친께서 남긴 사업을 닦아 어려서 몽매한 아이들을 가르치기 좋은 상황이다. 그렇기 때문에 내 마음이 일찍이 치유에게 있지 않은 적이 없었는데, 다만 이사하느라 정신이 없고 병에 시달리다 보니 아직 그 아이를 데리고 오지 못했네.

아이들 말을 들으니, 저도 이곳에 와서 머물며 독서하기를 매우 바란다고 하네. 이 아이의 뜻이 가상하니, 가까운 시일에 배를 태워 보내는 것이 어떻겠는가? 그러나 치유의 이러한 생각은 우연히 나온 일시적인 것일 수가 있네. 만약 외롭고 적적함을 끝내 견디지 못하고 곧바로 돌아가고자 한다면 애당초 안 온 것만 못하니, 이러한 뜻을 미리 치유에게 알려 주게나.

8 치유(致愈) : 오치유(1798~1820)로 사묵 오연상(吳淵常)의 아들이며 자는 경려(景黎)이다. 1816년(순조16) 진사시에 합격하였으나 요절하였다.

사묵에게 답함
答士默

치우(致愚)가 오지 못한 것은 비록 일의 형편 때문임을 알지만, 진실로 평일의 기미(氣味 기색과 태도)가 돈독하고 간절했다면 반드시 오는 것을 자연 그만 둘 수 없었을 터인데, 어찌 이와 같이 포기할 수 있단 말인가.

선친께서 남기신 은택이 점점 멀어지고 우리 형제들도 모두 이미 늙었는데, 이러한 부분에 대해 만약 한결같이 의(義)보다 정(情)을 따라서 소략하게 내버려 둔다면, 집안의 법도가 날로 척박해질까 깊이 두려우니, 이 때문에 많은 일깨움과 독책(督責)이 있었던 것이네. 이 몸이 아침 이슬처럼 사라진 뒤에는 다시 어떤 사람이 있어 그를 향하여 입이 쓰도록 말해 주겠는가.

나는 근래 병들고 외로운 처지에 있어서 갑자기 인간 세상에 대한 생각이 없어졌네. 오직 아이들에게 선조의 법도를 받들 것을 신칙(申飭)하려는 뜻을 자나 깨나 잊지 못하는데, 다만 내가 몸으로 솔선하여 가르치지 못하고 한갓 구설(口舌)로써 종사(從事)하여 작은 효험이 있기를 바라니, 때로 내 자신을 돌이켜 살펴봄에 나도 모르게 무연(憮然)해지네.

사묵에게 답함

答士默

요즈음의 소식은 귀를 막고 듣고 싶지 않네. 주상께서 지극한 인(仁)을 잡아 이룬 자리에 지공(至公 지극히 공정하여 사사로움이 없음)과 혈성(血誠)으로 주상을 보좌하고 치적을 올려 줄 신하가 없어서 나라의 형편이 날로 위태로워지고 민생이 거꾸로 매달린 것처럼 위급하니, 이미 마음이 지극히 애통하네.

또 가장 나쁜 것은 선비들의 기개(氣槪)을 말살시켜 다시 펴지지 못하게 한 것이니, 이 때문에 후일에 청의(淸議)가 행해지기를 바랄 수가 없어서 세도(世道)가 끝내 망하게 되었네. 이는 아마도 대운(大運)에 내몰린 것으로 사람이 어떻게 할 수 있는 일이 아닌 듯하니. 이를 어찌한단 말인가.

사묵에게 답함
答士默

근래에 세상과 도(道)가 함께 망해가니, 이 일이 어찌 일조일석에 이루어진 것이겠는가. 그 유래가 점진적인 것이네. 우리 조선조는 명의(名義)로써 국가를 세워 나라가 이에 힘입어 편안히 다스려졌는데, 영묘(英廟 영조) 초년부터 조정(調停)의 논(論)[9]이 일어나서 사람들이 모두 네모를 깎아 원(圓)을 만들어 시대의 유행에 영합해서 사대부의 명절(名節)이 사라지고 치도(治道)가 날로 낮아졌네.

그러나 조정의 시대에도 청의(淸議)의 한 맥이 여전히 밑에 남아 있어서 조정(朝廷)에서는 그래도 이것을 돌아보고 꺼려서 한 푼이나 반 푼의 명절(名節)을 유지할 수 있었는데, 중기(中期) 이후로는 권간(權奸 권력과 세력을 가진 간사한 신하)이 국정을 전단하여 조정(調停)하는 정책의 뒤를 틈타고 다시 일련의 책략을 세워 은밀히 행하였네. 자신의 애증(愛憎)을 가지고 취하고 버리는 것의 기준으로 삼고 자신의 은원(恩怨)을 가지고 충신과 역도를 나누며, 사류(士類)를 괴이한 귀신이라고 지칭하고 청의(淸議)를 협잡(挾雜)이라고 배척하네. 그리하여 어진 이와 간사한 이, 옳은 일과 그른 일을 막론하고 상벌(賞罰)과 표폄

9 조정(調停)의 논(論) : 조화롭고 균정(均停)하게 하여 당쟁을 해소하자는 의논을 이른다. 북송(北宋) 원우(元祐) 연간에 재상으로 있던 여대방(呂大防)과 범순인(范純仁)이 신법당(新法黨)과 구법당(舊法黨) 사이의 갈등이 심해지자 이들을 함께 등용하여 당쟁을 해소해야 한다고 주장한 것인데, 여기서는 영조의 탕평책을 가리켰다.

(褒貶)을 일체 당로(當路 정권을 잡은 신하)가 바라는 대로 몰아가서 골동(汨董)[10]을 이루었네.

이러한 습관이 오래되어 쌓임에, 비록 어질고 지혜로운 자가 있더라도 한번 그 속에 들어가면 도도(滔滔)한 이 흐름에서 능히 스스로 빠져나오지 못하네. 지금 수십 년 사이에 국면이 여러 번 바뀌었으나 단지 사람만 바뀌고 그 책략은 바뀌지 않았으니, 세도(世道)와 인물이 이에 다시 회복될 수 없게 되었네. 한탄스러움을 이루 다 말할 수 있겠는가.

10 골동(汨董) : 골동(汨董)과 같은 말로 보이는바, 어지럽게 뒤섞여 분리되지 않음을 이른다. 《사계전서》 제11권 〈경서변의(經書辨疑) 소학(小學) 독법(讀法)〉의 한골동(閒汨董)에 대한 풀이에 "골동은 《성리대전보주(性理大全補註)》에 의하면, 남방 사람들이 물고기와 살코기를 뒤섞어 밥 속에 두는 것을 '골동갱(汨董羹)'이라 하니, 어지럽게 뒤섞여 분리되지 않은 일을 말한다."라고 보인다.

사묵에게 줌

與士默

율곡(栗谷)이 동고(東皐) 이준경(李浚慶)[11]에 대해 "사람이 장차 죽을 적에는 그 말이 선(善)한데, 준경(浚慶)이 죽을 적에는 그 말이 악(惡)하였다."[12]라고 지적하여 나무라자, 사람들은 혹 지나치다고 하였네. 얼핏 보면 율곡의 말씀이 박절(迫切)한 것 같으나, 당시의 사기(事機 일이 되어 가는 가장 중요한 기틀)를 깊이 연구해 보면 이는 지나친 말이

11 동고(東皐) 이준경(李浚慶) : 1499~1572. 동고는 호이고 자는 원길(原吉), 본관은 광주(廣州)이다. 1531년(중종26) 식년 문과에 급제하여 출사하고 벼슬이 영의정에 이르렀다. 1567년 선조 즉위 후에 원상(院相)으로서 국정을 보좌하면서 기묘사화로 죄를 받은 조광조(趙光祖)와 을사사화로 죄를 받은 사람들을 신원(伸寃)하였다. 그러나 기대승(奇大升)과 이이(李珥) 등 신진 사류들과 뜻이 맞지 않아 이들로부터 비난과 공격을 받기도 하였다.

12 사람이……악(惡)하였다 : 이 내용은 《율곡전서(栗谷全書)》 권4 〈소차(疏箚)〉에 보이는데, 원전에는 '준경'이 '금인(今人)'으로 되어 있다. '사람이 장차 죽을 적에는 그 말이 선(善)하다'는 내용은 증자(曾子)의 말로 《논어》 〈태백(泰伯)〉에 보인다. '준경이 죽을 적에는 그 말이 악(惡)하였다'는 내용은, 이준경이 죽음에 임박하여 선조(宣祖)에게 올린 유소(遺疏)에 "사사로운 붕당을 깨뜨리소서.〔破朋黨之私.〕"라고 말한 것을 이른다. 율곡 이이는 이에 대해 상소하여 "이준경이 죽을 당시에 진언하면서 붕당을 깨뜨리라는 주장을 제기하였는데, 전하께서 그 말을 깊이 믿고서 조정이 이미 어지럽고 붕당이 이미 이루어졌다고 의심하시어 조신(朝臣)의 소차(疏箚)를 전부 자신을 변명하는 말로 여기고 깊이 살피지 않으시기 때문에 고굉(股肱)의 신하들이 이와 같이 황혹(惶惑)해 하니, 신이 비록 무상하나 가슴이 아픕니다."라고 비판하였다. 율곡의 상소는 《선조수정실록》 6권 선조 5년 7월 1일 기사 〈이준경의 유소에 관한 응교 이이의 상소문〉에 자세히 보인다.

아니네.

당시의 사류(士類)들이 기묘년 이후로 자주 사화(士禍)를 겪어 거의 다 죽어 사라졌고, 혹 약간 남은 종자가 있었으나 비유하면 된서리가 내린 뒤에 어린 싹들을 힘을 다해 돌보고 보호하더라도 붙들어 세우기가 어려운 것과 같았네. 게다가 선조(宣祖)께서 어린 나이에 새로 즉위하시어 호오(好惡)의 분별이 아직 정해지지 않았고 규모(規模)가 아직 확립되지 못했는데, 평소에 유학을 좋아하지 않았던 동고가 고명대신(顧命大臣)으로서 임종할 때에 마침내 이와 같이 말하였으니, 어질지 못함이 심하네.

사류(士類)에 화(禍)를 끼치고 세도(世道)를 해침이 홍수와 맹수보다 더 심했으니, 이것을 가지고 말한다면 율곡의 말씀이 어찌 그만둘 수 있는 것이었겠는가. 선조 때에는 비록 사류(士類)를 많이 등용하였으나 매번 처음부터 끝까지 믿고 맡기지 못함을 근심하였으니, 이것이 사사로운 붕당을 깨뜨리라는 동고의 한 마디 말이 먼저 뇌리(腦裏)에 들어가 빌미가 되어 그런 것이 아님을 어찌 알겠는가.

우연히 야사(野史)를 보다가 마음에 깨달음이 있기에 부질없이 써서 보내네.

사묵에게 줌

與士默

며칠 전에 집으로 돌아온 치익(致翼)[13]에게 그대의 근황을 물었는데, 대답하기를 "일을 기록하는 일이 막 한창이어서 눈으로 보고 손으로 초록(抄錄)하느라 거의 숨 돌릴 틈도 없습니다."라고 하니, 자네도 노쇠하나 보네.

이는 바로 회옹(晦翁 주자(朱子))께서 말씀하신 "옛 일을 기록할 때가 아니다."라는 것이니, 무엇 때문에 한만(汗漫)하고 절실하지도 않은 일로 정신을 외면으로 향해 끌고 나가기를 이처럼 심하게 하는가.

우리들의 여생이 얼마 남지 않았으니, 남은 광음(光陰 세월)을 아껴서 이 기호(嗜好)를 성현(聖賢)의 문장에 옮겨 맛이 없는 맛을 맛보고[14] 일원(一原)[15]의 공효(功效)을 거두는 것이 어떠하겠는가.

13 치익(致翼) : 오희상의 둘째아들인 오치익(吳致翼, 1790~?)으로 자는 치보(稚輔)이다. 1828년(순조28) 식년 생원시에 합격하고 합천 군수(陜川郡守) 등의 벼슬을 지냈다.

14 맛이……맛보고 : 원문은 '무미지미(無味之味)'로, 담담하여 자극적이지 않은 성현(聖賢)의 글 속에서 참맛을 느낀다는 의미이다.

15 일원(一原) : '하나의 근원'이라는 뜻으로, 이(理)를 가지고 보면 모든 만물에 태극이 있으므로 만물의 근원은 하나로 서로 같음을 이른다. 《대학혹문(大學或問)》 권1 〈경 1장(經一章)〉에 "이(理)로써 말하면, 만물이 일원(一原)으로 본디 인(人)과 물(物), 귀(貴)와 천(賤)의 다름이 없다.〔以其理而言之, 則萬物一原, 固無人物貴賤之殊.〕"라고 보인다.

사묵에게 줌
與士默

나의 초고(草藁)는 내가 보기에도 부끄러울 만하네. 젊었을 때에는 그래도 한 푼이나 한 치의 진전을 기대했었는데, 지금은 쇠락(衰落)해져서 실로 이 일에 미칠 만한 정의(情意)가 없으니, 이 초고로 장독 뚜껑[16]을 만들어도 될 것이네.

다만 일상의 편지와 한만한 기록 사이에 평소 부형(父兄)과 사우(師友)에게 들은 한두 가지 좋은 말씀이 없지 않은데, 이것들이 내 면전에서 완전히 버려지는 것은 또한 차마 못 볼 바이네. 그러나 현재 보존한 초고는 거개가 모두 너저분하고 사리에 어두워서 눈에 볼 만한 것이 없네.

근간에 처음으로 50세 이전에 기술한 것을 수습하여 등사해서 한 책으로 만들어 보고 싶었으나, 시골에 거처하는지라 서수(書手 잔글씨 쓰는 것을 업(業)으로 삼는 사람)와 붓과 먹을 모두 구하기 쉽지 않아서 지난

16 장독 뚜껑 : 원문은 '부부(覆瓿)'로, 저술한 문장이 아무런 가치가 없거나 후인들이 알아주지 않는 것을 비유하는 말이다. 한나라 때 후파(侯芭)가 양웅(揚雄)의 집에 가서 양웅이 지은 《태현경(太玄經)》과 《법언(法言)》을 열심히 배웠는데, 유흠(劉歆)이 이를 보고 말하기를 "공연히 스스로를 괴롭힐 뿐이다. 지금 학자들은 벼슬을 이롭게 여기는 마음이 있어서 《주역》에도 밝지 못한데, 더구나 《태현경》을 어찌하겠는가? 후인들이 《태현경》을 장독 뚜껑으로나 쓰지 않을까 근심스럽다.〔空自苦! 今學者有祿利, 然尙不能明易, 又如玄何? 吾恐後人用覆醬瓿也.〕"라고 말한 데서 유래하였다. 《漢書 卷87 揚雄傳》

번에 그렇게 말했던 것이요, 내 원고를 좋게 하려고 한 것은 아니네. 다만 한가한 가운데 무료해서 한 짓인데, 곧바로 너무 일이 많음을 깨달았네.

사묵에게 답함

答士默

소식을 괴롭게 기다렸으나 올 때가 지났는데도 오지 않으니, 복주(福州 안동)가 마치 천상과 같아서 그런가하고 생각하고 있었네. 그런데 어제와 오늘 사이에 초7일과 13일에 보낸 두 통의 편지를 연이어 받고서, 근래 추위에 정무(政務)를 살피는 몸이 진중(珍重)하게 근신하고 있으며 노인(老人)의 병환도 쾌차하여 원기를 회복하였고 온 집안 식구들도 모두 편안하게 지냄을 알았네. 이에 적지 않게 근심하고 마음 쓰던 것이 일제히 다 편안해졌으니, 참으로 편지가 없으면 안 되네. 나는 지금 마음이 편치 못하고 기운까지 따라 가라앉아 감기에 자주 걸려 문을 닫고 신음하느라 평상의 독서조차 뜻을 두지 못하니, 참으로 스스로의 신세가 가련하네.

듣건대 치유(致愈)가 능히 제 스스로 학업에 힘쓴다고 하니, 몹시 칭찬할 만하네. 춘옹(春翁 동춘당 송준길)이 말씀하기를 "인간의 만사(萬事)에 좋은 자손이 있는 것보다 더 나은 것이 없다."라고 하셨네. 내가 매번 이 말을 속으로 외면서 저 아이들에게 깊이 바랐으나, 내 몸으로 솔선하는 가르침을 주지 못하여 부형(父兄)의 책임을 다하지 못하였으니, 이를 돌아봄에 개탄(慨嘆)하지 않은 적이 없었네.

지금 치유가 스스로 분발할 줄을 알아서 마음을 다잡고 독서하여 노래하는 기생이 앞에 있더라도 관심을 두지 않는다고 하니, 어찌 만만 특별히 사랑하지 않을 수 있겠는가. 그러나 한때의 의사(意思)를 믿어서는 안 되고, 모름지기 힘쓰고 힘써 이런 자세를 오랫동안 지켜 잃지 않아야 비로소 확실하게 진보(進步)할 곳이 있을 것이네. 내가 지금 막 치유에게 편지를 보내서 이런 뜻을 권면하였으니, 자네 또한 조만간에 이 일을 깨우쳐 주어야 할 것이네.

돌아가는 인편이 바쁘다고 하여 이만 줄이네.

사묵에게 답함
答士默

《능호전고(凌壺全稿)》[17]는 대략 한 번 살펴보았네. 이분이 몸과 행실을 깨끗이 한 것과 세상을 걱정하고 풍속을 민망하게 여긴 것으로 보면, 흡사 동한(東漢) 시대에 당고(黨錮)의 화(禍)[18]를 당한 여러 현자들의 기미(氣味)를 가지고 있네.

또 비록 학문에 종사하지는 못했으나 요컨대 유자(儒者)의 법문(法

17 능호전고(凌壺全稿) : 조선 후기의 뛰어난 문인 화가인 능호관(凌壺觀) 이인상(李麟祥, 1710~1760)의 문집을 이른 것인데, 지금 전하는《능호집(凌壺集)》과 같은 책인지는 미상이다. 능호관은 이인상의 호이고, 자는 원령(元靈), 본관은 전주(全州)이다. 영의정 이경여(李敬輿)의 현손으로 1735년(영조11) 진사시에 합격하였으나, 증조부인 이민계(李敏啓)가 이경여의 서자였기 때문에 벼슬이 사근역(沙斤驛) 찰방에 그쳤다. 시(詩)·서(書)·화(畵)에 두루 능해 삼절(三絶)로 칭해졌다.

18 당고(黨錮)의 화(禍) : '당고'는 붕당(朋黨)의 무리를 금고(禁錮)시킨다는 의미로, 이 화란(禍亂)은 동한(東漢) 때 두 번에 걸쳐 일어났다. 환제(桓帝)가 친정(親政)하는 과정에서 공을 세우고 정권을 잡은 환관들이 정사를 농단하여 폐단이 심해지자, 이응(李膺)과 범방(范滂), 진번(陳蕃) 등이 태학생들과 함께 스스로 청류(淸流)라 칭하며 환관들에게 적극적으로 대항하니, 환관들이 황제를 선동하여 연희(延熹) 9년(166) 청류의 당인(黨人) 2백여 명을 체포하고 다음해에 금고령을 내려 이들을 종신토록 관리가 되지 못하게 하니, 이것이 제1차 당고의 옥사이다. 환제가 후사 없이 죽고 영제(靈帝, 168~189)가 12세의 어린 나이로 즉위하자, 외척 두무(竇武)가 정권을 장악하고 진번과 함께 환관들을 모두 죽이려 하다가 도리어 반역죄로 몰려 멸족의 화를 당하였다. 환관들이 다시 득세하여 이응, 두밀(杜密) 등을 주륙하고 당인과 태학생들을 대거 체포하였으며 이들과 관련이 있는 자들을 모두 폐출하거나 금고하니, 이것이 제2차 당고의 옥사이다.《後漢書 黨錮列傳》

門)에 어긋나지 않았으니, 당세(當世)에 명망 높은 분들이 이분의 지위가 낮다고 여기지 않고 교유한 것이 이유가 있었네. 친구들 간에 선(善)하기를 권면하고 잘못을 타이르는 의리를 능히 갖추고 있었는데, 우리 막내 할아버지인 청수공(淸修公)[19]과는 교분이 더욱 돈독해서 곧바로 옛사람의 교분을 서로 기약하여 공의 괴로운 심정과 활발한 생각이 말 밖에 넘쳐났으니, 그 당시 일대(一隊)의 선배들과의 교제와 풍류는 이것을 미루어보면 대략 알 수 있네.

지금처럼 교우(交友)의 도가 쇠하고 야박해진 시대에 이를 돌아보면, 사람으로 하여금 감탄하여 본받고자 하는 마음이 그지없이 일어나게 하네.

19 청수공(淸修公) : 오찬(吳瓚, 1717~1751)으로 호가 청수재(淸修齋)이기 때문에 이렇게 칭한 것이다. 자는 경보(敬父)로, 1751년(영조27) 문과 정시에 급제하여 정언(正言)에 제수되었는데, 당시의 영의정 이광좌(李光佐) 등의 관작을 추탈할 것을 주장하는 계(啓)에 이름을 올렸다가 함경도로 유배되어 귀양지에서 별세하였다. 인품이 맑고 서화에 능하여 이인상과 문회(文會)를 같이하며 어울렸다.

사묵에게 답함
答士默

흩어져 있는 큰형님의 초고들을 모아 정사(淨寫)하여 원고(原藁)에 합편(合編)하고자 오랫동안 생각하였으나 끝내 실행하지 못했는데, 듣건대 그대가 지금 이미 한 본(本)을 등사해 냈다고 하니, 다행스럽네.

큰 형님은 경전(經傳)의 의리에 대해 평소 깊은 식견과 신묘한 이해가 있었는데도, 문자에 드러나 있는 것은 다만 열에 하나, 백에 하나일 뿐이네. 혹 가슴속에는 이미 초본(草本)이 갖추어져 있으나 미처 논저(論著)하지 못하였거나 혹 손이 가는 대로 기록하였으나 교정을 다하지 못한 것들이 있으니, 이는 진실로 천고(千古)의 한이네.

비록 끊어지고 빠진 글이나 자질구레한 글이라도 차마 버릴 수가 없는데, 선대의 사적(事蹟)에 대한 산록(散錄)[20]으로 말하면, 다른 조목의 문자가 아니라 바로 우리 집안의 가승(家乘)과 세첩(世牒)[21]을 편집(編輯)할 때에 큰 형님께서 직접 초안(草案)을 잡은 것으로, 내가

20 산록(散錄) : 일정한 형식이나 체계 없이 느끼거나 생각나는 대로 쓴 글을 이른다.

21 가승(家乘)과 세첩(世牒) : '가승'은 혈통적 근원 내지 내력을 직계조상을 중심으로 하여 밝힌 가계 기록으로, 일반적으로는 자신의 역대 조상을 세대 순으로 기록하고 또 각 조상에 관한 여러 가지 인적 사항, 즉 자(字), 생년 및 졸년, 학행이나 과거 또는 관력의 영역에 업적이 있을 경우 이에 관한 중요사항, 자녀의 수, 묘의 소재지, 그리고 끝으로 배우자에 관한 사실 등을 밝히는 형식을 취한다. '세첩'은 흔히 족보란 의미로 쓰이는데, 여기서는 직계 세계(世系)의 표(表)를 말한 것으로 보인다.

일찍이 붓과 벼루를 받들고 주선하던 즈음에 우러러 보았던 것이네.

큰 형님께서 이 책을 만드실 적에 실로 애타는 심정이 있어 거의 3, 4년 동안 굶주림과 목마름을 잊은 채 정력을 쏟으셨으니, 선조를 계술(繼述)하는 효성과 후손들을 일깨우는 가르침이 보통사람보다 크게 뛰어남을 볼 수 있고, 또 평소 학문하는 절도(節度)가 고원(高遠)함에 내달리지 않고 지극히 의리에 돈독하였음을 이를 미루어 알 수 있네. 지금 이미 이것들을 모아서 전고(全稿)를 만들었으니, 그렇다면 가승 가운데 세첩에 마땅히 수록하여 넣어서 한 권의 책을 이루어야 할 듯하네. 나의 견해는 이와 같은데 고견은 어떠신가?

사묵에게 줌

與士默

나는 그런대로 편안히 일상(日常)을 보내고 있었는데, 일전에 갑자기 이조(吏曹)에서 나를 천거하여 황해도 도사(都事)에 임명하니,[22] 나로 하여금 죽고 싶을 정도로 부끄럽게 하네. 지난번에 돈녕부(敦寧府)의 직책에 나아갔던 것은 어버이를 한번 영화롭게 봉양하려 함에 뜻이 있었는데, 내가 죄를 많이 쌓아 재앙을 불러들여 이 소원을 이루지 못하였으니,[23] 항상 한(恨)이 마음속에 남아 있네.

이후 비록 견복(甄復)[24]으로 다시 벼슬에 제수되었으나, 실로 나는 지방 관직에 나아갈 마음이 없네. 그러나 이미 평범한 관리로 자처하고자 하였으므로 예사로운 내직(內職) 같은 것은 우선 인연에 따라 거취(去就)를 정하였네. 그러나 스스로 헤아려 보건대, 노쇠하고 병들어서 또 오랫동안 내달릴 수가 없다고 여겨지니, 조금이나마 청송(聽松)의 법문(法文)[25]을 본받는다면 거의 큰 조화가 운전(運轉)되는 가운데에

22 이조(吏曹)에서……임명하니 : 오희상은 1814(순조14)년 6월에 황해도 도사에 제수되었다. 《承政院日記 純祖》 원문의 '외대(外臺)'는 도사의 별칭이다.

23 지난번에……못하였으니 : 오희상은 1811년(순조11) 돈녕부(敦寧府) 주부(主簿)에 제수되어 직임에 나아갔으나, 이해 10월에 부친(양부(養父))인 정헌공(定獻公) 오재소의 상을 당해 벼슬을 그만두었으므로 이렇게 말한 것이다. 《承政院日記 純祖》《老洲集 年譜》

24 견복(甄復) : 퇴임자 중에서 적합한 사람을 선발하여 다시 관직에 복귀하게 하는 것을 이른다.

서 편안히 지낼 수 있을 것이네. 또 생각하건대 눈앞에 남은 세월이 거의 없으니, 이 쇠잔한 목숨이 얼마나 가겠는가.

이번 일은 진실로 뜻밖이니, 만에 하나 전전(輾轉)해서 더 미루어 나아가서 좁은 길로 들어가게 되면 더욱 핍박받아 난처하게 될 것이네. 다만 금일의 일에 그칠 뿐만이 아닐 것이기에 지나치게 생각이 앞선 근심을 하지 않을 수 없네. 그러나 나에겐 이미 장수(藏修)[26]의 실제가 없으니, 또한 어찌 이럴 리가 있겠는가.

다만 현재의 직함에 오랫동안 헛되이 매여 있는 것은 천한 이 몸의 분수에 더욱 편안하기 어려운데, 혹자는 말하기를 "오래되면 마땅히 저절로 체직(遞職)될 것이니, 다만 조정에 맡겨 둘 뿐이다."라고 하네. 그러나 나의 뜻은 그렇지 않으니, 체직할 방도가 있겠는가? 혹 집안의 종을 보내 이조(吏曹)에 글을 올려야 하겠는가?

25 청송(聽松)의 법문(法文) : 청송은 성수침(成守琛, 1493~1564)의 호로, 자는 중옥(仲玉), 본관은 창녕(昌寧)이며 우계(牛溪) 성혼(成渾)의 아버지이다. 조광조(趙光祖)의 문인으로 1519년(중종14)에 현량과(賢良科)에 천거되었으나, 기묘사화가 일어나 조광조가 처형되고 사림들이 화를 입자, 벼슬을 포기하고 파주의 우계(牛溪)에 은둔한 채 학문에 전념하였다. '법문'은, 성수침이 벼슬에 제수되면 곧바로 사은숙배하고 사은숙배가 끝나면 곧바로 사직하여, 임금의 은혜에 절하고 또 자신의 지조는 지조대로 지킨 것을 가리킨다.

26 장수(藏修) : 늘 학문에 뜻을 두고 한결같이 매진함을 이른다. 《예기(禮記)》 〈학기(學記)〉에 "군자는 학문에 있어서 장(藏)하고 수(修)하고 식(息)하고 유(遊)한다.〔君子之於學也, 藏焉, 脩焉, 息焉, 遊焉.〕"라고 하였는데, 그 주석에 "장(藏)이란 언제나 마음에 학업을 생각하고 있음을 말한 것이요, 수(修)란 학습을 폐하지 않음을 말한 것이요, 식(息)이란 일을 하다 피곤하여 쉴 때에도 마음이 학습에 있음을 말한 것이요, 유(遊)란 일이 없이 한가하게 노닐 때에도 마음이 학문에 있음을 말한 것이다."라고 하였다.

필시 선배들의 준례가 있을 것이나 전혀 알지 못하니, 부디 알 만한 곳에 물어서 나에게 알려주는 것이 어떻겠는가?

사묵에게 줌

與士默

지난번 편지에 아전(衙前) 이씨의 일에 대해 내 마음을 다 기울여 말하였는데, 답장이 오지 않으니 답답하네. 아전들이 각자 주관하는 일이 매우 미미하니, 내가 하필 그대가 원하지 않은 일을 강요하겠는가마는, 다만 그 조짐으로 말하면 매우 상서롭지 못하네. 그래서 지나치게 생각이 앞선 근심을 하지 않을 수 없어서, 나도 모르게 중언부언하는 번거로움을 꺼리지 않은 것이네.

대저 천륜(天倫)의 친척인 골육(骨肉) 간에는 사랑하고 미워하고 취하고 버리는 것을 똑같이 하여야 하고 달리하여서는 안 되네. 혹 처음에는 의견이 다를 수 있더라도 끝내 난만동귀(爛漫同歸)[27]를 기약해야 하는 것이 바로 바꿀 수 없는 도리이니, 이 때문에 구경(九經)에서 반드시 좋아하고 미워함을 같이하는 것을 '친척을 친애하는〔親親〕' 바탕으로 삼은 것이네.[28]

27 난만동귀(爛漫同歸) : 처음에는 의견이 서로 다르다가 뒤에 이치가 환하게 밝아져서 같은 결론에 이름을 이른다.

28 구경(九經)에서……것이네 : 구경은 유가에서 치국평천하(治國平天下)의 원리로 제시한 아홉 가지 방법으로 《중용장구(中庸章句)》 제20장에 '몸을 닦는 것〔修身〕, 현자(賢者)를 높이는 것〔尊賢〕, 친척을 친애하는 것〔親親〕, 대신을 공경하는 것〔敬大臣〕, 신하들의 마음을 체득하는 것〔體群臣〕, 백성을 사랑하는 것〔子庶民〕, 공인(工人)을 우대하여 오게 하는 것〔來百工〕, 먼 지방의 사람을 회유하는 것〔柔遠人〕, 제후들을 편안하게 하는 것〔懷諸侯〕'이라고 보이는데, 여기에서 구경 중 친친에 대해 "친척을 친애하면 백부와 숙부와 형제들이 원망하지 않는다.〔親親則諸父昆弟不怨.〕"라고 하였

가령 내 견해가 잘못되고 자네의 견해가 옳다면, 자네는 마땅히 자신의 용의(用意)를 곡진히 돌리고 간곡하게 말해서 잘못된 나의 견해를 이끌어 자네의 옳은 견해에 들여서 하나로 귀결될 수 있도록 기약해야 할 것이네. 또 내 견해가 옳고 자네의 견해가 잘못되었더라도 또한 마땅히 위에서 말한 바와 똑같이 해서 대번에 분열되는 뜻이 있지 말아야 할 것이네.

이 일에 내가 억지로 힘써 맞춰 자네가 하고자 하는 바를 따를 수 있다면, 내 어찌 꺼리고 하지 않겠는가. 다만 마음속에 편안하지 못한 점이 있는 것은 실로 선조의 교훈에 관계되기 때문이네. 자네는 경중(輕重)을 비교하고 헤아려서 잠시 따르다가 곧바로 의견이 어긋남을 면치 못하자, 일이 이미 이와 같이 되었으니 다만 마땅히 각자의 주장대로 할 뿐이라고 하여, 조금도 곡진하게 생각하는 뜻이 없네.

그렇다면 우리 후손들은 이것을 당연하게 보아, 무릇 서로 좋아하고 싫어하는 사이와 서로 논란하는 사이에 각각 사사로운 마음에 끌리는 바와 득실에 관계되는 바가 있으면, 자기들 뜻대로 나아가는 것을 어렵게 여기지 않아 서로 상의하지 않게 될 것이네. 이렇게 되면 북쪽 끝의 연(燕)나라와 남쪽 끝의 월(越)나라처럼 서로 소원(疏遠)해지는 것이 장차 여기에서 시작될 것이네.

이것이 내가 말한바 '조짐이 상서롭지 못하다.'는 것이네. 이 말이 너무 지나치다고 말하지 말게. 근래 보면 세간의 부자(父子) 사이에 의견이 갈리고 지친(至親) 간에 싸움이 일어나서 심지어 이륜(彝倫)이 무너지고 있으니, 어찌 그들의 본성이 그러해서이겠는가. 이는 오로지

으므로 말한 것이다.

도리를 알지 못한 채 다만 사심(私心)을 따르고 또 기미(幾微)의 즈음에서 삼가지 못하여 여기에 이르는 것이니, 이것을 깊이 생각하지 않으면 안 되네.

구구한 나는 연래(年來)에 여러 가지 세상 변고를 겪어서 이즈음 환란을 우려함이 더욱 마음에 병이 되어 몸져누워 잠을 이루지 못하여 근심하는 생각[29]이 끝이 없기에 이처럼 말하는 것이네.

29 근심하는 생각 : 저본에는 결자(缺字)로 되어 있으나, 문맥에 따라 이렇게 번역하였다.

사묵에게 줌

與士默

요사이 서리가 내리며 날씨가 차가운데, 건강은 더욱 좋은가? 명일(明日)은 바로 그대의 생일이네. 우리들은 어버이를 잃은 고아들로 형제들 또한 이미 멀리 사라졌으니, 늙어 창백한 얼굴을 오직 둘이 마주하고 있는 것이 마치 몸과 그림자와 같네.

연래(年來)로 그대는 벼슬 때문에 밖에 있고 나 또한 밭두둑 사이에 칩거하고 있어 함께하는 때는 적고 헤어져 있을 때는 많으니, 매번 어렸을 적에 물고기처럼 좇아다니고 기러기 떼처럼 열 지어 다니면서 반걸음과 한 걸음도 가정을 떠나지 않았던 것을 생각하면, 그때가 다른 세상의 일로 여겨질 뿐만이 아니네. 오직 바라건대 각자 몸을 편안히 하고 가정을 화목하게 다스려 만사가 순조로워서, 떨어져 있다가도 다시 함께하고 멀리 있다가도 다시 가까이 살아 서로 그리운 심정을 위로할 수 있었으면 하네.

그러나 구름이 일어나는 저녁과 달 밝은 밤이면, 눈앞에 함께 사는 자손이 없는 것은 아니지만, 서로 떨어져 살고 있는 처지를 돌아보건대 실로 꽉 막힌 마음이 심히 답답하여 울적함을 견딜 수가 없네. 금일은 그대가 마침 벼슬을 그만두고 집에서 쉬고 있으나 내가 또 이곳에 머물고 있어서 서로 바라보고 잔치를 열어 즐길 수가 없네.

세상일은 끊임없이 유전(流轉)하여 내년 오늘 우리가 떨어져 있을지 함께하고 있을지 참으로 알 수 없으니, 이 때문에 자못 서글퍼지네. 이어 생각해보니 그대가 어릴 때에 떡국을 좋아하여 생일날 아침마다 돌아가신 자친(慈親)께서 반드시 이 떡국을 끓여주셨는데, 생각할수록 더욱 뚜렷해져서 서글픈 감회를 금할 수가 없네. 이에 며늘아기로 하여금 쌀을 담가 흰떡 한 상자를 만들어 이른 아침에 들여보내도록 하였으니, 애오라지 옛일을 그리워하는 마음을 붙이고 한 번 맛보시기를 바라네.

이곳은 일이 고단하여 재미가 적으나 아이와 손자들을 데려와서 이들을 보며 웃고 지내네. 나머지는 총총하여 이만 줄이네.

사묵에게 답함
答士默

별지에 쓴 내용은 모두 다 살펴보았네. 이가(李哥)의 논변이 나온 뒤에 친지(親知)들은 대부분 이장(李丈)께서 내 편지를 세상에 공개한 것[30]을 책망하고 있네. 그러나 내 이미 평탄하게 말한 도리에 대해서 저 사람이 이처럼 노여워할 줄은 이장께서 미처 헤아리지 못한 것이고, 또 내가 만약 이것을 숨기고 싶었다면 애당초 군이 편지를 썼겠는가.

나는 어릴 때부터 부형과 사우(師友)들에게 들어서, 말세에 문(文)이 승(勝)한 것이 법문(法門)에 있어 커다란 고질적인 병폐가 됨을 익숙히 알고 있네. 문이 이기면 질(質)이 없어지고 질이 없어지면 거짓이 불어나고 거짓이 불어나면 진실한 이치가 종식되니, 이 때문에 참된 선비가 나오지 않고 성현(聖賢)이 높여지지 못하는 것이네. 이에 이단(異端)과 속학(俗學)이 도리어 우리 유도(儒道)를 경시하는 마음을 내어서 그 틈을 엿보고 그 주장을 멋대로 펴서 우리 유도가 더욱 할

30 이가(李哥)의……것 : '이가'는 이도중(李度中, 1763~?)으로 자는 시중(時仲), 본관은 연안(延安)이며, 음직으로 세마(洗馬) 벼슬을 지냈다. 저서로는 《율곡전서(栗谷全書)》 가운데서 성리설(性理說)을 발췌하여 수록한 《이자성리서(李子性理書)》가 있다. '이장(李丈)'은 이씨 어른이란 뜻으로 화천(華泉) 이채(李采)를 가리키는바, 도암(陶菴) 이재(李縡)의 손자이다. 일찍이 도암 이재가 간행하였던 《율곡전서》를 다시 중간하려고 할 때에, 이도중이 이를 《이자전서(李子全書)》로 개칭하여야 한다고 주장하였다. 이에 대해 이채가 오희상에게 질문하자, 오희상이 주변 사람들과 의논하여 굳이 그럴 필요가 없다는 반대의 의견을 낸 편지를 보냈는데, 이채가 이 편지를 공개하여 세상에 알려지자, 이에 대해 이도중이 신랄하게 비판을 가하여 논변이 이루어졌다.

만한 것이 없게 되니, 아! 참으로 위태로워 사람으로 하여금 고통스럽게 하네.

지금 돌아보건대 율곡을 이자(李子)로 칭하자는 논의는 율곡 어른을 존숭하는 마음에서 나온 것임을 아나, 이 또한 근간의 문식(文飾)을 더욱 가하는 일 가운데 한 가지이니, 실제에 보탬이 되지 않고 무궁한 후대에 폐해를 열어놓을까 두렵네.

아! 율곡 어른의 도덕(道德)과 공렬(功烈)은 우리 동방의 으뜸으로 백세토록 찬앙(鑽仰)[31]을 받을 것이고 자양(紫陽 주자)의 도통을 이어받아 오랫동안 우리 유가에서 숭배하였으니, 만약 이자(李子)로 칭하는 것이 율곡 어른을 높이고 찬양하는 일에 크게 연관되어 하지 않을 수 없는 일이라면, 진실로 마땅히 우암(尤菴) 어른에 앞서서 이미 이렇게 칭해졌을 것이니, 다만 어찌 오늘을 기다렸겠는가.

선배들이 고심(苦心)과 지성(至誠)으로 이를 의논하지 않았던 것은 겨를이 없었던 것이 아니요, 질(質)과 문(文)이 이기고 지는 기미와 명(名)과 실(實)의 경중의 구분에 있어 본래의 편벽된 것을 바로잡고 폐해를 보완하려는 묘한 도(道)와 정미한 의(義)를 소홀히 할 수 없어서 그랬던 것이네. 후세의 배우는 자들이 이 뜻을 삼가 지켜서 이를 학문과 법도에 미루어 간다면, 이것이 율곡 어른에 대한 진찰(塵刹)의 보답[32]이 될 것이네.

31 찬앙(鑽仰) : 성인(聖人)의 도(道)를 지극히 우러르고 숭상할 때 쓰는 표현이다. 안연(顔淵)이 공자의 도에 대해서 "우러러볼수록 더욱 높고 뚫을수록 더욱 견고하다.〔仰之彌高, 鑽之彌堅.〕"라고 한 데서 온 말이다. 《論語 子罕》

32 진찰(塵刹)의 보답 : 자신이 마땅히 해야 할 일을 하여 간접적으로 은혜에 보답한다는 의미인데, 《회암집(晦菴集)》 권36 〈답진동보(答陳同甫)〉의 "불자의 말에 '이 몸

지금 마침내 이러한 방법을 구하지 않고 여러 의논 가운데에 자신의 견해를 강경하게 내세워서 기어코 이자(李子)라고 칭하고자 하여 조금도 삼가지 않으니, 이는 다만 여러 사람의 뜻에 차지 못함을 드러낼 뿐이네. 그런데 지금 사람들이 모두 이러한 상황에 빠져 있어서, 비록 식견이 있는 자들도 한번 말을 내어 이것을 만류하고자 하지 않아서 저들이 자신의 지혜를 쓰도록 내버려 두고 이를 막지 않으니, 이 때문에 내가 개연(慨然)한 마음이 없지 못하여 이러한 말이 있게 된 것이네.

설령 나의 말이 끝내 채택되지 않더라도, 이로써 선배들의 좋은 의논이 민멸되지 않아 혹 조금이라도 사람들을 불러 깨우칠 수 있을 것이니, 속으로 기대하고 바라는 것은 오직 이것뿐이네.

아! 이 일은 본래 정법안장(正法眼藏)[33]이 있어서 결코 모의(模擬)와 가차(假借)로 갑자기 취할 수 있는 것이 아닌데, 다만 자신의 몸에 스스로 닦은 것이 구태(舊態)에서 벗어나지 못하고 또 이것을 현자를 존숭하는 자리에까지 미루어 올리고자 하면서 이것이 설만(褻慢)함이 되는 것을 알지 못하니, 이는 미혹케 만드는 일이 아니겠는가.

그러나 스스로 마음속에 돌이켜봄에, 애초에 남을 감복시킬 만한

과 마음으로 진찰을 받든다.'라고 하였으니, 이것이 명분상 부처의 은혜를 갚는 것이 된다.〔佛者之言曰: 將此身心奉塵刹, 是則名爲報佛恩.〕"라는 구절에서 나왔다.

33 정법안장(正法眼藏) : 불가에서 말하는 진여(眞如)의 세계, 또는 더 이상의 경지가 없는 최고의 깨달음을 말한다. 석가모니가 영산회상(靈山會上)에서 강설할 때 연꽃을 꺾어 들자 대중이 모두 침묵하는 가운데 오직 가섭(迦葉)만이 환하게 미소를 지었다. 이에 석가가 "나에게 있는 정법안장(正法眼藏)·열반묘심(涅槃妙心)·실상무상(實相無相)·미묘법문(微妙法門)·불립문자(不立文字)·교외별전(教外別傳)을 마하가섭(摩訶迦葉)에게 부촉하노라."라고 한 말에 보인다.《聯燈會要》 여기서는 가장 좋은 방도라는 의미로 쓰였다.

실제의 행위가 없는데 대번에 말로써 남을 깨우치고자 하니, 남들에게 이해받지 못하고 비방과 꾸짖음을 받은 것은 당연하네. 이가의 말의 무도함을 어찌 굳이 시끄럽게 떠들어서 나의 말하고 침묵하는 절도를 거듭 상하게 할 것이 있겠는가. 이씨 어른이 나 때문에 비방을 당함에 이르러서는 더욱 불안한 바가 있으니, 시끄럽게 떠드는 것을 좋아하는 말세의 풍속은 참으로 근심하고 탄식할 만하네.

대저 우리 유가의 학문은 본래 스스로 반성하는 도리가 있으니, 만일 이 일로 인하여 마음을 분발시키고 참을성을 길러 나의 부족한 점을 향상시킬 수 있다면, 저들의 변론은 나를 옥(玉)처럼 탁마(琢磨)하여 완성시켜 주는 것[34]에 아무런 방해가 되지 않을 것이네.

그대 또한 나의 이러한 뜻을 잘 알아서, 사람들이 혹 나에 대하여 분수 밖의 잘못된 말을 하더라도 모름지기 말을 낭비하지 않는 것이 어떻고, 어떻겠는가. 그동안 몇 명의 친구들이 이 일에 대해 물었으나, 이미 변론할 생각이 없어서 굳이 다시 편지에 자세히 말하고 싶지 않았네. 이에 다만 몇 글자로 간략히 답하였는데, 구구한 이 몸의 본래의 뜻을 다 이해한 사람이 거의 없었네. 마침 편지를 보내왔기에 부질없이 나의 뜻을 펴서 답장을 보내네.

34 옥(玉)처럼……것 : 원문의 '옥오(玉吾)'는 송(宋)나라 장재(張載)가 지은 〈서명(西銘)〉의 "하늘이 빈궁과 걱정 속에 처하게 함은, 그대를 옥처럼 갈고 연마하여 완성시키는 것이다.〔貧賤憂戚, 庸玉汝於成也.〕"라는 구절의 뒷부분을 축약한 것이다.

사묵에게 줌

與士默

《동국강감(東國綱鑑)》을 만드는 작업을 이미 끝마쳤다고 들었는데, 어쩌면 그리도 신속하게 완성하였는가? 나 또한 일찍이 몇 건의 책을 엮는 일을 가슴속에 헤아려 본 것이 있었으나, 대부분 어려움을 꺼려 그럭저럭 세월만 보내면서 한 번도 제대로 착수하지 못했네.

그러나 그대는 글을 기술함에 있어 긴요하고 한만함을 막론하고 뜻이 있으면 곧 시작하고 일을 시작하고 나면 낮과 밤, 추위와 더위, 몸에 병이 드는 것을 헤아리지 않고 기어이 완성하고야 마니, 여기에서 용맹한 자와 나약한 자의 능력 차이가 비단 30리에 그칠 뿐이 아님을 알 수 있네.[35] 나는 참으로 그대를 본받고자 하였으나 될 수가 없었네.

우리 동방은 평소에 소중화(小中華)로 일컬어지고 있으나, 문헌(文獻)이 부족하고 실제로 증빙하기에 충분한 돈사(惇史)[36]가 없으니, 식

35 용맹한……있네 : '차이가 30리가 난다.'는 것은 능력의 차이가 현격함을 비유하는 표현이다. 후한(後漢)의 한단순(邯鄲淳)이 효녀 조아(曹娥)를 위해서 지은 〈조아비(曹娥碑)〉 뒷면에, 후한의 채옹(蔡邕)이 절묘호사(絶妙好辭)라는 뜻으로 '황견유부외손제구(黃絹幼婦外孫齏臼)'라는 여덟 글자의 은어(隱語)를 써넣었다. 후한 말에 조조(曹操)가 양수(楊修)와 함께 이 글을 보았는데, 양수는 곧바로 알아챘으나 조조는 그 의미를 생각하면서 30리를 더 가서야 깨닫고는, "알고 모르는 것이 30리가 차이난다.〔有智無智, 較三十里.〕"라고 탄식했던 고사에서 유래하였다. 황견은 색이 있는 실〔色絲〕이므로 절(絶) 자가 되고, 유부는 소녀(少女)이므로 묘(妙) 자가 되고, 외손은 딸의 아들〔女子〕이므로 호(好) 자가 되고, 제는 매운〔辛〕 부추이고 구(臼)는 받는 것〔受〕이니 사(辭)자가 된다. 《世說新語 捷悟》

자(識者)들이 한탄한 지가 오래되었네.

만일 여러 책을 모아 책의 범례(凡例)를 정밀하게 만들고 사실을 두루 갖추어 위로는 단군(檀君)과 기자(箕子), 신라와 고려로부터 아래로는 우리 조선조에 이르기까지 잘 상고할 수 있도록 정연하게 정리해서 잘 정돈된 일통(一統)의 문헌을 만든다면, 한가로운 가운데 행하는 사업이 참으로 허술하지 않을 것이네.

그러나 우리들은 이미 늙었네. 진실로 마땅히 정력(精力)을 아끼고 길러 젊은 시절에 허다하게 높였던 것을 일체 다 떨어내 버리고 경전(經傳)의 의리를 가지고 목숨을 마치는 자리로 삼는 것이 실로 크나큰 일이니, 비유하면 세상을 주유(周遊)하는 나그네가 사방을 떠돌다가 끝내 죽음에 임해서는 집으로 돌아가는 것과 같네.

그대를 보니 근래에 아직도 문필(文筆)에 마음이 매여 있어서 아침 저녁으로 열람하는 바가 사장(詞章)의 글과 기사체(記事體)의 글에서 벗어나지 않고, 성현의 말씀에 있는 냉정(冷靜)하고 담박한 맛[37]을 맛보지 않으니, 이는 그대의 의지와 정신이 아직도 밖으로 내달림이 있는 것이네. 애오라지 이 말로써 권면하니, 부디 이 늙은이의 고충(苦衷)을 알아주길 바라네.

36 돈사(惇史) : 덕행(德行)이 있는 이의 언행을 기록하여 후세의 본보기가 되게 한 사책(史冊)을 말한다. 《예기》 〈내칙(內則)〉에 "무릇 노인을 봉양함은 오제는 덕행을 본받고 삼왕은 좋은 말을 청함이 있었다. 오제는 덕행을 본받아 기체(氣體)를 기르기만 하고 좋은 말을 청하지 않았으며 좋은 말이 있으면 기록하여 돈사를 만들었다.〔凡養老, 五帝憲, 三王有乞言. 五帝憲, 養氣體而不乞言, 有善則記之爲惇史.〕"라고 보인다.

37 냉정(冷靜)하고 담박한 맛 : 경서(經書)를 공부하면서 느끼는 맛을 말한다. "사서(史書)는 혼잡하고, 경서는 냉정하고 담박하다.〔史書鬧熱, 經書冷淡.〕"라는 주자의 말에서 나온 것이다. 《朱子大全 卷33 答呂伯恭》

사묵에게 답함

答士默

문 금년 정월 초하루에는 대부분의 사대부 집안들이, 혜경궁(惠慶宮 정조(正祖)의 모친)의 장례를 치르기 전이라고 하여 묘제(墓祭)를 행하지 않고, 사당에 올리는 제사는 비록 행하더라도 간략하게 한다고 합니다. 종묘(宗廟)에 올리는 제사는 의당 여러 실(室)에서 행하나 능원(陵園)[38]의 경우는 현륭원(顯隆園)[39] 이하로는 행하지 않으므로, 사가(私家)에서 묘제를 지내는 것이 편치 못하다고 하여 이처럼 묘제를 폐하고 사당에 올리는 제사를 간략하게 한다는 의논이 있게 된 것입니다. 그러나 묘제와 사당에 올리는 제사의 예(禮)를 달리함은 혹 반박(斑駁 서로 혼잡하게 뒤섞임)함이 되지 않겠습니까?

답 대체로 모든 제사에 상(喪)의 예(禮)가 있는 경우는 마땅히 제사를 주관하는 자의 복(服)의 유무(有無)와 경중(輕重)으로 권도(權度 판단하는 기준)를 삼아야 하네. 혜경궁은 신하와 백성들에게 본래 복제(服制)가 없으니,[40] 사가(私家)의 제사를 폐할 만한 의리가 없을 듯하네.

38 능원(陵園) : 왕과 왕족의 무덤 및 그 부속시설을 이르는 말로, 제왕과 후비의 무덤인 능과 태자나 세자 및 그 비의 무덤인 원의 합칭이다.

39 현륭원(顯隆園) : 정조(正祖)의 아버지인 사도세자(思悼世子)의 묘로, 뒤에 사도세자가 장조(莊祖)로 추존되면서 융릉(隆陵)이 되었다. 지금의 경기도(京畿道) 화성군에 있다.

40 혜경궁은……없으니 : 혜경궁이 정조의 생모(生母)이나, 정조가 백부인 효장세자(孝章世子)의 양자가 되어 세손이 되었기 때문에 이렇게 말한 것이다.

또 이러한 예절들은 맞고 안 맞음과 지나치고 미치지 못함을 막론하고 마땅히 한결같이 조정의 법령을 따라야 하는데, 이번에 내린 계령(戒令)에 "다만 공제(公除)[41] 전에는 종묘의 대, 중, 소의 제사를 모두 폐하고 공제 후에는 평상시처럼 행한다."라고 하였네. 사가의 제사에 대한 언급이 없으니, 그렇다면 사가의 제사를 폐하라는 글이 계령에 있지 않은 것이네.

예(禮)로 보나 법(法)으로 보나 의심할 만한 것이 없으나, 공제 전에는 태묘(太廟)의 제사를 폐하니 사가에서 제사를 행하는 것을 편치 못하게 여기는 것이 그래도 말이 되지만, 공제 후에 사가의 제사를 폐하는 것은 과연 무엇에 근거한 것인가? 묘제는 폐하고 사당의 제사는 행하는 것으로 말하면 더욱 반박(斑駁)이 되어 모양새를 갖추지 못하네.

근세에 사대부들이 평소에 예(禮)를 강론하지 않아서 일에 임하여 번번이 억측으로 근거도 없이 멋대로 행함이 이와 같으니, 참으로 크게 탄식할 만하네.

41 공제(公除) : 국상(國喪)을 당하여 일정 기간 공무를 중지하고 조의를 표하다가 그 기간이 지나 상복을 벗는 것을 이른다.

사묵에게 답함
答士默

사가(私家)의 제사를 제한하여 국상(國喪)의 장례 전에 중지하고 폐하게 하는 것은 그다지 근거가 없으나, 이러한 부분은 한결같이 조정의 법령을 따르는 것이 실로 아랫사람이 되어 배반하지 않는 도리가 되네. 예조(禮曹)에서 계령(戒令)을 추후에 고쳐서 계하(啓下)한 뒤에는 계령에 준거해서 제사를 중지하고 폐하는 것이 마땅할 듯하네. 더구나 종묘에서 이미 제사를 중지했다면, 이는 사가에서 제사를 폐해야 할 충분한 근거가 되네.

대체로 보아 이번에 조정에서 예(禮)를 논의한 것은 전도(顚倒)되고 착란(錯亂)됨이 묘향(廟享)에 이르러 지극하여, 납향(臘享)은 중지하고 정조(正朝 정월 초하루)의 제사는 행하고 봄의 제사는 또 입재(入齋 제사 전날에 재계하는 일)한 뒤에 중지하게 하였네. 대신(大臣)들이 의논을 두루 수렴한 것이 말이 되지 않으니, 내가 대신 부끄럽네.

높은 지위에 있는 수많은 관원들 중에 예(禮)에 돈독한 현자가 어찌 한 명도 없겠는가마는, 아직껏 이것을 논박하여 바로잡는 논의가 있다는 말을 듣지 못했으니, 후세에 금일을 보면 마땅히 뭐라고 하겠는가? 참으로 개탄할 만하네.

종묘의 예(禮)가 얼마나 지엄하고 또 중한 것인데 내소상(內小喪)[42]

42 내소상(內小喪) : 세자빈(世子嬪)의 상을 이르는 말로, 여기서는 혜경궁 홍씨의 상을 이른다. 혜경궁이 정조의 생모(生母)이지만, 정조가 백부인 효장세자(孝章世子)

의 장례 전에 제사를 중지시켰으니, 이는 고례(古禮)에서 보지 못한 것이고 《상례보편(喪禮補編)》[43]에도 기재되어 있지 않은 것이네. 그런데 갑자기 손을 대어 어려움 없이 이것을 망가뜨리니, 어찌 황공하지 않은가. 비록 당일에는 예(禮)를 그르쳤다는 죄를 면했을지라도, 어찌 후세의 공론에서 그 책임을 피할 수 있겠는가.

우연히 그대의 질문으로 인하여 나도 모르게 감정이 촉발되어 이런 말이 나왔는데, 이는 결코 추기(樞機 언행)를 삼간 것이 아니니, 번거롭게 남에게 보이지 않는 것이 옳을 것이네.

의 양자가 되어 세손이 되었기 때문에 그 지위가 세자빈에 그친다.

43 상례보편(喪禮補編) : 영조 34년(1758)에 홍계희(洪啓禧) 등이 왕명을 받고 《국조오례의(國朝五禮儀)》의 상례에 관한 부분을 보충하고 개편하여 완성한 책으로, 각 항목을 원편(原編) 6권에 나누어 싣고 따로 1권을 만들어 도설(圖說)을 수록하였다. 《국조상례보편(國朝喪禮補編)》이라고도 칭한다.

사묵에게 줌

與士默

이 일의 갈등은 의논이 서로 다른 데서 빚어진 것에 불과한데, 저 사람이 처음에는 단지 남을 이기려는 마음이었다가 끝내는 남에게 화를 입히려는 마음을 가진 것이네. 이것이 어찌 처음에 생각이 미친 바였겠는가.

지금에 이르러 일의 형세가 전전(輾轉)하여 갈수록 심해져서 수습할 수가 없게 되었는데, 구구한 이 몸이 지나치게 생각이 앞서서 우려하는 것은, 비단 내 일신의 영욕에 관련될 뿐이 아니라 장차 저 사람이 말한 '분서갱유(焚書坑儒)의 화(禍)'가 다만 빈 공갈에 그칠 뿐만이 아닐까 두려워서 그런 것이네. 이에 드러누워 천장의 들보만 바라보며 탄식하네.

대저 천하의 사달은 매우 미미하게 시작되나 끝내는 넘쳐 하늘까지 치솟으니, 이와 같은 것은 모두 격동(激動)되어 일이 이루어지는 것이네. 그러므로 구구한 이 몸이 당초에 쟁론(爭論)하지 않았던 것은, 오로지 비방을 그치게 하려고 한 것이 아니고 실로 무궁한 후일의 염려가 끝이 없을까 우려해서였네. 그런데 불행히도 해서(海西) 선비들의 통문(通文)이 나오자마자 저 사람이 더욱 급하게 계책을 내어 유가(兪哥)와 박가(朴哥)의 통문이 번갈아 이어서 나와 마치 급서(急書)[44]와 같았네. 그러나 이러한 형적(形跡)들은 뜻이 다른 자들[45]에게 알려져서

44 급서(急書) : 급히 알리는 편지라는 의미인데, 주로 고변(告變)하는 글을 가리킨다.

는 안 되네.

선현들께 누를 끼치고 세도(世道)에 해가 됨은 말할 것도 없고, 또 만약 이와 같은 일들이 조정에 까지 올라가서 조지(朝紙)[46]에 올라 반포되어 팔방에 전해지면, 더욱 마땅히 어떻게 해야 하겠는가? 설령 미루어 올라가서 저 사람이 추악하게 무함한 죄를 인정한다고 하더라도, 폐일언(蔽一言)하면 우리 당(黨)의 불행이니 어찌 족히 상쾌한 일이 되겠는가.

또 나의 한 몸을 가지고 말하면, 저 사람이 비록 온갖 방법으로 나의 죄를 날조하더라도 스스로 마음속을 돌아봄에 실로 잘못이 없네. 저 사람의 교묘한 참설(讒舌)이 설령 금일 사람들에게 받아들여진다고 하더라도, 다만 후세에 없어지지 않을 공론(公論)을 기다릴 뿐이니, 어찌 남의 덕으로 눈앞에서 일이 바뀌는 것을 다행으로 여길 수 있겠는가.

참으로 훌륭하네. 정자(程子) 어머니의 말씀이여! 이르기를 "내가 잘 펴지 못함을 근심하지 않고, 오직 잘 굽히지 못함을 근심한다."라고 하셨으니, 굽히고 폄은 실로 화(禍)와 복(福)이 서로 의지하고 잠복해 있어서[47] 그 이치가 어긋나지 않네. 굽히고 펴는 즈음에 다만 마땅히

45 뜻이 다른 자들 : 당색이 다른 자들을 가리킨 것으로, 여기서는 소론이나 남인을 이른다.

46 조지(朝紙) : 조보(朝報), 저보(邸報)와 같은 말로, 승정원(承政院)에서 처리한 일을 매일 아침에 적어서 반포하던 통보(通報)이다.

47 화(禍)와……있어서 : 원문의 '의복(倚伏)'은 화가 변해 복이 되고 복이 변해 화가 되는 것을 뜻하는바, 《노자(老子)》 58장의 "화는 복이 기대는 곳이고 복은 화가 엎드려 있는 곳이다.〔禍兮福之所倚, 福兮禍之所伏.〕"라는 구절을 원용한 것이다.

정도(正道)를 잃지 않는 것으로 마음을 삼아야 하니, 그 사이에 서로 견주어 헤아려서는 안 되네.

해서의 많은 선비들의 거조(擧措)는 애당초 내가 간섭할 수 있는 것이 아니네. 그러나 이 거조에 대해 이미 무함을 분별하는 의리라고 말했다면, 진실로 마땅히 의리로써 결단할 것이요 혈기를 가지고 간여하여서는 안 되네. 만일 서로 다투고 힐난해서 화기(禍機 재앙이나 재난이 일어날 소지가 있는 기틀)를 도발하여 장차 동욕(同浴)의 죄과(罪科)[48]로 돌아간다면 이는 향전(鄕戰)[49]의 남은 풍습에 불과하니, 구구한 이 몸은 많은 선비들을 위하여 안타까워하지 않을 수 없네.

지난번 교외에 있을 적에 자질구레한 혐의를 돌아보지 않고 나의 지극한 정성을 대략 펴서 중령(仲令)에게 전달하게 하여 미연에 분쟁을 해결하고자 한 것은, 뜻이 공연(空然)한 것이 아니었네. 그런데 또 장차 임금에게 글을 올리는 조처가 있을지 모르겠다는 말이 들리니, 만약 그렇다면 중령의 말이 효험이 없었음을 알 수 있네. 중령이 애당초 말하고 싶지 않았던 것인가? 아니면 말을 했는데도 힘을 쓸 수 없었던 것인가? 개탄을 금할 수 없네.

48 동욕(同浴)의 죄과(罪科) : 자기도 같은 짓을 하면서 남을 꾸짖는 것을 말한다. 동욕은 함께 목욕하는 것이다. 한유(韓愈)의 〈답장적서(答張籍書)〉에 "함께 목욕하면서 맨몸을 드러냈다고 꾸짖는 것과 같다.〔似同浴而譏裸裎也.〕"라고 한 구절에서 연유하였다.

49 향전(鄕戰) : 조선 후기 향촌 사회에서 고을의 유력한 사람들이 향권(鄕權)을 둘러싸고 벌였던 싸움을 말한다. 지방에 따라 그 전개 양상이 달랐으나, 대체로 유림(儒林)과 향임(鄕任) 간의 대립이 지배적이었고, 특히 향안(鄕案)을 둘러싼 싸움, 향임 자리를 차지하기 위한 싸움 등이 많았는데, 조선 후기 주요 폐단의 하나로 손꼽힌다.

저 사람이 남을 모함하는 데 급급해서, 옛날 박근원(朴謹元)과 송응개(宋應漑), 허봉(許篈)과 유직(柳稷)[50] 들도 감히 말하지 못한 것을 만들어냈으나, 그 마음을 근원해 보면 어찌 참으로 현자(賢者 율곡)를 무함하는 뜻에서 나왔겠는가. 지금 비록 종류를 확충하여 무함이라고 말하여 만약 이로써 저 사람을 성토한다면, 끝내 심히 어긋나서[51] 또한 저 사람의 마음을 굴복시킬 수 없을 듯하네. 부디 이러한 사리(事理)를 가지고 다시 중령에게 말해서 만일 힘을 쓸 수 있으면 저 사람을 만류하기를 기약함이 어떻겠는가? 어떻겠는가?

50 박근원(朴謹元)과……유직(柳稷) : 원문의 '원개봉직(元漑篈稷)'은 박근원, 송응개(宋應漑), 허봉(許篈), 유직을 병칭한 것으로 이 네 사람은 모두 율곡 이이를 배척한 인물들이다. 박근원(1525~1585)은 자가 일초(一初), 호가 망일재(望日齋), 본관은 밀양(密陽)이다. 1552년(명종7) 식년 문과에 급제하고 벼슬이 이조 참판에 이르렀다. 동인(東人)의 중진으로 송응개(宋應漑), 허봉(許篈) 등과 함께 당시 병조 판서였던 이이를 탄핵하다가 강계(江界)에 유배되었는데, 후일 다시 등용되었다. 송응개(1536~1588)는 자가 공부(公溥), 본관이 은진(恩津)으로 1564년(명종19) 식년 문과에 급제하고 벼슬이 대사간에 이르렀다. 동인의 중진으로 이이를 탄핵했다가 회령에 유배되었다. 허봉(1551~1588)은 자가 미숙(美叔), 호가 하곡(荷谷), 본관이 양천(陽川)으로 허균의 형이다. 1572년(선조5) 정시 문과에 급제하고 벼슬이 창원 부사에 이르렀다. 동인의 선봉으로 이이를 탄핵하다가 종성에 유배되었다. 유직(1602~1662)은 자가 정견(廷堅), 호가 백졸암(百拙庵), 본관이 문화(文化)로 1630년(인조8) 진사시에 합격하였으나 벼슬에 나아가지 못하였는데, 1650년(효종1) 이이의 문묘종사(文廟從祀)에 반대하여 소수(疏首)로 영남 유생 800여 명과 함께 상소하였다.

51 어긋나서 : 원문의 '착제(着題)'는 시문의 내용이 제목에 꼭 합치되는 것을 말한다.

사묵에게 답함

答士默

참의(參議) 이상정(李象靖)[52]은 염퇴(恬退 명리에 뜻이 없어서 벼슬을 내놓고 물러남)한 한 가지 일로도 충분히 온 세상 사람들을 고무시키고 권면한 분이네. 그런데 일찍이 그의 문집을 읽어보니, 학문의 절도가 한결같이 퇴계 선생을 따라 돈독하고 신실하여 숭상할 만하고 문장 또한 내용이 풍부하고 두루 빈틈이 없으니, 영남 선비 중에 으뜸이라고 이를 만하네.

그러나 그의 논저(論著)는 자못 새로운 것을 밝혀 드러내는 뜻과 심장(深長)한 맛이 부족하고, 사단칠정설(四端七情說)[53]에 이르러서는 안목이 높지 못하고 마음이 넓지 못하여 요컨대 영남 사람의 상투적인 모습에서 벗어나지 못하였으니, 이것을 가지고 미루어 유추하여 다른 것도 알 수 있네.

또 이 노인은 이현일(李玄逸)의 외예(外裔 외손)가 되는데, 이현일을

52 이상정(李象靖) : 1711~1781. 자는 경문(景文), 호는 대산(大山), 본관은 한산(韓山)이다. 1735년(영조11) 증광 문과에 급제하고 출사하였다가 벼슬을 버리고 은둔하여 오직 학문과 후진 양성에 전념하여 영남 이학파(理學派)의 중추적 인물이 되었다. 정조가 왕위에 오른 뒤 예조 참의에 제수하였으나 부임하지 않았다.

53 사단칠정설(四端七情說) : '사단'은 인(仁), 의(義), 예(禮), 지(智)의 단서가 되는 네 가지 마음인 측은지심(惻隱之心), 수오지심(羞惡之心), 사양지심(辭讓之心), 시비지심(是非之心)을 가리키고, '칠정'은 사람이 가지고 있는 일곱 가지 감정인 희(喜), 노(怒), 애(哀), 낙(樂), 애(愛), 오(惡), 욕(欲)을 말하는데, 사단과 칠정이 어디에서 어떻게 발하느냐에 대한 논설을 이른다.

추존하여 곧바로 퇴계의 적전(嫡傳)이라고 하였네. 이현일이 기사년(己巳年)에 올린 상소문의 한 가지 일[54]을 따지지 않더라도, 인현왕후께서 궁지에 빠지고 비색(否塞)한 때에 민암(閔黯)과 민종도(閔宗道)[55] 등의 무리와 시종 난만하게 어울린 것은 바로 한 비루한 지아비의 행위일 뿐이니 유자(儒者)라고 칭할 수가 없네. 그런데 도리어 그를 퇴계의 적통에 비의(比擬)하고자 하였으니, 이는 사사로운 욕심이 아니라면 바로 식견이 미치지 못한 것이네.

후세에 옛일을 논하는 자들은 마땅히 이것을 분변함이 있을 터인데, 지금 보내준 편지를 보니 옥당(玉堂 홍문관)의 이태순(李泰淳)[56]이 올린 상소에 주자와 퇴계를 차례로 들고 이 노인으로 끝을 맺어서 은연(隱然) 중에 두 현자의 도통에 접하게 하였다고 하니, 이는 이상정이 이현일을 높이는 소견과 똑같은 것이네.

54 기사년(己巳年)에……일 : 기사년은 1689년(숙종15)이다. 이해 이현일은 산림(山林 재야에 있으면서 학덕과 인품으로 한 학파와 정파를 아우르는 우두머리)에게만 제수되는 사업(司業)에 임명되고, 이어 공조 참의에 임명되었다. 이때 인현왕후(仁顯王后) 폐비의 문제점을 지적하고 사직소를 올렸으나 윤허되지 않았고, 6월에 좨주(祭酒), 8월에 대사헌에 올랐는바, 오희상은 이현일이 세상이 어지러울 때에 벼슬에 나아가 빠른 시간에 승진한 것으로 보아 사직소가 진정성이 없었다고 비판한 것이다.

55 민암(閔黯) 민종도(閔宗道) : 모두 남인으로 민암(1636~1693)은 자가 장유(長孺), 호가 차호(叉湖), 본관이 여흥(驪興)이다. 1668년(현종9) 별시 문과에 급제하고 벼슬이 우의정에 이르렀다. 1694년(숙종20) 갑술환국(甲戌換局)으로 제주도로 유배되었다가 사사되었다. 민종도(1633~1693)는 자가 여증(汝曾), 본관이 여흥으로 1662년(현종3) 증광 문과에 급제하고 기사환국 때 중용되어 벼슬이 예조 판서에 이르렀다. 1693년(숙종19)에 사망하였는데 갑술환국 때 관작이 추탈되었다.

56 이태순(李泰淳) : 1759~1840. 자는 내경(來卿), 본관은 진보(眞寶)로 퇴계 이황의 후손이다. 1801년(순조1) 별시 문과에 급제하고 벼슬이 병조 참판에 이르렀다.

영남 시골의 암우(暗愚)함을 굳이 심히 책망할 것이 없으나, 세상이 낮아지고 풍속이 나빠져 성현의 당(堂)과 섬돌[57]이 엄격하지 못하니, 이것이 통탄할 만하네.

57 성현의 당(堂)과 섬돌 : '성현의 당'은 성현의 학문에 대해 심오한 경지에 이른 것을 이르고, '섬돌'은 그 이하의 경지를 이른다. 공자께서 제자 자로(子路)의 학문적 경지를 두고 "당에는 올랐고 아직 방안에는 들어가지 못했다.〔升堂矣, 未入於室也.〕"라고 하였다.《論語 先進》

사묵에게 줌
與士默

금백(錦伯 충청도 관찰사)이 지난번에 정 도사(鄭都事)를 통해 이장(李丈)[58]에게 답하려고 한 글을 보여준 것은, 뜻이 공연한 것이 아니었네. 처음에는 나의 흉중에 쌓인 바를 대략 펴서 나의 뜻을 보이고자 하였네. 그러나 곧바로 다시 생각해보니, 이 일이 있은 뒤로부터 내가 입을 닫고 청정한 마음을 지켜서 시비와 곡직(曲直)을 공론에 맡기고 굴신(屈伸)과 영욕(榮辱)을 한결같이 저 푸른 하늘의 명에 따르기로 이미 마음속에 맹세한 바가 있고, 또 금백이 보내려고 한 편지 가운데의 글귀와 말을 보면 전혀 나의 본심을 헤아리지 못한 곳이 많았네.

그런데 지금 서로 어긋나는 문자를 가지고 서로의 마음을 알아주지 못하는 처지에 부합(符合)하기를 구한다면, 어찌 둥근 구멍에 모난 자루 끝을 넣으려 하는 것처럼 서로 어긋나서[59] 부질없이 시끄럽게 떠드는 자들의 분분한 논쟁(論爭)만 더하지 않겠는가. 그러므로 마침내 침묵하고 그만둔 것이네.

그런데 일전에 그가 상주(喪主 사묵(士默)을 가리킴)에게 다시 답한 글을 보니, 수백 수천 자의 글자가 편지에 가득 차 넘쳐났는데 자기의

58 이장(李丈) : 화천(華泉) 이채(李采)를 가리킨다. 자세한 내용은 307쪽 주30 참조.
59 둥근……어긋나서 : 원문의 '장예취착(將枘就鑿)'은 서로 어긋나 용납되지 않음의 비유로, 전국 시대 초(楚)나라 송옥(宋玉)이 지은 〈구변(九辯)〉의 "둥글게 깎인 구멍에 모난 자루 끝을 끼우려 함이여, 서로 어긋나 들어가기 어려움을 참으로 알겠네.〔圓鑿而方枘兮, 吾固知其鉏鋙而難入.〕"라는 구절을 원용한 것이다.

정성을 다 피력하여 거의 미진한 점이 없고, 또 나의 말의 병통을 가리켜 보여 준 것과 나의 후일을 염려한 것이 정녕하고 간곡할 뿐만이 아니며, 말미에 또 나에게 한 마디의 답장을 요구함이 지극히 정성스럽고 간절하였으니, 두세 번 편지를 펴봄에 나도 모르게 감탄하였네. 이러한데도 무관심하게 답장이 없으면, 느낌이 있으면 반드시 응함이 있다는 도리가 있다고 말할 수 있겠는가.

그러나 금백은 귀한 신분이므로 내가 곧바로 편지로써 직접 통할 수가 없기에 이에 별지에 자네에게 나의 말을 피력하니, 이를 옮겨 그에게 보여 줄 수 있을 것이네. 금백의 전후 편지 내용을 자세히 살펴보면, 모두 나의 편지 가운데 '질(質)이 사라지고 거짓이 불어난다.〔質亡僞滋〕'는 두 구(句)의 말을 가지고 하나의 큰 풀리지 않는 의심으로 삼았으니, 내가 한번 이에 대해 말해보겠네.

율곡 어른을 이자(李子)로 칭하자는 의논이 처음 나왔을 때에 내가 삼가 사우(士友)들에게 들어보니, 굳이 이자(李子)로 칭할 필요가 없다는 의논이 대부분이었는데, 모두 사체(事體)의 한 쪽에 중점을 두어서 말하였네. 나 또한 일찍이 여러 사람과 의논이 같지 않음이 없었으나, 다만 그 사이에 근본을 돈독히 하고 실제를 힘쓰는 것을 보려는 뜻이 비교적 깊었을 뿐이네. 이 때문에 편지에 간곡한 뜻을 지극히 말하느라 절제할 줄을 몰랐네.

이른바 '질이 사라지고 거짓이 불어난다.'는 것은 바로 시대의 폐해를 총괄하여 말한 것에 불과하네. 이는 오로지 한 가지 일을 가리키거나 오로지 한 사람을 배척하는 것이 아니요, 나의 뜻은 이처럼 질이 사라지고 거짓이 불어나는 때에 또 더욱 문식하는 일을 해서 편벽됨을 바로잡고 폐단을 보완할 방법을 생각하지 않아서는 안 된다는 것일 뿐이었네. 어찌 일찍이 이자(李子)라는 칭호와 이를 주장하는 사람을 꾸짖어 배척하는 뜻이 있었겠는가.

그런데 지금 이르기를 "남을 꾸짖어 배척하는데 치우쳤다."라고 하니, 두렵고 놀라 등에 땀이 나서 이렇게 말한 까닭을 살필 수가 없네. 무릇 남의 문자(文字)를 볼 때에는 두루 공평하게 보고 활간(活看)[60]하지 않으면 안 되네. 또 《맹자》에 이른바 '보는 자의 뜻을 가지고 작자의 뜻에 맞추는〔以意逆志〕' 방법을 써야 비로소 남의 말을 다 알아서 그 본의를 잃지 않을 수 있으니, 남을 위협하고 속박하여 그 형체를 손상해서는 안 되네.

금백이 어찌 이것을 몰랐겠는가마는, 다만 마음을 비우지 못해 선입견을 그 사이에 두고 자기 뜻으로 남의 뜻을 맞추지 못하여 마침내 도리어 작자의 뜻을 가지고 자신의 뜻에 맞추었으니, 이 때문에 수많은 막힘과 장애가 있는 것이네.

가령 나의 글이 뜻을 다 전달하지 못하고 어폐가 있다고 하더라도, 굳이 이렇게 각박한 수단을 사용해서 말 밖에서 깊이 파고 지엽적인 것을 가혹하게 논해서, 이처럼 심하게 사람을 운신하지 못하게 할 필요는 없는 것이네. 여기에서 금백은 작으나마 박(薄)함에 잘못됨을 면치 못했네.

금백의 편지에 이르기를 "미문(彌文 문식을 더욱 가하는 일)은 참으로 배척할 만하나, 어진 이를 높이는 문장을 완전히 금해서는 안 된다."고 하였으나, 구구한 나의 소견은 이와 다르네. 다른 일에 있어 미문은

60 활간(活看) : 글을 볼 적에 문구에 얽매이지 않고 융통성 있게 전체의 뜻을 보아 그 본의를 파악하는 것을 말한다.

그래도 할 수 있는 것이지만, 어진 이를 높임에 있어 미문을 하여서는 안 되네. 왜냐하면 어진 이를 높이는 것은 도가 보존된 것으로 지극한 이치가 담겨져 있으니, 또 어찌 오로지 문식으로 종사할 수 있겠는가.

공자께서 선진(先進)을 따르겠다는 뜻[61]이야말로 바로 마땅히 오늘날의 의논에 있어 생각하고 헤아려야 할 점이네. 더구나 우리 도(道)가 세상 사이에 붙어 있는 것은 미미한 양(陽)이 땅속에 있는 것과 같을 뿐이 아니니, 또 어찌 그 사이에 작위(作爲)를 행하고 조장해서 도리어 우리 도를 훼상시킬 수 있겠는가.

또 자(子)라는 칭호는 다만 사람이 어떻게 보느냐에 달려 있을 뿐이니, 만약 제자들이 자기 스승을 높이는 예(例)로 칭한다고 하면, 도덕(道德)과 사공(事功)이 비록 율곡 어른에 미치지 못하는 인물이라도 자신이 좋아하는 바에 영합하여 자(子)라는 칭호를 가하는 것을 굳이 배척할 것이 못되는데, 하물며 율곡 어른에 있어서이겠는가.

그러나 만약 이것이 성현(聖賢)에게 올리는 특별한 칭호라고 한다면 반드시 격에 맞는 사람을 기다려 칭해야 할 것이니, 송(宋)나라의 사현(四賢)[62]이 주자(朱子)를 기다린 뒤에 비로소 진선(盡善)하고 진미(盡美)해졌다고 말할 수 있는 것과 같네.

61 공자께서……뜻 : '선진(先進)'은 선배를 이른다. 이 내용은 《논어》 〈선진(先進)〉에 공자께서 "지금 사람들이 이르기를 선배들이 예악에 대하여 한 것은 야인(野人 촌스러운 사람)이고, 후배들이 예악에 대하여 한 것은 군자라고 한다. 내가 만일 예악을 쓴다면 나는 선배들을 따르겠다."라고 한 말을 원용하였다.

62 송(宋)나라의 사현(四賢) : 성리학의 기초를 마련한 염계(濂溪) 주돈이(周敦頤), 횡거(橫渠) 장재(張載), 명도(明道) 정호(程顥), 이천(伊川) 정이(程頤)를 칭하는 말이다.

성인의 칭호를 오랑캐인 원(元)나라 시대에 더 높인 것[63]으로 말하면, 이것은 바로 성문(聖門)의 재앙이니 군이 여기에 끌어다가 논할 것이 못되네. 명나라 가정(嘉靖) 연간에 지성선사(至聖先師)라고 개칭(改稱)하였는데, 중봉(重峰)의 〈동환봉사(東還封事)〉[64]에 이 일을 극구 칭찬하고 천고의 잘못을 깨끗이 씻었다고 말하였네. 그 뒤에 월사(月沙)[65]가 예관(禮官)이 되자 또한 명나라의 제도를 그대로 따라 개칭할 것을 청하였으나, 그 말씀이 끝내 시행되지 못하여 지금까지 누추한 옛 칭호를 따르고 있으니, 식자의 한탄이 오래되었네. 이와 같은데도

63 성인의……것 : 공자의 칭호는 당나라 현종 때 공자를 왕으로 추봉하여 '문선왕'(文宣王)'의 시호를 내렸고, 송나라 진종 때 지성(至聖)을 추가하여 '지성문선왕(至聖文宣王)'으로 높였으며, 원나라 무종(武宗) 때에 '대성지성문선왕'(大成至聖文宣王)'으로 더 높였으므로 이렇게 말한 것이다. 공자의 칭호는 명나라 세종(世宗) 때 다시 '지성선사(至聖先師)'로 바뀌었다.

64 중봉(重峰)의 동환봉사(東還封事) : 중봉은 조헌(趙憲, 1544~1592)의 호이다. 자는 여식(汝式), 본관은 배천(白川), 시호는 문열(文烈)이며 율곡 이이와 우계 성혼의 문인이다. 1567년(명종22) 식년 문과에 급제하고 벼슬이 종묘서 령(宗廟署令)에 이르렀다. 보은 현감(報恩縣監) 시절 자신의 상소가 받아들여지지 않자 사직하였다. 1592년(선조25) 임진왜란이 일어나자 옥천(沃川)에서 의병을 모아 청주(淸州)에서 왜적을 격파하고, 이어 금산(錦山)의 전투에서 의병 7백여 명과 함께 전사하였다. 〈동환봉사〉는 조헌이 1574년(선조7) 성절사(聖節使) 박희립(朴希立)의 질정관(質正官)으로 명나라에 다녀온 뒤에 왕에게 올린 상소문인데, 중국의 문물과 제도 중에 따를 만한 것을 조목별로 정리한 것이다. 1622년(광해군14)에 안방준(安邦俊)이 이 상소를 정리하여 '동환봉사'라는 제목을 붙였고 1626년(인조4)에 순천(順天) 송광사(松廣寺)에서 목판으로 간행하였다.

65 월사(月沙) : 이정귀(李廷龜, 1564~1635)의 호이다. 자는 성징(聖徵), 본관은 연안(延安)이다. 1590년(선조23) 증광 문과에 급제하고 벼슬이 좌의정에 이르렀다. 예학(禮學)과 문장에 뛰어났다.

금백은 말하기를 "명나라가 원나라의 칭호를 인습하고 있고, 우리나라도 이를 따랐는데 비난이 없다."고 하였으니, 이는 아마도 이것을 상고하지 못한 듯하네.

금백의 편지에 또 말하기를 "나로서는 바로 '사람들의 뜻에 만족스럽지 못하다.〔不滿人意〕'와 '후세에 끝없는 병폐를 연다.〔啓後弊於無窮〕'라는 두 구절을 가장 의심하지 않을 수 없다."라고 하였네. '사람들의 뜻에 만족스럽지 못하다.'라는 구절에 대해서는 아마도 이 구절이 자(子)라는 칭호를 지척(指斥)하는 것으로 여겨서 이렇게 말한 듯하네. 그러나 그 위아래의 문맥을 보면 자연히 귀착(歸着)되는 곳이 있으니, 이는 그 사람이 여러 의논 가운데에 자신의 견해를 고집스럽게 세워 스스로 주장함이 너무 과해서 사람들의 뜻에 만족스럽지 못함이 된다고 말한 것이네.

그리고 또 '후세에 끝없는 병폐를 연다.'는 구절에 어찌 다른 뜻이 있겠는가. 다만 "이미 실지(實地)에 보탬이 되지 않으니, 그렇다면 어찌 후일에 생길 병폐가 없겠는가."라고 말한 것일 뿐이네. 이것은 바로 집안 사이에 오고가는 편지에 자기 마음을 편하게 다 털어놓고 말한 것이네. 이 편지가 사방에 유포되고 돌아다녀서 그가 지적하는 말에 이용될 줄은 생각지도 못하였네.

해서(海西) 유생들의 일에 이르러서는, 비단 금백이 배척했을 뿐만 아니라 나 또한 이를 배척하네. 그러나 이것은 향전(鄕戰)의 남은 풍습으로 이 일에 부회하여 자기들끼리 간계(姦計)로 서로 모함하고자 하는 마음을 부리고자 한 것이니, 해주 판관(海州判官) 한 사람이 향전으로 다스려서 금하면 충분할 터인데, 어찌 대번에 눈을 부릅뜨고 소리를 질러 말소리와 얼굴빛을 지나치게 소비하여 사람들로 하여금 우리들의 수양(修養)의 깊고 얕음을 엿보게 한단 말인가.

금백의 편지에 또 말하기를 "이에 돌을 던져 쥐를 잡고자 하나 그릇이 깨질까 꺼린다는 고인(古人)의 비유가 있는 것이다."라고 하였는데, 이 말이 비록 사정에는 절실하나, 끝내 계교(計較 계산하여 서로 비교함)에 관계가 되니, 동자(董子)의 '의리를 바루고 도를 밝힌다'는 의논[66]과는 똑같이 말할 수 없네.

대체로 모든 일에는 시비와 득실이 있으니, 먼저 그 일에 나아가서 또렷하고 분명하게 시비를 판결하여야 하네. 만약 혹시라도 후일(後日)의 승패와 이해를 참작하려고 하면 사람의 눈이 어두워지기가 쉬우니, 그 시비의 진실에 대해 미혹되지 않을 자가 드무네.

지금 인의(仁義)는 아름다운 명칭이나 오패(五霸)가 이것을 빌려 사용했고, 《주관(周官)》은 훌륭한 제도였으나 왕개보(王介甫)가 이를 빌렸는데,[67] 인의(仁義)를 훼상할까 염려해서 오패를 내치지 못하고 주관을 훼상할까 염려해서 왕개보를 배척하지 못한다는 말은 듣지 못했네. 만일 도를 밝히는 책임을 맡은 자가 있으면, 비단 훼상할까 염려하는 것을 생각하지 않을 뿐 아니라 장차 오패를 내칠수록 인의가 더욱

66 동자(董子)의……의논 : 동자는 전한 초기의 대학자인 동중서(董仲舒, 기원전 197~기원전 104)를 경칭(敬稱)한 것이다. 동중서의 말은 《한서(漢書)》 권56 〈동중서전(董仲舒傳)〉에 "인자는 의를 바르게 하고 그 이익을 도모하지 않으며, 도를 밝히고 그 공을 계산하지 않는다.〔夫仁人者, 正其誼, 不謀其利; 明其道, 不計其功.〕" 라고 보인다.

67 주관(周官)은……빌렸는데 : 《주관》은 주나라의 제도를 기록한 《주례(周禮)》를 이르고, 왕개보는 송나라 신종(神宗) 때 신법(新法)을 만들어 개혁정치를 편 왕안석(王安石, 1021~1086)으로 개보는 그의 자이다. 왕안석의 신법은 그 근본이 대개 주나라 제도에 있었기 때문에 이렇게 말한 것이다.

순수해지고 왕개보를 배척할수록 《주관》이 더욱 높아지는 것을 공(功)으로 여기는 자가 있을 것이네.

아! 율곡 어른은 만세(萬世)의 스승이니, 만일 우리 도(道)가 종식되지 않는다면, 후세에서 마땅히 세대가 멀어질수록 율곡을 더욱 높일 것이네. 어찌 허봉(許篈)과 송응개(宋應漑), 유직(柳稷)과 채진후(蔡振後)[68] 등이 남긴 추악한 의논이 바르지 못한 기운[69]이 되어 이 어른의 명성을 더럽힐 수 있겠는가. 이는 금백이 지나치게 염려한 것인 듯하네.

그러나 설령 이런 우려가 있다고 하더라도, 율곡 선생의 책을 취하여 성실하게 이해하여 연구하고 밝히는 것이 가장 좋은 방도이니, 이렇게 하면 자연 상도(常道)가 바르게 되어 서민(庶民)이 흥기할 것이네.[70] 만약 자(子)나 호(號)의 칭호로써 편벽된 말을 막고 부정한 학설을 그치게 하는 방법으로 삼고자 한다면, 이는 지엽적인 일이 될까 염려스

68 허봉(許篈)과……채진후(蔡振後) : 허봉, 송응개(宋應漑), 유직(柳稷)은 320쪽 주50 참조. 채진후(1602~1654)는 자가 계창(季昌), 본관이 평강(平康)이다. 1633년(인조11) 증광 생원시에 합격하고 성균관(成均館)에서 수학하던 중 송시형(宋時瑩) 등이 율곡의 문묘(文廟) 배향을 건의하자 유생들과 함께 상소를 올려 반대하였다. 채진후는 성균관에서 퇴교를 당하고, 더 이상 과거에 응시하지 못하는 처분을 받았다.

69 바르지 못한 기운 : 원문의 '체동(螮蝀)'은 무지개를 이른다. 무지개는 음양의 기운이 부적절하게 어울린 것이므로 천지의 음기(淫氣)를 가리킨다. 음분(淫奔)한 풍조를 풍자한 시(詩)인 《시경》 〈체동(蝃蝀)〉의 "무지개가 동쪽에 있으니, 감히 가리킬 수 없도다.〔蝃蝀在東, 莫之敢指.〕"라는 구절에서 유래하였다.

70 상도(常道)가……것이네 : 이 내용은 《맹자》 〈진심 하(盡心下)〉의 "떳떳한 도가 바루어지면 서민이 선(善)에 흥기하고 서민이 흥기하면 사특함이 없어질 것이다.〔經正, 則庶民興, 庶民興, 斯無邪慝矣〕"라는 구절을 원용하였다.

럽네.

금백의 편지에 '감히 바라지 못한다.〔不敢望〕'는 구절부터 '조금이나마 바로잡을 수 있다.〔捄得一半分〕'까지 거의 10여 구절을 보면, 금백이 나의 그릇됨과 어리석음을 민망하게 여긴 나머지, 나로 하여금 반성하여 깨달아 제때에 잘못을 고쳐 후일의 무궁한 우환을 면하게 하려는 것임을 알 수 있네. 이는 바로 군자가 덕으로 사람을 사랑하는 뜻이니, 어찌 감사함을 모르겠는가. 그러나 끝내 내 마음속에 석연치 못한 점이 있으니, 이로 인하여 다시 질정해서 끝까지 가르침을 받고자 하는데, 가능하겠는가?

아! 우리 동방의 제현(諸賢)들에게는 모두 아버지와 스승의 의리가 있으니, 그 사이에 부형(父兄)의 연배를 비교하는 것처럼 망령되이 우열을 평가하는 것은 진실로 만만 온당치 못하다는 것을 모르지 않네.

그러나 옛사람이 이른바 '예(禮)를 보면 그 나라의 정사를 알 수 있고, 음악을 들으면 그 군주의 덕을 알 수 있다.〔見其禮而知其政, 聞其樂而知其德.〕'는 것[71]은 진실로 속일 수 없는 점이 있네. 우리 동방에 자(子)라고 칭할 분이 없다면 그만이지만, 만일 있다면 진실로 율곡 어른보다 앞설 분이 있지 않네. 이것은 바로 사람의 소견이 대체로 같은 것이니, 어찌 이에 대해 이의를 제기할 것이 있겠는가.

그동안 보잘것없는 이 몸이 자(子)에 대한 의논에 있어 정중하고 신중히 하고자 했던 것은, 한편으로는 근본과 실제를 돈독히 하려는 것이고, 또 한편으로는 사체(事體)를 중하게 하려는 것이었네. 다만

71 옛사람이……것 : 옛사람은 자공(子貢)을 이른다. 이 내용은《맹자》〈공손추 상(公孫丑上)〉에 그대로 보인다.

나는 도리만 말했을 뿐이고, 또 감히 스스로의 소견을 자신하여 남이 이를 따르도록 고집하거나 기필하지 않았네. 어찌 일호(一毫)라도 꾸짖어 금하려는 뜻이 있었겠는가.

그런데 금백은 나에 대해 끝내 한 꺼풀의 막힘이 있기 때문에 말마다 가로막고 글귀마다 의심하니, 이 때문에 나에게 '가(呵)'라고 말하고 '척(斥)'이라고 말하고 '금(禁)'이라고 말하면서 그 번거로움을 꺼리지 않은 것이네.

금백이 나에 대해 악의가 없음을 참으로 알고 있고, 금백의 실정과 다른 허다한 말씀이 비록 견문(見聞)과 사려(思慮)에 얽매여 그런 것임을 알지만, 필경(畢竟) '꾸짖어 배척하다.〔呵斥〕'는 말이 바뀌어 '폄하여 배척하다.〔貶斥〕'가 되고 '폄하여 배척하다.'가 바뀌어 '추하게 무함하다.〔醜誣〕'가 되었으니, 이는 또 그 형세가 반드시 이르는 것으로 괴이할 것이 없네.

이는 실로 내가 말하고 침묵함에 있어 잘못한 것이고 스스로 부른 재앙이니, 어찌 남을 허물하겠는가. 그러나 지금 사달이 점점 심해져서 그칠 기약이 없으니, 끝내 황하의 물이 터지고 물고기가 문드러지듯 수습할 수 없는 지경에 이를까 염려스럽네. 이렇게 되면 비록 지혜로운 자가 있더라도 뒤를 잘 마무리할 수 없을 것이네.

금백이 나로 하여금 예전의 소견(所見)을 고치게 하려 하지는 않았으나, 내 편지 가운데 아무 아무 구절들을 끄집어내어 이를 감정의 격발(激發)에서 나온 것으로 돌려 모두 정리하기를 바란 것은 또한 고심(苦心)에서 나온 것임을 아네. 그렇지만 이 구절들은 완전히 일시적인 감정의 격발에서 나온 것이 아니네.

또 일찍이 들으니, 천하에는 오직 옳고 그른 두 길만이 있어서 이것이 옳으면 저것이 그르고 저것이 옳으면 이것이 그르니, 중간에 편안히 차지할 수 있는 편하고 좋은 길은 있지 않다고 하였네. 설령 내가 한결같이 금백의 말을 따라 하더라도, 이것은 직절(直截)한 도리가 아니라 고식적이고 구차한 대처일 뿐이니, 고식적이고 구차한데도 능히 믿고 우러를 만한 효험이 있다는 말을 내 듣지 못하였네.

내 일찍이 가정에서 가르침을 받들었는데, "스스로 자신의 몸에 돌이켜 반성하면 이치가 더욱 밝아지고, 남의 선을 따르면 덕이 모여질 수 있다. 배우고서 이러한 본령(本領)이 없으면, 다만 사사로운 뜻을 따르게 될 뿐이다."라고 하였네. 돌아보건대 불초한 내가 이 말씀을 마음으로 체득하고 힘써 행해서 실지로 내 몸에 소유하지는 못했으나, 노년에 힘쓰고 따르고자 하는 바는 오직 이것뿐이었네.

금백이 한번 내가 최초에 쓴 편지를 다시 가져다 보되, 선입견이 없는 공평한 마음을 가지고 기운을 평이하게 하여 내가 의논을 세운 근본적인 뜻을 서서히 연구하고, 나아가 옳고 그름의 극치를 분명하게 보여 주어서 나로 하여금 나아가고 버릴 바를 환히 알게 해 준다면, 내 무엇을 꺼려 예전의 견해를 완전히 뒤집지 못하고 이를 차단하고 도피하여 숨겨서 자신을 속이고 남을 속이겠는가.

아! 이렇게 하는 것은 스스로 나 자신이 옳다고 말하려는 것이 아니네. 사물의 이치를 고요히 관찰해보니, 2년 사이에 이 일이 여러 번의 변환을 거쳤는데 금백의 편지가 실로 마지막이 되니, 아마도 이는 운수(運數)가 이렇게 시킨 듯하네. 향후에 궁극적으로 결과가 좋으냐의 여부는 오직 금백이 분란을 어떻게 해결하느냐에 달려 있네. 금백이 만일 나의 이 말에 대해 분명하게 부합(符合)할 마음이 있으면 거의 화순(和順)하고 태평한 복을 함께 누릴 수 있겠지만, 혹시라도 그렇지 않으면 일이 무너지고 잘못되는 책임이 장차 어디로 돌아갈지 알 수 없네.

생각이 이에 미치면 들보를 우러러 탄식하게 되네. 속내에 있는 말을 다하고자 해서 나도 모르게 지묵(紙墨)을 많이 소비하였는데, 돌아보건대 나의 진실한 뜻은 처음부터 항상 여기에 있었네.

편지 말미에 서아(徐雅)[72]의 일을 말했는데, 내가 정 도사(鄭都事)와 말을 주고받았다고 하니, 비록 상세한 내용을 기억하지는 못하나, 짐작하건대 내가 필시 이런 말을 했기 때문에 정 도사가 그에게 전했을 것이네. 내가 막 남의 의혹 속에 떨어져 있으면서 도리어 남의 잘못을 탓하며 그 잘못을 본받았다면, 이는 참으로 부끄러울 만한 일이네.

서아는 바로 미호(渼湖 김원행(金元行))의 택상(宅相)[73]이니, 나와 똑같이 농암(農巖)의 외예(外裔 외손)가 되네. 서아는 지취(志趣)가 있는 아름다운 선비라고 사람들이 말하므로, 마음으로 항상 그를 사랑하고 좋아해서 한 번 만나보고 싶은 소원이 있었으니, 어찌 유전(流傳)하는 말 때문에 개의할 것이 있겠는가.

대저 율곡의 말씀을 말하고 율곡의 행실을 행하고 율곡의 도를 따르

72 서아(徐雅) : 서경순(徐敬淳, 1802～?)으로 보이나 분명하지 않다. 아(雅)는 경칭이다. 서경순은 자가 공화(公華), 본관이 대구(大邱)이다. 1835년(헌종1) 증광 진사시에 합격하고 벼슬이 양양 부사(襄陽府使)에 이르렀다. 본집 권13에 노주가 서경순에게 보낸 편지가 실려 있다.

73 택상(宅相) : 원래 집터의 풍수지리 형상을 가리키는 말인데, 훌륭한 외손(外孫)이란 의미로도 쓰인다. 진(晉)나라 위서(魏舒)가 어려서 고아가 된 탓에 외가인 영씨(甯氏) 집에서 자랐는데, 영씨가 집을 새로 지을 적에 풍수를 보는 자가 "귀한 외손이 나올 것이다."라고 하였고, 이에 위서가 "응당 외가를 위해서 택상대로 되겠다."라고 하더니, 후일 상서랑(尙書郞)이 되었다는 고사에서 유래하였다. 《晉書 卷41 魏舒列傳》

면, 이것이 바로 율곡을 높이는 질박하고 진실한 도리이네.

자(子)로 칭하고 호(號)로 칭하는 것은 율곡 어른을 더 높이거나 낮출 것이 없을 뿐만 아니니, 이미 스스로 밝은 덕을 밝히는 분수에 어찌 털끝만한 도움이 있을 수 있겠는가. 비록 일이 목전에 이르면 분수에 따라 응하지 않을 수 없으나, 이에 응하고 난 뒤에 곧 마음속에서 잊고 경전(經傳)의 의리로 돌아가서 침잠(沈潛)하면 심지(心地)가 평안하고 기상(氣像)이 너그럽고 화평해질 것인데, 어찌 가타부타 옳다 그르다 다투면서 해를 넘기도록 그칠 줄을 모른단 말인가.

정자(程子)께서 "비록 좋은 일을 하고자 해도 사물에 의해 변화되어 버린다."라고 말씀하신 것을 참으로 생각할 만하네. 이것은 비단 서아를 위해서 말한 것일 뿐이 아니고, 바로 우리들이 마땅히 서로 권면해야 할 바이네.

사묵에게 답함

答士默

편지에 "의서(醫書)에서 말하기를 안질(眼疾)을 치료하는 방법 중에 마음을 편안히 갖는 것이 상책이라고 하였습니다."라고 말한 것은, 참으로 바꿀 수 없는 지극히 옳은 의논이네. 그러나 마음은 살아있는 생물이어서 이리저리 움직이며 떠돌아다니니 공연히 편안해지지는 않네. 지금 "때로 《시경》을 외면서 마음을 붙여 병을 잊으려 합니다."라고 하였는데, 이 말은 중요한 도리를 얻었다고 이를 만하니, 매우 좋고 매우 좋네.

대체로 책에는 보고〔看〕, 읽고〔讀〕, 외고〔誦〕, 생각하는〔念〕 네 가지 효용(效用)이 있으니, '책을 본다'는 것은 마음과 눈이 서로 도모하는 것이요, '책을 읽는다'는 것은 마음과 입과 눈이 서로 도모하는 것이요, '책을 외운다'는 것은 마음과 입이 서로 도모하는 것이요, '책을 생각한다'는 것은 오직 마음으로써만 도모할 뿐이네.

시각(視覺)의 기능에 있어 만일 밝게 보기를 구하기 어렵다면 스스로 입정(入定)[74]을 활계(活計)로 삼아야 하네. 젊은 시절에 배워 익힌 경전(經傳)의 문자를 취하여 외고〔誦〕, 생각하는〔念〕 두 가지 방법으로 돌아가면서 과정으로 삼되, 옆에 있는 사람으로 하여금 배송(背誦)하는 것을 듣게 해서, 만일 기억이 나지 않는 부분이 있으면 그때마다 곧바로 깨우쳐 주게 하여야 하네. 처음에는 비록 어렵고 순탄하지 않을

74 입정(入定) : 불교 용어로, 수행을 위하여 선정(禪定)에 드는 것을 이른다.

것이나, 오래해서 익숙해지면 거의 마음에 깊이 이해하고 더 높은 경지로 나아가서 저절로 즐거운 곳이 있음을 보게 되어, 적게는 성정(性情)을 편안히 기를 수 있고 크게는 몸을 편안히 하고 명(命)을 바르게 확립할 수 있을 것이네.

살펴보건대 금일의 세계는 결코 명철(明哲)한 사람이 몸을 맡길 만한 세상이 아니니, 하늘의 뜻이 이 안질로 그대를 옥성(玉成)[75]하려는 것이 아님을 어찌 알겠는가. 번성함과 쇠퇴함〔榮悴〕, 고통과 즐거움〔苦樂〕, 사라짐과 자라남〔消長〕, 이루어짐과 망가짐〔成毁〕이 본래 그렇게 하려 하지 않아도 그렇게 됨이 있고, 또 길(吉)과 흉(凶)이 서로 기대고 잠복하고 있으니,[76] 달관(達觀)의 경지에 이르면 우리의 기쁨과 슬픔은 그 사이에 둘 것이 못 되네.

주자께서 일찍 시력을 잃지 않았던 것을 한탄하신 적이 있으셨으니,[77] 이 또한 까닭이 있어 이렇게 말씀하신 것이네.

75 옥성(玉成) : 하늘이 사람에게 시련을 주어 단련시켜 그의 인격을 바람직하게 성취되도록 돕는 것을 말한다. 송(宋)나라 장재(張載)의 〈서명(西銘)〉에 "그대를 빈궁하게 하고 시름에 잠기게 하는 것은, 장차 그대를 옥으로 만들어 주려 함이다.〔貧賤憂戚, 庸玉汝於成也.〕"라는 구절에서 유래하였다.

76 길(吉)과……있으니 : 세상일이 화가 변해 복이 되고 복이 변해 화가 된다는 의미이다. 자세한 내용은 318쪽 주47 참조.

77 주자께서……있으셨으니 : 이 내용은 주자가 반숙도(潘叔度)에게 답한 편지에, "나의 노쇠한 병이 금년 들어 다행히 그리 심한 지경에는 이르지 않았지만, 정력이 더욱 쇠퇴하고 시력이 극도로 나빠져서 글을 볼 수가 없습니다. 이에 눈을 감고 고요히 앉아 있는데 오히려 방심을 수습할 수 있어 지난날 바깥으로 향해 내달려가던 마음이 적지 않았음을 깨달았으니, 일찍 시력을 잃지 않았던 것이 자못 한스럽습니다.〔熹衰病今歲, 幸不至劇, 但精力益衰, 目力全短, 看文字不得. 瞑目閒坐, 覺得收拾放心, 覺得日

그러나 여기에는 본래 마땅히 해야 할 일이 많이 있어 한가롭고 조용히 한 해를 마칠 수 있으니, 한결같이 기가 꺾여 풀이 죽고 지기(志氣)를 잃으면서 하늘이 주신 참된 본성을 손상시켜 하루의 삶의 즐거움을 훼상시킴을 어찌 용납하겠는가.

前 外面走作不少, 頗恨盲廢之不早也.〕"라고 보인다. 《朱子大全 卷46》

사묵에게 답함

答士默

어제 내가 곧바로 돌아왔던 것은, 그대로 하여금 나의 안색(顏色)에 드러나는 것을 보고 정신을 차려 깨닫는 바가 있게 하고자 해서였는데, 지금 편지를 받아 보니 깊이 스스로 후회하고 반성하여 편지의 뜻이 간절하니, 멀리 가지 않고 돌아왔다[78]고 이를 만하네.

맹자가 말씀하기를 "사람은 항상 잘못을 저지른 뒤에야 고칠 줄을 안다." 하셨으니, 만일 잘못을 고칠 줄 알고 두 번 다시 하지 않는다면, 자신을 반성함이 더욱 치밀해지고 덕을 간직함이 더욱 견고해져서 허물이 없는 것보다 도리어 낫게 되네.

다만 우리들의 평소의 언행이, 순탄한 환경에서는 분명한 죄과는 면할 수 있을 듯하다가 순탄하지 못한 역경을 만나게 되면 잘못된 대응이 없지 못하네. 또 대응하고 나면 번번이 참회를 하나 또 이를 지켜 유지하지 못하여 다시 잘못을 저지르니, 이 증후는 바로 그대와 내가 동일하게 갖고 있는 것이네. 이는 다름이 아니라 끝내 함양(涵養)의 한 가지 공부가 부족해서 외물에 따라 마음이 유동해서 접촉하는 곳마다 허물이 됨을 면치 못하는 것이네.

모름지기 지금부터는 근본이 되는 마음자리를 더욱 두텁게 가꿔서,

78 멀리……돌아왔다 : 잘못을 깨닫고 곧바로 바른길로 돌아왔다는 의미이다. 《주역》 〈복괘(復卦) 초구(初九)〉 효사(爻辭)에 "멀리 가지 않고 돌아오는지라 뉘우침에 이르지 않으니, 크게 선하여 길하다.〔不遠復, 无祗悔, 元吉.〕"라고 보인다.

일을 행할 적에 마음에 곤궁하고 생각에 걸리며 방해받고 어지럽힘을 당할 때마다 하나하나 순응해야 하네. 요컨대 마음을 주인으로 삼고 일을 손님으로 삼아서, 반드시 이(理)로써 스스로 이기고 기(氣)에 빼앗기는 바가 되지 않게 하여야 하니, 이렇게 하면 거의 허물이 적을 것이네.

나 자신도 미처 행하지 못하는 말이지만, 애오라지 그대에게 이를 외워 서로 함께 백척간두(百尺竿頭)에서 한 걸음 더 나아가기를 권면하고자 하네.

사묵에게 줌
與士默

이번 세자 저하의 관례(冠禮)에 처음 방에서 나올 때의 복색(服色)[79]에 대해 주상 전하께서 예관(禮官)을 보내시어 하문하셨는데, 참람해서 감히 우러러 대답을 올리지 못하였네. 그런데 추후에 들으니, 예조에서 공정책(空頂幘)에 단령(團領)[80]을 입기로 정했다고 하네. 어리석은 나의 견해로 헤아려 보건대, 이것이 무엇을 근거로 정한 것인지 알 수가 없네.

《주자가례(朱子家禮)》에는 쌍 상투와 사규삼(四䙆衫)[81]을 처음 방을 나올 때의 복색으로 삼았는데, 이는 실로 《의례》 〈사관례(士冠禮)〉

79 세자……복색(服色) : '관례(冠禮)'는 남자가 성년에 이르면 어른이 된다는 의미로 상투를 틀고 갓을 쓰며 이름과 자를 짓는 예식을 이른다. 관례 때에 삼가례(三加禮)라고 하여 세 번에 걸쳐 복색과 관(冠)을 갈아입는데, 시가례(始加禮) 때에는 심의(深衣)를 입고 치포관(緇布冠)을 쓰며, 재가례(再加禮) 때에는 조삼(皁衫 검정색 옷)을 입고 피변(皮弁)을 쓰며, 삼가례(三加禮) 때에는 난삼(襴衫)을 입고 작변(爵弁)을 쓰는바, '처음 방에서 나올 때의 복색'이란 시가례 이전에 입는 복색을 이른다.

80 공정책(空頂幘)에 단령(團領) : 공정책은 윗부분에 덮개가 없는 모자이고, 단령은 둥근 깃 또는 깃을 둥글게 만든 공복(公服)을 말한다.

81 사규삼(四䙆衫) : 동자들이 입는 평상복인 듯한데, 옷의 모양은 미상이다. 구준(丘濬)의 《가례의절(家禮儀節)》에 "사계삼의 모양이 어떠한지는 알 수가 없다. 《옥편(玉篇)》과 《광운(廣韻)》 등의 책을 상고해 보아도 규(䙆) 자가 나오지 않는다.' 하였다. '규(䙆)' 자의 발음은 지석영(池錫英)의 《자전석요(字典釋要)》에 '규(䙆)'를 '뒤터진 창옷 규'라고 하였는바, 이를 따른다.

의 '채의(采衣)를 입고 상투를 올린다.'는 글에 근본한 것으로, -주(注)에 채의(采衣)는 아직 관례하지 않은 자가 입는 것이라고 하였다- 장차 머리에 관을 쓸 예정이므로 먼저 동자(董子)의 복색으로 종사하는 것이네.

왕조(王朝)의 예(禮)는 감히 알지 못하겠으나, 사(士)의 예를 준거하여 쓴다면 또한 마땅히 이 제도를 따라야 거의 예(禮)의 뜻을 잃지 않을 것이네.

공정책은 그 제도가 어느 책에 보이는지 알 수 없으나, 연전(年前)에 내가 서연(書筵)에서 세자 저하를 우러러보니, 세자 책봉을 받은 이후로 단령과 옥대(玉帶)를 법복(法服)으로 삼았는데, 머리에는 아무 것도 착용하지 않고 편발(編髮 길게 땋아 늘인 머리)을 했을 뿐이네. 이에 관과 옷이 서로 걸맞지 않기 때문에 이번에 임시변통의 제도를 만든 것이지, 근거한 고례(古禮)는 없는 듯하네.

지금 관례를 행하려고 하여 방에서 나올 적에 이미 머리에 관을 쓰는 것은 고례(古禮)의 남긴 뜻이 아닐 듯하고, 단령은 또 관례하지 않은 자가 입기에는 합당하지 않네.

사관 철상[82] 에게 답함

答士寬 徹常

문 어머니가 먼저 돌아가시고 아버지에게 계실(繼室)이 있는 경우, 아버지의 상(喪)에 고애(孤哀)라고 칭해야 합니까, 고자(孤子)라고 칭해야 합니까?

답 어머니가 비록 돌아가셨더라도 이미 아버지의 계실(繼室)이 있다면 어머니의 도(道)가 또 이분에게도 있으니, 부모가 모두 돌아가셨을 때의 칭호를 쓰는 것은 온당치 못할 듯하니, 고자라고 칭하는 것이 완전(宛轉)하고 충후(忠厚)한 도리가 됨에 해롭지 않을 것입니다. 이로 인하여 생각해보니, 내 일찍이 마음속에 의심이 쌓여 있는 것이 있었기에 애오라지 이번에 말씀 올립니다.

《상례비요(喪禮備要)》 제주축(題主祝 장사 지내면서 신주에 글자를 쓴 뒤에 고유(告由)하는 축문)의 '고자 아무개(孤子某)'의 구절 아래에 이르기를 "어머니가 돌아가셨을 때에는 애자(哀子)라고 칭하고, 아버지와 어머니가 다 돌아가셨을 때에는 고애(孤哀)라고 칭한다.〔母亡稱哀子, 俱亡稱孤哀.〕"라고 하였습니다. 그런데 이 글의 '구망(俱亡)'은 바로 아버지와 어머니의 상(喪)이 함께 있음을 가리킨 것이요, 한 상이 끝난 뒤에 다른 상이 뒤에 있는 것을 구망이라고 한 것이 아닙니다. 어째서이겠습니까? 무릇 어머니 상에 아버지가 살아계신 경우에는 아버지가 상주

82 사관(士寬) 철상(徹常) : 1754~?. 오희상의 먼 친척 형으로 사관은 자이다. 1783년(정조7) 증광 무과(武科)에 급제하고 벼슬이 이천 부사(利川府使)에 이르렀다.

(喪主)가 되니, 어머니의 제주축문(題主祝文)에 애자라고 칭했다면 아버지가 이미 작고한 경우가 아니겠습니까.

세상에서는 모두 이 뜻을 살피지 못하고 고애가 영감(永感)[83]한 사람의 통칭이라고 생각해서, 선후의 부모상이 얼마나 떨어져 있는지를 막론하고 영감(永感) 한 사람이면 번번이 고애라고 칭하니, 저는 속으로 예(禮)의 뜻이 이와 같지 않을 듯하다고 여깁니다. 만약 이것에 대해 제대로 정돈이 된다면, 이번에 형께서 물은 것 또한 장애될 것이 없을 것입니다.

83 영감(永感) : 평생토록 슬퍼한다는 뜻으로, 부모를 모두 여윈 사람을 지칭하는 말이다. 옛날에 부모 모두 생존 시에는 구경(具慶), 부친만 생존 시에는 엄시(嚴侍), 모친만 생존 시에는 자시(慈侍)라고 하였다.

사관에게 줌

與士寬

고례(古禮)에 이미 종자(宗子)를 위해 자최(齊衰) 3월복을 입는 제도가 있었습니다. 그러나 후세에는 종법(宗法)이 잘 연구되지 못하여 고례를 한결같이 따르지 못하나, 근래에 예(禮)를 아는 한 두 집안에서는 또한 10촌(寸) 안의 친족에게 문(免)의 제도[84]를 행하는 경우가 있습니다.

더구나 우리 집안은 충정공(忠貞公)을 부조위(不祧位)를 받들고 있으니,[85] 이번 종자(宗子)의 상(喪)에 충정공을 할아버지로 삼는 자들은 비록 친족이 끊어졌더라도 모두 가마(加麻)의 제도[86]를 써서 조상을

84 문(免)의 제도 : 고대에 쓰던 상복 제도 중의 하나이다. 관을 벗고 머리를 흰 마포로 묶는 것을 이른다.

85 우리……있으니 : 충정공(忠貞公)은 오윤겸(吳允謙, 1559~1636)으로 자는 여익(汝益), 호는 추탄(楸灘)이다. 1597년 별시 문과에 급제하고 벼슬이 영의정에 이르렀다. 오윤겸의 시호는 《현종실록》 4년(1663) 1월 29일자 기사에는 충간(忠簡)으로 되어 있으나, 《현종개수실록》 4년 1월 29일자 기사에 충정으로 되어 있고 《한국인의 족보》 해주오씨 편에도 충정으로 되어있으므로 충정으로 보고 번역하였다. 부조위(不祧位)는, 묘제(廟制)에 친진(親盡)이 되면 신주(神主)를 체천하는데, 덕이나 공로가 있어 친진이 되어도 체천을 하지 않고 영구히 사당에 모시는 신위를 말한다.

86 가마(加麻)의 제도 : 오복(五服) 제도 밖의 상복으로, 문인(門人)이 스승의 상(喪)에 또는 후배(後輩)가 존경하는 선배의 상(喪)에 심상(心喪)의 표시로, 머리에 삼으로 만든 수질(首絰)을 쓰고 삼으로 만든 띠를 두르는 것을 말한다. 《예기(禮記)》 〈단궁 상(檀弓上)〉의 스승의 상(喪)을 논한 대목에 대한 주(註)에 "살펴보건대 《의례》 〈상복〉에 '붕우의 상에는 마를 입는다.'라고 하였는데, 스승은 붕우와 같으므로 또한

높이고 종자를 공경하는 뜻을 붙이는 것이 어떠하겠습니까?

가마(加麻)함을 알 수 있다. 마(麻)는 질(絰)과 대(帶)를 말하는데, 모두 마(麻)로 만들므로 '가마(加麻)'라고 한 것이다. 스승과 붕우를 위해서는 장사를 이미 치렀으면 이를 벗는다.〔按喪服朋友麻, 師與朋友同, 故知亦加麻也. 麻謂絰與帶也, 皆以麻爲之, 故云加麻也. 爲師及朋友, 旣葬除之.〕"라고 보인다.

사관에게 줌
與士寬

지난번 기사년(己巳年 1809, 순조9)의 흉년 때에는 우리 집안에 외직(外職)을 맡은 분들이 많이 있어 각자 녹봉을 털어 사사로이 구휼해서 가난한 친족들이 많이 의지하였으니, 이것은 다만 우리 종중(宗中)의 아름다운 일이 될 뿐만이 아니요, 가(家)를 소유하고 있는 양반들의 모범이 될 만합니다.

작년 가을의 흉년은 기사년보다 더 심하였는데, 우리 일가 중에 지방 수령이 된 사람이 없어서 지난번 사사로이 구휼한 예(例)를 다시 따르려고 하여도 실로 할 수가 없었습니다. 매번 불쌍한 백성들의 시신이 구렁을 메우는 형세를 가엾게 여겼으나 구제할 방법을 알 수 없었습니다.

그런데 형께서 마침 호해(湖海) 사이에 있으며 양성(陽城) 고을과도 거리가 멀지 않은 한 작은 고을을 맡자, 친척들 중에 의귀(依歸)하는 사람들이 많았는데, 마음을 다하여 이들을 응접해서 충분히 칭송을 들을 만하니, 이 마음의 기쁨이 내 자신이 칭찬을 듣는 것과 같을 뿐만이 아닙니다.

우리 집안은 선대로부터 대대로 돈독히 화목했는데, 형의 몸에 이르러 마침내 이러한 선(善)이 있게 되었으니, 참으로 선조를 욕되게 하지 않는다고 이를 만합니다. 이 마음을 미루어 계속 나아가면 백성을 사랑함에 무슨 어려움이 있겠습니까.

사관에게 답함
答士寬

문 어떤 사람이 양자(養子) 간 뒤에 그 생부(生父)가 남의 양자로 간 경우, 본생(本生) 조부가 두 분 있게 된다. 복제(服制)에서 자신이 양자로 가기 전의 조부를 본생 조부로 삼아야 하는가? 생부의 양부(養父)를 본생 조부로 삼아야 하는가? 또 혹자는 말하기를 예경(禮經)에 본생 조부의 복이 없다고 하니, 참으로 이 말이 옳은가?

답 이것은 바로 아버지와 아들이 각자 양자로 나간 것입니다. 마땅히 두 번 강복(降服)하지 않는다는 글을 따라 두 할아버지에게 모두 대공복(大功服)을 입어야 하니, 자신이 양자로 간 전후를 어찌 논할 것이 있겠습니까. 남의 양자가 된 자가 본생 조부를 위해 입는 복에 대해 고금(古今)의 상복(喪服)에는 과연 언급한 것이 없습니다.

이 때문에 남조(南朝) 송(宋)나라의 최개(崔凱)[87]가 말하기를 "경문(經文)에 '남의 양자가 된 자는 자기 생부모를 위해서는 기년복(朞年服)을 입고, 형제를 위해서는 한 등급 강복(降服)한다.' 하였는데, 이는 양자로 간 사람을 가리켜 말한 것이요 그 아들에까지는 언급하지 않은 것이다. 그렇다면 마땅히 그 아버지가 양자 간 집안을 가지고 그 친소(親疏)를 다시 계산해서 복 입는 법으로 삼아야 한다."라고 하였습니다. 이 말이 비록 근거가 있는 듯하나, 만약 아버지의 양부가 혹 오복

87 최개(崔凱) : 저본에는 '최의(崔顗)'로 되어 있으나, 전사의 오류로 보고 번역하였다. 최개는 남조 송나라의 학자로 《상복박(喪服駁)》 등의 저술이 있다.

(五服)의 밖에 있는 친척이라면, 본생조(本生祖)에게도 장차 복이 없게 되어 골육(骨肉) 사이가 길 가는 모르는 사람과 같아질 것이니, 이것이 어찌 인정(人情)에 편안한 바이겠습니까.

본생의 여러 친족은 모두 본래의 은혜가 있어서 끊을 방도가 없습니다. 한 등급을 낮추어 복을 입으면 충분히 양자 간 곳이 중(重)함을 밝힐 수 있고 또 본생을 끊지 않는 의리를 보존할 수 있으니, 두 가지를 병행하여도 서로 어긋나지 않는다고 말할 수 있습니다. 최개의 설은 따를 수 없습니다.

사관에게 답함
答士寬

문 석(錫)[88]의 상(喪)이 나간 뒤 8, 9개월이 지나 양자를 세웠으니, 그 뒤에 치르는 연제(練祭)와 상제(祥祭)를 모두 물려야 할 듯한데, 장차 4년의 긴 세월에 걸쳐 궤연(几筵)을 진설해야 하니 어찌 난처하지 않은가.

답 이것은 바로 예(禮) 중에서도 지극한 변례(變禮)이니, 제가 평소에 의심을 품고 있었으나 미처 헤아려 정하지 못한 부분입니다. 만약 초상이 난 뒤 2, 3개월 사이에 양자를 세운다면 궤연을 그 사이에 철거하지 않는 것이 혹 괜찮겠지만, 만약 양자를 늦게 세워 이로 인하여 4년의 긴 세월을 끌게 된다면 너무 한정이 없을 듯합니다.

효자가 변제(變除)[89]함에 있어 비록 연제(練祭 소상(小祥))와 상제(祥祭 대상(大祥))의 제사를 따르나, 《예기》에 이르기를 "제사는 상복을 벗기 위한 것이 아니다."라고 하였고, 또 '상기(喪期)가 차는 대로 복을 벗는다.'는 글[90]을 가지고 살펴보면, 복을 벗는 자가 반드시 다 제사를

88 석(錫) : 오철상의 아랫대 인물로 보이나 누구인지 미상이다.

89 변제(變除) : 상복을 바꾸거나 벗는 경우를 뜻한다. 소상을 지내고 나서 상복의 단계를 낮추고 대상을 지내고 나서 상복을 벗는다.

90 상기(喪期)가……글 : 원문의 '선만선제(先滿先除)'는 《주자어류(朱子語類)》 권89 〈예(禮)6 상(喪)〉에 "친상에 형제들 가운데 먼저 상기(喪期)가 찬 자는 먼저 복을 벗고, 뒤에 상기가 찬 자는 뒤에 벗는다.〔親喪, 兄弟先滿者先除服, 後滿者後除.〕"라고 한 내용을 줄여 쓴 말이다. 이렇게 하는 이유는 형제가 외지에 있어서 부음을 듣는

지내는 것은 아님을 알 수 있습니다. 다만 상(喪)을 주관하는 자의 예(禮)는 지자(支子 맏아들 이외의 아들)와 비록 다르지만, 상을 주관하는 자의 복이 아직 끝나지 않았다고 해서 상제의 제사가 끝난 뒤 1년의 긴 세월 동안 궤연을 그대로 진설하는 것은 예의 뜻으로 헤아려보건대 끝내 온당치 못할 듯합니다.

저의 어리석은 생각으로는, 무릇 이와 같은 변례(變禮)를 만난 자가 연제와 상제는 죽은 날을 써서 계산하고 변제는 발상(發喪)한 날을 따른다면, 심히 서로 어긋나지 않고 또한 난처하지도 않을 수 있을 듯합니다. 그러나 이 예(禮)는 예경(禮經)에 이미 근거가 없고 선배들의 논설이 분분해서 일정한 의논이 있지 않으니, 어찌 감히 제 소견을 자신해서 그 사이에 제 말을 내세우겠습니까.

것에 선후가 있기 때문이라고 하였다.

사관에게 답함

答士寬

제사는 상복을 벗기 위한 것은 아니나, 상복을 벗는 것은 반드시 제사로 말미암습니다. 그러므로 제사를 연제(練祭)와 상제(祥祭)라고 이름하였으니, 바로 《예기》 〈상복소기(喪服小記)〉의 공영달(孔穎達)의 소(疏)에 '상복을 벗는 것이 제사와 같은 때'라고 한 것은 총괄하여 말한 것입니다. 그러나 이는 예(禮)의 정상적인 절차를 가리켜서 말한 것이고, 변례의 경우라면 마땅히 곳에 따라 잘 헤아림이 있어야 합니다.

만약 유고(有故)가 있어 상제의 날짜를 물린 경우에는, -예컨대 3년이 지난 뒤에 장사(葬事)하여 반드시 두 번 제사 지내는 경우나 또 상제에 임하여 국상(國喪)이 있거나 혹은 상이 겹쳐 추후에 상제를 지내는 경우와 같은 따위이다.- 상복을 벗는 것을 형편에 따라 뒤로 물려 자연히 일관(一貫)된 일을 이루어야 제사와 같은 때에 할 수 있습니다.

만일 25개월의 상기(喪期)가 이미 찼으나 다만 효자가 추후에 복 입은 것이 아직 끝나지 않았다고 해서 상제를 물린다면, 이는 오로지 상복을 벗기 위하여 상제를 치르는 것이니, 실로 제사는 상복을 벗기 위한 것이 아니라는 의리가 아닙니다. 이것에 대해 유고(有故)에 의한 예(禮)의 관례를 따르는 것은 어려울 듯합니다.

이와 같은 경우는 모름지기 '서로 상관이 없다'는 글을-《예기》의 주석이다- 취하여 나누어 두 가지 조항의 일로 삼아서 각각의 의리를 다한다면, 거의 막히는 곳이 없을 것입니다. 그러나 제가 아직 선배들의 정론(定論)을 보지 못했으니, 끝내 감히 질언(質言)할 수가 없습니다.

사관에게 답함
答士寬

근일에서야 비로소 선배들의 말씀을 취하여 살펴보니, 농암(農巖)께서 이르기를 "3년이 지난 뒤에도 그대로 궤연을 남겨 두고 조석(朝夕)으로 상식(上食)하는 것은, 내 생각으로는 끝내 온당치 못하다고 느낀다." 하셨고, 또 도암(陶菴)께서 이르기를 "양자로 들어간 자가 대상(大祥)을 치른 뒤에 궤연을 철거하는 것은 변례 중 큰 것에 관계된다. 여러 해 동안 헤아려 보고서야 겨우 궤연을 먼저 철거하는 것이 옳다고 결단하였다."라고 하셨습니다. 두 분 현자의 의논이 이와 같으니, 이에 근거해서 행하면 거의 예(禮)에 크게 어긋나지는 않을 것입니다.

궤연을 철거한 뒤에 상을 유지하는 예절은, 묘소에 가서 여막을 짓고 아침저녁으로 슬피 성묘(省墓)하여 3년의 기한을 마치거나, 만일 혹일의 형편이 허락하지 않아 묘소 곁에 몸을 의탁할 수가 없으면 지난날 궤연을 진설했던 곳에 허위(虛位)를 설치하고 아침저녁으로 곡하며 슬피 우는 예절을 행하면 되니, 이 두 가지 중에서 선택하면 변례에 대처하는 방도가 될 수 있을 듯합니다.

사관에게 답함
答士寬

편지에서 말한 것은 끝없는 효심(孝心)에서 나온 것임을 알겠습니다. 그러나 지자(支子)로서 수령이 된 자가 감히 선조의 사당을 받들고 관사(官舍)로 갈 수 없다는 것은, 사계(沙溪)와 우암(尤菴) 두 분 선생의 정론이 모두 있으니, 어찌 감히 대번에 어길 수 있겠습니까. 또 4대를 모셔 종가를 이룬 사당에서 아버지 사당만 받들고 가는 것은 더욱 사체(事體)를 이루지 못합니다.

근세에 비록 한 두 집안에서 이를 행한 예(例)가 있으나, 이것은 자신의 감정에 따라 예(禮)에 벗어나는 것으로 식자들의 비난을 면치 못하니, 결코 잘못을 따라 행해서는 안 됩니다.

사관에게 답함
答士寬

지난번 성상께서 거둥하시는 연로(輦路)에 영송(迎送)하는 예절을 행하느라 길 왼쪽 밭두둑 사이에 나가 엎드려 있었는데, 성상께서 승지를 보내어 위문하시고 이어 부름에 달려 나오라고 전유(傳諭)하셨으며, 환궁하실 때에 사관(史官)을 보내시어 며칠 동안 조리(調理)하고 조정에 나오라고 거듭 전유하셨습니다. 동궁께서도 또 거듭 궁료(宮僚)를 보내시어 위문해 주셔서 은혜와 예우가 평상보다 크게 뛰어나 실로 어리석은 분수에 감당할 수 있는 것이 아니었으니, 두렵고 떨려서 죽을 곳을 알지 못하였습니다.

형께서는 의당 저의 온갖 사정을 알고 있어야 하는데 아직 깊이 알지 못하시므로 이처럼 수많은 말씀이 있는 것이니, 제가 한 번 말해보겠습니다. 지금 저더러 출사(出仕)하라고 권하는 분들은 두 가지 주장을 폅니다. 그 하나는 세자 저하를 보도(輔導)하는 일이요, 또 하나는 가문을 아름답게 꾸미는 일입니다.

만일 제가 명에 응하여 나아가 저의 하찮은 재주가 동궁 저하의 학문에 조금이라도 보탬이 된다면, 평소 충성을 바치고자 하는 뜨거운 마음으로 어찌 감히 스스로 쇠잔한 목숨을 아껴 머뭇거리겠습니까. 모든 일은 무실(務實 참되고 실속 있도록 힘씀)을 귀하게 여기는데, 보도(輔導)하는 방법에 있어서는 더더욱 한 털끝만한 가식도 용납하지 않습니다. 지금 저에게 한두 번 동궁에 나아가 세자 저하의 용안을 뵙고 물러나기를 바란다면, 이것은 그 이름을 위한 것이지 그 실제를 위한 것이 아닙니다.

세자 저하께서 이것을 보시고 유자(儒者)의 행동이 이와 같음에 지나지 않는다고 여기신다면, 도리어 어린 나이에 선비를 가볍게 여기는 마음을 열어 줄 것이니, 이는 틀림없이 해서는 안 되는 일입니다.

가문을 아름답게 꾸민다는 것으로 말하면, 어찌 유자(儒者)가 도(道)를 행하기 위하여 출사하지 않고 한갓 가문을 아름답게 꾸미기 위해서 출사하겠습니까.

저와 같은 입장에 처한 선배들 중에 과연 명에 응하여 출사한 분들이 많습니다. 그러나 덕을 두루 갖춘 분이라 하더라도, 일단 출사한 뒤에는 크게 벼슬하면 크게 낭패를 보고 작게 벼슬하면 작게 낭패를 봐서 출처(出處)의 의리를 온전히 하신 분이 드뭅니다. 이에 지금까지도 후인들이 옛일을 논하면서 탄식하고 애석해 하는데, 하물며 저처럼 학문이 공소(空疎)하고 노쇠하여 선배를 따라갈 수 없는데다가 지금처럼 더욱 저열(低劣)해진 세상에 있어서이겠습니까.

한갓 선배들의 전철(前轍)을 따르고자 한다면 참으로 이른바 '호랑이를 그리다가 이루지 못했다.'는 격이 될 것이니, 여기에 이르면 가문을 아름답게 꾸민다는 것이 도리어 가문의 수치를 끼치는 일이 될 것입니다. 제가 비록 매우 못났으나, 어찌 차마 이런 짓을 하겠습니까.

어리석은 제가 반복하여 생각해보아도 끝내 출사할 만한 구실을 얻을 수가 없습니다. 필경 포만(逋慢 어명을 어기고 게을리 함)한 죄가 쌓여 유사(有司)의 처벌을 피하기 어려울 것이요, 세상에 드문 성상의 은혜에 보답할 길이 없어 죽어도 눈을 감기 어려울 것이니, 어쩌면 좋습니까? 어쩌면 좋습니까?

사성 준상[91] 에게 줌

與士聲 駿常

그대는 젊은 나이에 급제하여 관적(官籍)에 올라 장차 세상에 쓰이게 될 것이니, 나의 이 마음에 가상히 여기고 또 기뻐해서 돕고 싶어 하는 것이 어찌 사묵(士默)[92]과 차이가 있겠는가. 그러나 돌아보건대 지금 수분세계(手分世界)[93]에 사사로운 마음들이 멋대로 유행해서 어질고 지혜로운 자라도 거의 구제할 방법을 알지 못하는데, 하물며 그보다 못한 나와 같은 자에 있어서이겠는가.

예전에 가정에서 가르침을 받은 적이 있는데, 말씀하기를 "윗사람과 사귈 때 아첨하지 않고 아랫사람과 사귈 때 함부로 대하지 않으며, 화(和)하더라도 그 류(類)를 잃지 않고 강(强)하더라도 사당(私黨)을 짓지 않으니, 이것이 바로 내가 조정에서 벼슬하면서 몸을 지키는 부절

91 사성(士聲) 준상(駿常) : 오희상의 재종제(再從弟 6촌 아우)인 오준상(1795~?)으로 사성은 자이다. 1814년(순조14) 정시 문과에 급제하고 가주서(假注書)에 제수되었으나 그 이후의 기록이 보이지 않는바 요절한 것으로 보인다.

92 사묵(士默) : 오희상의 아우인 오연상(吳淵常, 1765~1821)이다. 자세한 내용은 277쪽 주1 참조.

93 수분세계(手分世界) : 천수관음(千手觀音)이 세계 속에 자기 몸을 나누어 화신(化身)으로 나타내는 것이라는 뜻으로, 원래는 임기응변하여 중생을 구제한다는 대승불교의 뜻이 들어 있으나, 여기에서는 근거 없는 것들을 만들어 제멋대로 날조(捏造)한다는 부정적인 뜻으로 사용하였다. 이 말은 주희가 고례(古禮)를 왜곡하여 두찬(杜撰)한다는 뜻으로 예관(禮官)을 비난하면서 쓴 표현인데, 저본의 '現化'가 《회암집(晦菴集)》 권46 〈답황상백(答黃商伯)〉에는 '化現'으로 되어 있다.

(符節)로 삼은 것이다."라고 하셨네.

일찍이 이 가르침으로 사묵을 권면했었고 지금 또다시 그대에게 외워 고해주는데, 이는 하루아침에 갑자기 할 수 있는 것이 아니네. 요컨대 책을 읽고 이치를 밝혀서 자기 몸에 보존된 것을 스스로 믿을 수 있는 연후에 비로소 이에 대해 말할 수 있는 것이네.

간절히 바라건대, 그대는 우선 과거에 급제한 사람으로 자처하지 말고, 대문을 닫아걸고 정원의 길도 쓸지 말며,[94] 통렬하게 한(漢)나라 동중서(董仲舒)가 10년 동안 휘장을 내리고 독서에 전념한 공부를 해서 자신의 근기(根基)를 두텁게 배양하는 것이 어떻겠는가?

94 대문을……말며 : 원문은 '두문각소(杜門却掃)'로, 세상에 관여하지 않고 오직 자신의 일에만 몰두함을 비유하는 표현이다. 북위(北魏)의 이밀(李謐)이 대문을 닫아걸고 정원의 길도 쓸지 않았으며, 생업은 돌보지 않은 채 독서만 일삼았던 고사에서 유래하였다. 《魏書 卷90 逸士列傳 李謐》

사성에게 답함

答士聲

엊그제 보내온 편지는 말의 뜻이 처량하고 고통스러워서 차마 두 번 볼 수가 없었네. 영백씨(令伯氏 상대방의 형을 가리키는 경칭)는 약관 시절부터 나를 따라 지금 수십 년 동안에 정(情)이 날로 더욱 친밀해지고 교분이 날로 깊어져서 단 하루도 서로 떨어져 지내고자 하지 않았네.

향리에서 서울로 오고 서울에서 교외로 가서 산림에서 종유하는 즐거움이 노원(蘆原)의 별장에서 처음 시작되었는데, 아침저녁으로 자주 서로 오고가면서 절차탁마(切磋琢磨)하여 강송(講誦)하였으니, 내가 영백씨에게 유익했던 것이 아니요, 영백씨가 실로 나에게 유익하였네.

이에 스스로 생각하건대, 나는 여러 번 화난(禍難)을 겪어 여생이 위태로우니 갑자기 먼저 아침이슬처럼 사라져서 이 즐거움이 길지 못할까 염려했었네. 그런데 금일의 인사(人事)가 어긋나 내가 도리어 영백씨의 상에 곡할 줄 어찌 헤아렸겠는가. 영백씨의 밝고 빼어난 자질과 강직하고 과단성이 있는 의지와 효도하고 우애하는 행실을 어디에서 다시 본단 말인가. 아! 모두 끝이 났네.

돌아보건대 영백씨가 복이 없고 단명하여 뜻과 사업을 끝까지 다 이루지 못해 조금도 세상에 드러나지 못했지만, 오직 가르침의 한 맥은 그대에게 남아 있네. 슬픔이 심하면 마음이 손상되고, 마음이 손상되면 기운이 저상(沮喪)되고, 기운이 저상되면 뜻이 흩어져서 할 수 있는 일이 없네.

그대에게 지금 눈앞에 닥친 일은 쉽게 감당할 수 없는 것이지만, 어찌 한갓 유익함이 없는 슬픔을 일으켜서 성(性)과 정(情)의 중화(中和)[95]를 이루는 본체를 손상시키겠는가. 마음을 분발하고 성질을 참아 스스로 능하지 못한 바를 증익(增益)시키며,[96] 스스로 노력하고 스스로 힘써 죽음과 초상(初喪)에 지기(志氣)를 잃지 말고 질병에 기력이 꺾이고 쇠잔해지지 말아야 하네. 그리하여 시련을 이겨내 성취함이 있어서 영백씨께서 다하지 못한 뜻과 사업에 끝내 힘이 된다면, 뒤에 죽는 자가 보답하는 방도 중에 어찌 이보다 더한 것이 있겠는가.

나는 도성 안에 체류하는지라 분수를 넘는 수응(酬應)이 없을 수가 없어 마음이 자못 불쾌해서 예전에 살던 산림과 전원을 번번이 생각하는데, 삶과 죽음에 대한 감회가 또 이와 같아서 동쪽으로 돌아올 마음이 없으니, 참으로 서글퍼할 만한 일이네.

95 성(性)과 정(情)의 중화(中和) : 마음이 고요할 때에는 치우치지 않고 마음이 동할 때에는 과불급(過不及)이 없는 상태를 뜻하는 말로, 《중용장구》 제1장에 "기뻐하고 노하고 슬퍼하고 즐거워하는 정이 발하지 않은 것을 중이라 이르고, 발하여 모두 절도에 맞는 것을 화라 이른다.〔喜怒哀樂之未發, 謂之中, 發而皆中節, 謂之和.〕"라고 보이는 바, 중(中)은 성(性)의 덕(德)이고 화(和)는 정(情)의 덕이다.

96 마음을……증익(增益)시키며 : 원문의 '동인증익(動忍增益)'은 '동심인성증익기소불능(動心忍性曾益其所不能)'을 줄여 쓴 것인데, 《맹자》 〈고자 하(告子下)〉에 보인다.

근상[97]에게 줌

與謹常

너를 전송하는 이번 길은 공연한 것이 아니니, 너의 마음을 수고롭게 하고 근골을 단련시키기를 바라서이고 또 농사짓는 어려움을 일찍 알게 하고자 해서이다.

서유자(徐孺子)는 강호(江湖)에서 힘써 농사를 지어 자기 힘으로 얻은 것이 아니면 먹지 않았으니,[98] 이 얼마나 높고 뛰어난 풍도(風度)인가. 나는 책 속에서 그에 대해 읽을 때마다 아득히 우러러 감탄하고 칭송하였으며 스스로 이렇게 하지 못함을 한(恨)하였다.

허다하게 많은 세상 사람들이 치열하고 급급하게 명리(名利)를 좇아 오고가는 것[99]은 죄다 분수 밖의 바람과 욕망이 있어서이다. 만일 모든 사람들이 각자 제힘으로 먹고 살겠다는 생각을 갖는다면, 백성의 풍속과 세도(世道)가 삼고(三古) 시대[100]와 같지 못함을 어찌 근심할 것이

97 근상(謹常) : 1789~?. 자는 사신(士愼)으로 오희상의 서제(庶弟)이다. 1825년(순조25) 식년 생원시에 합격하고 진위 현령(振威縣令) 등을 지냈다.

98 서유자(徐孺子)는……않았으니 : 서유자는 후한(後漢)의 고사(高士)인 서치(徐穉, 97~168)로 유자는 그의 자이다. 항상 스스로 농사지어 생활하고 학문에 힘썼으며 진번(陳蕃) 등이 천거하여도 조정에 나가지 않았다. 《後漢書 卷53 徐穉列傳》

99 명리(名利)를……것 : 원문의 '희양(熙穰)'은 사람들이 분주하게 이익을 좇아 오가는 모습을 형용한 말이다. 《사기(史記)》 권129 〈화식열전(貨殖列傳)〉에 "천하 사람들이 번잡하게 오는 것은 모두 이익을 위해 오는 것이요, 천하 사람들이 분란(紛亂)하게 가는 것은 모두 이익을 위해 가는 것이다.〔天下熙熙, 皆爲利來; 天下壤壤, 皆爲利往.〕" 라고 보인다. '壤'과 '穰'은 통용된다.

있겠는가. 연옹(淵翁 김창흡(金昌翕))이 말씀하기를 “밭 사이에 들리는 이랴 하고 소를 모는 소리가 사람의 마음을 제법 흥기시킨다.”라고 하였으니, 나는 참으로 이 말에 대해 재미를 느낀다.

100 삼고(三古) 시대 : 태평성대로 꼽히는 요(堯)·순(舜)·우(禹) 시대를 말한 것으로 보인다. 삼고는 원래 상고(上古)·중고(中古)·하고(下古)로, 《예기》〈예운(禮運)〉의 소(疏)에는 “복희(伏羲)가 상고, 신농(神農)이 중고, 오제(五帝)가 하고이다.”라고 하였고, 《한서》〈예문지(藝文志)〉의 주에는 “복희가 상고, 문왕(文王)이 중고, 공자(孔子)가 하고이다.”라고 하는 등 여러 설이 있다.

근상에게 붙임

寄謹常

우상(佑常)[101]이 와서 네가 막 《맹자》를 읽고 있다고 고(告)하였다. 근래 집안의 소년들이 현송(絃誦)[102]을 끊은 지가 오래되었다. 그럼에도 혹 삼경(三經)을 읽는 경우가 있는데, 이는 그 문자를 뽑아 모아 과거 공부에 이로움이 되고자 해서일 뿐이다. 삼경이 어찌 성인(聖人)의 가르침이 아닌 것이 있었겠느냐마는, 이와 같이 읽는 것이 어찌 진실한 뜻에 털끝만큼이라도 이익이 되겠느냐. 사서(四書)에 이르러서는 애당초 눈으로 거들떠보지 않아서 거의 어떤 문자인지도 알지 못하니, 내 일찍이 개탄한 바이다.

네가 이 《맹자》를 가지고 삼여(三餘)[103]의 과목으로 삼은 것은 매우 좋다. 다만 너는 책을 읽음에 거칠고 엉성하여 아직도 의리(義理)의 길을 보지 못하니, 이런 식으로 계속한다면 사색(思索)과 의취(意趣)에 있어 끝내 진보할 희망이 없을 것이다. 모름지기 주자의 독서법을

101 우상(佑常) : 오희상의 집안 아우로 보이나, 누구인지 미상이다.

102 현송(絃誦) : 시(詩)를 외우고 배울 때 현악(絃樂)에 맞추어 노래하는 것을 현가(絃歌)라 하고, 음악 없이 낭독하는 것을 송(誦)이라 하는데, 이를 합칭하여 현송이라 하였다. 후대에는 수업하고 송독(誦讀)하는 일을 가리키게 되었다. 《禮記正義 文王世子》

103 삼여(三餘) : 학문하기에 좋은 세 가지 여가(餘暇)로, 해의 여가〔歲之餘〕인 겨울, 하루의 여가〔日之餘〕인 밤, 계절의 여가〔時之餘〕인 장마철을 이르는 말이다. 《三國志 魏書 王肅傳 註》

법으로 삼아 이 독서법을 따라 공력을 들여야 할 것이다. 만일 의심스러운 것이 있거든 곧바로 편지로 묻는 것이 지극히 옳고 지극히 옳을 것이다.

또 보건대, 너는 항상 자기 자신을 하찮게 여기는 뜻이 있다. 맹자가 말씀하시기를 "하늘이 재주를 내려준 것이 이와 같이 다른 것이 아니다."[104]라고 하셨으니, 선(善)을 행하는 한 길에 어찌 귀천의 차이가 있겠느냐.

세상에 너와 같은 처지에 있는 자들 중에, 자질이 높은 자들은 높음에 얽매여서 평소의 분수를 편안히 여기지 않고, 낮은 자들은 낮음에 얽매여서 스스로를 확립시키지 못한다. 이는 비록 시세가 그렇게 만든 것이나, 요컨대 하늘에서 천성(天性)을 부여받은 뜻을 보지 못하기 때문이다. 오직 자신의 몸을 낮추고 뜻을 높여야 비로소 이러한 습속(習俗)에 떨어지지 않을 것이니, 너를 위하여 권면하노라.

104 하늘이……아니다 : 이 내용은 《맹자》 〈고자 상(告子上)〉에 보인다.

치성[105]에게 줌

與致成

작별한 뒤에 그리움은 굳이 말할 것이 없다. 그동안 어버이 모시는 체후가 어떠한지 모르겠구나. 이질(痢疾)을 앓은 뒤에 다른 증세는 없느냐? 걱정스런 생각이 사라지지 않는구나.

봄부터 가을까지 내가 객지를 떠도느라 경황이 없어서 너의 책을 읽는 과정(科程)이 거의 헛되이 버려졌으니, 이를 생각해보면 탄식을 금할 길이 없는데, 네 마음에는 어찌 서운함이 없겠느냐? 네가 비록 나이가 어리고 어리석어 세월 아까운 줄을 모르나, 아직도 애비의 말에 마음에 동함이 없단 말이냐? 지나간 일은 어쩔 수 없지만 앞으로 오는 일은 따를 수 있으니, 부디 늦게 자고 아침 일찍 일어나서 엄격히 과정을 세워 공부하되 반드시 글 뜻에 침잠(沈潛)하여 글귀마다 대심(大心)에게 질문해서, 종신토록 어리석고 사리에 어두운 사람이 되지 말아라.

여가에 《자치통감강목(資治通鑑綱目)》을 겸하여 보되, 또 하루에 몇 쪽이나 볼 수 있는지 자신의 능력을 헤아려 과정을 세워서 번잡하고 어수선할 때를 만나더라도 조금도 간단(間斷)함이 없도록 해야 하니, 눈으로 보거나 송독하거나를 막론하고 의사가 서로 이어져야 비로소 그 효험을 볼 수 있을 것이다.

105 치성(致成) : 오희상의 아들로, 오희상의 형인 오윤상(吳允常)에게 양자로 간 오치성(1785~1844)이다. 자는 서오(瑞五), 호는 아관(我觀)이다. 1810년(순조10) 사마시(司馬試)에 합격하고, 벼슬이 상주 목사(尙州牧使)에 이르렀다.

내가 이와 같이 누누이 말하는 것은, 네가 반드시 글을 잘하기를 바라서가 아니라 집안의 소년들은 책이 아니면 자신의 마음을 유지할 수가 없어서 마음이 밖으로 내달리기가 쉬워서이니, 너는 이 뜻을 알지 않으면 안 된다.

법도 있는 집안의 자제들은 본래 법도 있는 집안 자제들의 모양새가 있어야 하는데, 너의 언어와 행동거지는 해이하고 태만하여 스스로를 단속함이 부족하니, 계속 이와 같다면 어찌 가문의 명성을 실추시키지 않을 수 있겠느냐. 나는 이 때문에 고민하고 근심하는데, 너는 끝내 나의 이 마음을 이해하지 못해서 반성하고 고치려는 뜻이 없다. 이렇게 되면 너를 이어 장성하는 자들이 또다시 너를 본받을 것이니, 어찌 고통스럽지 않겠느냐.

내 비록 집에 있지 못하나 마음을 잡고 거동을 삼가 항상 나의 면전(面前)에 있는 것처럼 하면, 가까이에서 법도에 따라 행하는 기쁨을 알게 될 것이다. 천만 명심하여라.

치성에게 줌

與致成

지금 세상 사람들은 모두 자제들의 과거 급제를 원하나, 나는 그렇지 않다. 나 또한 지금의 세상 사람인데 좋아하는 바가 어찌 홀로 보통 사람들과 다르겠느냐. 다만 연래(年來)에 세상의 변고를 많이 겪어 더욱 마음에 병이 생겨 두려운 바가 좋아하는 것보다 심하니, 비록 스스로 그 지나침을 아나 진실로 고칠 수가 없구나.

그러나 자제들이 자신의 이름을 드날려 부모를 드러나게 한다는 말이 또한 어찌 요행으로 부귀를 얻는 것을 말한 것이겠느냐. 네가 비록 나의 아들이나 이미 우리 백씨(伯氏)의 명사(螟嗣)[106]가 되었다. 나는 실로 덕이 없으니 진실로 말할 것이 못되지만, 백씨는 맑고 높은 뜻과 남보다 뛰어난 행실이 있으셨는데 불행히 단명해서 실로 그 뜻과 사업을 다 마치지 못하였으니, 천고의 한(恨)이 됨이 무엇이 이보다 더 하겠느냐.

네가 비록 너의 몸으로 백씨의 뜻을 계승하고 이어나가지는 못할지

106 명사(螟嗣) : 양자(養子)를 이른다. '명(螟)'은 명령(螟蛉)으로 뽕나무 벌레인데, 나나니벌이 이 벌레를 물어다가 마취시키고 여기에 알을 까놓으면, 약 1주일 후 성충(成蟲)이 된다. 그러나 옛날 사람들은 이러한 사실을 모르고 나나니벌이 명령을 업어다가 '나를 닮아라. 나를 닮아라.'하고 오랫동안 정성을 들이면 뽕나무 벌레가 나나니벌로 변하는 것으로 생각하였으므로, 양자를 가리키는 말로 쓰이게 되었다. 《시경(詩經)》〈소아(小雅) 소완(小宛)〉에 "명령의 새끼를 과라가 업어간다. 네 자식을 잘 가르쳐 너를 닮게 하라.〔螟蛉有子, 蜾蠃負之. 教誨爾子, 式穀似之.〕"라고 보인다.

라도, 남겨주신 아름다움을 너의 후손들이 보는 것을 막아서야 되겠느냐. 네 과거에 대한 거취(去就)는 내 이미 네 스스로 결정하도록 맡겼다. 그러나 근래 교화(敎化)가 쇠퇴하고 선비의 풍습이 더욱 무너져서, 과장(科場)에 발을 들여놓기만 하면 도둑질보다 더 심한 일을 별 어려움 없이 행하는 것을 온 세상 사람들이 당연한 것처럼 여겨 전혀 거침이 없다. 세도(世道)가 이 지경에 이르러 참으로 눈물을 흘릴 만하니, 이 어찌 선비들이 진취를 구하고 영화를 꾀할 수 있는 때이겠느냐.

그러나 이미 과거 공부를 그만 둘 수 없다면, 후일에 비록 여러 사람들을 따라 과거에 응시하더라도, 반드시 먼저 자신의 지조를 견고히 지키고 부지런히 문장을 쌓아서 마치 농부가 밭에서 일하여 농사에 힘쓰는 것처럼 스스로 마땅히 해야 할 바를 해야 할 것이요, 과거의 급제 여부는 일체 마음에 두지 말아야 거의 선조를 욕되게 하는 결과를 면할 수 있을 것이다.

혹시라도 세속의 태도에 이목이 익숙해져 세속에 동화되고 더러운 세상에 영합하고도 부끄러운 줄을 모른다면, 백씨께서 몸을 깨끗이 하고 덕을 쌓은 뜻이 너에게 이르러 끊길 것이니, 백씨가 어찌 기꺼이 너희 제사를 흠향(歆饗)하시겠느냐.

살펴보건대 너는 대체로 출세에 조급해 하는 자는 아니나, 마음속에 근본한 것을 살펴보면 스스로 못하는 짓이 없을 것이니, 이처럼 일에 앞서 경계하고 겸하여 너를 이어 자라날 자에게 보이고자 하는 것이다.

치성에게 줌

與致成

대사헌 이씨 어른의 상사(喪事)는 과연 참된 소식이냐? 후학의 애통함은 이미 말할 것이 없고, 이 어른과 우리 백씨는 실로 마음을 함께한 친분이 있으셨다.

백씨가 별세하신 뒤에는 친분이 나에게까지 미쳐 나를 옛 친구의 어린 아우로 보고 지극히 돈독하게 어루만져 사랑해주셨다. 비록 내가 문하(門下)에 들어가 물 뿌리고 비로 쓰는 일을 바치지는 못했으나, 이 마음에 의지하고 우러러 본 것이 진실로 평범한 것이 아니었다. 갑자기 부음을 받았으니, 옛날을 생각하고 지금을 서글퍼함에 나도 모르게 멀건 콧물과 눈물이 쏟아져 얼굴을 덮는다.

허위(虛位)[107]를 황교(黃橋)나 연동(蓮洞)에 설치한 듯한데, 내가 궁중에서 숙직 중이라 곧바로 갈 수가 없으니, 날이 비록 저물고 있으나 네가 반드시 탐문(探問)하여 즉시 가서 곡(哭)하거라. 정리(情理)로 보아 이와 같이 하지 않을 수가 없기에, 이처럼 사람을 보내서 알린다.

107 허위(虛位) : 문상객을 맞기 위해 영구 없이 차린 분향소로 보인다.

치성에게 답함
答致成

도성으로 들어오던 길에 갑자기 원리(元履)[108] 어른의 부음을 듣고는 나도 모르게 땅바닥에 털썩 주저앉은 채 곡하느라 목이 쉬었다. 이 분이 복(福)이 없음은 실로 우리 당(黨)의 운수에 관계되는데 허다한 뜻과 사업을 끝마치지 못하였으니, 마땅히 천고(千古)의 지사(志士)와 함께 슬픔과 안타까움을 함께해야 할 것이다.

게다가 나는 어렸을 때부터 교분을 맺어 깨우쳐 주는 덕을 후하게 받았으며 백발이 되어도 깨우쳐 주길 기대하고 있었는데, 유명(幽明)의 길을 갑자기 재촉하였구나. 지금 이 세상을 두루 돌아보니, 서로 아끼던 사람들이 모두 다 사라졌다. 이 마음이 작은 부분까지 무너지고 훼손되어 계묘년(癸卯年)에 천륜(天倫)의 스승을 잃었을 때[109]와 다름이 없으니, 이는 운명인가 보다. 어찌 하겠는가. 어찌 하겠는가.

모레 장차 그의 소안동(小安洞)[110] 옛집에 가서 가마(加麻)의 제도[111]

108 원리(元履) : 민치복(閔致福, 1766~1814)으로 원리는 그의 자이고, 호는 확재(擴齋), 본관은 여흥(驪興)이다. 1789년(정조13) 사마시에 합격하고, 빙고 별제(氷庫別提), 남평 현감(南平縣監) 등을 지냈다.

109 계묘년(癸卯年)에……때 : 계묘년은 1783년(정조7)이고, '천륜(天倫)의 스승'은 오희상의 백씨(伯氏)인 오윤상(吳允常)을 이른다. 오희상은 어려서 오윤상에게 수학하였으므로 이렇게 말한 것이다.

110 소안동(小安洞) : 지금의 종로구 안국동과 화동에 걸쳐 있던 마을로, 대안동의 동쪽에 있었다. 안국동의 작은 마을의 하나라서 이렇게 칭하였다.

를 행하고 삼명일(三明日 글피)에 산으로 돌아가고자 한다.

111 가마(加麻)의 제도 : 마질(麻絰)과 마대(麻帶)를 착용하는 것으로 스승과 붕우의 심상에 쓴다. 《의례(儀禮)》〈상복(喪服)〉에 "붕우의 상(喪)에는 마(麻)를 입는다.〔朋友麻.〕"라고 하였는데, 《예기(禮記)》〈단궁 상(檀弓上)〉의 스승의 상(喪)을 논한 대목에 대한 주(註)에서 "살펴보건대 《의례》〈상복〉에 '붕우의 상에는 마를 입는다.'라고 하였는데, 스승은 붕우와 같으므로 또한 가마(加麻)함을 아는 것이다. 마(麻)는 질(絰)과 대(帶)를 말하는데, 모두 마(麻)로 만들므로 '가마(加麻)'라고 한 것이다. 스승과 붕우를 위해서는 장사를 이미 치렀으면 이를 벗는다.〔按喪服朋友麻, 師與朋友同, 故知亦加麻也. 麻謂絰與帶也, 皆以麻爲之, 故云加麻也. 爲師及朋友, 旣葬除之.〕"라고 하였다.

치성에게 줌

與致成

네가 고을 원님이 된 지[112]가 이미 여러 날이 지났는데, 점차적으로 두서(頭緒)를 찾을 만하지 모르겠구나. 너는 일을 처리함에 있어 늘 번거로움을 싫어하고 어려움을 꺼리는 뜻이 있으니, 이것은 다만 나태해서가 아니다. 요컨대 마음의 본바탕에 평소의 소양(素養)이 없고, 또 일에는 크고 작음이 없고 이치에는 두 가지가 없다는 부분에 대해 철저하게 보지 못하는 것이 많기 때문이다.

이런 마음으로 백성을 대하고 일을 받들면 마음이 산만하고 시들해져서 다만 근골(筋骨)이 없고 정채(精彩)가 없음을 보게 될 뿐이니, 작은 고을이라도 어찌 성취를 이룰 수 있겠느냐. 또 나는 일찍이 인물을 낮춰 보지 말라고 경계했었는데, 근일에 우연히 연옹(淵翁 삼연 김창흡)이 자제들에게 쓴 편지를 보니, 여기에 이르기를

"너희들은 인물을 낮춰 보는 병폐가 있으니, 더욱 일에 방해가 된다. 고을 수령이 된 자는 향소(鄕所)[113]로부터 아래로 방자(房子 관아에서 심부름하는 하인)에 이르기까지 진실로 그 선악(善惡)과 능력 여부를 살펴야 하고, 또 반드시 이들을 엄하게 대해서 만만하게 보지 못하게

112 고을……지 : 오치성이 1817년(순조17) 영평 현령(永平縣令)에 제수된 것을 가리킨 것으로 보인다. 영평은 지금의 경기도 포천이다.

113 향소(鄕所) : 조선 시대 향리(鄕吏)의 비행을 규찰하고 풍속을 바로잡으며, 수령을 보좌하기 위해 지방의 품관(品官)들이 조직한 자치 기구를 이른다.

해야 하니, 그러면 이들의 하찮은 장점이나 작은 선함을 다 살펴서 모두 다 받아들일 수 있을 것이다."

라고 하셨으니, 이 말씀이 너의 증세에 딱 들어맞으므로 이에 기록해서 멀리서 너에게 부친다. 부디 자리 옆에 써 붙여서 항상 보는 것이 옳을 것이다.

치성에게 줌

與致成

보내온 편지를 보고 관청이 한가롭고 일이 적어서 근간에 백운산(白雲山) 산중에 들어가서 여러 명승지를 두루 탐방하여 구경하였음을 알았으니, 이에 이 늙은이는 나도 모르게 흥이 솟는다. 금수정(金水亭)과 창옥병(蒼玉屛)은 내가 예전에 한 번 올라가 구경하고 물가에서 얼굴을 씻은 적이 있었는데, 백운산은 외진 곳에 있어 찾지 못하여 어쩔 수 없이 빚으로 남겨 후일을 기약하였다.

농암 어른이 학문을 닦았던 유적(遺跡)을 생각하면 높은 산을 우러르는 흠모의 마음을 금할 수가 없다. 더구나 이곳 영평은 나의 증조모께서 태어나신 땅이니, 더욱 한 번 백운산을 보고 싶은 소원이 있었으나 이를 이루지 못하였느니라. 이제 네가 이 고을의 수령이 되었으니, 이 소원을 쉽게 이룰 수 있을 듯하다. 그러나 나는 너에게 가서 봉양을 받고 싶지 않으니, 이는 실로 억지로 할 수 없는 슬프고 괴로운 심정이 있어서이다.

다음 달 초에 네가 근행(覲行)하러 온다고 하는데, 나는 그때 곧바로 백운산으로 들어가서 원화동(元化洞)과 선유동(僊遊洞) 사이에서 질탕하게 놀다가, 이어 며칠 동안 관백실(觀白室)[114]에서 머물면서 예전에 부족했던 것들을 다시 채우고 돌아오고자 한다. 다만 혹 사람들이 세상과 어긋나는 일이라고 말하지나 않을지 모르겠다.

114 관백실(觀白室) : 농암서실(農巖書室)의 방의 이름이다. 당시 농암서실은 세 칸으로 방에는 관백실(觀白室), 마루에는 호월헌(壺月軒)이라는 편액을 달았다.

치성에게 줌

與致成

그리워하던 차에 관청의 하인이 편지를 가지고 와서, 네가 관청으로 돌아가 흔들림이 없고 만사가 편안하고 건승함을 다 살필 수 있었으니, 참으로 기쁘다. 이때에 세금을 재촉하는 것은 고을의 원이 된 자의 공통된 근심이니, 어찌 싫어하고 괴로워하는 얼굴빛과 말소리를 빌려서 아전과 향소(鄕所)로 하여금 네 속내를 엿보게 둘 수 있겠느냐.

자기 분수에 마땅히 해야 할 일이라고 생각하면, 천하고 수고로운 여름 농사일을 하면서도 그곳을 낙토라고 여기는데, 하물며 백성을 기르는 일에 있어서이겠느냐.

나는 조용한 곳으로 나온 지가 여러 날이 되자 마음과 정신이 자못 편안한데, 다만 분수 아닌 관직명이 신변에 매여 있어서 끝내 스스로 편안할 수 없으니, 어찌 한단 말이냐.

치성에게 줌

與致成

네 부인이 이제 막 행장을 차려 출발하니, 모레쯤 도착할 듯하다. 네가 고을 수령이 된 지 5년인데 이제야 비로소 임소(任所)에 가솔(家率)을 데리고 가니, 네 부인 또한 이번이 첫 걸음이다.

모름지기 일정한 규모(規模)를 세워 한계를 넘지 않게 하여 내실(內室)로 하여금 한결같이 깨끗하고 삼가고 고요하고 엄숙하게 하는 것이 좋을 것이다. 가장이 집안에 본보기가 된 뒤에 백성을 다스릴 수 있는 것이다. 이 이치가 매우 분명하니, 반드시 이것을 깊이 유념하는 것이 옳을 것이다.

치성에게 줌

與致成

네가 이번에 당한 것은 비록 횡액(橫厄)이나, 그 영욕(榮辱)과 득실(得失)은 사람의 힘으로 피할 수 있는 것이 아니라는 것 또한 충분히 검증할 수 있을 것이다. 이런 일을 만나면 순응해서, 그 사이에 기뻐하고 슬퍼하는 마음을 두어서는 안 된다. 도리어 이로 인하여 한가로운 때를 얻어 정신을 수습하여 옛 책을 찾아 깊이 연구한다면, 관청의 문서와 장부 사이에 몰두하고 있는 것보다 어찌 낫지 않겠느냐.

남아가 세상에 태어나서 험하고 어려운 일을 두루 겪어 보아야 비로소 마음을 분발시키고 참을성을 길러 스스로 능하지 못한 바를 증익(增益)시켜 일을 잘 처리할 수 있는 것이다. 만일 마음이 쓸쓸하고 울적해지는 때가 있거든, 모름지기 이러한 뜻을 가지고 마음을 너그럽게 가져야 비로소 좋아질 것이다.

치성에게 줌

與致成

《맹자》를 읽는다고 들었는데, 지금 몇 편에 이르렀느냐? 의심스럽거나 이해하기 어려운 것이 있을 터인데, 어찌 하나하나 편지에 적어서 보이지 않느냐? 무릇 책은 범범(泛泛)하게 읽어서는 안 되니, 한창 책을 읽을 때에는 힘을 쓸 곳이 있음을 알아야 하고, 다 읽고 나서는 효험을 얻은 곳이 있음을 알아야 비로소 잘 읽었다고 이를 수 있는 것이다.

《맹자》 한 질(帙)은 의(義)와 이(利), 왕도(王道)와 패도(霸道)의 구분에 있어서 분석하여 변별함이 마치 일도양단(一刀兩斷)과 같음이 있으니, 이것이 바로 힘을 쓸 곳으로, 주자(朱子)가 일생동안 받아 사용한 것이 바로 여기에 있다. 도암(陶菴) 어른이 말씀하기를 "말세의 사람들은 맹자와 주자의 글을 가장 많이 읽어야 한다."라고 하였는데, 현재는 이욕(利慾)이 하늘까지 가득하여 인의(仁義)가 막혔으니, 도암 어른의 이 말씀을 더욱 생각해야 한다.

대저 우리 동방은 풍기(風氣)가 유약해서 이를 타고난 사람들이 대체로 몸이 쇠약하고 의지가 나약하니, 만약 이 일에 뜻을 둔 자는 마땅히 맹자와 주자의 강하고 굳센 규모와 절벽처럼 의연한 기상(氣象)을 배워야 거의 편벽됨을 보완하고 병폐를 구원해서 성취하는 바가 있을 것이다.

치성에게 줌
與致成

단비가 제때에 내리는데, 지금 어버이 모시는 몸이 어떠하냐? 그립고 그립다. 나는 은척(銀尺 지금의 경상북도 상주시 북부)으로부터 높은 산을 넘어 병천(甁泉)과 용유동(龍游洞)의 아름다운 경치를 두루 구경하고 있다. 이곳의 수석(水石)은 그리 기이하고 웅장한 것이 없으나, 산이 높고 골짜기가 깊어 충분히 속세를 피할 수 있다.

이 골짜기를 둘러싸고 백여 리에 걸쳐 있는 내외의 여러 산이 모두 늑천(櫟泉)[115] 어른 집안의 소유인데, 그 지세가 화양동(華陽洞)과 거의 대등하다. 다만 정각(亭閣)[116]의 주인이 오랫동안 찾아오지 않아 퇴락하여 거의 무너지게 되었으니 애석한 일인데, 그 문장과 남은 풍취는 아직도 취할 만한 것이 있다. 산을 나오니 긴요한 일이 별로 없으므로 병방(兵房)의 아전을 먼저 보내면서 이 편지를 붙인다.

115 늑천(櫟泉) : 송명흠(宋明欽, 1705~1768)으로 늑천은 그의 호이다. 자는 회가(晦可), 본관은 은진(恩津), 시호는 문원(文元)으로 도암(陶菴) 이재(李縡)의 문인이다. 학행으로 천거되었으나 벼슬에 나아가지 않고 학문에 전념하다가 말년에 찬선(贊善)으로 경연관이 되었다.

116 정각(亭閣) : 병천정(甁泉亭)을 이른 것으로 보인다. 지금의 경상북도 문경시 농암면 내서리에 있는 정자로, 송명흠(宋明欽)의 부친인 송요좌(宋堯佐)가 건립하였는데, 송명흠이 이곳에 은거하면서 후진을 양성하였다.

치성에게 줌

與致成

성주(星州)로 가는 도중에 편지를 받아 어버이 모시면서 편안히 지냄을 알았다. 또 네 아우가 과거에 합격했다는[117] 소식을 들으니, 지극히 위안이 된다.

나는 옥류동(玉流洞)과 홍류동(紅流洞)의 여러 명승을 두루 구경하고, 어제는 또 한강(寒岡)의 백매원(百梅園)[118]을 보았다. 오늘은 금오산성(金烏山城)에 오르려고 하였는데, 바람과 일기가 매우 좋지 못해서 어쩔 수 없이 곧바로 금산(金山 김천)으로 돌아왔다. 하루를 쉬었다가 모레쯤 돌아가려고 하는데, 길에서의 범절(凡節)이 집에 있을 때보다 도리어 많으니, 또한 괴이한 일이다.

네 아우가 창방(唱榜)[119]하기 전에 네가 만약 사람을 보내고자 하거든, 굳이 내가 돌아오기를 기다릴 필요가 없다. 모든 도구는 되도록

117 네……합격했다는 : 아우는 오치익(吳致翼, 1790~?)을 이른다. 자세한 내용은 290쪽 주13 참조.

118 한강(寒岡)의 백매원(百梅園) : 한강은 정구(鄭逑)의 호이다. 자는 도가(道可), 본관은 청주(淸州)이다. 퇴계(退溪) 이황(李滉)과 남명(南冥) 조식(曺植)에게 수학하여 학문에만 열중하다가 출사하여 벼슬이 형조 참판에 이르렀다. 경학과 예학에 뛰어나 많은 저술을 남겼다. 백매원은 정구가 지은 회연초당(檜淵草堂)의 정원이다. 성주(星州) 창평(蒼坪)에 있는데, 정구는 여기에 매화나무 100그루와 대나무를 심고 후학들에게 강론하였다.

119 창방(唱榜) : 과거에 합격하여 방목(榜目)에 든 사람을 호명하여 패를 나눠주는 의식(儀式)을 말한다.

간략하고 검소하게 하라는 뜻을 편지에 써서 신칙하는 것이 좋을 것이다.

치성에게 줌

與致成

장마로 불어난 물이 집을 빙 두르고 있어 날짐승과 길짐승의 자취가 거의 끊기니, 이러한 때에 그리워하는 마음이 더욱 시름겹고 서글퍼짐을 금할 수 없다. 영겸(永謙)이 이르러 편지를 받아 보고 근래에 어버이 모시고 받드는 몸이 건승하고 온 집안이 두루 편함을 알았으니, 비할 데 없이 위로되고 마음이 놓인다.

영남은 금년에 가뭄과 장마의 재난[120]이 함께 지극해서 농사가 이미 큰 흉년으로 판정되었으니, 향후 백성들의 근심이 끝이 없을 것이다.[121] 어려움을 보고 물러나서 능한 자에게 사양하는 것이 진실로 좋은 계책이지만, 만일 자유롭게 이를 택할 수 없으면 미리 계책을 세우는 방도를 행하지 않아서는 안 된다. 백성들을 구제하는 여러 가지 방법을 미리미리 생각해야 하고 또 하기 어려운 모든 일들은 여러 사람들의

120 가뭄과 장마의 재난 : 원문은 '비무지재(備無之灾)'로, 《서경》 〈홍범(洪範)〉에 "한 가지가 지극히 구비되어도 흉하며, 한 가지가 지극히 없어도 흉하다.〔一極備凶, 一極無凶.〕"라고 하였는데, 채침은 《집전(集傳)》에서 "극비(極備)는 지나치게 많은 것이요, 극무(極無)는 지나치게 적은 것이다. 당(唐)나라 공씨(孔氏)는 말하기를 '비가 많으면 장마가 지고 비가 적으면 가물다.' 하였으니, 이는 지극히 구비되어도 흉(凶)하고 지극히 없어도 흉(凶)한 것이다."라고 주하였는바, 여기서 온 말이다.

121 백성들의……것이다 : 원문의 '홍동(澒洞)'은 근심이 끝이 없음을 비유한 말이다. 두보가 지은 〈자경부봉선현영회(自京赴奉先縣詠懷)〉 시에 "근심의 끝이 종남산과 나란하여, 홍동(澒洞)을 거둘 길이 없네.〔憂端齊終南, 澒洞不可掇.〕"라고 보인다. 《杜少陵詩集 卷4》

의견을 모아 가장 좋은 것을 선택하는 것이 가장 좋다.

너는 여러 사람들에게 부지런히 두루 자문하여 뜻을 취하는 것을 제대로 하지 못하기 때문에 너를 도와주는 사람들이 없는 것이다. 크고 작은 것을 막론하고 천하의 일을 어찌 홀로 자신의 소견대로 행할 수 있겠으며, 나를 돕는 자가 모두 반드시 나보다 나은 것은 아니니, 부디 이 점을 유념하도록 하여라. 지금 익아(翼兒 둘째아들 치익(致翼))가 숙직하는 것이 결코 재랑(齋郎 능참봉)의 일보다 편안하지 않을 것이나, 어찌하겠느냐?

이공대(李公大)[122]는 어제 병에서 일어나지 못하고 별세하였다. 5년 동안 왕래하며 글자를 묻던 사람이 하루아침에 요절하는 것을 보니, 참혹하고 서글픈 마음이 지극해서 마음을 가눌 수가 없구나. 더구나 이 사람이 비록 나이가 어리고 어리석으나 진실로 취할 점이 있었으니 더욱 안타깝고 애석하다. 그런데도 관을 어루만지며 한번 통곡할 길이 없으니, 참으로 인정(人情)이 아니다. 네가 바로 한번 그의 부친을 위문하는 것이 좋을 듯하다.

122 이공대(李公大) : 누구인지 미상이다. 전사의 오류나 궐자(闕字)가 있는 듯하다.

치성에게 줌
與致成

인편이 와서 두 차례에 걸쳐 손수 쓴 편지를 얻어 보고서, 심한 추위에도 정무(政務)를 살피는 몸이 매우 편안함을 알았으니, 비길 데 없이 위로되고 기쁘다. 나는 예전처럼 지내는데, 기제(忌祭)가 하루 남아서인지 심회가 서글퍼진다.

세전(歲前)에 위급한 사람을 구원하는 일은 이미 처리하였을 것이라고 생각하였는데, 기구(飢口 흉년에 굶주리는 가구(家口))가 8천여 가호나 된다고 들었다. 이 고을이 재난이 심한 편에 들어가나, 온 고을을 통틀어 논한다면 그래도 곡식을 먹는 마을이 많아서 제1등과 제2등의 재난 판정을 받은 고을에 비하면 훨씬 나을 뿐이 아니라고 하는데, 기구가 이처럼 많은 것은 혹시 지나치게 뽑아서 그런 것이 아니냐? 지나치게 뽑으면 정밀하게 처리하기가 어렵고, 정미한 처리가 어려우면 실질적인 은혜가 다 베풀어지기 어렵다.

일전에 전 안변 부사(安邊府使) 김덕수(金德叟)[123]에게 조문 갔었는데, 금년 봄에 굶주린 백성들을 구휼하는 정사(政事)를 시행함에 있어, 안변 또한 큰 고을인데도 기구를 뽑으면서 정밀하고 또 정밀하게 했더

123 김덕수(金德叟) : 김매순(金邁淳, 1776~1840)으로 덕수는 그의 자이며 호는 대산, 본관은 안동(安東), 시호는 문청(文淸)이다. 1795년(정조19) 정시 문과에 급제하고 벼슬이 예조 참판에 이르렀다. 당대의 문장가로 홍석주(洪奭周) 등과 함께 명성이 높았으며, 성리학에도 조예가 있어 호락논쟁(湖洛論爭)에 낙론(洛論)의 입장을 견지하였다.

니 겨우 1천 안팎이었다고 하니, 이와 같이 해야 참으로 굶어죽어 구렁을 메울 무리들을 구제할 수 있다. 상주가 비록 안변보다 더욱 큰 고을이지만, 8천은 너무 지나친 듯하다.

만약 제대로 진휼해서 거의 굶어죽을 지경에 빠진 많은 사람의 목숨을 구원한다면, 다만 분우(分憂 임금의 근심을 나눔)의 책임을 다할 뿐이 아니라 또한 덕을 쌓는 일이 될 수 있을 것이다.

치성에게 답함

答致成

내가 새로 관직에 제수된 이후로, 실정을 모르는 자들이 모두 "한 번 은혜로운 명에 응하여 경사(慶事)를 함께 기뻐하는 정성을 펴지 않을 수 없다."라고 하여 그 분분함을 이루 다 말할 수 없다. 내가 들은 바로는 유자(儒者)는 본래 국가 경사(慶事)의 예(禮) 때문에 출사하는 도리가 없는데, 말하는 자들은 또 대부분 선배들의 사례를 가지고 주장한다.

그러나 출처(出處)[124]는 일정한 법이 없어서 출사할 적에 반드시 강구(講究)하는 바가 있는데도 오히려 후인(後人)의 의심을 면치 못하는데, 나와 같은 자는 이미 만만 선배들에게 미치지 못하면서 이름과 지위가 외람되게 선배들의 발자취를 따르고 있어 누를 끼치고 비난을 초래하니, 단연 스스로를 용서할 수가 없다.

내가 스스로 힘쓸 수 있는 것은 오직 거취의 절도에 있어 전전긍긍 신중함을 다해서 유문(儒門)에 수치를 거듭 끼치지 않음에 있을 뿐이다. 어찌 감히 은둔하며 고상한 절조를 높여서 선배들을 뛰어넘기를 바라겠느냐.

이와 같이 하지 않으면 주상 전하를 기만한 죄를 조금이라도 속죄할 수가 없다. 그러므로 감히 주상 전하께 올린 전후(前後)의 글에서 어려

124 출처(出處) : 세상에 쓰일 수 있을 때에는 나가 벼슬하고〔出〕, 그렇지 않을 때에는 집에 들어와 지내는 것〔處〕을 이른다.

움을 무릅쓰고 나아갈 수 없는 의리를 솔직하게 말씀 올렸으니, 지금 어찌 드물게 있는 경사의 예(禮)라고 해서 갑자기 지조를 바꿀 수 있겠느냐.

치성에게 줌
與致成

일전에 집에 온 아전에게 물어보니, 허다한 묵은 포흠(逋欠)[125]을 한결같이 내버려 두어 아직까지 한 말, 한 섬도 거둔 것이 없다고 하였다. 작년에 이미 풍년이 들었고 금년 가을도 크게 풍년이 들었는데, 지금 기회를 놓치고 거두지 못한다면 다시 어느 날을 기다리겠느냐.

수만 석이나 되는 거액의 포흠을 하루아침에 완전히 충당하기는 어렵다. 그러나 만일 포흠을 거두는 일에 두서(頭緖)가 있으려면, 오랜 세월에 걸쳐 꾸준히 행해서 시기에 구애받지 않고 많고 적음을 따지지 않으며 거두는 것을 법도로 삼아야 한다. 또한 점차적인 성과를 기대하여 혹은 쉬운 것을 먼저 하기도 하고 혹은 어려운 것을 먼저 하기도 해서 늘리고 줄이는 것을 형세에 따르고 형벌과 상을 함께 써야 한다. 이렇게 한다면 한 치나 한 자를 얻는 것이 모두 보탬이 될 수 있을 것이다.

이것은 참으로 주자가 말씀한 '자잘한 것들을 그러모아 합하면 저절로 완전한 개체(個體)를 이룬다.'는 것[126]이다. 이와 같이 하면 거의 일을 이룰 수가 있는데, 너는 너무 큰일이라고 생각해서 별반의 조처를

125 포흠(逋欠) : 조세(租稅)를 포탈하거나 관물(官物)을 축내는 것을 이르는 말인데, 여기서는 흉년에 받은 환곡(還穀)을 상환(償還)하지 못한 것을 말하였다.

126 주자가……것 : 이 내용은 《주자어류(朱子語類)》 권117 〈훈문인(訓門人)5〉에 보이는데, 원작은 "자잘한 것들을 모아 합치면 점차로 완전한 개체(個體)를 이룬다.〔簇合零星, 漸成片段.〕"로 되어 있다.

취하고 있지 않는 것이다. 애초에 손을 대고 싶지 않아 미리 대책을 세우는 방도를 생각하지 않고 그럭저럭 세월을 보내다 보면 어느덧 임기가 찰 것이니, 지금은 설령 하고자 하더라도 시일이 장차 부족할 것이다.

내 일찍이 이것을 가지고 너에게 말해준 것이 또한 여러 번인데, 끝내 가타부타의 대답을 듣지 못하였다. 일을 처리함에는 두루 자문하여 자신의 눈과 귀를 열고 넓히는 것을 귀하게 여기는데, 의논이 가정(家庭)에도 미치지 않으니, 그렇다면 다른 사람들과 상의하는 경우는 알 만한 것이다. 누가 기꺼이 정성을 바쳐 네가 미치지 못하는 것을 보완해 주겠느냐. 이것이 내가 평소 너를 위해서 애석히 여기는 것이다.

또 듣자하니 녹봉을 덜어 포흠을 보충하려고 한다고 하는데, 이는 아마도 자신이 솔선하여 사람들을 격려하고 권장하려는 계획에서 나온 듯하다. 이 뜻이 매우 좋은데 어떻게 실시하고 있는지 모르겠다. 다만 옛 포흠을 충당하더라도 새 포흠이 뒤따라 발생하면 이는 바로 물이 새는 항아리에 물을 받는 것이니, 이 또한 염려하지 않을 수 없다.

치성에게 줌

與致成

치수(致秀)[127]가 죽은 뒤에 자식이 없음을 민망히 여겨 양자를 정했으나, 집에 생계를 유지할 근본이 없으니 어떻게 생활하겠느냐. 너희들이 외직(外職)에 있으니, 각자 재물을 내어 후일 땅을 사서 생업을 세우는 밑천으로 삼게 하여라.

치우(致愚)의 말이 실로 나의 마음을 먼저 안 것이니, 네가 비록 포흠에 충당하느라 재력이 넉넉하지 못할지라도, 부디 좌우로 변통해서 그 계책을 성취하여 옛 사람들이 형제간의 천륜을 돈독히 한 아름다운 규범을 이어 가기를 바란다.

127 치수(致秀) : 오치수(吳致秀, 1798~?)로 자(字)는 경원(景元)이며, 1827년(순조27) 증광 진사시에 합격하였다. 오치성과는 10촌 형제가 된다.

치성에게 줌
與致成

종전에 봉함하여 보내온 제물(祭物)들은 정성을 다하여 정밀하게 선택한 뜻이 매우 부족하였다. 내 매양 이를 말하려고 하였으나 미처 하지 못하고 있었는데, 그믐날 제사에 쓰기 위해 보내온 제수(祭需)를 어제 보니, 하리(下吏 하급의 아전)들의 일처리가 지난번보다 더 극히 소홀하였다.

내가 이것을 윤군(尹君)에게 보낸 편지에 이미 자세히 말했지만, 이것을 어찌 아전들만 책망할 수 있겠느냐. 이는 네가 스스로 반성해야 할 부분이다. 만일 평소에 선조를 받드는 성의가 외면에 나타난 것이 돈독하여 믿음을 줄 만한 것이었다면, 아전들의 일처리가 어찌 이와 같을 수 있겠느냐.

선배들이 관청에 몸담고 있을 적에 제사에 관련되어 쓰이는 모든 것은 여러 하리들에게 맡기지 않고 반드시 관(冠)과 도포를 갖추고 나와 앉아 친히 감독하였다. 이것은 단지 도리가 마땅히 이와 같을 뿐이 아니요, 관장(官長)은 백성들이 우러러보기 때문에 선조를 받드는 예절에 있어 그 사체(事體)를 중하게 하는 것이니, 이 또한 백성들에게 성의(誠意)가 있음을 보여주는 것이다.

또 일찍이 가정에서 우러러 살펴본 것을 기억해보니, 어른께서 아랫사람을 대할 적에 매우 인자하셨으나, 제사 올리는 즈음에 아랫사람들이 혹시라도 삼가지 않으면 비록 작고 하찮은 잘못이라도 처음부터 대강 넘기시지 않아서 조금도 용서하지 않고 반드시 경계(警戒)를 보이셨다. 말년에 이르러서는 몸소 임하여 직접 검사하지는 못하셨으나, 불초에게 신신당부해서 대신 살피게 하셨으니, 이것이 어찌 자손들이 마땅히 본받아야 할 바가 아니겠느냐.

치성에게 줌

與致成

아침에 편지를 보냈는데 저녁에 또 네 편지가 와서 상산(商山 상주(尙州))이 멀리 떨어져 있음을 다 잊을 수 있었으니, 그 기쁨을 알 만할 것이다. 근간에 이미 해가 바뀌었는데, 정무를 돌보는 몸이 신년을 맞이해서 많은 복을 받느냐? 보고 싶은 마음이 다른 때에 비할 바가 아니다. 나는 어느덧 70세의 늙은이가 되었구나. 슬픈 일과 기쁜 일을 실컷 겪고 외로이 홀로 살아남아 있으니, 오랫동안 살아 세상을 보는 것이 좋은 일인지 정말 모르겠구나.

포흠을 걷는 일을 시기에 맞춰 끝마쳤다고 들었는데, 실로 나로서는 처음에 생각이 미치지 못했던 것이다. 이 일을 이어 마땅히 후일을 잘 도모할 계책을 깊이 강구해서 전일의 공(功)이 폐해지지 않게 해야만이 진실한 업적이 될 것이다. 부디 급한 마음으로 귀성(歸省)하기 위해 대충대충 미봉하지 말고, 내달 초하루까지 마음을 다하여 일을 조처하는 것이 지극히 좋을 것이다.

치우[128]에게 줌

與致愚

나는 세상에 있어 그다지 하고 싶거나 바랄만한 일이 없고, 오직 너희들이 대강이나마 독서할 줄을 알아서 법도를 지키는 세신(世臣)의 집안과 보필하는 선비[129]의 본색을 잃지 않기를 바랄 뿐이다. 만약 이 소원을 이룰 수 있다면 세상을 떨칠 만한 어떤 부귀영달(富貴榮達)과도 바꾸고 싶지 않으니, 이 마음은 늙어갈수록 더욱 분명해진다.

지난해 우리 형제가 분가한 뒤에 너를 데려다가 곁에 두었던 것은, 혹시라도 너의 마음이 밖으로 내달리지 않아 조금 도리를 알아서 점차 연마하여 기국(器局)을 이루기를 기다려 보고자 해서였다. 그러므로 실로 하루도 너를 놓아주지 않으려 한 것이다.

이번 걸음은 비록 부득이한 사세(事勢) 때문이나, 이 마음은 마치 무언가 잃은 것처럼 서운하니, 이것이 어찌 구구하게 이별을 애석하게 여겨서 그런 것이겠느냐.

지난번에 사관(士寬)에게 들었는데, 네가 길을 나서면서부터 이미 마음이 해이해져서 법도를 따르지 않는 조짐이 있다하니, 나는 자못

128 치우(致愚) : 오치우(1789~?)로 자는 경안(景顔)이며, 오희상의 아우인 오연상의 아들이다. 1819년(순조19) 식년 문과에 급제하고 벼슬이 대사성에 이르렀다.

129 법도를……선비 : 원문의 '법필(法拂)'은 '법가필사(法家拂士)'를 줄여 쓴 것으로, 《맹자》 〈고자 하(告子下)〉에 "들어가면 법도를 지키는 세신의 집안과 보필하는 선비가 없고, 나오면 적국과 외환이 없는 나라는 항상 망한다.〔入則無法家拂士, 出則無敵國外患者, 國恒亡.〕"라고 보인다.

이 때문에 여러 날 마음이 편치 못하였다. 여러 아이들 중에 네가 가장 어질고 선하여 가르칠 만하다고 여겼는데, 도리어 지금 이와 같으니 달리 더 말할 것이 없다.

다만 내가 덕이 부족하여 몸으로 직접 가르치는 교화가 없었고 단지 말로써 굴레를 씌워 너를 다스리고자 하였으니, 한번 내 손안을 벗어나면 이와 같이 되는 것이 이상할 것이 없다. 그러나 너에게 털끝만큼이라도 나를 공경히 받들려는 마음이 있었다면, 어찌 대번에 이 지경에 이르렀겠느냐. 이것이 비통할 만한 일이다.

그러나 허물이 있더라도 이를 고칠 수 있으면 선(善)이 여기에 있는 것이다. 지금 굳이 하나하나 끝까지 말할 것이 없으니, 네가 다만 금일부터라도 마음을 잡고 생각을 바꾸어 항상 내 눈앞에 있는 것처럼 행동하여 후일 서로 만날 때에 무안하지 않게 하기를 오직 바랄 뿐이다.

네가 떠날 때에 글을 써서 보여주고 싶은 것이 있었는데, 시간이 바빠 실행하지 못하였다. 지금 비로소 네 형으로 하여금 베껴 가게 하니, 몸에 간직하고 잘 지키도록 하여라.

치우와 치유에게 답함

答致愚致愈

지난번 편지는, 격조하여 그리워하던 차에 크게 위로가 되었다. 소식을 들은 뒤에 날씨가 추워졌는데, 부모님 모시는 몸이 어떠하며 긴긴 밤 고즈넉한 방에서 책상을 잇댄 채 읽는 것은 무슨 책이냐? 흘러가는 세월은 매우 아까울 만하니 절대로 허송(虛送)해서는 안 된다.

너희들의 나이는 나도 일찍이 경험해 본 바이다. 내가 17, 8세에는 고인(古人)의 뜻과 행실을 사모하는 마음이 있었는데, 중간에 초상과 우환과 질병으로 뜻이 저상되어 흩어지고 교란되어 빼앗긴 채 세월이 흘러 지금에 이르렀는데, 한 가지도 성취한 바가 없어 어느덧 궁려(窮廬)의 감회[130]가 있게 되었다.

지금 너희들은 부모가 모두 살아계시고 형제들이 무고(無故)하니 천하의 지극한 즐거움을 누리는 것이며, 또 굶주리지도 않고 춥지도 않고 병도 없고 우환도 없으니, 마땅히 지금 뜻을 높여 학업에 힘써야 한다. 그런데 너희들이 사사로이 거처하는 것을 보면 편안히 놀고 즐기며 목전의 즐거움에 탐닉하고 있다. 더하여 앞으로의 미래가 늘 이와 같다고 여겨서 인사(人事)의 믿을 수 없음과 세월이 나를 기다려 주지

130 궁려(窮廬)의 감회 : 허송 세월을 한 데 대한 감회로, 궁려는 초라한 오두막을 이른다. 제갈량(諸葛亮)의 〈계자서(誡子書)〉에, "나이는 시간과 더불어 흘러가고 뜻은 세월과 더불어 떠나가 마침내 고락해지면, 초라한 오두막에서 슬퍼하며 탄식한들 장차 무슨 소용이 있겠는가.〔年與時馳, 意與日去, 遂成枯落, 悲歎窮廬, 將復何及?〕"라고 한 데서 나온 말이다.

않음을 전혀 몰라서 끝내 절차탁마하여 학문을 진전시키려는 뜻이 없다. 큰 아이가 이와 같으니, 어린 아우를 어찌 책망하겠느냐.

옛 사람이 말하기를 "위로 천만세가 있고 아래로 천만세가 있으나, 이 몸은 두 번 다시 오지 않는다." 하였으니, 이 말이 가사(歌詞)와 유사하여 노래하고 읊조리는 사이에 나로 하여금 감개(感慨)하게 한다. 내 젊었을 때에 이 말을 외기 좋아했는데 지금 너희들을 위하여 외우니, 이 뜻을 알아서 깊이 생각하여 반성하고 잘못을 깨달을 수 있겠느냐? 나는 지난날 경험했던 우환을 생각하면 아직도 두려움이 마음속에 남아 있음을 느낀다.

피곤함이 쌓여 병이 되어 오랫동안 붓과 벼루를 대하지 않았는데, 너희들에 대한 생각이 한때도 연연하지 않음이 없기에 피곤한 몸을 억지로 무릅쓰고 이 편지를 쓴다. 이만 줄인다.

치우와 치익에게 줌

與致愚致翼

근간에 잠자고 식사하는 기거가 어떠하냐? 깨끗한 방 밝은 창문 아래에 책상을 잇대고 책을 읽는 것이 얼마나 흥취 있는 일이냐. 인생 백 년 사이에 이러한 시절은 참으로 쉽게 많이 얻지 못하니, 모름지기 고요한 세월을 아까워하여 허송하지 않는 것이 옳다.

돌아보건대 나는 연래에 정신이 더욱 심하게 해이해져서, 너희들이 일 년 내내 집에 있는데도 법도의 가운데에서 놀게 하지 못하고, 너희들의 이목에 접하는 바가 모두 명성과 이익의 번잡하고 화려한 일이 되도록 버려두었다. 너희들은 점점 여기에 물들고 이끌려 마음이 흔들리고 들떠서 평소에 글을 읽는 공부조차도 생각이 안정되지 못해서 기름이 수면 위에 떠 있는 것과 같으니, 장차 지금 이후로 오히려 무슨 일을 할 수 있겠느냐.

이번에 너희들에게 집안을 떠나 그윽한 곳에 거처하면서 3, 4개월 동안 공부하도록 권한 것은, 한갓 학업에 전념하기를 바라서가 아니요, 이로 인하여 냉담(冷淡)한 경서(經書) 공부의 경계가 있음을 알아서 고요함을 익히고 공부에 정진하여 혹 번잡하고 어수선한 사서(史書)의 분수(分數 비율)를 줄이기를 바라서이다.[131] 이렇게 하면 자신이 알지도

131 냉담(冷淡)한……바라서이다 : 주자가 여백공(呂伯恭)에게 답한 편지에 "사서는 번잡하고 어수선하며 경서는 냉담하니, 후생들은 마음과 뜻이 아직 안정되지 않아서 외면으로 향하지 않는 이가 적다.〔史書鬧熱, 經書冷淡, 後生心志未定, 少有不偏向外去

못하고 느끼지도 못하는 사이에 머리를 돌려 깊이 깨달아서 본원(本原)의 전지(田地) 위에 채찍질하여 독려하여[132] 수렴(收斂)할 수 있게 될 것이다.

어제 치우가 집에 간다고 고(告)하기에 이미 말해주었으나, 바빠서 이야기를 다 끝마치지 못하여 남은 회포가 그치지 않으므로 이에 또다시 거듭 당부하는 것이다. 부디 나의 고심을 깊이 체인(體認)하고 서로 함께 힘써서 잊지 말기를 바란다. 이렇게 하면 이후에 반드시 무한히 좋은 소식이 있을 것이니, 후일 와서 만날 때에 이것을 의당 눈썹과 속눈썹 사이에서 검증할 수 있을 것이다.[133]

者.〕"라고 한 구절을 원용하여 말한 것이다.

132 채찍질하여 독려하여 : 원문의 '편약(鞭約)'은 《근사록(近思錄)》에 나오는 '편벽근리(鞭辟近裏)'의 편벽과 같은 말이다. 사계 김장생은 "편벽(鞭辟)이란 채찍질하여 독려한다는 뜻이며, 근리(近裏)는 심신(心身)으로 지향해 나가는 것을 말한다.〔鞭辟, 鞭策督迫之義, 近裏, 謂向心身上去也.〕"라고 풀이하였다. 《沙溪全書 卷18 近思錄釋義》

133 의당……것이다 : 《열자(列子)》 〈설부(說符)〉에 "춘추 시대에 진(晉)나라가 도적 때문에 고통을 겪었는데, 극옹(郄雍)이란 인물이 도적의 얼굴을 보고 그 눈썹과 속눈썹 사이를 살펴서 마음까지 알아냈다고 한다.〔晉國苦盜. 有郄雍者, 能視盜之貌, 察其眉睫之間而得其情.〕"라는 구절이 있으므로, 이를 원용하여 아이들의 학문적 성취를 알 수 있음을 말한 것이다.

치우에게 줌
與致愚

일간에 부모님 모시는 몸이 편안하냐? 그립고 그립다. 완악하고 모진 목숨이 구차히 살아남아 어느덧 소기(小朞 소상(小祥))를 지나게 되니, 부여잡고 울부짖으나 미칠 수가 없어 하늘과 땅이 모두 망극하다.

오늘 저녁에 너의 아버지는 이미 공무(公務) 때문에 참석하지 못함을 알려 왔고, 너도 오지 못해서 제사 지내는 반열에 끝내 너의 집의 자손이 한 사람도 없으니, 이 어찌 인정이며 도리이겠느냐. 친구 간에도 정의가 두터우면 백 리의 먼 길을 꺼리지 않고 와서 변제(變制)에 서로 위로하는데, 이제 아득히 바라보이는 거리에 타고 올 말〔馬〕이 없다는 핑계로 오지 않았구나.[134]

임금께서 거둥하시는 날에 타고 올 말을 도모하기 어려운 것을 미리 먼저 알았을 것이니, 만약 기일에 앞서 서로 연락했다면 여기에 나뭇짐을 끄는 말이 왕래하는 것이 하루에도 몇 마리인지 알지 못할 정도로

134 백……않았구나 : 원문의 '숙용(宿舂)'은 하루 동안의 양식을 준비해야 되는 백 리의 거리를 이르고, '망창(莽蒼)'은 아득히 바라보이는 곳으로 삼십 내지 사십 리의 거리를 이른다. 《장자(莊子)》 〈소요유(逍遙遊)〉에 "망창(莽蒼)한 곳을 가는 자는 세 끼 먹을 양식만 가지고 가도 배가 든든하지만, 백 리를 가는 자는 하루 동안 양식을 찧어야 하고, 천 리를 가는 자는 석 달 동안 양식을 모아야 한다.〔適莽蒼者, 三飡而反, 腹猶果然, 適百里者, 宿舂糧, 適千里者, 三月聚糧.〕"라고 보인다. '변제(變制)'는 상기가 끝나 상복을 벗거나, 또는 우제(虞祭), 연제(練祭), 담제(禫祭) 등 상기(喪期)의 경과에 따라 점차 가벼운 상복으로 바꾸어 입는 것을 이른다.

많으니, 어찌 한 필의 말을 빌리기가 어려웠겠느냐? 그런데 어찌하여 이것을 하지 않았단 말이냐? 이는 다름이 아니라 애당초 진실한 마음으로 반드시 오겠다는 뜻이 없기 때문이다. 또 너는 자기 자신의 사지를 쓰는 일에 있어 지나치게 안일해서 몸을 움직이는 것을 꺼려하여 그러한 것이니, 너의 이번 일은 매우 한심할 만하다.

우리 형제는 모두 늙었다. 집안을 이어가는 책임이 오로지 서넛 남은 너의 형제들에게 달려있고, 나는 또 거듭 상(喪)의 화난을 당하여 영위(榮衛)[135]가 모두 손상되어 목전에 남은 생명이 자연 얼마 남지 않았음을 아니, 부형(父兄) 세대의 효도하고 우애하고 화목을 돈독히 하던 가풍이 우리 몸에 이르러 끊어질까 매우 두렵다.

잘 가르쳐서 선(善)하게 하려는 마음[136]에 하루를 급하게 여겨, 일이 있게 되면 입에 쓴 말을 자연 이와 같이 하지 않을 수가 없으니, 바라건대 부디 범연하게 듣지 말고 가슴에 깊이 새기거라. 또 생각하건대 행실을 닦지 못함은 도리를 잘 알지 못하기 때문이니, 이에 한 번 너를 위하여 말해 보겠다.

사람이 사람이 되는 이유는 떳떳한 인륜(人倫)이 있기 때문이다. 인륜이 비록 다섯 가지이나[137] 확충하면 끝이 없으니, 확충하느냐 안하

135 영위(榮衛) : 한의학 용어로, 영(榮)은 피〔血〕의 순환, 위(衛)는 기(氣)의 순환을 뜻한다. 피는 혈맥 안을 순환하면서 몸의 영양(營養)을 관장하고 기(氣)는 혈맥 밖을 순환하면서 몸을 호위(護衛)하는 작용을 맡는다.

136 잘……마음 : 이 내용은 《시경(詩經)》 〈소아(小雅) 소완(小宛)〉에 "언덕 가운데의 콩을 백성이 거두어 가는 것처럼, 명령의 새끼를 나나니벌이 업어 데리고 가서 키우니, 그대 아들을 잘 가르쳐서, 선(善)하게 하여 너와 닮게 하라.〔中原有菽, 庶民采之, 螟蛉有子, 蜾蠃負之, 教誨爾子, 式穀似之.〕"라고 한 말을 원용한 것이다.

느냐의 사이에 사람과 짐승, 어짊과 불초함이 나뉜다.

이제 부자간의 한 윤리를 가지고 말해보겠다. 아버지로부터 위로 미루면 아버지의 아버지, 아버지의 할아버지가 계셔서 무궁한 선조에 이르고, 아버지로부터 옆으로 미루면 아버지의 형제, 아버지의 종형제가 있어서 무궁함에 이르며, 아버지로부터 아래로 미루면 자신의 형제와 먼 형제에 이르러 무궁함에 이른다. 그리고 아들로부터 위로 미루면 부모가 나를 낳아주고 길러주신 은혜가 망극함을 알게 되고, 아들로부터 옆으로 미루면 형제의 아들, 종형제의 아들이 있어서 무궁함에 이르고, 아들로부터 아래로 미루면 아들의 아들과 아들의 손자가 있어서 무궁함에 이른다.

지금 저 승냥이와 수달이 조상에게 제사할 줄 아나 어버이에게 효도할 줄을 알지 못하고, 호랑이와 이리가 새끼를 사랑할 줄 아나 조상에게 제사할 줄을 알지 못함[138]은 미루지 못하기 때문이다. 하천(下賤)한 사람들이 부모에게 효도할 줄을 아나 우애할 줄을 모르고, 혹 형제간에는 겨우 우애할 줄 아나 친척과 외척(外戚) 간에 친하고 도탑게 지내는 도리가 있음을 알지 못함은 이 또한 미루지 못하기 때문이다.

137 인륜이……가지이나 : 인륜의 다섯 가지는 '부자간에는 친함이 있고〔父子有親〕', '군신 간에는 의리가 있고〔君臣有義〕', '부부 간에는 분별이 있고〔夫婦有別〕', '장유 간에는 차서가 있고〔長幼有序〕', '붕우 간에는 신실함이 있음〔朋友有信〕'을 가리킨다.

138 승냥이와……못함 : 이 내용은 주자가 《중용혹문(中庸或問)》 상권(上卷)에서 "범과 이리에게 부자간의 친함이 있고, 벌과 개미에게 군신간의 의리가 있고, 승냥이와 수달이 조상에게 제사할 줄을 알고, 물수리에게 암수의 분별이 있는 것으로 말하면, 그 형기가 한편으로 치우쳤으나, 도리어 또 의리의 얻은 바를 보존한 것이 있는 것이다.〔至於虎狼之父子, 蜂蟻之君臣, 豺獺之報本, 雎鳩之有別, 則其形氣之所偏, 又反有以存其義理之所得.〕"라고 말한 구절을 원용하였다.

이른바 '미룬다'는 것은 바로 이것을 가지고 저기에 미루어 확충하는 것이니, 미룸에는 비록 이것과 저것의 구분이 있으나 실제로 보면 미루어 넓히는 도(道)이다. 만일 미룰 수 있으면 친척을 가까이한 뒤에 백성을 사랑하고 백성을 사랑한 뒤에 물건을 아끼는 것이 모두 나의 범위 안의 일이 되지만, 만일 미루지 못하면 나의 한 몸 외에는 바로 나와 남남의 관계가 되어서 비록 부자간의 친함이라도 이미 나와 남의 구분이 있으니, 이대로라면 인도(人道)가 어찌 종식되지 않겠느냐.

우리들은 일찍 가정의 가르침을 들어서 이러한 도리를 대강 알았는데도 지금에 이르러 찬찬히 돌아보면 완전히 이 가르침을 저버렸는데, 하물며 너희들은 들음도 없고 앎도 없음에랴. 내 이미 이것을 내 자신이 소유하지 못하고 또 나이 어리고 우매한 자들에게 제대로 가르쳐 주지도 못하여 선인의 아름다움이 끊어지게 되었으니, 이는 또 나의 잘못이다. 이 때문에 안절부절하여 마음을 제대로 제어하지 못하고 있다.

병들어 누워 불러주어 편지를 쓰게 하면서 나도 모르게 말이 길어졌으니, 행여 이 마음을 알 수 있겠느냐?

치우와 치유에게 줌

與致愚致愈

내가 교외에 거주한 뒤로부터 너희들이 나를 자주 보러 오기가 어려워졌으니, 그렇다면 진실로 마땅히 수시로 안후를 묻는 편지를 보내야 한다. 나에게 있어서는 이 편지로 너희들을 그리워하는 마음을 위로할 수 있고 너희들에게 있어서는 부형(父兄)을 섬기는 도리를 행하는 것이 되는데, 너희들은 이러한 뜻을 알지 못해서 특별한 일이 있는 경우가 아니면 편지를 하는 적이 없어서 여러 날 동안 소식이 끊기기에 이르니, 이것이 어찌 인정과 도리이겠느냐.

나는 너희들의 뜻을 아니 반드시 서찰을 외면(外面)의 인사치레라고 여겨 소홀히 여기는 것일 것이다. 그러나 심중에 성실하면 반드시 외면에 나타나니, 만일 정의(情義)가 가슴속에 풍성하다면 외면(外面)의 인사를 자연 그만둘 수가 없는 것이다. 지금 외면이 이와 같다면 내면을 알 수 있으니, 먼저 외면부터 힘쓰지 않을 수가 없는데, 하물며 내면과 외면이 원래 두 이치가 아님에랴.

30리 정도 떨어진 곳은 바로 소식이 이어지기도 단절되기도 하니 날마다 편지를 하기는 어렵지만, 3일 내지 5일에 한 번 정도로 반드시 일상의 안부를 묻는 것이 지극히 옳고 지극히 옳을 것이다.

옛날 충정공(忠貞公)은 숙헌공(肅憲公)[139]을 부친처럼 섬겨서 날마

139 충정공(忠貞公)은 숙헌공(肅憲公) : 충정공은 오희상의 고조인 오두인(吳斗寅, 1624년~1689)이고, 숙헌공은 오두인의 백부인 오빈(吳䎙, 1602~1685)이다. 오빈은

다 반드시 안후를 살폈고, 만일 공무로 경황이 없게 되면 반드시 미리 손수 안후를 묻는 편지를 썼는데 혹시라도 폐하지 아니하여 늙음에 이르러도 게을리하지 않으셨다. 이 일이 우리 가승(家乘)에 실려 있으니, 어찌 자손들이 마땅히 본받아야 할 바가 아니겠느냐.

자가 빈우(賓羽), 호가 농재(聾齋)로 1632년(인조10) 알성 문과에 급제하고 벼슬이 지중추부사에 이르렀다. 오두인은 자가 원징(元徵), 호가 양곡(陽谷)으로 1649년(인조27) 별시 문과에 장원으로 급제하고 벼슬이 형조 판서에 이르렀다.

치우에게 줌

與致愚

지난번에 운니동(雲泥洞) 서쪽에서 눈과 바람이 몰아치던 밤을 너와 함께 보낼 적에, 경루(更漏 물시계)가 여러 번 시각을 전하는 동안 외로운 등불을 밝게 돋우면서 정성을 다해 너에게 말해 준 것이 천백 마디에 그칠 뿐이 아니었다. 그러나 그 귀결을 요약해보면 선조를 욕되게 하지 말라는 '무첨(無忝)' 두 글자에 지나지 않는다.

우리 집안은 선조로부터 명예와 절개, 시(詩)와 예(禮)가 전해져 와서 남겨주신 음덕이 다하지 않았다. 내 일찍이 옛날 어버이를 섬길 적에 우러러보니, 조정에 서 계신 지 수십 년 동안 겸손하고 신중하고 평온하고 성실하게 처신하시어 화(和)하면서도 그 류(類)를 잃지 않았고 강(强)하면서도 편당(偏黨)을 짓지 아니하여, 무릇 나아감과 물러남, 사양함과 받음의 사이에 반드시 옛 가르침을 상고하여 한 털끝만큼도 구차한 짓을 하려고 하지 않으셨다. 그러니 모든 우리 후손들 중에 과거에 급제하여 관직에 올라 대를 잇는 자들은 더욱 마땅히 이것을 잘 지켜 잃지 말아야 할 것이다.

네가 과거에 급제한 날 저녁에 보니, 험한 벼슬길을 끝까지 가기 어려움을 탄식하고 가문의 명성을 쉽게 실추할 것을 두려워해서 선(善)한 단서가 드러남이 성대하여 충분히 사람들을 감동시킬 수 있었으니, 바로 이 한 생각이 몸을 잘 지키고 집안을 보존할 수 있으니, 내 마음이 기뻐서 자못 잠을 자고 싶지 않았다.

그러나 네가 쌓은 학문이 두텁지 못한데 갑자기 세상길에 나아가면 내면이 외면을 막아낼 수가 없을 것이니, 모든 득실의 마당에서 이익이 앞에서 유혹하고 위엄이 뒤에서 두렵게 하여 자신이 지키는 것을 상실하지 않는다고 보장하기가 어려울 것이다. 그렇다면 오늘날 한때의 훌륭한 생각을 또 어찌 믿을 수 있겠느냐.

오직 독서하는 한 가지 일이 이전의 결함을 보완하고 후일의 공효(功效)를 거둘 수 있게 하니, 부디 빨리 사서(四書)와 《소학》, 《근사록》과 《주서절요(朱書節要)》 등의 책을 취하여 자리 곁에 두고서 비록 빨리 읽지 못하더라도 읽는 편수(遍數)를 적게 하고 일정한 과정을 세워 순환하여 그치지 않도록 하라.

한갓 장구(章句)나 따다 쓰는 일을 이롭게 여기지 말고 의리(義理)의 맛이 자신의 폐부에 무젖어들기를 바라야 하니, 이와 같이 하기를 오래하면 세월이 흐르는 사이에 식견이 진전될 수 있고, 식견이 진전되면 지킴이 견고해질 수 있을 것이다. 내가 너를 위하여 도모해 줄 것은 오직 이것뿐이다.

치우에게 줌
與致愚

근래 궤전(饋奠)[140]하는 여가에 어떤 학업(學業)을 하고 있느냐? 그동안 병시중을 들 때에는 실로 책을 펴볼 틈이 없겠기에 나 또한 너에게 독서하라고 권하지 못했는데, 지금은 애통하여 마음이 담박(淡泊)한 가운데에 우환과 외부의 소란에 방해받음이 없으니, 전념하여 글을 외고 읽을 수 있을 것이다.

그러나 책을 읽음은 과정을 세워 종사하는 것보다 더 좋은 것이 없다. 이는 비유하면 밥을 먹는 것과 같으니, 1달 30일에 날마다 두 사발의 밥을 먹는데, 두 사발의 밥이 비록 적으나 쉬지 않고 먹는 효과가 있어 자연 영위(榮衛)가 충만하고 윤택해진다. 빨리 읽기에 힘써서 과정을 세우지 않으면 마치 한 번에 몇 말의 밥을 먹고 종일토록 먹지 않는 것과 같으니, 몇 말의 밥이 비록 많으나 남은 날의 굶주림을 막을 수는 없다.

모름지기 빨리 한 가지 경서(經書)를 취해서 자기 능력을 헤아려 과정을 세우고, 중한 병이 있는 경우가 아니면 대번에 공부를 폐하지 말며, 빠른 효험을 구하지 말고 실제에 의거하여 체인(體認)하고 연구하여라. 3, 4년을 이렇게 유지해 가면 자연 뛰어난 공효를 거두게 될 것이다.

회옹(晦翁 주자)은 부친을 장례하기 전에 사문(師門)에 나아가서 배

140 궤전(饋奠) : 장례 동안에 조석(朝夕)으로 상식(上食)을 올리는 일을 이르다.

웠으니, 옛 사람이 묻고 배움을 급하게 여겼음을 여기에서 볼 수 있다. 더구나 너는 여러 해 동안 학업을 폐하였고 나이가 점점 들어가니, 만약 지금의 시기를 놓치고 배우지 않으면 다시 어느 날을 기다리겠느냐.

또 생각해보건대, 근래에 상사(喪事)의 법도가 무너져서 식자들이 한심하게 여기고 있다. 다만 너는 자질이 고요하고 유약해서 만일 예법대로 상제(喪制)를 지키려고 하면 진실로 상을 감당하지 못할 우려가 있다. 그러나 어찌 이것 때문에 스스로 상제를 다할 뜻을 유념하지 않을 수 있겠느냐. 요컨대 스스로 근력(筋力)을 헤아려 근력이 미치는 곳에는 힘써 예를 따르도록 해라. 이것이 내가 깊이 바라는 바이다.

우리 집안은 시(詩)와 예(禮)를 전해 와서 금일에 이르렀으니, 무릇 우리 후손들은 마땅히 조심하고 조심해서 이를 지키고 따를 것이요, 세속을 따라 상례(喪禮)를 실추시켜서는 안 된다. 장맛비가 내리는 강가에 의지할 데 없는 이 몸의 회포가 고독하니, 이는 너를 보고 싶어도 볼 수가 없어서이다. 애오라지 붓을 잡고 이 편지를 써서 그동안 쌓인 그리움을 펴노라.

치우에게 답함

答致愚

편지로 보내준 너의 주문(奏文)을 보았는데, 너의 소견이 이와 같으니 매우 좋구나. 나라의 무함(誣陷)을 오랑캐 청(淸)나라 조정에서 변정(辨正)하는 것은, 참으로 주자가 말씀한 '애통함을 참고 원통함을 머금어 절박하여 어쩔 수 없어 하는 일'이니, 만일 그 말이 간절하게 되기를 바란다면, 어찌 할 말이 없음을 근심하겠느냐. 어찌 꼭 청(淸)나라 황제를 향해 군부(君父)니 부모(父母)니 하는 글자를 쓴 뒤에야 간절함이 되겠느냐.

병자년에 청나라에게 항복하고 맹약(盟約)을 맺으면서 우리나라가 강력히 다투었던 것은, 바로 '아버지라고 칭함〔稱父〕' 두 글자이다. 비록 약소국이 대국을 섬기는 의리로써 청나라에게 '신복(臣僕)'이라고 칭하였으나, 결단코 이 부(父)라는 글자를 개와 양과 같은 오랑캐에게 칭(稱)해서는 안 되니, 그 후 저 청나라와 관계되는 모든 문자에 이와 같은 말을 쓴 것이 있음을 보지 못하였다. 지금 저들이 비록 옛글을 인용한 것이라고 해명하고 있으나, 지극히 임금을 욕되게 한 것이니, 통탄스럽고 통탄스럽다.

존양(尊攘 중화를 높이고 오랑캐를 물리침)의 의리는 타고난 천성(天性)에서 얻은 것으로 하늘이 다하도록 잃을 수 없는 것이다 그런데 근래 매서운 추위가 구야(九野)를 덮어서[141] 사대부(士大夫)들이 전혀 이러

141 매서운……덮어서 : 중화(中華)가 매우 비색한 지경에 처해 있다는 의미이다.

한 의리들을 강(講)하지 않으니, 눈으로 중화와 오랑캐를 구분하지 못하고, 우선 목전에 훈훈한 작은 인(仁)을 좋아해서 거의 명나라를 섬기던 바로 오랑캐를 섬기려고 한다. 세도(世道)가 이 지경에 이르렀으니, 더 무슨 말을 하겠느냐.

주자가 지은 〈재거감흥(齋居感興)〉 시의 "붉은 햇볕이 하늘에 퍼져도 미세한 음(陰)이 깊은 못에서 생겨나고, 추위가 구야를 덮어도 양(陽)의 덕이 깊은 샘 속에서 밝아오네. 〔朱光遍炎宇, 微陰眇重淵. 寒威閉九野, 陽德昭窮泉.〕"라는 구절에서 원용한 것이다. 《晦菴集 卷4 齋居感興》 '구야(九野)'는 하늘의 팔방과 중앙이란 의미인데, 구주(九州)의 들판 즉 중국 전체를 가리키기도 한다. 붉은 햇볕은 양(陽)을 가리킨다. 한 여름에 양기(陽氣)가 하늘에 꽉 차있어도 깊은 못 속에서는 음기가 생겨나 하지(夏至)가 되고 추위가 맹위를 떨쳐 음기(陰氣)가 천지를 덮고 있어도 깊은 땅속에서 양기가 생겨나 동지(冬至)가 된다는 의미이다. 《주역》의 십이벽괘(十二辟卦)에 의하면, 하지(夏至)가 있는 5월에 한 음효(陽爻)가 생겨나서 구괘(姤卦 ䷫)가 되고 이후 매월 음효가 하나씩 더 생겨나서 10월이 되면 순음효(純陰爻)인 곤괘(坤卦 ䷁)가 되었다가 동지가 있는 11월이 되면 다시 양효 하나가 생겨나서 복괘(復卦 ䷗)가 되므로 말한 것이다.

치우에게 답함
答致愚

편지를 받고서 이미 잠필(簪筆 사관(史官))의 직책[142]에 나아가느라 어버이 시봉(侍奉)을 비운 사정을 알게 되니, 자못 마음에 걸린다. 지난해에 너의 선친(先親)이 여기 있으면서 숙직하던 날에 편지를 주고받았는데, 지금 이것을 생각해 보니 어느덧 25개 성상(星霜)이 지나 인사(人事)의 변고가 이미 상전벽해(桑田碧海)가 되었구나.

노쇠한 마음이 쉽게 감상에 빠지니 종이를 잡음에 나도 모르게 많은 눈물이 흐른다. 말세(末世)의 습속은 높아지기가 쉽고 험난한 길은 끝까지 가기가 어렵다는 것은 옛 사람이 한탄한 바인데,[143] 더구나 너는 학문이 충분하지 못하면서 요로(要路)에 자취를 두고 있으니, 부형(父兄)의 마음에 어찌 근심이 기쁨보다 많지 않을 수 있겠느냐. 부디 겸손하고 신중하고 질박하게 처신하며 남을 해치지 않고 재물을 탐하지 않는 것을 몸을 지키는 절도로 삼아서 문호(門戶)에 수치를 크게 끼치지 말아야 하니, 이것이 내가 밤낮으로 바라는 바이다.

궁궐 안에 한가로운 때가 많거든 참으로 고인(古人)의 문자 중에

142 잠필(簪筆)의 직책 : '잠필'은 신하가 관(冠)이나 홀(笏)에 붓을 꽂아서 서사(書寫)에 대비하는 것으로 사관을 이른다. 오치우는 1824년(순조24)에 예문관 검열(藝文館檢閱)과 춘추관 기사관(春秋館記事官)에 제수되었다.

143 말세의……바인데 : '옛 사람'은 송나라의 정치가인 반산(半山) 왕안석(王安石)을 가리킨다. 왕안석의 이 말은 주자가 정자명(鄭自明)에게 답한 편지에 인용되어 보인다.

나의 식견에 이로운 것들을 취해 간략히 과정을 두어서 처음부터 끝까지 침잠(沈潛)하여 보는 것이 좋으니, 이렇게 하면 흉중(胸中)에 자연 점점 무젖어드는 효험이 있을 것이다. 만약 단지 심심풀이로 쓸데없는 잡서(雜書)를 본다면 끝내 유익한 바가 없을 것이다.

치우에게 줌
與致愚

이불을 가지고 며칠 숙직하는 사이에 연대(筵對 경연(經筵)에서 질문에 대답함)를 경험하였느냐? 연대를 오랫동안 정지하고 있다고 하니, 지극히 근심스럽고 답답하다.

3일 동안 개강(開講)하지 않으면 동궁(東宮)의 관원이 아뢰어 우러러 청하는 것이 고사(故事)이니, 이는 보도(補導)하는 가르침을 바치는 것이 이때가 아니면 손을 쓸 수 없기 때문이다. 더구나 지금 세자 저하의 보령(寶齡)이 점점 많아지고 총명이 날로 열리시니, 이때야말로 강학이 더욱 시급한데, 어찌하여 고사(故事)를 잘 닦아 시행하지 않느냐? 청하는 일이 두 차례에 이르고 세 차례에 이르더라도 계속 청하여 성상(聖上)의 허락을 받아내지 않는 것이냐?

이미 그 직책에 있다면 진실로 마땅히 하루의 책임을 바칠 것을 생각해야 하니, 느긋하게 침묵을 지킨 채 무리들을 따라 나아가고 물러나면서 세신(世臣)의 의리를 저버려서는 안 된다. 만약 이렇게 충성을 바치지 못한다면 스스로 일찍 물러나서 마땅함을 얻느니만 못하다. 나는 조정에서 보낸 사관(史官)이 오래도록 지키고 있는데 그 충정(衷情)에 황송(惶悚)하니, 어떻게 계책을 세워야 할지 모르겠다. 어찌하겠느냐.

치우에게 답함

答致愚

근래에 내가 복제(服制)에 대해 조정에 의견을 올린 일로 욕과 비방이 세상에 넘쳐 나서, 귀에 들어오는 말들이 지극히 험악하다. 그러나 나의 이런 의논이 없었다면 이런 비방이 없었을 것이니, 창랑(滄浪)의 물이 스스로 취한 것이다.[144] 어찌 노여워할 것이 있겠으며, 또 굳이 변론할 것이 있겠느냐. 다만 유유(悠悠)한 저 하늘[145]에 맡겨둘 뿐이다.

예로부터 예가(禮家)들은 분분히 서로 다투어 결론을 맺지 못한다는 비판을 받아왔는데, 이는 각각 자기가 근거하여 주장하는 바가 있어서 피차(彼此) 간의 실정을 제대로 이해하지 않고 다만 자신이 옳다고 여기는 것이 중한 줄만 알며, 또 남을 이기기를 좋아하는 마음에 도발

144 창랑(滄浪)의……것이다 : 스스로 비방을 자초하였다는 의미이다. 《맹자》 〈이루상(離婁上)〉에 "동자가 노래하기를 '창랑의 물이 맑거든 나의 갓끈을 빨 것이요, 창랑의 물이 흐리거든 나의 발을 씻겠다.' 하니, 공자께서 말씀하기를 '소자들아, 저 노래를 들어 보라. 물이 맑으면 갓끈을 빨고, 물이 흐리면 발을 씻는다고 하니, 이는 물이 자취(自取)하는 것이다.' 하셨다.〔有孺子歌曰: 滄浪之水清兮, 可以濯我纓, 滄浪之水濁兮, 可以濯我足. 孔子曰: 小子, 聽之! 清斯濯纓, 濁斯濯足矣, 自取之也.〕"라고 한 말씀이 보인다. 창랑은 중국의 강 이름으로 한수(漢水)의 하류를 이르는데 평소 깨끗한 물이 흐르다가 상류에서 홍수가 져 흙탕물이 내려오면 갑자기 흐려진다.

145 유유(悠悠)한 저 하늘 : 원문의 '유유(悠悠)'를 '유유창천(悠悠蒼天)'의 줄인 말로 보아 이렇게 번역하였다. 유유창천은 아득하고 아득한 푸른 하늘이란 의미로 《시경》 〈왕풍(王風) 서리(黍離)〉, 〈당풍(唐風) 보우(鴇羽)〉 등에 보인다.

되어 논쟁이 반복되면서 더욱 격렬해져서 마침내 수습할 수 없는 지경에 이르게 되는 것이니, 거울로 삼을 만한 전철이다.

너희들은 이를 경계할 줄 알아야 하니, 입을 다물고 침묵하여 절대로 이 일로 남과 말을 주고받지 말거라. 사람들 중에 이에 대해 묻는 사람이 있더라도, 공손한 말로 대답하여 스스로 옳게 여기는 기색을 보여주지 않는 것이 지극히 옳고 지극히 옳다.

만약 예조(禮曹)에서 삼년상(三年喪)으로 정한 것을 진작 알았더라면, 비록 성상의 하문을 받았더라도 물러나 칩거하고 있는 몸으로 대답하지 않는 것이 옳았을 것이다. 그러나 일이 그리 되지 못해서 이처럼 분분(紛紛)함을 이루어 마치 저절로 그렇게 되는 것처럼 되었으니, 어찌한단 말이냐?

치우에게 줌

與致愚

내가 지난번 사직(辭職)을 청하는 글을 올리면서 글 말미에 교주(敎胄)[146]의 한 가지 일을 덧붙였으니, 평상시에 말하고 침묵하는 절도로써 헤아려보건대, 내 자신이 이미 출사하지 않았으면 어찌 말을 낼 수 있겠느냐. 그런데도 이를 돌아볼 겨를이 없었던 것은 실로 공연한 것이 아니니, 이는 사람들을 깨우쳐주어 만에 하나나마 바라는 바가 이루어질까 해서였다.

세상에 만일 나의 이런 마음을 알아주는 사람이 있으면, 나의 광망(狂妄)된 짓을 거의 용서하지 않겠느냐. 다만 지금 나라에 대한 근심을 하나하나 세어 본다면 열 손가락으로도 부족하겠지만, 오직 세자 저하를 보양(輔養)하는 일의 엉성하고 부실함이 가장 통탄하고 눈물을 흘릴 만한 일이다.

타고난 자질이 아름답더라도 가르침을 받지 않고 성취하는 자는 있지 않다. 그러므로 여항(閭巷)에 사는 서인(庶人)의 자식들도 오히려 스승을 선별하여 일찍부터 가르치는데, 당당한 천승(千乘)의 나라에서 주창(主鬯)[147]의 중임을 맡은 세자 저하께 한 사람을 선별하여 보부

146 교주(敎胄) : 주자(胄子)를 교육시키는 것을 이른다. 주자는 천자(天子)에서 경대부(卿大夫)에 이르기까지의 맏아들을 가리킨다. 《書經 舜典》

147 주창(主鬯) : 종묘의 제사 때에 울창주(鬱鬯酒)로 강신(降神)하는 일을 맡는다는 뜻으로, 임금의 후사(後嗣)를 잇는 일을 뜻하는데 세자의 이칭으로 바로 쓰이기도 한다.

(保傅)의 책임을 맡겼다는 말을 아직도 듣지 못하였다.

이렇다면 가령 날마다 서연(書筵)을 연다고 하더라도 이는 오로지 준례를 갖추는 형식적인 것일 뿐이요, 조금도 진실한 마음과 진실한 일이 없는 것이다. 이러고서야 어찌 세자 저하께서 어진 이를 친애하고 선비를 사랑하시어 학문을 성취해서 후일에 오랫동안 편안하고 장구하게 다스리는 공업(功業)을 도모하시기를 바라겠느냐.

이는 알기 어려운 일이 아니니 모르는 자가 누가 있겠는가마는, 다만 한 번도 이것을 아뢰는 자가 없다. 그러나 우리 조종(祖宗)의 태평성대를 살펴보건대, 보양(輔養)의 방책 중에 뛰어나고 훌륭한 규범으로 후세의 모범이 될 만한 것이 반드시 다 성상의 뜻에서 나온 것은 아니고, 대부분은 아랫사람들이 건의한 것이다. 그렇다면 오늘날 명령을 받들고 보필하는 지위에 있는 신하가, 만일 천한 이 몸의 상소문 말미에 있는 내용을 가지고 성상께서 깊이 관심을 가지시는 가운데[148] 아뢴다면, 어찌 솜이 물을 빨아들이듯 받아들여질 가망이 있지 않겠느냐. 그런데 내 말을 건성으로 들으니,[149] 어찌하겠느냐?

148 성상께서……가운데 : 원문의 '전석(前席)'은 임금이 신하의 이야기에 깊은 관심을 가져 잘 듣기 위해 앞으로 바짝 다가앉는 것을 말한다. 한나라 문제(文帝)가 선실(宣室)에서 가의(賈誼)와 귀신에 대한 이야기를 나누다가 바짝 다가앉아 경청했다는 고사에 보인다. 《漢書 卷48 賈誼傳》

149 내……들으니 : 원문의 '청아막막(聽我藐藐)'은 《시경》〈억(抑)〉에 "너를 가르치기를 간곡히 하는데도, 너는 내 말을 건성으로 듣는구나.〔誨爾諄諄, 聽我藐藐.〕"라는 구절을 인용한 것이다.

치익에게 줌
與致翼

고요함에 나아가는 시간이 많아지면 기미(氣味)가 매우 근사(近似)해지니, 부산하게 움직이고 제멋대로 동하던 마음이 조용한 경계 덕분에 다소나마 안정되었느냐? 독서는 부지런하고 독실하게 함에 힘써야 하나, 굳이 밤낮을 다하여 마음껏 읽고 몹시 바쁘게 과정을 좇을 필요가 없다. 이렇게 다만 나아가기를 빠르게 하면 물러나는 것도 빠를 뿐만 아니라,[150] 바로 기혈(氣血)이 손상되어 도리어 쉽게 병이 날 우려가 있다.

모름지기 자신의 힘을 헤아려 과정을 세우고 마음을 여유 있게 가지고 작은 목소리로 꼼꼼하게 읽으며 침잠(沈潛)하여 무젖어 들어가야 하니, 요컨대 마음과 책자(冊子)가 하나가 되도록 하는 것이 옳다. 이렇게 오랫동안 하면 득력(得力)하는 부분이 있을 것이다.

또 책을 볼 적에 의심을 품을 줄 알아야 비로소 좋은 소식(消息)이 되는데, 너희들은 아직도 이것을 알지 못한다. 이른바 '안다'는 것도 애초에 참으로 아는 것이 아니고 '알지 못한다'는 것도 애초에 참으로 알지 못하는 것이 아니어서, 항상 반쯤 알고 반은 모르는 채로 모호하

150 나아가기를……아니라 : 이 내용은《맹자》〈진심 상(盡心上)〉에 보이는 "나아가기를 빨리 하는 자는 물러나는 것도 빠르다.〔其進銳者, 其退速.〕"라는 구절을 원용하였다. 이는 사람이 처음에 너무 무리하게 급히 나아가면 의욕이 쉽게 쇠퇴하여 쉽게 후퇴함을 말한 것이다.

고 어두운 속에 있으니, 이래서야 어떻게 장족(長足)의 발전을 이루겠느냐.

이번에 처음부터 일체의 공부를 하기 원한다면, 예전처럼 그렇게 우선 읽고 우선 외우고는 일이 끝났다고 여겨서는 안 된다. 반드시 구(句)와 글자마다 마음속으로 사색(思索)하여 의심스러운 곳을 찾아 아는 것과 모르는 것의 경계를 두 편으로 잘라 나누어 뚜렷하고 분명하게 하고, 모르는 것이 있을 때마다 현보(玄甫)에게 질문하면 현보가 반드시 아낌없이 알려 주어 도움이 되는 바가 적지 않을 것이다.

이렇게 하지 않으면 다만 예전의 기량(技倆)을 유지할 뿐이니, 타인이 힘을 쓸 수 있는 것이 아니다. 선유(先儒)께서 "의심할 것이 없는 것에서 의심할 만한 것을 찾아내고, 다시 의심할 만한 것에서 의심할 것이 없음을 본다."라고 하였으니,[151] 이 말이 참으로 좋다.

나는 예전처럼 지내고 있으나, 낮에는 일에 대응하느라 한결같이 어수선하게 지낸다. 때로 밤중에 옛 책을 다시 읽고 있으나 정신이 어둡고 기운이 없어서 두수(抖擻)[152]에 오르지 못하니, 이에 일이 없는 젊은 시절에 노력하지 않으면 안 된다는 것을 더욱 잘 알게 되었다.

151 선유(先儒)께서……하였으니 : '선유'는 원(元)나라 초기의 문신이자 학자인 허형(許衡, 1209~1281)으로 자는 중평(仲平), 호는 노재(魯齋)이다. 주자학자로서 원나라 초기 주자학의 기초를 닦았다. 허형의 이 말은《인보유기(人譜類記)》권 하(下)에 "글속에 의심할 것이 없는 것에서 의심할 만한 것을 찾아내고 의심할 만한 것에서 도리어 의심할 것이 없음을 보아 내야, 비로소 이익이 있게 된다.〔書中無疑, 看出有疑, 有疑却看出無疑, 方是有益.〕"라고 되어 있다.

152 두수(抖擻) : 범어(梵語) 두타(頭陀 dhūta)의 의역으로, 번뇌의 티끌을 떨구고 의(衣)·식(食)·주(住)에 탐닉하지 않은 채 청정하게 불도(佛道)를 수행함을 말한다.

치익에게 줌
與致翼

내가 교외로 거처를 옮긴 뒤로부터 네가 자주 도성에 들어가서 태반은 작은아버지 곁에 있으니, 부디 너의 작은아버지에게 혼정신성(昏定晨省)의 예절을 잘 행하고 출입(出入)할 때에 반드시 고(告)해서 나를 섬기듯이 하여라.

근래에 보건대, 인가(人家)의 자제들이 친부모에 비하여 백숙부모(伯叔父母)를 대함에 현격하게 차이를 두어 이로 말미암아 윤리가 점점 박(薄)해져 미루어 나갈 수가 없게 되니, 이에 돈후(敦厚)한 풍속이 없어져 들리는 바가 없게 되었다. 이는 참으로 맹자가 말씀하신 '후하게 대해야 할 경우에 박하게 대한다면, 박하게 대하지 않을 경우가 없다는 것'이다.[153]

내 일찍이 쇠퇴한 풍속을 깊이 한탄해서 문호(門戶)를 바로잡고자 하였는데, 너희들이 어찌 나의 이러한 뜻을 알 수 있었겠느냐. 옛날 사마온공(司馬溫公)이 형 백강(伯康)을 아버지처럼 섬겼는데, 《소학》에는 친형으로 기재되어 있으나,[154] 송나라 본사(本史)를 상고해보면 친형이 아니고 바로 재종형(再從兄)이었다. 옛 사람의 행실이 돈후함이 대체로 모두 이와 같았다.

153 맹자가……것이다 : 이 내용은 《맹자》 〈진심 상(盡心上)〉에 보인다.

154 사마온공(司馬溫公)이……있으나 : 사마온공은 북송(北宋)의 명상(名相)인 사마광(司馬光)으로, 이 내용은 《소학》 〈선행(善行)〉에 보인다.

치익에게 줌
與致翼

민 남평(閔南)[155] 어른이 이번 달 16일 임소(任所)에서 별세하였다. 진췌(殄瘁)의 애통[156]을 마땅히 이 세상과 함께해야 할 것인데, 나와 같은 경우는 수십 년 사귄 정이 혈육(血肉)의 친족과 다름이 없었다. 이제 이분을 잃어서 좋은 교분이 영원히 끝났으니, 이내 생애가 더욱 외로워졌구나. 아마도 나의 곤궁한 운명에 관계되는 듯하니, 어쩌겠느냐.

더구나 이분은 어버이께서 나이가 많고 자식이 어린데 객지에서 흉한 일을 당했으니, 여러 가지 정황이 참혹해서 차마 자세히 생각할 겨를이 없구나.

지난해에 너를 그분에게 보내 수학하게 했던 것은 뜻이 공연한 것이 아니었다. 이는 진실로 스승으로 삼을 만한 분이었기 때문이기도 했지만, 또 세상이 쇠퇴하고 도가 사라져 스승과 벗의 의리를 강(講)하지 아니하여 사우(師友)의 도가 땅에 떨어졌기에, 바로 우리 두 집안의 후손들로 하여금 왕래하면서 학업을 청하여 남몰래 이러한 도리를 닦아서 한 맥을 보존하고자 한 것 또한 한 가지 일이었다.

155 민 남평(閔南平) : 민치복(閔致福, 1766~1814)으로 남평 현감(南平縣監)으로 있었기 때문에 이렇게 칭한 것이다. 자세한 내용은 372쪽 주108 참조.

156 진췌(殄瘁)의 애통 : 어진 이의 죽음에 대한 애통을 이른다. 《시경》 〈대아(大雅) 첨앙(瞻仰)〉의 "어진 이가 죽으니 나라의 명맥이 끊기고 병들리라.〔人之云亡, 邦國殄瘁.〕"라는 구절에서 연유하였다.

내 일찍이 이것을 너에게 말해주었는데, 네가 비록 과거 공부를 하느라 이러한 뜻을 받들어 학업을 끝마치지 못하였으나 이미 하루라도 글을 물은 일이 있으면 이 또한 스승이요, 더구나 이 어른은 너에게 깊은 정이 있었으니, 지금 그의 초상에 아무 것도 모르는 듯 찾지 않을 수 있겠느냐. 네가 막 멀리 영남에 있어서 곧바로 즉시 달려가 위문할 수가 없으니, 모름지기 위(位)를 만들고 가마(加麻)하여야 할 것이다.

치익에게 줌

與致翼

내가 매달려 있는 뒤웅박처럼 쓸모없는 신세가 된[157] 이후에 네 형이 또 벼슬살이 때문에 지방에 있으니, 집안의 여러 가지 일은 크고 작은 것을 막론하고 마땅히 네가 담당하여야 한다.

여영공(呂榮公)이 "선배들이 일을 함은 주밀하고 상세함이 많고, 후배들이 일을 함은 빠뜨리고 간략함이 많다."라고 하였는데,[158] 너는 실로 빠뜨리고 간략하게 하는 병통이 있으니, 반드시 일마다 주밀하고 상세하게 처리하고 그대로 지나쳐 버리지 말며, 집안의 사사로운 일은 공무(公務)와 다르다고 말하지 말거라. 집안일 또한 거칠고 경솔하게 하여 이룰 수 있는 것이 아니다.

또 보건대 소년들이 집에 어른이 없으면 기거를 편하게 하고 근골 쓰는 일을 게을리해서 필경은 하나의 가증스러운 인물이 되고 마니,

157 매달려……된 : 원문의 '포계(匏繫)'는 한곳에 매달려 있는 뒤웅박이라는 말로, 쓸모없는 사람을 비유한다. 《논어》 〈양화(陽貨)〉에, 공자가 "내가 어찌 뒤웅박과 같아서 한곳에 매달려 있어 먹지 못하는 것과 같겠는가?〔吾豈匏瓜也哉! 焉能繫而不食?〕"라고 탄식한 데에서 유래하였다.

158 여영공(呂榮公)이……하였는데 : 여영공은 북송(北宋)의 문신인 여희철(呂希哲, 1039~1116)로 영양군공(榮陽郡公)에 봉해졌기 때문에 이렇게 칭한다. 자는 원명(原明), 호는 형양(滎陽)이다. 범조우(范祖禹)의 추천으로 출사하여 광록소경(光祿少卿) 등의 벼슬을 지냈다. 여여공의 말은 《소학》에 보인다. 《소학》에는 출전을 《여형공잡지(呂滎公雜志)》라고 하였는데, 이는 《여씨잡기(呂氏雜記)》를 가리킨 것으로 보인다.

반드시 항상 스스로를 엄히 단속하는 마음을 가지고 출입을 간소하게 하고 술자리를 절제하며, 오직 평온한 마음으로 힘써 책을 읽어서 내가 집에 있을 때와 절도를 똑같이 하는 것이 매우 좋고 매우 좋을 것이다.

치익에게 줌
與致翼

근간에 네가 이 부령(李富寧)[159]에게 작은 나귀를 받았다는 소식을 듣고, 말을 해주고 싶었으나 실행하지는 못하였다. 선비가 남이 주는 물건을 사양하고 받음에 있어서는 크고 작고의 차이가 없으니, 반드시 의리로 헤아려야 하고 구차하게 해서는 안 된다.

이 부령이 비록 이웃 간의 정의(情誼)로 주었으나, 사람이 타는 가축은 말린 생선과 다르니, 어찌 대번에 명분 없는 선물을 받을 수 있겠느냐. 지금 날짜가 많이 지난 뒤라 돌려 줄 수가 없으니 혹 다른 물건으로 보상하면 좋겠으나, 이 부령이 반드시 원하지 않을 것이니 이것 또한 어려울 것이다. 모든 일이 처음에 잘못된 것을 뒤에 잘하기 어려움이 대체로 이와 같다.

159 이 부령(李富寧) : 이(李) 씨로 부령 부사(富寧府使)를 지낸 인물인데, 분명한 인적 사항은 미상이다.

치익에게 줌
與致翼

이번 자전(慈殿)의 국상에 가순궁(嘉順宮)[160]의 복제는 의당 자최(齊衰) 기년복(朞年服)이 되어야 하는데, 의주(儀注)[161]에 자최 삼년복(三年服)으로 정하였으니, 내가 마음속으로 매우 의심하고 있다.

근래에 《상례보편(喪禮補編)》의 복제도(服制圖)를 상고해 보니, 도(圖)에 응당 복을 입어야 할 사람들을 횡(橫)으로 나열하여 놓았는데, 여기에 이른바 '내명부(內命婦)와 빈(嬪) 이하'라고 말한 것은 바로 당저(當宁 지금의 임금)를 따라 말한 것이다. 그러므로 내상(內喪)-대비(大妃)-에 임금의 어머니를 위해서는 마땅히 자최 3년을 입어야 한다고 하였다. 선왕의 빈(嬪)의 경우는 내상에 여군(女君 적처(嫡妻))을 위해서 마땅히 내상이 먼저 있을 때(왕비가 왕보다 먼저 승하할 경우)의 복제인 자최 기년복을 입어야 하니, 도(圖)에서 비록 말하지 않으나, 비교하여 살펴보면 알 수가 있다. 그렇다면 가순궁께서는 대행대비(大行大妃)에

160 자전(慈殿)의 국상에 가순궁(嘉順宮) : '자전'은 정조의 비(妃)인 효의왕후(孝懿王后, 1753~1821)를 가리킨다. 1762년(영조38) 10세 때 세손빈(世孫嬪)에 책봉되었고, 정조 즉위 후 왕비로 책봉되었다. 슬하에 소생이 없어 1790년(정조14) 수빈 박씨(綏嬪朴氏)의 아들을 원자로 삼았으니, 후일의 순조이다. 1821년 4월에 승하하였다. 가순궁(嘉順宮)은 순조의 생모인 수빈 박씨의 궁호이다. 1787년 2월 빈(嬪)에 책봉되었고, 1822년 12월에 서거하였다. 《正祖實錄 11年 2月 11日, 12日》《純祖實錄 22年 12月 26日, 23年 2月 3日》

161 의주(儀注) : 국가 전례(典禮)의 절차 및 참여할 인원과 복장, 필요한 물품 등을 상세히 정리한 문서로, 행사 전에 미리 마련하였다.

대하여 마땅히 여군(女君)에 대한 복을 입어야 함을 의심할 것이 없다.

예(禮)를 관장한 신하가 도식(圖式)의 앞줄만 보고 그 곡절(曲折)을 자세히 살피지 못해서 막중한 나라의 예(禮)에 착오가 있게 하였으니, 어찌 크게 탄식하지 않을 수 있겠느냐.

치유에게 줌
與致愈

네가 떠나가는 길을 전송하고서 이 마음이 오랫동안 괴로웠으니, 이는 다만 이별을 서글퍼해서만이 아니었고 진실로 네가 어린 나이로 한 번 번화한 곳에 들어가면 거기에 깊이 빠져 들어 구원하여 바로잡기가 어려울 것을 염려해서였다.

그런데 들으니, 네가 말에서 내린 뒤로부터 꼼짝하지 않고 앉아 거의 문밖에 나가지 않은 채 전심(全心)으로 책을 읽으면서 노래하는 기생(妓生)이 앞에 있더라도 이목(耳目)을 기울이지 않는다고 하니, 칭찬과 감탄이 지극한 나머지 기뻐서 거의 잠을 이루지 못할 지경이다.

그러나 이것이 만약 한때의 생각에서 나온 것이라면 끝까지 한결같기를 보장하기 어려우니, 모름지기 제갈무후(諸葛武侯)의 "담박함이 아니면 뜻을 밝힐 수 없고, 편안하고 고요함이 아니면 원대함을 이룰 수가 없다."는 말[162]을 착실하게 따라, 근기(根基)를 견고히 하는 것이 옳을 것이다.

또 들으니, 네가 《자치통감강목(資治通鑑綱目)》을 읽고 있다고 하

162 제갈무후(諸葛武侯)의……말 : 제갈무후(諸葛武侯)는 충무후(忠武侯)에 봉해진 촉한(蜀漢)의 승상(丞相) 제갈량(諸葛亮)을 가리킨다. 제갈량의 이 말은 아들 제갈첨(諸葛瞻)을 경계한 글에 "군자의 행실은 고요함으로 몸을 닦고 검소함으로 덕(德)을 기르니, 담박함이 아니면 뜻을 밝힐 수 없고, 편안하고 고요함이 아니면 원대함을 이룰 수 없다.〔夫君子之行, 靜以修身, 儉以養德, 非澹泊無以明志, 非寧靜無以致遠.〕"라고 보인다.

는데, 이 책은 내가 일찍이 권한 것이나 경서(經書)를 폐하고 오로지 이것을 공부하라고 한 것은 아니다. 경서와 사서(史書)는 본래 경중의 구분이 있으니, 경서를 먼저 읽고 사서를 뒤에 읽는 것이 본래 우리 집안의 법도이다. 내 일찍이 가정에서 교육을 받을 적에 말씀하시기를 "나이 어린 선비가 삼동(三冬)[163]에 한 가지 경서를 읽지 않으면 선비라고 말할 수가 없다."라고 하셨으니, 이것이 어찌 우리 후손들이 지켜야 할 법이 아니겠느냐. 더군다나 너는 본래 마음이 쉽게 흥분되고 어수선하니, 더욱 마땅히 냉담한 경서 중에서 살아갈 가계(家計)를 세워야[164] 비로소 효험을 볼 수 있을 것이다.

163 삼동(三冬) : 겨울철 석 달 동안의 농한기로 글을 읽기 좋은 시절을 말한다. 동방삭(東方朔)이 한 무제(漢武帝)에게 올린 글에 "나이 13세에 글을 배워서 삼동에 익힌 문사의 지식이 충분히 응용할 만하다.〔年十三學書, 三冬文史足用.〕"라고 보인다. 《漢書 卷65 東方朔傳》

164 냉담한……세워야 : '가계'는 공부를 이른 말이다. 주자가 여백공(呂伯恭)에게 답한 편지에 "사서는 혼잡하고 경서는 냉담하니, 후생들은 마음과 뜻이 아직 안정되지 않아서 외면으로 향하지 않는 이가 적다.〔史書鬧熱, 經書冷淡, 後生心志未定, 少有不偏向外去者.〕"라고 하였는데, 퇴계 이황이 말하기를 "배우는 사람은 먼저 모름지기 심신을 수렴하여 냉담한 가계로써 고되고 힘든 공부를 해야 한다. 이에 연찬하고 되씹되 오래도록 그만두지 않아야 바야흐로 그 맛이 좋은 줄을 참으로 알아 힘을 얻게 될 것이다.〔惟學者, 先須收斂身心, 以冷淡家計. 作辛苦工夫, 於此鑽研咀嚼, 久久不輟, 方始眞知其味之可悅, 而得其力也.〕"라고 하였다. 《朱子大全 卷33 答呂伯恭》《退溪集 卷19 答黃仲擧別紙》

치수에게 답함

答致秀

의심스러운 예절에 대해 물었는데, 네 형이 미처 양자(養子)를 세우지 못했으면, 네가 마땅히 임시로 대신 예(禮)를 행해야 한다. 제주(題主)[165]의 예절에 대해 지난번에 홍백응(洪伯應)[166]에게 물으니, 그가 "마땅히 '현비(顯妣)'라고 신주에 쓰고 방제(旁題)는 빼는 것이 당연하다."라고 답하였다. 아마도 그의 뜻은 종통(宗統)을 범하는 혐의를 깊이 분별하고자 한 듯하다. 그러나 방제(旁題)를 쓰지 않는 것은 바로 방계(傍系)의 친척에게 사용하는 것이니, 여기에 원용(援用)하는 것은 맞지 않을 듯하고, 또 지자(支子)로서 체천(遞遷)한 신주를 받드는 자 또한 방제를 폐하지 않으니, 지자(支子)의 예를 씀은 똑같다.

'자(子)' 자 위에 '효(孝)' 자를 빼고, '봉(奉)' 자를 '섭(攝)' 자로 고쳐 '자모섭사(子某攝祀)'라고 쓴다면, 어찌 종통을 범하는 혐의를 분별함에 부족하겠느냐. 이것이 비록 경전(經傳)에 근거가 없으나, 우암(尤

165 제주(題主) : 신주(神主)에 망자의 직함과 관향을 적는 것을 말한다. 신주의 앞면에 상주(喪主)와의 친족 관계와 직함을 쓰고 뒷면에 망자의 이름과 자(字) 등을 쓰고, 옆에는 봉사(奉祀)하는 사람의 이름을 쓰는데 이를 방제(旁題)라고 한다.

166 홍백응(洪伯應) : 홍직필(洪直弼, 1776~1852)로 백응은 자이고, 호는 매산(梅山), 본관은 남양(南陽)이다. 과거에 나아가지 않고 성리학(性理學)과 예학(禮學)에 전심하여 큰 성취를 이루어 명성이 높았다. 오희상(吳熙常)과 교의가 두터웠는데 그로부터 유종(儒宗)이라는 칭찬을 받았다. 산림으로 천거되어 대사헌, 형조 판서 등에 제수되었으나 모두 나아가지 않았다.

菴) 어른과 도암(陶菴)께서 모두 논하신 말씀이 있다. 우암 어른이 말씀하기를 "주인이 없으면 '섭'이라는 한 글자가 해당되는 곳이 없으니, -'섭' 자를 '성왕(成王)이 어려서 주공(周公)이 섭정했다.〔成王幼周公攝政〕'의 '섭' 자로 보았다.- '권(權)' 자를 쓰는 것이 다소 온당하다."라고 하였고,[167] 도암은 말하기를 "자전(字典)에 섭은 가(假)라고 하였는데, 《춘추좌씨전(春秋左氏傳)》에 '제가 관원(官員)을 대신해 빠진 자리를 메우겠다.〔攝官承乏〕'라고 하였으니, 그 뜻이 여기에 합당하다."라고 하였다.

내 생각에는 '권' 자와 '섭' 자는 비록 차별이 없으나, 《예기》 〈상복소기(喪服小記)〉에 "사(士)는 대부(大夫)로 하여금 대신 상주가 되게 할 수 없다.〔士不攝大夫.〕"라는 글을 보면, 주인이 없을 때에 대신 상주가 되는 증거가 될 만하다. 또 만약 '봉사(奉祀)' 위에 '권' 자를 더하면 매우 생경함이 드러나니, 도암의 설을 따라서 '섭사(攝祀)'라고 칭하는 것이 문세(文勢)가 순할 듯하다.

167 우암 어른이……하였고 : 우암의 이 말은 《송자대전(宋子大全)》 권59 〈서(書) 답민대수 정사년 5월(答閔大受 丁巳 五月)〉에 보이는데, 오희상이 원작을 축약하여 인용하였다.

치수에게 답함
答致秀

섭사(攝事 대신 제사를 올림)하는 이유를 신위(神位)에 고하지 않을 수 없다. 그런데 초상(初喪) 초기에 이것을 하지 못하였고 신주(神主)가 이미 만들어진 뒤라면, '여기에 기대고 여기에 의지하라.〔是憑是依〕'는 축문은, 그 긴급(緊急)함이 사이에 털끝하나 용납할 수가 없다. 별도로 그 전에 고할 수가 없고 형세 상 원래 축문(祝文) 말미에 붙여 고해야 할 듯하다.

'시빙시의(是憑是依)'의 아래에 '장방(長房)이 미처 후사를 세우지 못해서 치수(致秀)가 이제 우선 대신 제사를 올리기에 겸하여 그 사유까지 고합니다.〔長房未及立嗣, 致秀今姑攝祀, 兼告厥由.〕'라는 16글자를 첨가하는 것이 마땅할 듯하다.

치수에게 답함
答致秀

문 달선(達善)[168]이 생모(生母)의 상(喪)을 당했는데, 그 복제를 마땅히 출계(出系)한 아들이 본생부모를 위해 입는 복으로 정해야 합니까? 아니면 예사(禮斜)[169]가 내리기 전이니, 강복(降服)을 하지 않습니까? 종가(宗家)의 길제(吉祭)는 비록 9월의 대상(大祥)이 지난 뒤라도 행할 수 없을 듯하니, 장차 생모의 재기(再朞)가 되기를 기다린 뒤에 행해야 합니까?

답 달선의 출계(出系)를 이미 상소하여 윤허를 받았으나, 예조에서 미처 입안(立案 관부의 문서)을 발급하지 못했는데 이는 한 단계의 법적 절차가 되니, 이것이 우암 어른께서 말씀한 '계하(啓下)하는 공문(公文)이 그 집안에 이른 날이 바로 임금의 명으로 하늘(아버지)을 바꾸는 날짜'라는 것이다.

당초에 이것을 이미 원용해서 승중(承重)[170]의 상복을 입지 않았다

168 달선(達善) : 권달선으로 자는 성겸(聖兼)이다. 본관이 안동으로 승사랑(承仕郎) 권용경(權用敬)의 아들이며, 한수재(寒水齋) 권상하(權尙夏)의 7세손(七世孫)이다. 《매산집》 권50 〈단인홍씨(端人洪氏) 행장〉에 보이는데, 단인 홍씨(端人洪氏)는 권달선의 모친이다.

169 예사(禮斜) : 예조에서 양자(養子)로 세우는 것을 허가하는 입양 허가 문서이다.

170 승중(承重) : 적자(嫡子)가 질병이 있거나 사망했을 경우에 적손(嫡孫)이 바로 조부를 계승하는 것으로, 조부 입장에서 말하면 전중(傳重)이라고 하고 손자 입장에서 말하면 승중이라고 한다. 상제(喪祭)의 중함을 이어 받는다는 의미이다.

면, 지금에 와서 생모의 상에 어찌 대변에 본생의 복을 입어야 한다고 단정할 수 있겠느냐. 이것이 아버지가 살아 계시고 어머니가 돌아가신 경우라면 혹 어머니 상의 소상(小祥)이 되기를 기다려서 예사가 발급된 뒤에 길제(吉祭)를 행하는 것이 옳을 듯하다. 본생 어버이의 심상(心喪) 중에 양자 간 집의 길제를 행하는 것은 이미 선배들의 정론(定論)이 있다.

치수에게 답함
答致秀

문 일선(一善) 형제가 어제 대성(戴星)[171]의 길을 출발하였으나, 동래(東萊)의 상측(喪側 시신이 있는 곁)에 우선 모시고 전(奠)을 올릴 자손이 없으니, 본가에서 허위(虛位)를 설치하고 준례대로 궤전(饋奠)해야 합니까?

답 수암(遂菴 권상하)이 "타향에서 객사(客死)하여 상측에서 받들어 전을 올릴 사람이 없으면, 본가에 마땅히 허위를 설치하고 여기에서 궤전을 행해야 한다."라고 하셨는데, 이 말씀은 홀몸으로 타향에서 객사한 자를 위해 말씀한 듯하니, 이 경우는 마땅히 다시 생각해 보아야 한다.

더구나 상(喪)이 관사(官舍)에서 발생하여 비록 곁에 있는 자식이 없으나, 이미 지친(至親)과 막객(幕客)이 있어 본래 시구(尸柩 시신을 담는 관)에 궤전을 올릴 수 있다면, 본가에서 다시 궤전을 설치해서는 안 될 듯하다. 나의 생각으로는, 다만 대청에 허위를 보존하고 집안에 있는 자손과 부녀자들이 아침저녁으로 임하여 곡하면서 영구가 돌아오기를 기다린 뒤에 이를 철거하는 것이 마땅할 듯하다.

171 대성(戴星) : 별을 머리에 얹고 밤길을 걷는다는 뜻으로, 상(喪) 등 긴급한 일로 밤을 새워 가며 길을 가는 것을 말한다.

치기에게 답함

答致箕

멀리서 그리워하던 차에 네가 직접 쓴 편지를 펴보고 눈 내리는 추위에 객지에서 먹고 자는 것이 매우 좋음을 다 알았으니, 마치 얼굴을 대한 듯 위로가 된다. 게다가 홍손(弘孫)[172]과 책상을 잇댄 채 학업에 힘쓰고 있음을 알았으니, 더욱 듣기에 반가운 말이다.

나는 그런대로 잘 지내는데, 이번 겨울에는 와서 머무는 학도(學徒)들이 약간 있어서 충분히 외롭고 적적함을 달랠 수 있다. 공대(公大)가 근래 자못 장족의 발전을 해서 송독(誦讀)에 재미를 붙일 줄 알게 되었으니, 가히 기뻐할 만하다.

너희들이 곁에 있지 않으니, 그리움이 없을 수 없다. 그러나 너희들이 꼼짝 않고 앉아서 책을 읽는다는 말을 들으면, 비록 천리 밖에 있더라도 그 기쁨이 어찌 너희들이 슬하에서 즐겁게 해 줄 때와 다르겠느냐. 부디 초심(初心)이 해이해지지 않게 하여 부지런히 공부에 힘쓰는 것이 지극히 옳고 지극히 옳을 것이다.

기록해 둔 일기가 매우 훌륭하니, 일기를 보면 마치 내가 직접 그 상황을 보는 듯하다. 이후로도 일기를 계속하여 써서 보내 오거라. 비록 일기라도 마음을 보존해서 쓴다면 또한 글의 조리를 여는데 유익함이 있으니, 절대로 잠깐 해본다는 뜻으로 하지 않는 것이 옳을 것이다. 나머지는 이만 줄인다.

172 홍손(弘孫) : 손자인 홍아무개라는 의미인데, 뒤의 편지에 나오는 홍선(弘善)으로 보이나 분명하지 않다.

홍선[173]에게 줌

與弘善

너를 보낸 지가 이미 30일이 넘었고 한 해 또한 저무니, 그리운 마음 굳이 말할 것이 없다. 편지를 쓰는 지금 날씨가 찬데, 너는 객지에서 먹고 자는 것이 그런대로 괜찮으냐? 지금 무슨 책을 보고 읽고 있느냐? 완전히 빈둥빈둥 놀고나 있는 것은 아니냐? 책은 다만 학문을 늘려 줄 뿐만이 아니요 이 마음을 유지시켜 주는 것이니, 책을 버리면 뜻이 흩어지고 기운이 약해지며 몸 또한 따라 병이 들게 된다.

너희들이 출발하는 시기를 치기(致箕)에게 보낸 편지 속에 말해 두었다. 지금은 의당 그곳에서 겨울을 지나야 하니, 부디 치기와 함께 서로 권면하고 부지런히 노력하여 삼여(三餘)의 공부에 힘쓰도록 하여라. 그리고 이로 인하여 나태한 옛 습관들을 통렬히 고치면, 명년 봄에 돌아와 반면(反面)[174]할 적에 나를 볼 면목이 있을 것인데, 네가 과연 그것을 잘 할 수 있겠느냐? 나머지는 이만 줄인다.

173 홍선(弘善) : 오홍선(1810~?)으로 오희상의 손자이다. 아버지는 오희상의 형인 오윤상(吳允常)에게 양자로 간 오치성(吳致成)이다. 자는 경의(景毅)이고, 1831(순조31) 식년 생원시에 합격하였다.

174 반면(反面) : 외출에서 돌아와 부모에게 얼굴을 뵙고 인사하는 것을 말한다. 《예기》 〈곡례 상(曲禮上)〉에, "자식은 집을 나갈 때 반드시 어버이에게 가는 곳을 아뢰고, 돌아와서는 반드시 얼굴을 보인다.〔夫爲人子者, 出必告, 反必面.〕"라고 보인다.

홍선에게 줌
與弘善

너는 본령(本領)이 목전의 안일(安逸)을 탐하고 연연해하며 신고(辛苦)를 참고 견디지 못하니, 일 년을 마치도록 책을 읽어도 재미를 알지 못하고 다만 싫증을 낼 뿐이다. 이 때문에 비단 학문에 진보가 없을 뿐만 아니라, 하나의 몸과 마음 또한 잘 유지할 수 없는 것이다.

몇 년 이래로 책 상자를 지고 온 여러 젊은 친구들이 이끌어 준 덕으로 의사(意思)가 자못 안온(安穩)해졌으며, 게으르고 산만한 묵은 버릇을 조금 바로잡았다고 하니, 이는 진실로 이른바 '봉마(蓬麻)의 곧음'[175]이라는 것이니, 붕우(朋友)의 공력(功力)은 참으로 속일 수가 없다. 이것이 바로 마음을 전환시킬 수 있는 기회이니, 내 마음에 적이 너를 위하여 기뻐하노라.

그러나 중도에 폐하면 앞에 세운 공이 모두 버려지는 것이다. 돌아보건대 너는 사서(四書)에 대한 이해가 매우 거칠고 허술했는데, 지난번에 《논어》와 《맹자》를 제군들을 따라 함께 읽더니, 책을 읽는 것이 다소 구체적이고 분명해져서 글 뜻을 탐구할 줄 알게 되었다. 네가 이로부터 여러 경서(經書)에까지 나아가 한결같이 이것을 법도로 삼아서 오래도록 변치 않는다면, 차례대로 생각이 통하고 끝까지 암송할

175 봉마(蓬麻)의 곧음 : 좋은 사우(師友)들의 도움으로 바르게 성장함을 말한다. 《순자(荀子)》 〈권학(勸學)〉의 "쑥이 삼대 속에 나면 붙잡아 주지 않아도 곧게 자란다.〔蓬生麻中, 不扶而直.〕"라는 구절에서 연유하였다.

수 있게 되어 장차 크게 기쁘고 즐거운 경계를 보게 될 것이다.

이것은 다만 네가 작심하여 노력하고 노력함에 달려 있을 뿐인데, 내가 깊이 바라는 바이다.

노주집

제4권

書서

어은의 집안 어른 구[1] 에게 답함

答漁隱宗丈 球

문 우리 집안의 국로(國老)[2]가 아들이 없어서 종자(從子)를 데려다가 후사를 삼은 지 이미 몇 해가 지났습니다. 그 조카를 집에 데려다 놓고 아버지라 하고 자식이라 불렀는데, 지금 그 아들이 죽은 뒤에 갑자기 군주에게 미처 고하지 못했다 하여 급히 끊어버리고 파양(罷養)하여 본생부모에게 돌려보냈습니다. 끊긴 대를 잇고서 군주에게 고하지 않은 것은 비록 실례 중에 큰 것이지만, 예(禮)는 인정(人情)에서 나온 것이니, 예가 인정에 가깝지 않은 것은 예의 지극한 것이 아닙니다. 국로(國老)의 일은 인정에 가깝지 않으니, 과연 어떻습니까. 저 국로의 말을 들으니, "이 일을 일찍이 존장(尊長)에게 물었으나, 존장의 견해도 또한 이와 같았다."라고 하니, 사실입니까?

답 일전에 국로(國老)가 과연 찾아와서 이 일을 물었는데, 그때에는 그 조카가 아직 죽지 않았습니다. 그래서 족손(族孫)인 제가 한 번 "관아에 고했습니까?"라고 물으니, "미처 고하지 못했다."라고 대답했습니다. 그러므로 이 족손이 그에게 이르기를

"관아에 고하기 전에는 대번에 양자라고 말해서는 안 됩니다. 평소

1 어은(漁隱)의……구(球) : 어은이 오구(吳球, 1737~?)의 호인지 또는 지명인지 자세하지 않다. 오구는 자가 구옥(求玉)인데, 갑오년(1774, 영조50) 증광시에 합격한 것 외에는 정보가 미상이다.

2 국로(國老) : 해주 오씨 집안 사람의 이름이나 자로 보이는데, 정보가 미상이다.

그를 데려다가 양육한 은혜가 있다 하더라도 이것은 바로 세속에서 이른바 '수양부자(收養父子)'라는 것이니, 무슨 파양(罷養)하고 파양하지 않고를 논할 것이 있겠습니까. 반드시 관아에 고한 뒤에야 비로소 근본을 옮긴 진정한 부자간이 되니, 이때에 비로소 양부모를 위해서 상복을 입을 수 있고 종통(宗統)을 전할 수 있습니다. 이외에 수많은 절차는 제가 감히 알 바가 아닙니다."

라고 대답했습니다. 이 말은 다만 먼저 근본을 바로잡고자 하는 데서 나왔을 뿐입니다. 부자간의 윤리에 있어서는 남이 말하기 어려운 바이니, 어찌 질언(質言)할 리가 있겠습니까. 국로는 필시 제가 오로지 임금에게 고하는 사실을 중하게 여긴다는 뜻을 빌려서 말한 것이니, 말초(末梢)에 이렇게 경거망동한 행위를 하는 것은 실로 제가 애초에 미처 생각할 수 있었던 바가 아닙니다. 그러나 지금 그 조카가 이미 죽었으므로 관아에 고하는 것도 또한 방법이 없으니, 이것은 파양하기를 기약하지 않았는데 저절로 파양된 것이라고 이를 만합니다.

가령 그 조카가 죽지 않고 국로가 먼저 죽었다면, 관아에 고하기 전에는 그 조카가 결코 대번에 감히 참최복(斬衰服)으로 복상(服喪)할 수가 없습니다. 지금 국로는 생존해있고 조카가 먼저 죽었으니, 국로 또한 어찌 자식의 상으로 복을 입을 수가 있겠습니까. 다만 국로가 당초에 양자를 파양하려는 계책이 혹 이것저것 견주어 살펴 사욕을 챙기려는 의도에서 나왔다면, 참으로 가증스러운 것입니다. 이는 마땅히 행동이 전도되고 잘못되었음을 책망해야 하는 것이요, 그가 주장하는 말까지 아울러 인정(人情)이 아니라고 배척할 수 없는 것입니다.

이러한 큰 사건은 한결같이 예율(禮律)로써 처리해야 하니, 인정이라는 글자를 놓을 수가 없습니다. 대저 부자간은 사람의 큰 윤리이고 윤리를 옮기는 것은 인도(人道)의 지극한 변고이니, 지극한 변고로써 큰 윤리에 대처하기 때문에 반드시 엄격함을 지극히 하고 신중함을 지극히 해서 지극함을 쓰지 않는 바가 없는 것입니다. 그리하여 아버지가 자식에게 명하고 임금이 그에게 명한 이후에 비로소 큰 인륜을 타인에게 넘길 수가 있는 것이니, 이것이 바로 대경대법(大經大法)입니다.

만약 비록 아버지에게서 양자 가라는 명을 받았다 하더라도 임금의 명으로 이것을 완수함이 없으면 부자간이 될 수가 없습니다. 임금은 하늘을 대신하여 명을 받들어서 망한 나라를 보존해주고 끊어진 대를 이어주는 이치가 있습니다. 이 때문에 임금에게 고하는 것은 바로 하늘에게 고하는 것입니다. 필경 임금에게 고하는 것을 가지고 천명을 계속 이어가는 큰 한계로 삼지 않을 수가 없으니, 털끝만큼이라도 이것을 옮기거나 바꿀 수가 없습니다.

그러므로 이 족손의 경우 일찍이 본생 선친의 상을 당하였는데, 평소에 이미 선친이 치명(治命)[3]을 하여 족손의 아들을 죽은 형의 후사(後嗣)를 삼기로 결정하였습니다. 그러나 미처 관아에 고하지 못했다 해서 감히 대번에 그 족손을 세워 상주로 삼지 못하고 공문을 계하(啓下)하기를 기다렸다가 다음해 정월에 이르러서야 비로소 성복(成服)하고 승중복(承重服)을 입었습니다.

우옹(尤翁 송시열(宋時烈))이 이 의논에 대해 지극히 명백하고 엄격해서 후인들로 하여금 혼미하지 않게 하였는데, 근래 현자(賢者)의 은택이 점점 멀어져서 사람들이 대부분 이 의리를 알지 못합니다. 그래서

3 치명(治命) : 사람이 죽기 전에 정신과 지혜가 맑게 깨어 있을 때 내린 유언(遺言)을 이른다. 반대로 정신이 혼미한 상태에서 내린 유언을 난명(亂命)이라고 한다.

왕왕 형제의 아들로 양자를 삼은 자를 두고 번번이 칭하기를 "숙질(叔姪) 간은 부자간과 같다."라고 하여, 관아에 고하지 않고 자기들끼리 사사로이 처리해서 인륜이 가벼워지고 산란해짐을 면치 못하여 상도(常道)에 어긋나는 허다한 단서를 만드니, 국로의 집안일도 또한 그중에 하나입니다. 저는 평소 이것을 개탄하였으나 바로잡을 방법이 없었는데, 마침 이번 사단(事端)으로 인해서 감히 하집사(下執事 상대방에 대한 존칭)에게 저의 심정을 드러내어 밝히는 것입니다.

우리 종중은 평소 시(詩)와 예(禮)를 익혀온 가문으로 칭찬을 받았는데,[4] 근래에는 세속을 따라 잘못됨을 인습함을 면치 못해서 혹 이의리를 소홀히 함이 있습니다. 하집사께서는 우뚝하게 우리 한 가문의 장(長)이 되셔서 표솔(表率)의 책임을 맡고 계시니, 지나간 잘못은 이미 어쩔 수 없지만 지금 이후로는 밝게 분별하고 자세하게 타일러서 여러 집안 중에 양자를 세우는 자들로 하여금 예전의 잘못을 징험하고 훗일을 조심하여 예전(禮典)을 삼가 따라서 유식(有識)한 자에게 비난받지 않게 해야 합니다. 이렇게 한다면 어찌 우리 한 가문의 다행이 아니겠습니까.

4 시(詩)와……받았는데 : 선대로부터 전수받은 가학(家學)이 있다고 칭송됨을 이르는바, 공자(孔子)가 그의 아들 이(鯉)에게 시와 예(禮)를 배워야 한다고 훈계한 데에서 유래하였다. 《論語 季氏》

족숙 재덕 에게 올림
上族叔 載德

대부(大夫)와 사(士)의 사당에 관한 제도는 《주례(周禮)》와 《예기(禮記)》의 〈왕제(王制)〉, 〈제법(祭法)〉 등 여러 편에 자세히 기록되어있는데 신주(神主)를 보관하는 묘소(墓所)는 처음으로 《가례(家禮)》에 보이니, 이는 〈대전(大傳)〉의 '별자(別子)는 시조(始祖)가 된다.'와 '백세토록 체천(遞遷)하지 않는 종(宗)이다.'는 말[5]로 인하여 원래 예에 없던 것을 주자가 의리에 따라 처음 만든 것[6]입니다. 제2세(世) 이하는 친(親)이 다하면 마땅히 체천(遞遷)해야 하니, 실로 여기에 상관이 없습니다.

보내온 편지에 인용한 우옹(尤翁 송시열(宋時烈))의 설 두 조항은 또한 모두 시조를 가지고 말한 것이지, 체천하는 여러 위(位)를 위하여 말씀한 것이 아닙니다. 첫 번째 조항에 "광평대군(廣平大君)은 바로 시조이기 때문에 그 묘 아래에 사당이 있어서 신주를 보관한다. 운운."[7]이라고

5 대전(大傳)의……말 : 〈대전〉은 《예기》의 편명으로, 인용한 내용은 "별자(別子)를 할아버지〔祖〕라 하고 별자를 이은 것을 종(宗)이라 하고 아버지 사당을 이은 자를 소종(小宗)이라 하니, 백세토록 옮기지 않는 종이 있으며 5대가 되면 옮기는 종이 있다. 백세토록 옮기지 않는 것은 별자의 후손이다.〔別子爲祖, 繼別爲宗, 繼禰者爲小宗, 有百世不遷之宗, 有五世則遷之宗. 百世不遷者, 別子之後也.〕"라고 보인다.

6 의리에……것 : 의리에 맞도록 예를 새롭게 만드는 것을 이르는바, 《예기》 〈예운(禮運)〉에 "예라는 것은 의(義)의 실질이니, 의에 견주어 보아 합당하면 예는 비록 선왕 때에 없던 예일지라도 의로써 새롭게 만들 수 있다.〔禮也者, 義之實也, 協諸義而協, 則禮雖先王未之有, 可以義起也.〕"라고 보인다.

말씀하였으니, 광평대군이 어찌 〈대전(大傳)〉에 이른바 '별자'가 아니겠습니까.

그리고 두 번째 조항에 "여러 묘〔諸墓〕의 제사를 묘 아래의 재실〔齋舍〕에서 진설한다."[8]고 한 것은 체천할 신위에 신주를 보관하는 증거로 삼을 수 있을 듯한데, 삼가 살펴보건대 제묘(諸墓)의 묘(墓)는 이미 여러 신주를 말한 것이 아니고, 재사(齋舍)는 또 사우(祠宇)를 칭한 것이 아닙니다. 그렇다면 물은 자의 뜻은 아마도 여러 신위의 묘제(墓祭)를 묘에 진설하지 않고 재사에 진설하면 산릉(山陵)의 정자각(丁字閣)[9]에서 제사를 지내는 것에 혐의스러운 점이 있다고 여긴 것이 아니겠습니까. 그러므로 우옹의 답이 이와 같은 것이니, 체천하는 여러 신위를 묘소에 보관함을 말씀한 것이 아님을 알 수 있습니다.

남계(南溪 박세채(朴世采))의 여러 설 또한 시조를 가지고 말한 것이고 한 번도 체천할 신위를 언급하지 않았으니, 그렇다면 이것을 인용하여 신주를 매안(埋安)하지 않은 것에 대한 증거로 삼을 수가 없습니다. 이 지사(李知事) 집안의 예(禮)로 말하면 그 자세한 곡절(曲折)을 알지

7 광평대군(廣平大君)은……운운 : 이 내용은 《송자대전(宋子大全)》 권128 〈답회석(答晦錫)〉 중 '체천(遞遷)'에 대해 대답한 글에 보인다. 광평대군은 세종의 다섯째 아들로, 이름은 여(璵)이고, 자는 환지(煥之)이다.

8 여러……진설한다 : 이 내용은 《송자대전》 권99 〈답이군회(答李君晦)〉에 보인다. 조선조의 대군(大君)은 별자(別子)인데, 무안대군(撫安大君), 광평대군(廣平大君), 영순군(永順君) 3대의 묘제(墓祭)를 지내는 곳의 사당을 보수할 적에 그 후손들이 사당의 초옥(草屋)을 와옥(瓦屋)으로 바꾸어도 되는지 물은 것에 대한 송시열의 답변에 보인다.

9 산릉(山陵)의 정자각(丁字閣) : 왕의 능 앞에 정자형(丁字形)으로 세운 제각(祭閣)을 이른다.

못해서 감히 끼어들어 잘잘못을 논할 수가 없으나, 대체로 신주를 매안하는 것은 고례(古禮)이고, 다만 《가례》에서 시작된 것이 아니라면 무엇을 근거해서 이런 예를 만들었는지 모르겠습니다. 만약 혹시라도 협실(夾室)의 제도[10]에서 의심하기 시작하였다면 이것은 잘못입니다.

또 정자(程子)의 설에 초조(初祖 시조(始祖))의 제사가 있었는데, 주자는 말씀하기를 "나도 당초에는 초조에게 제사 지냈는데, 후래(後來)에는 참람함에 가깝다는 것을 깨달아서 지금은 감히 제사하지 않는다." 라고 하였습니다.[11] 이것이 오히려 참람함이 된다면 친(親)이 다하여 체천한 신주를 사당을 세워 제향하는 것이 어찌 더욱 혐의가 되지 않겠습니까. 그러므로 근세에 예를 아는 집안에서는 국전(國典)에서 허락한 부조묘(不祧廟 불천위(不遷位))를 제외하고는 신주를 보관하여 제사를 행하는 자가 있다는 말을 듣지 못했습니다.

더구나 우리 집안은 선조 때부터 한결같이 예전(禮典)을 따라서 친(親)이 다하면 혹시라도 예전을 뛰어 넘어 신주를 매안한 적이 없었으

10 협실(夾室)의 제도 : 협실은 신주를 모신 사당의 좌우에 별도로 만든 방으로, 체천한 신주를 봉안하던 곳이다. 횡거(橫渠) 장재(張載)가 "옛날에 군주가 죽으면 삼년상을 마치고 길체(吉禘)를 지낸 뒤에 부묘(祔廟)하니, 협제(祫祭)를 계기로 해서 체천할 원조묘(遠祖廟)의 신주는 협실에 모시고 새 신주는 마침내 빈궁에서 종묘로 들였다.〔古者君薨, 三年喪畢, 吉禘然后祔. 因其祫, 祧主藏于夾室, 新主遂自殯宮入于廟.〕"라고 주장하였는데, 장재의 이 설을 주자(朱子)가 받아들여 정례(正禮)로 삼았다. 장재의 설은 《장자전서(張子全書)》 권8 〈상기(喪紀)〉에 수록되어 있고, 주자가 받아들인 것은 《가례(家禮)》 〈부록(附錄)〉에 보인다.

11 정자(程子)의……하였습니다 : 정자는 이천(伊川) 정이(程頤)로, 시조에 제사 지낸다는 내용이 《이정유서(二程遺書)》 〈이천선생어 4(伊川先生語四)〉에 보이고, 주자가 말한 내용은 《주자어류(朱子語類)》 권90 〈예(禮) 7 제(祭)〉에 보인다.

니, 지금에 이르러 어찌 근거가 없는 예를 처음 시행해서 유식한 자들의 비난을 취하겠습니까. 관계된 바가 작지 않으니, 침묵을 지킬 수 없습니다. 이와 같이 어리석은 저의 소견을 피력하니, 엎드려 바라건대 유념하고 재량하여 취해서 선입견을 주장하여 곧장 행하는 일이 없도록 하십시오.

족숙 재희[12] 에게 답함
答族叔 載熙

지난번 영남에 있을 적에 멀리 편지를 보내주어 다른 지방에서 받들어 보니, 위로되고 감사함이 평상시보다 갑절이나 되었습니다. 다만 인편을 구하기가 쉽지 않아서 이제야 비로소 답장을 올리니, 저의 마음에 서글프고 죄송함이 모두 지극합니다. 따뜻한 봄 햇살이 점점 펴지는 이때에, 엎드려 생각하건대 이섭(頤攝)하는 기체(氣體)가 신의 보호를 받아 강령하십니까? 구구(區區)한 저는 우러러 사모하는 마음을 감당할 수가 없습니다.

선조의 묘소에 대한 문자는 두 번에 걸쳐 명령을 내리셔서 황송하기 그지없는데, 더구나 편지로 말씀한 뜻이 정중하고 간곡해서 충분히 사람을 감동시킬 수 있는 경우이겠습니까. 만일 제가 한 푼의 정성이라도 바칠 방도가 있다면, 어찌 감히 형식적으로 꾸며서 사양을 하겠습니까. 하지만 삼가 생각하건대 저는 어리석고 졸렬해서 문(文)과 질(質) 어느 것 하나도 갖춘 것이 없습니다.

게다가 화고(禍故)를 거듭 겪은 탓에 정신이 쇠하고 손상되어 뜻과 사업이 꺾이고 흩어져서 옛날 부형에게 들었던 실마리까지도 남김없이

12 재희(載熙) : 오재희(吳載熙, 1727~1813)로, 자는 경집(敬緝), 호는 휴재(休齋)이다. 생부는 좌승지 오박(吳璞)인데, 백부인 좌참찬 오탁(吳琢)에게 출계하였다. 1762년(영조38) 알성 무과에 급제하고 수어청 중군(守禦廳中軍), 황해 병사(黃海兵使) 등을 지냈다. 오희상이 쓴 묘갈명이 있다. 《老洲集 卷17 知中樞府事吳公墓碣銘》

잊어버렸으니, 다만 하나의 무식한 치한(癡漢)일 뿐입니다. 연전(年前)에 집안의 문자는 책임을 미룰 사람이 없어서 제가 어려움을 무릅쓰고 지었으나, 글을 조리 있게 완성하지 못하여 스스로 부족하다고 여겼습니다.

선대부(先大父)[13]의 지극한 덕과 아름다운 행실로 말하면, 참으로 모름지기 글을 잘 써서 천양(闡揚)하여 지금 사람들을 믿게 하고 후세에 남길 수 있게 하여야 하는데, 어찌 문장도 잘 짓지 못하고 지위도 없는 문중의 한 소년으로서 대착(代斲)한다는 비난[14]을 범할 수 있겠습니까. 이렇게 사양하는 것이 비록 간곡한 명령을 저버리는 것이 되더라도, 경솔하게 무릅쓰고 담당한다면 우선 저의 마음이 부끄럽고 황송함은 우선 논할 것이 없고, 어떻게 감추어진 덕을 밝히려는 효심에 흡족할 수 있겠습니까.

반복하여 생각해보건대 끝내 무릅쓰고 감당하기가 어렵기 때문에 또 여러 번 말씀드림을 피하지 않고 저의 속마음을 다 아뢰니, 세 번 더 생각하시고 계획을 바꾸어서 대사(大事)로 하여금 지연되지 않게 하시기를 바랍니다. 이렇게 된다면 매우 다행이겠습니다. 가장(家狀)

13 선대부(先大父) : 오희상이 오재희의 생부(生父)인 오박(吳璞, 1691~1751)과 양부(養父)인 백부(伯父) 오탁(吳琢, 1688~1743)의 묘갈명을 모두 지었는데, 오탁의 묘갈명의 내용 중에 재삼(再三) 사양하였다가 끝내 짓게 되었다는 말이 있는바, 여기에서는 오탁을 가리킨다. 《老洲集 卷17 孟峯處士吳公墓碣銘, 贈左參贊吳公墓碣銘》

14 대착(代斲)한다는 비난 : 다른 사람을 대신해서 감당하기 어려운 일을 대신 하였다가 일을 그르치게 된다는 비난을 이른다. 《노자(老子)》 74장에 "용렬한 목수가 훌륭한 목수를 대신해 나무를 깎으면 손을 다치지 않는 때가 거의 없다.〔夫代大匠斲者, 希有不傷其手矣.〕"라고 한 데서 유래하였다.

과 종이와 붓은 삼가 돌려드리고 싶으나 또한 감히 하지 못하는 바가 있으니, 삼가 우선 이곳에 남겨두어 재가(裁可)하는 회답(回答)을 기다리겠습니다. 이만 줄입니다.

족숙 재정 에게 답함
答族叔 載鼎

문 대상(大祥)이 지난 9월에 있었으나 국상(國喪)의 졸곡(卒哭) 전에는 제사를 행할 수 없는 이유로 이달 11월 19일 정일(丁日)에 뒤늦게 대상제(大祥祭)를 행하였습니다. 그래서 하정(下丁)인 29일에 마땅히 담제(禫祭)를 행해야 하는데, 혹자는 "국상 중에 이미 변복(變服)을 하는 절차[15]가 없었으면 마땅히 담제를 지내지 않아야 한다."라고 하니, 이 말이 어떤지 모르겠습니다.

답 대상이 이미 지난 9월에 있었으면 11월인 이번 달이 실로 중월(中月)[16]이 되니, 진실로 때가 지나면 담제를 지내지 않는다는 글을 인용해서는 안 될 것입니다. '국상 중에 변복하는 절차가 없었으니, 담제를 지내지 않는 것이 마땅하다.'는 설은 수옹(遂翁)의 의견입니다.[17] 그러나 구구한 저의 생각에는 삼가 국상의 졸곡 후에 연제(練祭)와 대상제 및 길제(吉祭)를 이미 모두 행하였는데 담제만 폐하는 것은 실로 잡박함이 된다고 봅니다.

15 변복(變服)을 하는 절차 : 소상(小祥)에 상복을 연복(練服)으로 갈아입고 수질(首絰)을 벗는 것과 대상(大祥)에 상복을 벗는 것과 같은 절차를 말한다.

16 중월(中月) : 한 달을 건너뛴다는 뜻으로, 대상을 지내고 한 달을 건너뛰어 대상을 지낸 뒤 다음 달에 담제(禫祭)를 지내는 데서 유래한다.

17 국상……의견입니다 : 수옹(遂翁)은 수암(遂菴) 권상하(權尙夏, 1641~1721)를 높여 칭한 것으로, 권상하의 견해는 《한수재집(寒水齋集)》 권14 〈답이군범(答李君範)〉에 보인다. 한수재는 권상하의 또 다른 호이다.

또 비록 변복하는 절차가 없었으나 '고애(孤哀)'라는 칭호가 담제에 이르러 비로소 바뀌니,[18] 아무런 일이 전연 없어서는 안 될 듯합니다. 비록 대상복을 그대로 사용하고 제사를 행하더라도 담담(澹澹)한 뜻[19]을 붙이는 데 해롭지 않습니다.

또 그만두지 말고 기어이 말을 하라고 하신다면 한 가지 설이 있습니다. 근일 세속의 제도에 백립(白笠)과 직령(直領)을 대상복으로 삼고, 담제에는 도포를 가지고 직령과 바꿉니다. 그러다가 담제 후에 다시 직령을 입고 길제에 이르러 다시 도포를 착용하니, 이는 고례(古禮)에 약간 흉(凶)하고 약간 길(吉)한 제도에 은연중 부합합니다. 어떨지 모르겠습니다.

18 고애(孤哀)라는……바꾸니 : 고애는 고애자(孤哀子)의 줄임말로, 부모를 모두 여읜 채 상중(喪中)에 있는 사람이 자신을 칭하는 말인바, 졸곡 이후에 상사(喪事)가 끝나서 지내는 제사가 길제(吉祭)가 되기 때문에 자신을 '고애'라고 칭하지 않고 다르게 칭한다는 말이다. 《예기》 〈잡기(雜記)〉에 "제사에는 효자(孝子), 효손(孝孫)이라 칭하고, 상사에는 애자(哀子), 애손(哀孫)이라 칭한다."라고 했고, 그 주(註)에 "졸곡(卒哭) 이후가 길제(吉祭)이기 때문에 축사(祝詞)에 효(孝)라 칭하고, 우제(虞祭) 이전에는 애(哀)라 칭한다."라고 보인다. 부친상을 당했을 때는 '고자(孤子)'라고 하고, 모친상을 당했을 때에는 '애자(哀子)'라고 한다. 여기에서 말한 길제는 담제를 지낸 뒤에 지내는 길제를 이른다.

19 담담(澹澹)한 뜻 : 담제(禫祭)를 지내서 탈상을 하고 나면 마음이 편안해진다는 의미로, 《의례주소(儀禮注疏)》 〈사우례(士虞禮)〉에 "담(禫)이란 말은 담담하게 평안하다는 뜻이다.〔禫之言, 澹澹然平安意也.〕"라고 보인다.

족숙에게 답함

答族叔

문 《소학(小學)》에 '천하에 옳지 않은 부모가 없다.'라고 하였는데, 그 주(註)에 이르기를 '다만 부모의 옳은 것만 보고 부모의 잘못을 보지 못하기 때문이다.'라고 하였습니다.[20] 진실로 만약 부모의 잘못을 보지 못한다면 어찌하여 은미하게 간(諫)[21]함이 있으며, 또 어째서 간쟁(諫爭)하는 자식[22]이 있습니까?

20 소학(小學)에……하였습니다 : 이 내용은 《소학》 〈가언(嘉言)〉에 "나중소(羅仲素)는 '고수(瞽瞍)가 기뻐함에 이르자 천하의 부자 관계에 있는 사람들이 안정되었다.'라는 말을 논하여 말하기를 '다만 천하에 옳지 않은 부모가 없다고 여겼기 때문이다.' 하였다.〔羅仲素論瞽瞍底豫而天下之爲父子者定云: 只爲天下無不是底父母.〕"라고 하였고, 그 주에 "효자의 마음은 부모와 하나가 되니, 모든 부모의 잘못을 다 자기의 잘못으로 여기므로, 스스로 부모에게 옳지 않은 곳이 있음을 보지 못하는 것이다.〔孝子之心, 與親爲一, 凡親之過, 皆己之過. 自不見父母有不是處.〕"라고 보인다. '중소(仲素)'는 북송(北宋)의 이학가(理學家)인 나종언(羅從彦, 1072~1135)의 자이며, '고수'는 순 임금의 아버지이다. '고수가 기뻐함에 이르자 천하의 부자 관계에 있는 사람들이 안정되었다.'는 구절은 《맹자》 〈이루 상(離婁上)〉에 보인다.

21 은미하게 간(諫)함 : 부드러운 말로 간언함을 이르는바, 《논어》 〈이인(里仁)〉에서 공자가 "부모를 섬길 때에는 은미하게 간해야 한다.〔事父母, 幾諫.〕"라고 하신 말씀이 보인다.

22 간쟁(諫爭)하는 자식 : 이 내용은 《효경(孝經)》 〈간쟁장(諫諍章)〉에 "아버지에게 간쟁하는 자식이 있다면, 그 몸이 의롭지 못한 일에 빠지지 않을 것이다.〔父有爭子, 則身不陷於不義.〕 그러므로 만일 아버지가 의롭지 못한 일을 할 때는 자식으로서는 그 아버지의 일을 간쟁하지 않을 수 없고, 임금이 의롭지 못한 일을 할 때는 신하로서 그 임금의 일을 간쟁하지 않을 수 없다. 그러므로 의롭지 못한 일을 당하였을 때에는

답 말씀한 측면이 각기 다르니, 이는 각각 부자간에 서로 대하는 처지를 가지고 말한 것입니다. 아버지에게 효도하는 자식의 경우, 비록 아버지가 고수(瞽瞍)처럼 지극히 완악하고 자식이 순(舜) 임금 같은 대효(大孝)라 하더라도, 아버지가 기뻐하기 전에는 자식의 도에 여전히 일호(一毫)라도 분수를 다하지 못한 부분이 있는 것입니다. 이것을 가지고 말한다면 '부모의 잘못을 보지 못한다.'는 뜻을 알 수 있습니다.

'은미하게 간함'과 '간쟁하는 자식'의 경우 범범하게 부자간의 떳떳한 도를 가지고 말한 것이니, 어찌 이것과 서로 뒤섞어서 볼 수 있겠습니까.

간쟁하여야 하니, 아버지의 명령만 따른다고 어찌 효도라 할 수 있겠는가."라고 보인다.

족형 필상 에게 답함
答族兄 弼常

먼 교외에서 상중(喪中)에 외롭고 슬프게 지내고 있던 터에, 손수 쓰신 편지를 영윤(令胤)이 소매에 넣어 가지고 와서 전해주었는데, 돌아가신 숙주(叔主 숙부(叔父))의 묘지 문자를 부탁하시는 것이었습니다. 구구한 제가 평소 우러러 사모하는 마음을 가지고 말하면 실로 말채찍을 잡고 싶은 소원[23]이 있으니, 만일 스스로 정성을 바칠 수 있다면 어찌 감히 사양하겠습니까.

그러나 스스로 돌아보건대 저의 기량이 이미 이것을 받들어 감당할 수가 없고, 또 고인의 말씀과 행실을 찬술(纂述)해서 숨겨진 광채를 발휘하여 불후(不朽)을 도모하는 것을 어찌 상중의 사람이 할 수 있겠습니까. 그러므로 예로부터 선배들이 상중에 일찍이 이러한 문자를 지었다는 말을 듣지 못했으니, 여기에서 상제(喪制)를 지키는 뜻을 볼 수 있습니다.

보내주신 편지에 비록 "지친(至親)은 타인(他人)과 다르다."고 말씀하셨으나, 똑같이 후세에 전하는 체제(體制)이고 묘지(墓誌)의 글입니다. 그러니 미안한 저의 마음은 말할 것이 없고, 막중한 문자를 이렇게

23 말채찍을……소원 : 그 사람을 흠모하여 그의 마부(馬夫)가 되어 수레라도 끌고 싶다는 말이다. 《사기》 권62 〈관안열전찬(管晏列傳贊)〉에 "가령 안자(晏子)가 지금 이 세상에 살아 있다면, 내 비록 그를 위해 말채찍을 잡는다 하더라도 기쁜 마음으로 받들어 모시겠다.〔假令晏子而在, 余雖爲之執鞭, 所忻慕焉.〕"라는 사마천(司馬遷)의 말이 보인다.

구차하고 간략하게 짓는다면 또한 어찌 족형의 무궁한 효심에 만족하시겠습니까. 글을 지은 날짜를 바꾸어 넣는 일은 지극히 진실하지 못하니, 더욱더 어찌 할 수 있겠습니까.

성대한 뜻은 비록 심히 정중하나 저의 마음에는 명령을 따를 방법이 없으니, 다만 스스로 죄송하고 부끄러워 뭐라 말씀드려야 할지 모르겠습니다. 상처가 커서 기운이 약해져[24] 하고 싶은 말을 글로 다 표현할 수 없으므로 저의 사정을 간략하게 적었으니, 널리 양찰(諒察)해주시기를 간절히 바랍니다.

24 상처가……약해져 : 부모상을 당하여 말할 기운이 없다는 말로, 《예기》 〈삼년문(三年問)〉에 "상처가 크면 날이 오래 걸리고, 아픔이 심하면 낫는 것이 더디다. 삼년의 기간을 둔 것은 그 심정에 걸맞도록 예문(禮文)을 만든 것이니, 비통함이 무엇보다도 가장 크기 때문이다.〔創鉅者其日久, 痛甚者其愈遲. 三年者, 稱情而立文, 所以爲至痛極也.〕"라고 보이고, 〈옥조(玉藻)〉에 "거상할 적의 모습은 파리하고 실의해서, 낯빛의 모양은 근심스러우며, 보는 모양은 놀라서 다급하고 분명치 못하며, 말하는 모양은 낮고 약하다.〔喪容纍纍, 色容顚顚, 視容瞿瞿梅梅, 言容繭繭.〕"라고 보인다.

선여 경원[25] 에게 답함

答善餘 慶元

수많은 내용을 편지로 말해 주셨는데, 고상한 뜻을 받들어 알았습니다. 청음(淸陰)은 최명길(崔鳴吉)에게 쌓인 감정이 있었는데[26] 똑같이 심양(瀋陽)의 옥(獄)에 구류를 당하였을 적에 벽을 사이에 두고 시를 창수(唱酬)했던 것[27]은, 군자가 포황(包荒)하여[28] 용인해 주어 무도(無

25 선여(善餘) 경원(慶元) : 선여는 오경원(吳慶元, 1764~?)의 자로, 호는 수양일민(首陽逸民), 본관은 해주(海州)이다. 병자호란 때 삼학사(三學士) 중의 한 명인 충렬공(忠烈公) 오달제(吳達濟, 1609~1637)의 6대손이다. 계묘년(1783, 정조7) 식년시에 합격하고 연일 현감, 금산 군수 등을 지냈다. 역사에 밝았으며, 명나라의 마지막 황제 의종(毅宗) 이후 조야(朝野)의 사승(史乘) 중에 존왕양이(尊王攘夷)의 큰 법도와 관련이 있는 것들을 모아 《소화외사(小華外史)》를 편찬하였는데, 오희상이 서문을 쓰고 홍직필이 발문을 썼다. 《老洲集 卷15 小華外史序》《梅山集 卷30 小華外史跋》

26 청음(淸陰)은……있었는데 : 청음은 김상헌(金尙憲, 1570~1652)의 호로, 최명길(崔鳴吉, 1586~1647)이 병자호란 때 강화(講和)를 적극적으로 주장하다가 척화(斥和)를 주장한 김상헌으로부터 심한 배척을 받은 것을 두고 한 말이다. 병자호란 당시 남한산성의 비국(備局)에서 최명길은 항복하겠다는 국서를 쓴 뒤 이를 수정하고 있었다. 그런데 예조 판서 김상헌이 밖에서 들어와 그 글을 보고는 통곡하면서 찢어 버렸고 이어 입대(入對)하여 주벌을 청하였다. 이때 김상헌의 말뜻이 절절하였고 말하면서 눈물을 줄줄 흘리므로 입시한 제신들도 모두 눈물을 흘렸고 인조 옆에 앉아 있던 세자의 목 놓아 우는 소리가 문밖까지 들렸다고 한다. 《국역인조실록 15년 1월 18》《大東野乘 卷34 續雜錄4》

27 심양(瀋陽)의……것 : 병자호란 때 척화를 주장했던 김상헌이 청나라의 관작도 받지 않고 청나라의 연호도 쓰지 않는다고 하여 1640년(인조18) 11월에 심양으로 압송되었는데, 그 후 주화(主和)를 주장했던 최명길도 잡혀와 있었다. 최명길이 "끓는 물도

道)함에 보복하지 않는 뜻에 불과하니, 의리를 잡아 지킴에 있어 어찌 일찍이 조금이라도 흔들렸겠습니까. 그 시편(詩篇)을 보면 이것을 알 수 있습니다.

저 최명길의 자손들이 청음의 이 일을 앙증하게 원용해서 두 분이 의심을 풀고 우호를 되찾았다고 말하여 이것을 중요한 구실로 삼고자 하였습니다. 저는 범문정(范文正)이 원한을 풀었다고 해서 여이간(呂夷簡)을 소인이 아니라고 말하는 것을 듣지 못했으니,[29] 단지 그들의

얼음물도 모두가 물이요, 가죽 옷도 갈옷도 모두가 옷이라네.〔湯氷俱是水, 裘葛莫非衣.〕"라고 읊자, 김상헌은 이에 화답하여 "성패는 천운에 달려 있으니 의리에 맞는가를 보아야 하리. 아침과 저녁 뒤바뀐다 해도 치마와 웃옷을 거꾸로 입을 수 있으랴. 권도에는 현자도 잘못할 수 있지만 정도는 많은 사람들 어기지 못하네. 이치에 밝은 선비께 말하노니 급한 때도 저울질 신중히 하시오.〔成敗關天運, 須看義與歸. 雖然反夙暮, 詎可倒裳衣? 權或賢猶誤, 經應衆莫違. 寄言明理士, 造次愼衡機.〕"라고 읊었다고 한다. 《遲川集 卷3 北扉酬唱錄 用前韻講經權》《淸陰集 卷12 雪窖後集 次講經權有感韻》

28 포황(包荒)하여 : 거칠고 더러운 것까지 널리 포용한다는 뜻으로, 《주역》 〈태괘(泰卦) 구이(九二)〉에 "거친 것을 포용해 주고, 황하(黃河)를 맨 몸으로 건너는 용맹을 쓰며, 멀리 있는 것을 버리지 않고, 붕당을 없애면 중도에 배합하리라.〔包荒, 用馮河, 不遐遺, 朋亡, 得尙于中行.〕"라고 보인다.

29 범문정(范文正)이……못했으니 : 문정은 북송 초기의 명재상인 범중엄(范仲淹)의 시호이다. 당초 재상 여이간(呂夷簡)이 환관 염문응(閻文應)과 주도하여 인종(仁宗)의 후비(后妃)인 곽 황후(郭皇后)를 요화궁(瑤華宮)에 폐위시켰고, 인종이 후회하고 황후를 복위시키려 하자 또다시 주도하여 폐후(廢后)를 살해한 일명 '요화궁의 변고'를 일으켰다. 범중엄이 그들을 탄핵하여 요주(饒州)로 내쫓고서 부필(富弼), 한기(韓琦) 등과 정권을 잡고, 구양수(歐陽脩), 여정(余靖), 채양(蔡襄) 등이 간관(諫官)이 되자, 직집현원(直集賢院) 석개(石介)가 기뻐하여 "이것은 성사(盛事)로다. 가송(歌頌)은 나의 직분인데, 그만둘 수 있겠는가." 하고는 마침내 〈경력성덕시(慶曆聖德詩)〉를 지어 소인(小人)들이 쫓겨나고 충량(忠良)들이 등조(登朝)한 것을 축하하였다. 이후에

용심(用心)이 수고로움을 볼 뿐입니다.

또 엎드려 병자년(1637)의 일기(日記)를 보면, 인조(仁祖)가 일찍이 하교하시기를 "최판서는 처음 판단한 것이 매우 잘못되었다." 하셨고, 또 하교하기를 "최판서는 성품이 약하다."라고 하셨으니,[30] 밝고 성스러운 인조가 이미 그의 사람됨이 군자가 아님을 통촉해서 애당초 위임하고 신임하려는 마음이 없었습니다. 그러나 저 자가 온갖 영리한 꾀를 가지고서 권모술수(權謀術數)와 말재주까지 겸하고 있어서 이해(利害)와 화복(禍福)의 논리로써 강한 오랑캐의 세력을 믿고 유혹하기도 하고 위협하기도 하며, 옛날 성현의 가르침에 견강부회(牽强附會)해서 자신의 행위를 의리인 것처럼 아름답게 포장하여 현혹시켰으며, 좌우에서 제멋대로 날뛰며 스스로 임금의 심복에 의탁하였습니다.

또 김류(金瑬)[31]와 성세(聲勢)를 서로 의지해서 타인으로 하여금 참

범중엄은 정계에 복귀한 승상 여이간과 황제 앞에서 공박하다가 함께 좌천되는 일도 있었으나, 최종적으로 여이간이 또다시 재상이 된 뒤에 범중엄을 발탁하자 범중엄도 그의 제의를 받아들여 서로 힘을 합해 국사를 해결해 나갔다. 이 때문에 범중엄이 죽은 뒤 구양수(歐陽脩)가 그의 비문에 두 사람이 만년에 원한을 풀었다고 썼는바, 이 내용은 이러한 고사를 두고 한 말이다. 《宋史 卷242 后妃列傳 仁宗郭皇后》《宋史 卷432 石介列傳》《朱子大全 卷38 答周益公》

30 병자년의……하셨으니 : 인용한 내용이 《승정원일기(承政院日記)》 인조 15년 1월 20일 기사와 21일 기사에 각각 보인다.

31 김류(金瑬) : 1571~1648. 자는 관옥(冠玉), 호는 북저(北渚), 본관은 순천(順天)이다. 1596년(선조29) 문과에 급제하고 강계 부사(江界府使) 등을 지내고, 1623년(인조1) 최명길(崔鳴吉), 김자점(金自點) 등과 함께 인조반정을 성공시켰다. 이 공으로 병조 참판에 제수되고 대제학을 지냈으며 승평부원군(昇平府院君)에 봉해졌다. 이후 각 조의 판서를 역임하고 정묘호란 때 부체찰사(副體察使)로 왕을 강화도로 호종하였으며, 환도(還都) 후 우의정을 거쳐 영의정이 되었다. 병자호란 때 주화파의 뜻에 따라

여할 수 없게 하였는데, 필경에 자신의 계책이 행해지자 거만하게 훈업(勳業)을 스스로 자부하였습니다. 보내온 편지에 이른바 '한인(漢人)의 얼굴에 오랑캐 심장을 한 진회(秦檜)이다.'[32]는 것은 지나친 말씀이 아닙니다.

당시에 깨끗한 의논을 주장하는 자들이 누가 그를 더럽게 여기고 꾸짖지 않았겠습니까. 그러나 지금의 세상이 그때와 많이 달라져 큰 의리가 실추되고 어두워지니, 벼슬하는 선비들이 다만 최명길이 군주를 팔아먹고 오랑캐에게 아첨한 것이 환란을 물리쳐 구제한 큰 공이 됨만 알고, 더 이상 우리나라의 관(冠)과 의상(衣裳)과 문물이 오랑캐에 빠지지 않은 것이 실로 척화(斥和)한 제현들이 정의(正義)를 위해 목숨을 바친 힘 때문이었음을 알지 못합니다. 세도(世道)가 이 지경에 이르렀으니, 어찌 한심하지 않겠습니까.

좌하(座下)가 이 점에 분개하여 책 하나를 만들어서 의리를 천명(闡明)하고자 하였으니, 어찌 그 사이에 사사로운 마음이 있겠습니까. 진실로 병이(秉彝)[33]의 공정함에서 나온 것입니다. 이 때문에 구구(區

삼전도(三田渡)에서 맹약을 맺는 데 주도적 역할을 하였는데, 환도 후 이것이 죄가 되어 대간(臺諫)의 탄핵으로 관작을 삭탈 당했으나, 1644년 3월 심기원(沈器遠)의 반란을 평정한 공으로 다시 영의정이 되어 영국공신(寧國功臣) 1등에 녹훈(錄勳)되고 순천부원군(順天府院君)에 책봉되었다. 시호는 문충(文忠)이다.

32 한인(漢人)의……진회(秦檜)이다 : 얼굴은 중국 사람이지만 속은 오랑캐의 창자를 가진 진회라는 말이다. 진회는 송 고종(宋高宗) 때 재상으로, 금(金)나라와 화친할 것을 적극 주장하여 척화파인 악비(岳飛) 등 충신을 모함해 죽인 간신(奸臣)이다. 《宋史 卷473 秦檜列傳》

33 병이(秉彝) : 사람이라면 누구나 천성적으로 가지고 있는 떳떳한 성품으로, 곧 양심을 가리킨다.

區)한 제가 속으로 감탄하면서 그 일을 돕고자 하나, 연래에 정력(精力)이 쇠퇴하여 분발할 수가 없으니, 어쩌겠습니까.

선여에게 줌
與善餘

명(明)나라 사직(社稷)이 망한 지[34] 거의 2백 년인데 아직도 숭정(崇禎)의 연호를 칭하는 것[35]은 얼핏 보면 비록 사정(事情)에 가깝지 않은 듯합니다. 그러나 우리 조선조는 명나라에 대해서 다만 임진왜란에 재조(再造)의 망극한 은혜[36]를 입었을 뿐만 아니라 저 고황제(高皇帝)[37] 때부터 우리나라를 내복(內服)[38]과 똑같이 여겨 베풀어준 교화와

34 명(明)나라……지 : 원문의 '옥사(屋社)'는 패망한 나라의 사직에 지붕〔屋〕을 설치하여 햇볕을 막는 것으로, 나라가 망한 것을 비유하는 말인바, 《예기》〈교특생(郊特牲)〉에 보인다.

35 숭정(崇禎)의……것 : 조선조는 중국의 청나라와 사대관계를 맺고 있어서 공식적으로는 청나라 연호를 썼으나, 비공식적으로는 청나라 연호를 위호(僞號)라 하여 쓰지 않거나 명나라의 마지막 연호인 숭정을 써서 '숭정 기원후(崇禎紀元後) 모년(某年)'이라는 표현을 사용하기도 하였다. 우암을 위시한 북벌파들은 위호를 쓰지 말 것을 강력히 주장하였는데, 숙종 9년에 쓰인 윤증(尹拯)의 편지에 "대개 고신첩(告身帖)에 위호를 쓰지 않는 것은 바로 인조와 효종 두 조정에서 청음(淸陰)과 우옹(尤翁)의 뜻을 곡진하게 받아 준 것이니, 오늘날 우리가 소장(疏章)에서 위호를 쓰지 않을 수 있는 것은 모두 이러한 의리 때문입니다.〔蓋告身之不書僞號, 卽仁、孝兩朝之曲副於淸陰、尤翁者, 而今日吾輩之得以不書於疏章, 皆此義也.〕"라는 구절이 보인다.《明齋遺稿 卷14 答羅顯道》 고신첩은 교지(敎旨)를 가리킨다.

36 재조(再造)의 망극한 은혜 : '재조'는 거의 망하게 된 국가가 다시 중흥됨을 이르는바, 임진왜란으로 거의 멸망에 이르게 된 조선이 원군을 보내준 명나라의 은혜에 힘입어 중흥할 수 있었던 것을 가리킨다.

37 고황제(高皇帝) : 명나라를 건국한 주원장(朱元璋, 1328~1398)의 시호로, 1368년부터 1398년까지 재위하였고, 묘호(廟號)는 태조(太祖)이다.

문물이 중국과 차이가 없었으니, 거의 소중화(小中華)라고 불리기에 부족함이 없었습니다.

지금은 신주(神州)가 육침(陸沈)되어[39] 인류가 비린내 나고 더러운 오랑캐로 빠지고, 오직 우리 한 귀퉁이의 청구(青邱)[40]만 홀로 중국의 예악(禮樂)과 의관(衣冠)을 보존하였으니, 하늘이 장차 우리나라를 가지고 쌓인 음(陰)의 석과(碩果)[41]와 땅 밑의 작은 양(陽)[42]으로 삼을 듯합니다.

"성인(聖人)이 10월을 양월(陽月)이라고 말씀한 것은, 그 양이 없다

38 내복(內服) : 천자의 교화가 미치는 왕기(王畿) 이내의 지역을 이르는 말로, 천자의 교화가 미치지 않는 왕기 밖의 지역인 외복(外服)과 상대되는 말이다.

39 신주(神州)가 육침(陸沈)되어 : '신주'는 중국을 가리키고 '육침'은 육지가 물에 잠긴다는 뜻으로, 중국이 외적(外賊)에게 침입을 당하여 망함을 비유하는바, 남조(南朝)의 송(宋)나라 사람인 유의경(劉義慶)의 《세설신어》에 "환공(桓公)이 개탄하였다. '끝내 신주(神州)로 하여금 육침을 당하여 백 년 동안 폐허가 되게 하였으니, 왕이보(王夷甫) 등 여러 사람들은 책임을 면할 수 없다.'"라고 보인다. 《世說新語 卷下之下 輕詆》

40 청구(青邱) : 중국의 동방에 있는 언덕이라는 뜻으로, 우리나라를 가리킨다. 오방색(五方色) 중 청색(青色)은 동쪽을 상징한다.

41 쌓인 음(陰)의 석과(碩果) : '석과'는 큰 과일이란 의미로, 우리나라가 중국 문화에 있어서 마지막 남은 맥(脈)이란 의미이다. 《주역》 〈박괘(剝卦) 상구(上九)〉의 효사(爻辭)에 "큰 과일이 먹히지 않은 것이니, 군자는 수레를 얻고 소인은 집을 허물리라.〔碩果不食, 君子得輿, 小人剝廬.〕"고 한 데서 온 말이다. 박괘는 산지박(山地剝 ䷖)으로 다섯 개의 음(陰)이 아래에 있고 하나의 양(陽)이 위에 있는 형상인데, 여러 양이 모두 다 사라지고 오직 상구 한 효만 남아 있는 것이 마치 큰 과일 하나가 먹히지 않아 다시 생겨날 가능성을 지니고 있는 것과 같다.

42 땅……양(陽) : 작은 양은 동지(冬至)를 상징하는 복괘(復卦 ䷗)의 양효(陽爻) 하나가 아래에서 처음 생기므로 이렇게 말한 것인데, 이것을 가지고 중국 문화의 부흥이 우리나라에서 일어날 조짐에 빗댄 것이다.

고 의심할까 두려워해서이다."[43]라고 하였습니다. 그렇다면 우리나라에서 '숭정'이라는 연호를 칭한 것은 실로 또한 그 사이에 양(陽)을 부지(扶持)하는 정밀한 의리가 있는 것이니, 어찌 이것을 사소하게 여길 수 있겠습니까. 다만 일종(一種)의 의논에 이것을 성실하지 못하고 실제가 없다고 말하는 것은 다만 무식함이 심한 것이요 귀신과 도깨비들의 견해이니, 참으로 가련합니다.

43 성인(聖人)이……두려워해서이다 : 이 내용은 《주역》 〈박괘(剝卦) 상구(上九)〉의 효사에 대한 이천(伊川) 정이(程頤)의 《주역전(周易傳)》에 보인다.

선여에게 답함
答善餘

편지의 수많은 내용을 통해서 부임한 초기에 맨 먼저 유교의 교화에 유념하였음을 알 수 있으니, 공경하여 감탄함을 이길 수 없습니다. 사람은 태어나면서부터 욕심이 있기 때문에 가르침이 없으면 마침내 혼란하니, 옛날 성왕(聖王)들이 상(庠)・서(序)・학(學)・교(校)[44]를 설치해서 사람을 가르친 것은, 사사로운 지혜를 써서 안배한 것이 아니고 이 또한 하늘이 명(命)한 것으로 그만둘 수 없는 것입니다.

그러므로 하(夏)・은(殷)・주(周) 삼대(三代)가 융성(隆盛)했던 것은 학교의 정사가 밝고 또 구비하였기 때문이고, 후세가 삼대에 미치지 못해서 화(禍)와 난(亂)이 서로 이어졌던 것은 또한 학교의 정사가 밝고 구비하지 못했기 때문입니다. 우리 조선조의 학교는 비록 삼대처럼 밝고 구비하지는 못했으나, 유교를 숭상하여 정치를 하였기 때문에 교화가 아름답고 밝았습니다.

조종(祖宗)의 성세(盛世)에 자목(字牧)[45]을 맡은 자들이 모두 교관(敎官)의 책임을 다하였고, 무관(武官) 출신의 수령을 차임하여 보낸

44 상(庠)……교(校) : 상・서(序)・교는 모두 향학(鄕學)을 말하고, 학(學)은 국학(國學)으로 곧 태학(太學)을 말한다. 《맹자》 〈등문공 상(滕文公上)〉에 "하(夏)나라에서는 교(校)라 하였고, 은(殷)나라에서는 서(序)라 하였고, 주(周)나라에서는 상(庠)이라 하였으며, 학(學)은 삼대(三代)가 다 똑같았다."라고 보인다.

45 자목(字牧) : 고을 백성을 사랑으로 다스림을 뜻하는 말로, 목사 이하 군수, 현감, 현령 등 수령(守令)을 통칭하는 말이다.

곳의 경우에는 별도로 훈도관(訓導官)을 설치하였으며, 수령의 칠사(七事)[46]에 또한 학교가 일어나는 것을 최상의 고과(考課)로 삼았으니, 그 법의 뜻을 알 수 있습니다. 그런데 근세 이래로 안으로는 조정과 밖으로는 주현(州縣)이 이 의리를 강론하지 않아 학교를 무용지물로 여겨서 풍교(風敎)가 크게 무너지고 인물이 끊기어 나라가 장차 전복하게 되었으니, 어찌 한심한 일이 아니겠습니까.

내가 일찍이 이 말을 주장하면서 사람들에게 설명하면, 듣는 자들이 자기가 잘났다고 생각하여 저의 말을 듣기 싫어하지 않는 이가 없었으니, 고통스럽고 고통스러웠습니다. 지금 좌하(座下)가 이미 옆 사람의 비난과 비웃음을 돌아보지 않고 남이 하지 않는 바를 하시니, 어찌 교화한다는 명칭만 있고 실제가 없어서 유속(流俗)의 비난을 거듭 야기해서야 되겠습니까. 대저 이 일은 차례가 있으니, 부디 먼저 사람들의 표준이 될 만한 어진 선비를 널리 구해서 스승으로 삼으십시오. 그런 뒤에 비로소 내 자신이 하고자 하는 바를 할 수 있습니다. 학교의 규모와 절목(節目)의 경우는 바로 지엽적인 일이니, 훌륭한 선비를 얻은 연후에 자연히 강론하여 정할 수 있습니다.

요컨대 간략하고 쉬움을 주장할 것이요 치밀하게 해서는 안 되니, 치밀하면 폐지되기가 쉽고 오래가기가 어렵습니다. 저의 생각으로는 굳이 별도로 격목(格目)을 구할 것이 없고, 율곡(栗谷)의 〈학교모범

46 수령의 칠사(七事) : 조선 시대 수령이 힘써야 할 일곱 가지 사항으로, '농업과 잠업을 성하게 함〔農桑盛〕・호구를 늘림〔戶口增〕・학교를 일으킴〔學校興〕・군정을 정리함〔軍政修〕・부역을 균등하게 함〔賦役均〕・소송을 간명하게 함〔詞訟簡〕・간사하거나 교활한 자들을 단절함〔奸猾息〕'을 말한다.

(學校模範)〉[47]을 가져다가 이 가운데에서 절충하면 좋을 듯합니다. 어떨지 모르겠습니다.

47 학교모범(學校模範) : 선조(宣祖)가 경연에서 선비의 습관이 야박해지고 스승의 도(道)가 사라져가는 폐단을 언급하면서 스승을 가려 뽑고 선비를 양성하는 법규를 만들도록 명하자, 율곡 이이(李珥)가 〈학교규범(學校規範)〉을 만들고 나서 이어 학교 법령을 보완하기 위해 만든 것으로, 《율곡전서》 권15 〈잡저(雜著)〉에 실려 있는바, 모두 16조(條)이다.

운경 우상 에게 답함

答雲卿 羽常

문 정 예산(鄭禮山)[48]이 작년 2월 27일에 상이 났는데 막내아들은 집에 있어서 3월 초하루에 성복(成服)을 하였고, 둘째 아들은 호남(湖南)의 임소(任所)에 있어서 3월 초파일에 부음을 듣고서 그달 23일에 성복을 하였고, 장자는 관서(關西) 지방의 임소에 있어서 3월 14일에 부음을 듣고서 4월 초삼일에 성복을 하였습니다. 둘째와 막내가 성복한 것은 똑같이 3월이었고, 장자가 성복한 것은 4월이었습니다. 형제가 복(服)을 바꾸어 입는 예절과 연제(練祭)와 상제(祥祭)에 궤연(几筵)을 철거하는 예는 모두 근거한 바가 있는지를 알지 못하니, 자세히 가르쳐주기를 엎드려 바랍니다.

답 지방에 있으면서 상을 들은 자가 연제와 상제에 날과 달의 실제 수를 계산해서 절차를 삼는 것은 이미 주자(朱子)의 정론(定論)이 있습니다. 지금 이 세 아들이 부음(訃音)을 듣고 성복한 것이 달과 날이 각각 다르니, 연제와 상제가 마땅히 장자가 부음을 들은 날로 미루어 행하여 상기(喪期)의 실제 수를 채워야 하고, 둘째 아들과 막내아들은 마땅히 '먼저 상기(喪期)가 차면 먼저 복을 벗고, 뒤에 상기가 차면 뒤에 복을 벗는다.'[49]는 글을 따라야 합니다. 집안에 있던 막내아들은

48 정 예산(鄭禮山) : 예산 현감(禮山縣監)을 지낸 정(鄭) 아무개를 이르는데, 누구인지 자세하지 않다.

49 먼저……벗는다 : 이 내용은 《주자어류》 권89 〈예(禮) 6 상(喪)〉에 "친상에 형제들

마땅히 상이 난 날에 복을 벗어야 하고, 밖에 있던 둘째 아들은 마땅히 상을 들은 날에 복을 벗어야 합니다.

그러나 고례(古禮)의 날짜를 점치는 제도를 가지고 말하면, 연제와 상제는 앞으로 당기기도 하고 뒤로 미루기도 하였습니다. 둘째 아들의 성복이 비록 장자와 달수는 다르나 상을 들은 것은 똑같은 달이니, 장자의 연제와 상제의 날을 기다려서 똑같이 복을 바꾸는 것이 상사(喪事)를 어기거나 물리는 혐의가 있지 않을 듯합니다.

일찍이 살펴보건대, 도암(陶菴) 또한 '서자(庶子)가 상을 들은 것이 만약 적자(嫡子)와 같은 달이면 적자가 연제와 상제를 하는 날에 함께 복을 벗는 것이 마땅할 듯하다.'는 말씀이 있었습니다.[50] 궤연을 철거하는 절차는, 선유들이 혹 〈상복소기(喪服小記)〉의 '제사는 상복을 벗기 위한 것이 아니다.'는 글[51]을 인용해서 '마땅히 본래 대상(大祥)의 제삿날에 궤연을 철거해야 한다.'고 한 것이 참으로 의의(意義)가 있으니, 연제 뒤에 추복(追服)하는 자가 이 예를 따를 수 있습니다. 그러

중에 먼저 상기(喪期)가 찬 자는 먼저 복을 벗고, 뒤에 상기가 찬 자는 뒤에 벗으니, 외지에 있어 부음을 듣는 데 선후가 있기 때문이다.〔親喪, 兄弟先滿者先除服, 後滿者後除, 以在外聞喪有先後者.〕"라고 보인다.

50 도암(陶菴)……있었습니다 : 도암은 이재(李縡, 1680~1746)의 호인데, 인용한 내용은 출처가 자세하지 않다.

51 상복소기(喪服小記)의……글 : 《예기》 〈상복소기〉에 "두 돌의 상은 3년이고, 기년상은 2년이고, 9월과 7월의 상은 세 철이고, 5월의 상은 두 철이고, 3월의 상은 한 철이다. 그러므로 기년에 제사함은 예이고 기년에 상을 벗음은 도이니, 제사는 상을 벗기 위한 것이 아니다.〔再期之喪, 三年也; 期之喪, 二年也; 九月七月之喪, 三時也; 五月之喪, 二時也; 三月之喪, 一時也. 故期而祭, 禮也; 期而除喪, 道也. 祭不爲除喪也.〕"라고 보인다.

나 이 집안에서 만난 경우는 한 달 사이에 지나지 않으니, 그렇다면 가깝게는 주자의 가르침을 따라서 대상(大祥)을 뒤로 물리는 날에 궤연을 철거하는 것이 마땅할 듯하나, 제가 감히 딱 잘라 말할 수가 없습니다.

운경에게 답함

答雲卿

듣건대 이번 걸음에 강과 산을 골고루 유람하고 돌아왔다 하니, 산에 올라 조망하고 물을 거슬러 올라가 씻을 적에 가슴이 열리고 흉금을 씻어내는 기쁨이 있었는지 모르겠습니다. 사람의 한 몸이 큰 조화(造化) 가운데에 붙어 있으니, 백 년 사이에 영화로움과 근심, 슬픔과 기쁨, 사라지고 자람과 이루어지고 훼손됨이 환경에 따라 바뀌어 일정함 없이 변동합니다. 그러나 달관(達觀)을 하면 이것은 다 하나의 물거품처럼 헛것일 뿐이니, 어찌 나의 영대(靈臺)[52]에 누를 끼칠 수 있겠습니까.

좌우의 총명함으로는 이것을 잘 알 터인데, 오직 여기에 크게 얽매이는 병통이 있기 때문에 막히고 가려진 바가 있어서 투철(透徹)하지 못한 것이니, 지난번 무망(無妄)의 병[53]이 온 것이 반드시 이것이 빌미가 되지 않았다고 하지는 못할 것입니다. 그러므로 내가 일찍이 또한 이것을 말해주었던 것입니다. 부디 지금부터는 눈을 높이 뜨고 가슴을 넓혀서 모든 세상의 연고를 마음속에서 잊어버리고 다시 책을 읽고

52 영대(靈臺) : 마음을 가리킨다. 《장자》 〈경상초(庚桑楚)〉에 "영대에 들여놓아서는 안 된다.〔不可內於靈臺.〕"라고 하였는데, 곽상(郭象)이 주(注)를 달기를 "영대라는 것은 마음이다.〔靈臺者, 心也.〕"라고 하였다.

53 무망(無妄)의 병 : 잘못한 것이 없는데도 예기치 않게 생긴 병을 가리킨다. 《주역》 〈무망괘(無妄卦) 구오(九五)〉의 효사(爻辭)에 "잘못 없이 걸린 병이니, 약을 쓰지 않아도 기쁜 일이 있으리라.〔无妄之疾, 勿藥有喜.〕"라고 보인다.

이치를 관찰함에 종사해서 상유(桑楡)의 공(功)[54]를 거두는 것이 어떻겠습니까.

또 편지에서 "죽음을 근심하는 한 생각을 아직도 떨쳐버리지 못했다."고 하였습니다. 시작을 근원하여 무(無)로부터 유(有)가 있음을 알았다면 종(終)을 궁구하여 유(有)로부터 무(無)가 있음을 알 수 있습니다. 그러므로 사람이 노쇠하고 병들고 죽고 장례하는 것은 진실로 밤과 낮처럼 계속 순환하는 떳떳한 이치이니, 어찌 이에 대해 근심할 필요가 있겠습니까.

선배(先輩)가 말하기를 "사람 중에 죽음을 근심하는 자는 단지 죽음을 면하지 못할 뿐만 아니라, 죽기 전에 하루 동안 갖는 삶의 즐거움을 먼저 스스로 잃게 된다."라고 하였으니,[55] 이 말이 참으로 사람의 정신을 번쩍 들게 하는 간절한 말입니다. 만약 근심하지 않으려고 해도

54 상유(桑楡)의 공(功) : 초년에 못 이룬 것을 만년(晩年)에 만회하여 공을 이룸을 말한다. 《후한서(後漢書)》 권17 〈풍이열전(馮異列傳)〉에 "동우에서 잃었으나 상유에서 만회하였다고 이를 만하다.〔可謂失之東隅, 收之桑榆.〕"라고 하였는데, 동우는 동쪽 해가 뜨는 곳으로 인생의 초년(初年)을 뜻하고, 상유는 서쪽의 해가 지는 곳으로 인생의 만년을 뜻한다.

55 선배(先輩)가……하였으니 : 선배는 김창즙(金昌緝, 1662～1713)을 가리키고, 인용한 내용은 《포음집(圃陰集)》 권4 〈답순행(答純行)〉에 보인다. 김창즙은 자가 경명(敬明), 호가 포음, 본관은 안동이다. 영의정 김수항(金壽恒)의 아들이며, 조봉원(趙逢源)의 문하에서 수학하였는데, 형 창집(昌集)·창협(昌協)·창흡(昌翕)·창업(昌業) 그리고 아우 창립(昌立)과 함께 문장과 학문이 빼어나 당시 '육창(六昌)'이라 불렸다. 1689년 기사환국으로 아버지 김수항이 사사되자 벼슬을 그만두고 학문에 전념하였으며, 1700년 아버지의 문집인 《문곡집(文谷集)》을 간행하였다. 문장과 훈고(訓詁)에 능하고 성리학에도 조예가 깊었다. 제자로는 유척기(兪拓基) 등이 있고, 저서로는 《포음집》 6권이 있다.

심기(心氣)가 그대로 지나치지 못하는 때가 있다면, 이 말씀을 생각하고 궁구하여 깊이 음미하면 마음이 안온(安穩)할 수 있을 것입니다.

서로 사랑하는 마음이 간절하여 나도 모르게 속에 있는 말을 다 쏟아냈으니, 양찰해주기를 바랍니다. 여행의 피곤함이 이미 다 사라졌거든, 한번 진솔하게 나를 찾아와서 속에 쌓여있는 많은 회포를 터놓을 수 있기를 기대합니다.

운경에게 답함
答雲卿

문 추후(追後)에 양자(養子)를 세운 자가 이미 '제사는 상(喪)을 벗기 위한 것이 아니다.'[56]는 글을 따라서 죽은 날에 대상(大祥)을 행하고 궤연을 철거하였습니다. 그런데 알지 못하겠습니다. 추복(追服)하는 자가 재기(再朞 대상) 전에 담제(禫祭)의 전(前)과 후(後)를 막론하고 초하루와 보름과 다례(茶禮)에 혹 신주를 꺼내 와서 곡하고 예를 행하기를 3년 이내와 같이 합니까?
답 대상 후의 담제 전에 초하루와 보름과 다례에 곡하면서 일을 행하는 것은, 우옹(尤翁 송시열(宋時烈))과 미호(渼湖 김원행(金元行)) 및 늑천(櫟泉 송명흠(宋明欽)) 등의 현자들이 불가하다 하셨습니다. 더구나 담제 뒤의 경우에 있어서이겠습니까. 지금 비록 추복(追服)하는 자가 있으나, 다만 위(位)를 마련했던 곳에 아침저녁으로 곡하는 것을 보존할 뿐이요, 신주를 꺼내 와서 예를 행하기를 3년 이내와 같이 행해서는 안 됩니다.

문 길제(吉祭)를 마땅히 행해야 합니까?
답 추복(追服)하는 자가 이미 큰 상주(喪主)라면 어찌 큰 상주의 상복이 다하지 않은 때에 길제를 행하겠습니까. 마땅히 큰 상주의 복이 다하는 달을 기다려야 합니다.

56 제사는……아니다 : 이 내용은 《예기》 〈상복소기(喪服小記)〉에 보인다.

문 궤연을 철거한 뒤에 만약 담제(禫祭)와 길제(吉祭)가 없을 경우, 먼저 복이 끝나는 자는 마땅히 어느 날을 복을 벗는 기한으로 삼아야 합니까?
답 마땅히 《예기》 〈상복소기(喪服小記)〉의 '먼저 차면 먼저 복을 벗는다.'는 글을 따라 27개월의 기한을 계산해서 길복(吉服)으로 나아가야 합니다.

문 담제(禫祭) 뒤에 추복(追服)할 적에, 재기(再朞)가 되기 전에 먼저 복이 끝난 자는 집의 안팎에서 입는 의복의 색깔을 어떻게 해야 합니까?
답 이미 먼저 복을 벗었다면, 추복하는 자의 재기 전에 어찌 말할 만한 별도의 의복 색깔이 있겠습니까.

문 궤연을 철거한 후에 먼저 복이 끝난 자는 …… 남혼여가(男婚女嫁), 과거(科擧), 사환(仕宦) 등의 절차를 어떻게 해야 합니까?
답 먼저 복을 벗은 자는 담제가 지난 다음 달이 바로 상기가 다 끝나는 기한이니, 비록 길제를 행하지 않았으나 복침(復寢)[57]부터 시작하여 모든 일들에 길사(吉事)를 회복하지 않음이 없습니다. 과거와 사환과 남혼여가(男婚女嫁)의 경우도 불가함이 없을 듯한데, 어떨지 모르겠습니다.

57 복침(復寢) : 평소에 가졌던 부인(婦人)과의 잠자리를 회복한다는 뜻인바, 상기(喪期)를 마치지 않았으면 복침하지 않는다. 《禮記集說 喪大記》

문 추복하는 상인(喪人)이 재기(再朞) 후에 담제와 길제의 절차를 어떻게 해야 합니까?

답 이미 궤연을 철거하였다면, 추복(追服)하는 자는 담제가 없을 듯합니다. 다만 27개월을 기다린 뒤에 곧바로 협제(祫祭)[58]를 행하고 길제로 나아가야 합니다.

58 협제(祫祭) : 조상의 신주를 조묘(祖廟)에 함께 모아 지내는 제사이다.

현보 귀상[59] 에게 답함

答玄甫 龜常

보내온 편지에서 "국상(國喪)에 마대(麻帶)로 성복(成服)한다."고 한 것은 비록 참최(斬衰)의 뜻을 간략히 붙이려는 것에서 나온 것임을 알겠으나, 구구한 나의 소견으로는 끝내 옳은지를 알 수 없네. 임금의 복(服)은 예로부터 일정한 제도가 있지 않아서 왕조마다 예가 각기 달랐네. 그러나 이미 사상(私喪 부모나 처자식의 상)과 다르니, 만약 하늘과 땅의 큰 법도에 크게 위배되는 것이 아니라면 아래에 있는 자들은 마땅히 당시 왕의 제도를 따라야 하네.

비록 자기 마음에 만족스럽지 못한 바가 있더라도 사사로이 스스로 더 줄이거나 늘려서는 안 되네. 요컨대 자기 마음속에 분수를 다할 뿐이니, 이 뜻은 언제나 마음속으로 생각하는[60] 데서 그쳐서는 안 되네.

59 현보(玄甫) 귀상(龜常) : 현보는 오귀상(1778～?)의 자로, 본관은 해주(海州)이다. 부친이 오희상의 족숙(族叔)인 오재정(吳載鼎)인바, 오희상의 재종제이다. 갑자년(1804, 순조4) 식년시에 합격하였다.

60 언제나 마음속으로 생각하는 : 원문의 '참의(參倚)'는 어떤 일을 항상 마음속에 간직하고 있다는 말로, 《논어》 〈위령공(衛靈公)〉의 "자장(子張)이 뜻을 펼칠 방도를 묻자 공자가 '말이 충실하고 미더우며 행실이 돈독하고 경건하면 야만적인 오랑캐 지역이라 하더라도 뜻을 펼칠 수 있을 것이고, 말이 충실하고 미덥지 않고 행실이 돈독하고 경건하지 못하다면 문화가 높은 중화 지역이라도 뜻을 펼칠 수 없을 것이다. 서 있을 때에는 그것이 앞에 참여해 있는 것을 보고 수레에 타고 있을 때에는 그것이 가로대에 기대어 있는 것을 보게 해야 하니, 그런 뒤에야 뜻을 펼칠 수 있다.'라고 하였다.〔立則見其參於前也，在輿則見其倚於衡也，夫然後行.〕"라는 데서 온 말이다.

이번 국상의 계령(戒令)에 포의(布衣)와 포대(布帶)를 사서인(士庶人)의 복식으로 삼았으니, 《의례》의 의복(義服)인 참최의 제도로써 헤아려보면 온당하지 못할 듯하네.

그러나 만약 자최복을 만들어 입지 않는다면 비록 마대(麻帶)라도 이미 예제(禮制)를 이루지 못하고, 관과 의복이 참최의 제도가 있지 않은데 유독 띠에만 마대를 사용하는 것은 어찌 크게 뒤죽박죽되는 것이 아니겠는가. 혹은 도리어 포의에 포대를 하는 것이 오히려 서로 걸맞게 되는 것만 못할 것이네.

내가 일찍이 들으니 갑진년 국상[61]에 남당(南塘 한원진(韓元震))이 연거(燕居)할 때에 마대를 착용했다 하는데, 이 어른은 그때 이미 벼슬하는 대열에 들어갔으므로 반드시 참최복으로 성복을 하고 이어서 평소 거처할 때에는 마대를 사용하였을 것이니, 그래도 할 말이 있네. 그러나 계령(戒令)에서 허락한 바가 아니라면 이것도 오히려 어떨지 모르겠네.

더구나 좌우는 이미 들어가서 벼슬한 사람이 아니라 다만 하나의 사서(士庶)일 뿐이니, 어찌 대번에 마대로 종사(從事)할 수가 있겠는가. 위로는 고례에 미치지 못하고 아래로는 계령의 법칙에 위배되어서 도리어 참람하고 건방지다는 혐의가 있네. 이러한 뜻을 가지고 뜰을 지나가는 때[62]에 여쭈어서 질정한다면, 행여 혹 재단(裁斷)해서 바로잡

61 갑진년 국상 : 경종이 갑진년(1724, 경종4)에 창경궁 환취정(環翠亭)에서 승하하였는바, 경종의 상을 말한다. 《景宗實錄 4年 8月 25日》

62 뜰을 지나가는 때 : 가정에서 아버지를 뵐 때를 이르는바, 공자(孔子)의 아들 백어(伯魚)가 뜰을 지나갈 때〔過庭〕, 공자가 그를 불러 세우고 시(詩)와 예(禮)를 공부하라고 가르침을 내렸던 고사에서 온 말이다. 《論語 季氏》

는 바가 있을 것이네.

이로 인하여 기억하건대 선형(先兄)이 일찍이 다음과 같이 말씀하셨네.

"주자가 임금의 복에 대해 두 가지 말씀이 있었다. 고종(高宗)의 상에는 〈군신복의(君臣服議)〉[63]를 지어 귀천을 막론하고 온 천하가 모두 참최복을 입어서, 서인(庶人)과 군리(軍吏) 중에 가난한 자를 제외하고는 모두 참최복을 만들어 입을 것을 허락하였다. 그리고 효종(孝宗)의 상에는 여정보(余正甫)에게 답한 편지[64]에서 군주와 신하가 똑같은 복을 입되 간략히 구별을 해서 상하를 분별하고, 또 평소 거처할 때에는 백의(白衣)에 백대(白帶)의 제도가 있게 하였다.

《의례(儀禮)》에 '신하가 천자를 위해 참최복을 입고, 기내(畿內)의 백성은 천자를 위해 자최(齊衰) 3월을 입는다.'고 하였으니, 그렇다면 주자가 여정보에게 답한 편지를 합하여 한 설(說)로 만든 것은 옳지 않을 듯하다.

경자년(1720) 숙종의 대상(大喪)에는 관직이 있는 자는 참최복을 입고 사서인(士庶人)은 포의(布衣)에 마대(麻帶)를 하였으니, 비록 참최복을 만들어 입지 않았으나 실로 〈군신복의(君臣服議)〉의 귀천을 막론하고 참최복을 입는 제도를 모방하였다. 병신년(1776) 영조

63 군신복의(君臣服議) : 주자가 1187년 고종(高宗)의 상(喪)을 당하였을 때 지은 것으로, 군왕의 상중(喪中)에 임금과 신하의 복제(服制)에 관해 서술한 것이다. 《朱子大全 卷69 雜著》

64 여정보(余正甫)에게 답한 편지 : 이 편지는 《주자대전》 권63의 〈답여정보(答余正甫)〉를 가리킨다. 《주자대전》 권63에 여정보에게 답하는 편지가 총 다섯 통이 실려있는데, 모두 상례와 제례에 관해 논한 것이다.

의 대상에는 관직이 있는 자는 참최복을 입고 사서인은 포의에 포대(布帶)를 해서 3년을 마쳤다. 이 두 번의 대상은 주자가 여정보에게 답한 편지의 '상하를 구별하는 뜻'을 따른 것이다.

'신하가 임금을 위해 참최복을 입는다.'고 한 것은 천고(千古)의 탁월한 견해여서 진실로 논할 만한 것이 없지만, 사서인의 복제는 끝내 뒤죽박죽되는 탄식이 있다. 경자년에 마대로써 참최복을 대신한 것은 주자의 뜻에 다 부합하지 못하고, 병신년에 포의와 포대로 성복한 것은 또한 예를 이루지 못하였으니, 자최 3월의 제도를 회복해서 백의와 백대로 3년을 마치는 것이 거의 고례(古禮)에 부합하고 지금 세속에 어긋나지 않을 것이다."

삼가 생각하건대 선형의 이 의논이 지극히 정당한데, 예를 관장하는 신하 중에 지식이 여기에 미치는 자가 없는 것이 한스러울 뿐이네. 보내온 편지를 자세히 살펴보건대 임금의 복(服)에 대해서 의심을 가졌기에, 붓을 잡고서 부질없이 이렇게 말하였네.

현보에게 답함

答玄甫

문　하관했을 때에 현훈(玄纁)[65]을 올리는 한 예절은 선유들 또한 의심하는 뜻이 있었고, 사계(沙溪) 또한 말씀하기를 '아마도 양(羊)을 보존한 뜻인 듯하다.'라고 하였습니다.[66] 선친은 이에 대해 일찍이 논(論)을 지어서 이미 임금의 하사가 없었다면 결코 행해서는 안 된다고 말씀하였고, 또 당신이 주관하는 상에는 매번 이 한 예절을 사용하지 않았습니다. 그러므로 이번에도 또한 선인(先人)의 정(定)한 이론과 이미

65 현훈(玄纁) : 장례 지낼 적에 검은 비단과 붉은 비단의 두 조각 폐백으로, 이후에 무덤 속에 묻는다. 〈단궁 하〉 이외에도 〈잡기 상〉에 "노나라 사람이 무덤에게 폐백을 줄 때는 세 현(玄)과 두 훈(纁)을 주었는데, 그 넓이는 한 자이고 길이는 한 폭을 다하였다.〔魯人之贈也, 三玄二纁, 廣尺, 長終幅.〕"라고 보이는데, 《집설》에 "《의례》 〈기석례〉에 이르기를 '폐백을 올릴 때에는 제폐(制幣)를 사용하여 현훈이 1속(束)이다.'라고 하였다. 1장 8척을 제도로 삼는데 지금 노나라 사람은 비록 현과 훈을 사용하나 짧고 좁음이 이와 같으니, 그렇다면 이는 예(禮)가 아니다. 그러므로 기록하는 자가 이것을 비판한 것이다. 폭(幅)의 길이는 2척 2촌이다.〔《旣夕禮》曰: 贈用制幣玄纁束, 一丈八尺爲制, 今魯人雖用玄與纁. 而短狹如此, 則非禮矣, 故記者譏之. 幅之度二尺二寸.〕"라고 보인다.

66 사계(沙溪)……하였습니다 : 사계는 김장생(金長生)으로, 인용한 내용은 《가례집람(家禮輯覽)》 〈상례(喪禮)〉 '급묘(及墓), 하관(下棺), 사후토(祠后土), 제목주(題木主), 성분(成墳)' 조에 보인다. '양(羊)을 보존한 뜻'은 형식을 남겨 두어 예(禮)가 사라지지 않도록 한다는 뜻으로, 공자의 제자인 자공(子貢)이 노(魯)나라에서 매월 초하루 선조의 사당에 형식적으로 바치는 희생(犧牲)인 양을 없애려고 하자, 공자가 "너는 양을 아끼느냐? 나는 그 예를 아낀다."라고 한 데서 온 말이다. 《論語 八佾》

행해진 준례를 따라서 현훈을 쓰지 않고자 하니, 엎드려 여쭙건대 어떻게 해야 할지 알지 못하겠습니다.

답 현훈을 올리는 한 예절은 진실로 의심할 만하네. 그러나 〈기석례(旣夕禮)〉에 "공(公)이 재부(宰夫)를 시켜서 현훈속(玄纁束)을 준다."[67] 한 것은 임금이 준 것이고, "올릴 때에 제폐(制幣)의 현훈속을 쓴다."[68] 한 것은 주인이 준 것인데, 가공언(賈公彦)의 소(疏)에는 도리어 주인이 올리는 것을 중함으로 여겨서 임금이 내린 물건과 마침내 타성일편(打成一片)[69]을 이루어 후인으로 하여금 눈을 흐리게 하니, 괴이하네. 대저 고인(古人)은 폐백(幣帛)을 중시해서 무릇 길사(吉事)와 흉사(凶事), 빈례(賓禮)와 가례(嘉禮)에 반드시 모두 폐백이 있었으니, 유독 죽은 이를 장송(葬送)하는 큰일에 어찌 폐백이 없을 수 있겠는가.

또 고례에 습(襲)하고 염(斂)하는 옷을 진열함과 여러 사람이 수의(襚衣)를 주고 군주가 수의를 주었을 때 분별하여 말해서 주인이 갖춘 바가 아님을 밝혔는데, 유독 여기에서는 어찌하여 임금이 올린 것을 가지고 주인과 뒤섞어 이어놓았는가? 또 올린 뒤에 절을 하여 마치 자기가 올리는 것처럼 하여 관중(棺中)에 하사한 것에 절하지 않는

67 공(公)이……준다 : 재부(宰夫)는 조문(弔問)에 관한 일을 맡은 관리를 이르는바, 이 내용은 《의례(儀禮)》 〈기석례(旣夕禮)〉에 "상여가 방문에 도착하면 공이 재부를 시켜서 검은 비단과 붉은 비단의 속백(束帛)을 준다.〔至于邦門, 公使宰夫, 贈玄纁束.〕"라고 보인다.

68 올릴……쓴다 : 1장 8척을 제(制)라 하는바, 이 내용도 《의례》 〈기석례〉에 보이는데, '죽은 자에게 폐백을 드릴 적에 제패로 현훈(玄纁) 1속(束)을 사용한다.'는 뜻이다.

69 타성일편(打成一片) : 서로 다른 것들을 융합시켜 하나로 만든다는 말이다.

예[70]와 서로 어긋나게 함은 어째서인가? 모두 이해할 수가 없네.

나는 삼가 일찍이 "후세에는 재부(宰夫)가 주는 예는 폐해지고 제폐(制幣)를 올리는 예만 홀로 남아 있으니, 《가례(家禮)》에 다만 주인이 올리는 것만 게시한 것 또한 이 때문인 듯하고, 양을 보존한 의리는 아니다."라고 생각하였네. 그러나 근거할 만한 선유(先儒)의 글을 아직 보지 못했으므로 감히 내 견해를 자신할 수가 없네.

근래 《독례통고(讀禮通考)》를 보니, 여기에 성씨(盛氏)의 설(說)이 있는데[71] 나의 견해와 서로 합하네. 이에 비로소 예전 사람 중에도 또한 이와 같이 보는 자가 있었음을 알았네. 알지 못하겠네. 그대의 뜻에는 어떠한가? 그러나 소(疏)의 해설이 옳고 그름은 막론하고 주자가 이미 《가례》에 주인이 올리는 것으로 기재하였고, 우리 조선조의 여러 선정

70 관중(棺中)에……예 : 이 내용은 《의례》 〈사상례(士喪禮)〉에 "3일에 성복(成服)을 하고 상장(喪杖)을 짚으며, 군주의 명과 손님들의 조문에 절하되, 혜사(惠賜)한 관 속의 물건에는 절하지 않는다.〔三日成服杖, 拜君命及衆賓, 不拜棺中之賜.〕"라고 보인다.

71 독례통고(讀禮通考)를……있는데 : 《독례통고》는 청(淸)나라 강희제(康熙帝) 때의 문신이자 학자인 서건학(徐乾學, 1631~1694)이 지은 예서(禮書)이고, 성씨(盛氏)는 성세좌(盛世佐)인데, 오희상이 말한 성세좌의 설은 《독례통고》에는 실려있지 않고, 성세좌의 《의례집편(儀禮集編)》 권30 〈기석례(旣夕禮)〉에 보인다. 성세좌는 자가 용삼(庸三), 절강성(浙江省) 수수(秀水) 사람으로, 건륭(乾隆) 무진년(1748)에 진사시에 급제하였다. 경학(經學)에 조예가 깊어, 선진(先秦) 시대부터 그 당시까지 《의례(儀禮)》에 대한 197가(家)의 설을 망라하여 《의례집편》 40권을 편찬하였다. 《독례통고》는 이전에 나온 문헌들을 통섭(通涉)하여 큰 갈피를 상기(喪期)·상복(喪服)·상의절(喪儀節)·장고(葬考)·상구(喪具)·변례(變禮)·상제(喪制)·묘제(廟制)로 나누어 총 120권으로 편찬한 책인데, 중국의 역대 상례를 정리한 것 중에는 가장 완비된 자료로 평가된다.

(先正)들 또한 혹 이것을 바꾸지 않았으니, 지금에 와서 갑자기 그 사이에 자기 마음대로 손질을 가하여 바꾸어서는 안 되네. 근래 유씨(兪氏)의 집안에서는 고례(古禮)를 따른다고 칭하면서 현훈(玄纁)을 올리지 않고 구의(柩衣)를 설치하지 않아서 도리어 유식한 자의 비난을 받았네.

내가 말한 성씨(盛氏)의 설은 다음과 같네.

"여기서 올리는 폐백은 주인이 직접 자기 정성을 다하는 것이다. 그러므로 절하고 이마를 조아리고서 보내는 것이다. 공(公)과 빈(賓)이 주었다고 말하지 않은 것은 임금이 하사한 것을 영화롭게 여겨서 임금이 준 것은 본래 마땅히 써야 하지만 손님이 준 것은 굳이 다 쓸 필요가 없으니, 아마도 여러 사람이 수의(襚衣)를 준 예와 같은 듯하다. 《예기》 〈잡기(雜記)〉에 '노(魯)나라 사람이 현훈을 올릴 적에 세 현〔三玄〕[72]과 두 훈〔二纁〕을 사용하였다.〔魯人之贈也, 三玄二纁.〕'라고 하였고, 《예기》 〈단궁(檀弓)〉에는 '하관(下棺)한 다음 주인이 현훈(玄纁)을 올리면 축(祝)이 미리 우제(虞祭)의 시동(尸童)에게 나아간다.〔既窆主人贈, 而祝宿虞尸.〕' 하였으니, 증(贈)이 주인에게서 나온 것이 분명하다. 그런데 소(疏)에서는 '바로 공(公)이 준 것이다.'라고 말하였으니, 아마도 '현훈속(玄纁束)' 세 글자가 우연히 같음을 보았기 때문에 이렇게 견강부회(牽强附會)한 듯하다."[73]

72 세 현〔三玄〕: 저본에는 '두 현〔二玄〕'으로 되어있으나, 《예기》에 의거하여 바로잡아 번역하였다.

73 여기서……듯하다 : 이 내용은《의례집편(儀禮集編)》 권30 〈기석례(旣夕禮)〉에 실려 있는 성세좌의 주석인데,《의례》〈기석례〉의 "이에 하관을 하고 주인(主人)은 곡용(哭踊)을 무수히 한다. 상복을 껴입고, 폐백을 드릴 적에는 제패(制幣)로 현훈(玄纁) 1속(束)을 사용한다. 절하고 계상하며, 용(踊)을 처음과 같이한다. 〔乃窆, 主人哭踊無算. 襲, 贈用制幣玄纁束. 拜稽顙, 踊如初.〕"는 내용에 대한 것이다. 성세좌의 이 주석은 진혜전(秦蕙田, 1702~1764)의 《오례통고(五禮通考)》 권261 〈흉례(凶禮) 16 상례(喪禮)〉에도 인용되어있는바, 오희상이 본 책은《의례집편》이거나《오례통고》였을 것으로 보인다.《오례통고》는 예를 크게 길(吉)·가(嘉)·빈(賓)·군(軍)·흉(凶)으로 분류하여 총 262권으로 편찬한 책인데, 중국의 고대 예학을 집대성한 자료로 평가된다.

현보에게 답함
答玄甫

편지에 "지차(之次) 아들로서 사당에 들어가서는 안 되는 자는 굳이 부제(祔祭)를 행할 필요가 없다."고 한 것은 선배들도 비록 혹 의문을 가졌으나, 옛 사람이 부제를 만든 의리는 오로지 사당에 들이기 위한 것이 아니니, 정밀한 뜻이 실로 새 신주를 옛 신주에 합하는 데에 있네. 그러므로 적자(嫡子)와 서자(庶子), 친(親)과 소(疏)를 구분하지 않고 반드시 다 부제가 있었으니, 《예기》의 〈상복소기(喪服小記)〉와 〈잡기(雜記)〉의 글을 보면 알 수 있네.[74]

효자가 이미 그 어버이를 장례함에 형체를 보내고 정령(精靈)을 맞이해서 혼이 방황하여 이르지 않는 바가 없을까 두려워하면 우제(虞祭)를 지내어 영혼을 편안히 하였네. 편안히 한 이유는 다른 것이 없고 반드시 선조와 더불어 합치는 것을 가지고 편안함으로 삼은 것이네. -〈사우기(士虞記)〉에 "슬피 협사(祫事)를 올려서 너희 황조(皇祖)에게 가게 한다." 하였는데, 정씨(鄭氏)가 말하기를 "처음 우제를 지낼 때에 '협사'라고 말한 것은 선조와 합치고자 함을 주장한 것이니, 선조와 더불어 합치는 것을 편안함으로 삼은 것이다."라고 하였네.-

74 상복소기(喪服小記)와……있네 : 예컨대 《예기》 〈상복소기〉에 "서자는 성인이 되기 전에 일찍 죽은 자기의 자식이나 후사를 두지 못한 자를 제사 지내지 못한다. 그러한 자들은 종가(宗家)의 조묘에 부제한다.〔庶子不祭殤與無後者、殤與無後者, 從祖祔食.〕"라고 한 것과 〈잡기(雜記)〉에 "무릇 형제의 상을 주관했으면 비록 소원한 친족이더라도 또한 우제를 지내야 한다.〔凡主兄弟之喪, 雖疏, 亦虞之.〕"라고 한 따위이다.

졸곡이 이미 끝나서 장차 신(神)으로 여김이 시작되면 또 부례(祔禮)를 만들어 합하여 제향해서, 신으로 하여금 위로 조고(祖考)의 소목(昭穆)의 차례에 소속시켜 여기에 의지할 바가 있게 하는 것이네.

신은 이치가 정심(精深)하고 미묘(微妙)해서 미리 헤아릴 수가 없으므로, 새 신주를 가지고 옛 신주와 합하는 즈음에 마음 쓴 것이 곡진하고 원활해서 점진적으로 합하는 것이네. 이것이 효자의 정(情)이 지극한 정성을 쓰지 않음이 없는 것이고, 부제의 뜻 또한 여기에서 볼 수 있네. 《예기》〈단궁(檀弓)〉의 진씨(陳氏)의 주(註)[75]로 말하면 다만 한 쪽 사람의 말을 따른 듯하네.

75 예기……주(註) : 진씨(陳氏)는 《예기집설(禮記集說)》을 지은 원(元)나라의 유학자 진호(陳澔, 1260~1341)와 《예기집설》에 다수 인용되어있는 장락 진씨(長樂陳氏) 진상도(陳祥道, 1053~1093)가 있는데, 여기에서는 누구의 주석을 가리킨 것인지 자세하지 않다. 진호는 자가 가대(可大), 호가 운주(雲住)이며, 사람들이 경귀 선생(經歸先生)이라고 불렀다. 정주학(程朱學)을 계승하였으며, 그가 저술한 《예기집설》은 명나라와 청나라의 예학에 많은 영향을 끼쳤다. 진상도는 자가 용지(用之)이며, 장락(長樂 복건성(福建省)) 사람이다. 북송(北宋) 때 경학가로, 예학에 조예가 깊었으며 왕안석(王安石)의 제자이다. 치평(治平) 연간에 진사가 되어 태상 박사(太常博士) 등을 지냈다. 저서로 《예서(禮書)》·《논어전해(論語全解)》가 있다.

현보에게 답함

答玄甫

문 신주를 쓸 때에 '현(顯)' 자는 원(元)나라 사람이 '황(皇)' 자를 '현' 자로 고친 것입니다. 듣건대 주(周)나라를 높이는 한두 집안에서 원나라 제도를 사용하는 것을 혐의해서 '현' 자를 쓰지 않는다[76] 하니, 이 말을 따라서 행해도 되겠습니까?

답 '황(皇)'과 '현(顯)' 두 글자가 모두 고례(古禮)에서 나오는데, 두 글자 다 '아름답고 크다'는 뜻이네. 그러므로 《가례》의 옛 글에는 '황고(皇考)'와 '황비(皇妣)'라고 칭하였고, 주자가 선조(先祖)를 제사지낼 때에는 또 '현조(顯祖)'라고 칭하였으니, 그렇다면 황과 현은 모두 주자가 취한 것이네.

오랑캐인 원나라가 '황'자를 금지하여 쓰지 못하게 하고 단지 '고비(考妣)'라고 칭한 것은 참으로 누추한 것인데, 명나라에 이르러서 '현' 자로써 제도를 정해서 《대명회전(大明會典)》에 드러내었고, 우리 동

76 주(周)나라를……않는다 : '주나라를 높임'은 천자의 나라인 주나라를 높이고 오랑캐를 배격하는 존주(尊周)의 대의(大義)로, 이를 주장한 대표적인 인물은 우암 송시열인바, 이 내용은 《송자대전(宋子大全)》 권98 〈답송치거(答宋穉擧)〉에 "'현(顯)'자는 《가례(家禮)》에서 말하지 않은 것입니다. 다만 오랑캐인 원(元)나라에서 '황(皇)'자를 피하여 이 글자로 대신 쓴 것이니, 쓰지 않는 것이 옳습니다.〔顯字家禮所不言, 只是胡元避皇字代之以此, 不用爲可.〕"라고 보인다. 송시열은 주나라의 문화를 계승한 송나라나 명나라를 높이고 변방 오랑캐가 세운 원나라나 청나라를 배척한 존주양이(尊周攘夷)의 태도를 철저하게 고수하였는데, 그를 추중한 후손이나 후대의 학자들 또한 이것을 실천하였기 때문에 이러한 주장을 한 것이다.

방에서도 이것을 준용(遵用)하였네.[77] 만일 '현'자가 바로 오랑캐인 원나라가 처음 만든 것이라고 하여 쓰지 않는다면, 이것은 상고함이 자세하지 못함에 해당할 듯하네.

77 대명회전(大明會典)에……준용(遵用)하였네 : 《대명회전》은 명나라의 여러 법령을 총 180권으로 집대성한 종합적인 행정 법전으로, 명나라 효종(孝宗) 홍치(弘治) 10년(1497, 연산군3)에 서부(徐溥) 등이 황제의 칙령으로 편찬한 뒤, 무종(武宗) 정덕(正德) 4년(1509, 중종4)에 이동양(李東陽) 등이 수정하여 11년에 간행하였다. '현'자로 고친 내용은 《대명회전》 권88 〈예부(禮部) 47 제사(祭祀) 9 행사(行事)〉에 보이는데, 우리나라에서 《대명회전》의 제도를 준용한 것은 자세하지 않다.

현보에게 답함
答玄甫

나는 구차히 시각과 숨이 붙어 있어 연명하고 있었는데 남은 재앙이 끝나지 않아서 월전(月前)에 손아래 누이와 질녀를 한 순간에 잃으니, 사람 사는 집의 상화(喪禍)가 어찌 끝이 있겠는가마는 또 어찌 이와 같이 혹독한 일이 있겠는가. 정신과 넋이 빠지고 병이 이로 인하여 더욱 깊어져 침석(枕席)에서 전전하니, 살고 싶은 마음이 사라졌네. 그래서 무릇 친지(親知) 사이에 왕복하는 예의를 살피지 않은 지가 오래되었네. 그러므로 그대에게도 또한 똑같은 준례로 답장이 늦을 수밖에 없었으니, 다만 서글픈 생각뿐이네. 그런데 뜻밖에 거듭 손수 쓴 편지를 받고서 펼쳐보고 위로를 받은 뒤에 거칠고 소략한 내 자신이 부끄러웠네. 다만 그대의 병이 오랫동안 지체되고 있음을 알게 되니, 염려스러운 마음을 이길 수 없네.

지난 편지에 물은 것은 고상한 뜻을 삼가 알았네. 가난이 비록 선비의 떳떳함이라고 말하나, 만약 가난이 심하여 굶주려서 능히 문호(門戶)를 나가지 못할 지경에 이른다면, 생명 또한 큰 것이므로 말하기가 용이(容易)하지 않네. 그러나 주자가 말씀하기를 "모름지기 곤궁함을 참아야 하니, 참는 것이 익숙해지면 자연스럽게 근심이 없어진다."[78]라고 하였네.

78 모름지기……없어진다 : 이 내용은 《주자대전》 권62 〈답여국수(答余國秀)〉에 보인다.

다만 내 한 몸은 진실로 참아서 익숙히 하여 천명처럼 편안히 여길 수 있지만, 어버이가 연로하여 당상(堂上)에 계실 적에 콩과 물을 계속 잇지 못하면 또한 어찌 이것을 운명에 맡겨두고서 도모하는 바가 없을 수 있겠는가. 자기의 분수에 할 수 없는 것은 의리상 어쩔 수가 없지만 분수에 할 수 있는 것은 의리상 마땅히 마음을 다해야 하니, 그대가 재량(裁量)하는 데에 달려 있을 뿐이네.

근래 듣자하니, 존가(尊家)의 생계가 이미 백척간두(百尺竿頭)에 이르러서 거의 손쓸 수 없는 지경이라고 하였네. 구구한 나는 구휼할 힘이 없고 또 간곡히 물어준 뜻에 기이한 계책과 묘한 방법으로 보답할 수 없어서 우선 이 말을 가지고 받들어 답하니, 우활(迂闊)하여 해당되지 않음이 심하네. 그러나 추성(鄒聖)은 두 가지에서 택하라는 말씀으로 등 문공(滕文公)의 질문에 답하셨으니,[79] 이 또한 어쩔 수가 없어서

79 추성(鄒聖)은……답하셨으니 : 추성은 맹자(孟子)로, 맹자의 고향이 추나라이며 그가 아성(亞聖)으로 칭해졌기 때문에 이렇게 칭한 것이고, 등 문공(滕文公)은 전국시대 등나라의 군주이다. 맹자가 등 문공에게 한 말은 《맹자》 〈양혜왕 하(梁惠王下)〉에 "등 문공이 '우리 등(滕)나라는 작은 나라라 힘을 다하여 대국(大國)을 섬기더라도 화를 면할 수 없으니, 어찌하면 좋습니까?'라고 물으니, 맹자가 다음과 같이 대답하였다. '옛적에 태왕(太王)이 빈(邠)땅에 거주하실 적에 적인(狄人)이 침략하자, 그들을 피폐(皮幣)로써 섬겨도 화를 면치 못하였고, 개와 말로써 섬겨도 화를 면치 못하였고, 주옥(珠玉)으로써 섬겨도 화를 면치 못하였습니다. 이에 기로(耆老)들을 모아놓고 말씀하기를 「적인(狄人)들이 원하는 것은 우리의 토지이다. 내가 들으니 군자(君子)는 사람을 기르는 토지를 가지고 사람을 해치지 않는다 하니, 여러분들은 어찌 군주가 없음을 걱정하겠는가. 나는 장차 이 곳을 떠나겠다.」 하고는 빈(邠)땅을 버리고 양산(梁山)을 넘어서 기산(岐山) 아래에 도읍 터를 만들어 거주하시자, 빈(邠)땅 사람들이 말하기를 「인인(仁人)이다. 놓쳐서는 안 된다.」 하고 따르는 자가 시장에 돌아가듯 하였습니다. 어떤 사람은 「대대로 지켜 내려온 땅이므로 혼자서 마음대로 할 수 있는 것이

부득이한 대답이었네. 이러한 이치를 알지 못하는 사람 입장에서 보면, 계책이 없음을 비웃지 않는 자가 적을 것이네. 다만 지극한 이치 또한 일찍이 이 가운데 들어있지 않은 적이 없으니, 내가 이번에 물음에 답한 것은 혹 이와 유사하지 않겠는가. 보고나면 한 번 실소(失笑)할 것으로 생각되네. 오직 날씨가 추운 이때에 몸을 더 보호하기 바라네.

아니니, 죽는 한이 있어도 떠나가지 말라.」 고도 하였습니다. 군주께서는 이 두 가지 중에서 선택하소서.〔君請擇於斯二者〕'"라고 보이는데, 여기서는 자기의 분수에 할 수 없는 것은 의리상 어쩔 수가 없지만 분수에 할 수 있는 것은 의리상 마땅히 마음을 다해서 행하기를 권하려고 인용하였다.

현보에게 답함
答玄甫

사단(四端)과 칠정(七情)은 모두 성(性)에서 나와서 마음의 용(用)이네.[80] 다만 이것을 칭하여 말하는 즈음에 뜻이 각각 주장하는 바가 있는 것이고, 선후(先後)를 말할 수 있는 지점(地點 위치나 자리)이 있는 것이 아니네. 그런데 보내온 편지에 이른바 "사단으로 말미암아 칠정이 있다."는 것은 성리(性理)의 근원 자리에 다소 비추어 살피지 못함이 있는 듯하니, 칭하여 말함의 착오일 뿐만이 아니네. 그 내용이 너무 길어서 갑자기 다 끝마치기가 어렵고 또 의리가 지극히 정밀해서 소리도 형체도 없는 곳에 상상하여 모색하는 것은 도리어 실제 진실한 곳에 나아가서 자세히 살펴 토론하는 것만 못하네. 이렇게 하면 서로 개발하는 유익함이 있을 것이네.

"쓸데없는 생각과 혼란한 생각은 칠정에 속하지 않는다."는 것은 진실로 편지에서 말한 바와 같네. 쓸데없는 생각은 갑자기 일어났다가 갑자기 사라져서 가장 굴복시키기가 어려우니, 구구한 나도 또한 일찍이 이것을 근심하면서도 다스릴 방법이 없었으니, 어느 겨를에 남을

80 사단(四端)과……용(用)이네 : '사단'은 《맹자》 〈공손추 상(公孫丑上)〉에 나오는 것으로 인(仁)·의(義)·예(禮)·지(智)의 단서인 측은지심(惻隱之心)·수오지심(羞惡之心)·사양지심(辭讓之心)·시비지심(是非之心)을 이르고, '칠정(七情)'은 《예기》 〈예운(禮運)〉에 나오는 것으로 희(喜)·노(怒)·애(哀)·락(樂)·애(愛)·오(惡)·욕(欲)의 일곱 가지 감정을 이르는데, 이것들이 모두 성(性)에서 발현하여 마음의 용(用)이 된다는 말이다.

위하여 도모하겠는가. 그러나 내가 일찍이 마음에 돌이켜 찾아서 그 뿌리의 원인을 살펴보니, 비록 두서가 없고 내력이나 근거가 없지만 일찍이 욕심이 동(動)하고 정(情)이 치성한 뒤에 생겨나지 않은 적이 없었네. 비유하면 바람이 불어서 물결이 일어난 뒤에 여파(餘波)가 세찬 것과 같네.

이제 다만 여기에 나아가서 억눌러 막고 힘써 제재하고자 하면 곧 근본을 버리고 끝을 다스리는 것이니, 힘쓸수록 더욱 제재하기가 어렵네. 욕심을 적게 하여 마음을 기르는 것만 못하니, 요컨대 방촌(方寸 마음)의 자리로 하여금 깨끗이 비우고 맑게 하여야 비로소 될 것이네.

주자(周子)가 말씀하기를 "일(一)이라는 것은 욕심이 없는 것이니, 욕심이 없으면 마음이 고요할 때에는 텅 비고 동할 때에는 정직하다." 라고 하셨는데,[81] 주자(朱子)가 말씀하기를

"주자(周子)가 다만 '일(一)이라는 것은 욕심이 없는 것이다.'라고 말씀하셨는데, 이 화두(話頭)는 고원(高遠)하여 갑자기 착수(着手)하여 이루기 어렵다. 보통사람이 어떻게 곧바로 욕심이 없을 수 있겠는가. 그러므로 이천(伊川)은 다만 '경(敬)'자를 말하여 사람들로 하여금 '경(敬)'에서 미루어 나아가게 하였으니, 이렇게 하면 거의 마음을 잡아 진정시켜서 손쓸 곳이 있다."

라고 하셨네.[82] 그러므로 욕심을 적게 함은 다른 방법이 없고 또한

81 주자(周子)가……하셨는데 : 주자는 염계(濂溪) 주돈이(周敦頤)를 존칭한 것으로, 이 내용은 그의 저서인 《통서(通書)》에 보인다.

82 주자(朱子)가……하셨네 : 인용한 내용은 《주자어류》 권12 〈학(學) 6 지수(持守)〉에 보인다.

오직 마음과 몸을 엄숙하고 공손하게 잡아 기르는 데 달려있네. 또한 바로 각박하고 간절하게 해서 목전의 효험을 기대해서는 안 되고, 오랜 세월 동안 연마하여 숙련되고 익숙해지면 자연스럽게 욕심이 적어져 이치가 밝아질 것이네. 이렇게 하면 사려(思慮)가 일어나고 사라지는 것이 법도를 따르고 어지럽지 않아서, 예전에 근심하던 것이 거의 나의 병통이 되지 못할 것이네.

현보에게 답함

答玄甫

낮이 긴 계절에 산방(山房)에서 홀로 굽어보고 우러러보며 편안하게 지내니 오직 때때로 산새가 날아와서 문을 엿볼 뿐이었는데, 이때에 그대의 편지가 갑자기 도착하였네. 편지를 펼쳐보고서, 종자(從子)가 이미 도성(都城)에 들어갔는데 시기가 지난 뒤에도 오지 아니하여 참으로 답답해 한다는 것을 알았네. 비록 즉시 훌륭한 모습을 접견하지는 못하더라도 마음이 기쁘게 확 풀렸음을 알 수 있네.

다만 무더운 날씨에 산을 넘고 물을 건너는 길을 갔을 터인데, 몸이 피로하고 건강이 손상됨을 능히 면하였는가? 이것이 염려되네. 족종(族從 오희상 자신을 가리킴)은 그런대로 시간을 보내고 있으나, 근래 나의 한 몸과 마음을 점검해 보면 모두 세속의 잡된 일에 빠져서 거의 스스로 마음을 분발할 수가 없네. 앞으로 남은 세월을 보완할 길이 없어서 매번 궁벽하고 조용한 곳을 찾아 주자(朱子) 문하(門下)의 반일(半日)은 정좌(靜坐)하고 반일은 독서하는 법[83]을 조금 시험하고자 하네. 이렇게 하면 혹 조금 효력을 얻는 계책이 될 것이나, 또한 쉽게 이룰 수가 없네.

일전에 비로소 약간의 틈을 얻어 이곳에 와서 머무른 지가 이미 여러 날이 되었네. 외부의 경치는 비록 지극히 깨끗하고 그윽하나 다만 좌치

83 반일(半日)은……법 : 이 내용은 《주자어류》 권116 〈주자(朱子) 13 훈문인(訓門人) 4〉에 보인다.

(坐馳)[84]가 오래되어서 잠시도 반일(半日)씩 나누어 하는 공부를 지킬 길이 없으니, 한갓 마음이 안배(安排)하느라 분란(紛亂)함을 깨달을 뿐이고 참으로 마음에 분명하게 기뻐할 만한 것이 없네. 지난 세월을 헛되이 보낸 탓에 일체 통렬한 공부를 통하여 본바탕으로 삼을 것이 없음을 더욱 알게 되었네. 그러므로 말년에 독서와 정좌(靜坐)가 마침내 모두 이와 같이 착수하여 이룬 것이 없으니, 어찌한단 말인가. 어찌한단 말인가.

또 지난해 큰 병을 앓은 뒤에 10년이나 더 쇠약해진 걸 문득 깨닫겠고, 신고(辛苦)를 견디고 담박한 음식을 먹으며 지내는 것 또한 스스로 억지로 해 보려 해도 되지 않네. 끝내 이곳에 오래 있기가 어려울 듯하니, 곧 소강절(邵康節) 노인의 백원(百源)의 고풍(高風)[85]을 생각하고서 서글퍼하네.

편지에서 한 번 왕림하겠다고 했는데, 숲속에서 흉금을 펼쳐놓는 것은 진실로 반가운 소식이네. 다만 날씨가 항상 이와 같이 뜨거워 도보로 왕래하기에 마땅하지 않으니, 또한 감히 기대할 수가 없네. 오직 일찍 공부를 찾아서 세월을 허송하지 않는 것이 실제적인 일이 될 것이네. 이만 줄이네.

84 좌치(坐馳) : 꼼짝하지 않고 앉아서 마음을 집중하고자 하지만 외물로 치달리는 잡념이 그치지 않는다는 뜻으로, 《장자》 〈인간세(人間世)〉에 보인다.

85 소강절(邵康節)……고풍(高風) : 강절은 송(宋)나라 소옹(邵雍, 1011~1077)의 시호로, 젊었을 때 백원산(百源山)에 은거하여 독서하며 성정(性情)을 수양할 때, 겨울에 화롯불도 피우지 않고 여름에 부채질도 하지 않고 밤에도 잠자리에 들지 않은 것이 3년이나 되었다는 일화가 있는바, 이러한 풍모를 가리킨다. 《人譜類記 卷上 考旋篇》

현보에게 줌
與玄甫

근래 며칠 동안 한파의 위세가 거의 솜을 꺾을 정도인데,[86] 고요히 지내시는 정황이 한결같이 진중한가? 지난번에 들으니 '주자(朱子)의 편지글을 읽고자 한다.' 하였는데, 지금 몇 편까지 읽었는가? 이 책은 바로 의리의 깊은 바다와 같네. 오랫동안 반복하여 유영(游泳)해서 점점 나루와 뗏목[87]을 얻었는가? 실마리를 물어서 나의 어둡고 태만함을 경계할 길이 없으니, 한스럽네.

세상 사이의 영재(英材)들이 모두 뜻이 과거 공부에 무너지니, 지사(志士)의 한탄이 예부터 이미 그러하였네. 그리고 우리나라에서 인재를 등용함은 오로지 이 한 가지 길을 따르기 때문에 허다한 어진 이나 호걸들이 고개를 숙이고 과거 공부에 나아감을 면치 못하는 것이네. 그러나 어찌 내외(內外)의 구분을 전혀 알지 못해서 양심(良心)을 외물의 유혹에 빠트리는 것이 근래 과거 공부하는 사람들의 행위와 같겠는가.

족하(足下)의 좋은 자질로는 이미 가볍고 중함과 따르고 버림에 대

86 솜을 꺾을 정도인데 : 추위가 매서움을 비유한 것으로, 강추위에는 솜옷이 얼어붙어 부딪치면 꺾이기 때문에 생긴 말이다. 삼국 시대 위(魏)나라 완적(阮籍)의 〈대인선생가(大人先生歌)〉에 "따스한 양기 미약하고 음기가 극도로 심하니, 바다가 얼어 흐르지 않고 옷 솜이 꺾이네.〔陽和微弱陰氣竭, 海凍不流綿絮折.〕"라고 한 데서 유래한다. 《漁隱叢話 後集 卷32》

87 나루와 뗏목 : 목표에 도달하기 위해 필요한 방법이나 문로(門路)를 비유한다.

해 본 것이 있을 것이네. 다만 가문을 유지해야 하는 책임과 모친을 봉양하는 계책이 있기 때문에 비록 과거 공부의 틀에서 완전히 탈피하지는 못하더라도, 나는 반드시 무너지는 물결이나 홍수와 같은 세속을 따라 바뀌지 않을 것임을 아네. 다만 열뇨(熱鬧)와 냉담(冷淡)은 서로 대적할 수 없는 형세인데,[88] 두 가지가 서로 만날 경우 혹 분수(分數)가 많은 것이 이길까[89] 두렵네.

반드시 되돌아보며 반성하고서 자신의 의사를 격앙(激昂)시켜 과거에 급제하고 낙방하거나 곤궁하고 영달하는 관문에 마음이 얽매이지 않아야 하네. 또 아침저녁으로 책을 읽을 적에는, 전적으로 글을 기억하고 외우는 공부를 통해 문장을 잘 짓는 바탕을 쌓지 말고, 수많은 의리를 씹고 되새겨서 가슴속으로 들여보내게. 그리하여 주재(主宰)하는 마음을 분명하게 한다면 자연스럽게 과거 공부에 얽매이지 않게 될 것이네.

사랑하여 도와주려는 마음이 간절하여 이처럼 마음속에 있는 말을 다 쏟아놓으니, 부디 나의 성의(誠意)가 여기에 있음을 양찰해주게. 천한 이 몸은 예전처럼 지내고 있으나 해가 짧은 시기에 사람들을 응접하느라 거의 책을 읽을 겨를이 없네. 그리고 지난 한 해를 돌아보니,

88 열뇨(熱鬧)와……형세인데 : '열뇨'는 마음이 쉽게 뜨거워져 열심히 하는 것으로 여기서는 과거 공부에 빗대었고, '냉담(冷淡)'은 재미가 없어 마음이 쉽게 가라앉는 것으로 경학 공부에 빗대었는바, 과거 공부와 경학 공부를 병행하려고 하면 자연스럽게 과거 공부에 더 치중하게 됨을 말한 것이다.

89 분수(分數)가……이길까 : 분수는 비율(比律), 비중(比重)과 같은 말로, 위의 말을 이어 과거 공부와 경학 공부를 병행할 경우 비중을 많이 차지하는 과거 공부가 경학 공부를 이기게 됨을 말한 것이다.

매우 빨리 흘러가 어느덧 해가 저물어가네.

근일에 비로소 날이 저물녘에 약간의 시간을 할애하여 《중용》과 《대학》, 《근사록(近思錄)》을 대여섯 번 반복해서 정신을 쏟아 읽었네. 정신과 생각이 어둡고 심난해서 비록 새로 얻은 지식은 없으나, 참되고 간절한 맛이 옛날에 비해 다소 깊었네. 매번 밤경치가 허정(虛靜)할 적에 밝은 촛불을 앞에 놓고서 그 책들을 펴서 읽을 때면, 성현들이 적심(赤心) 하나하나를 사람들에게 말씀해 주어 이 도리로 하여금 땅에 떨어지지 않게 하고자 하신 것을 생각하게 되니, 어찌 내가 일호(一毫)라도 감당할 것이 없겠는가. 나도 모르게 망연자실하네. 이만 줄이네.

현보에게 답함

答玄甫

세모(歲暮)에 송별하고는 날짜가 오래될수록 더 그리웠는데, 뜻밖에 어디에서 전해진 것인지 알 수 없는 그대의 편지가 도착했네. 편지를 펼쳐 반복하여 읽어보고 이미 많은 위로가 되었네. 더구나 무사히 돌아와 어버이를 뵙고 어버이 모시는 기쁨이 더욱 길하다는 것을 살펴 안 경우이겠는가.

족종(族從 오희상 자신을 가리킴)은 기침과 어지럼증의 묵은 병증이 추위로 인해 더욱 심해져서 수건으로 얼굴을 닦고 빗질하는 것을 폐한 지가 거의 열흘이 되었는데 호전될 기미가 없으니, 비로소 노쇠한 기운이 예전에 비하여 더욱 쇠약해졌음을 알 수 있네. 이 때문에 남은 공부를 폐지하여 외고 익히는 데 마음을 두지 못해서 가슴속이 더욱 심란하고 심란하네.

종중(宗中)에서 사사로이 재물을 마련하여 곤궁한 일가친척들을 구휼하는 일은, 듣자하니 이미 잘 이루어져 재물은 비록 얼마 되지 않으나 그런대로 세밀에 곤궁함을 구원할 수 있다고 하니, 크게 다행스럽네. 대체로 이 일이 성취된 것은 오로지 강진(康津)과 옹진(甕津), 영유의 원(員)들이 자기 봉록을 출연(出捐)하는 높은 의리가 있었기 때문이니,[90] 내가 여기에 무슨 상관이 있겠는가. 다만 나는 지금 상중에

90 강진(康津)과……때문이니 : 오희상의 친족인 오문상(吳文常)이 무진년(1808)에 옹진 부사(甕津府使)였고, 오민상(吳敏常)이 을축년(1805)에 영유 현령(永柔縣令)에

있어서 일이 없는 이유로 이 일을 계획하여 재물을 나누어 줄 적에 시종(始終)으로 사무를 담당했을 뿐이네. 만약 이 일을 가지고 아름다운 공을 나에게 돌린다면 절대로 사실에 맞지 않아 도리어 부끄럽네.

그대처럼 나의 마음을 아는 자가 제종(諸宗)에게 이것을 한번 말해 줄 수 없겠는가. 그러나 내가 이번 일을 계기로 삼가 구구하게 후일에 기대하는 것이 있네. 이번의 조처는 한때의 부득이한 상황에서 나왔으나, 이것을 종중의 고사(故事)로 남기는 것이 무방하네. 이번 일을 이어서 이후에 만일 오늘날과 같은 비상(非常)한 흉년이 있게 될 경우, 우리 후손 중에 인자한 마음이 있는 자는 본래 측은한 마음을 미루어 갈 것이므로 진실로 이러한 고사가 필요 없겠지만, 그렇지 않은 자는 이것을 본받아 그에 맞도록 힘쓰고 힘써서 구제하는 바가 있어야 할 것이니, 이 일이 어찌 오늘의 아름다운 일이 되는 데 그치겠는가. 나머지는 이만 줄이네.

제수되었다는 기록이 사료(史料)에 보이는바, 친족 가운데 1805~1808년 무렵에 이 세 고을의 수령을 맡았던 사람들이 봉급을 털어서 구원해주었던 것으로 보인다. 《承政院日記 純祖 5年 12月 28日, 8年 閏5月 5日》

현보에게 답함

答玄甫

문 사매(舍妹)의 상(喪)을 이곳에서 성복(成服)하였는데, 성복이 마침 초하루에 있었습니다. 이미 범염(犯染)[91]의 일이 없으니, 사당의 참례(參禮)를 마땅히 행해야 합니까?

답 초하루와 보름의 참례는 작은 제사이니, 하루 동안 치재(致齋)를 하네. 비록 상이 다른 곳에서 나와서 범염의 일이 없으나, 만약 하루 안에 먼저 성복을 행하고 다음에 삭참(朔參)[92]을 한다면 곡하고 울던 남은 정이 아직 진정되기 전에 곧바로 초하루를 알리는 길례를 행하는 것이네. 이는 '하루 동안 재계(齋戒)한다'는 뜻에 크게 어긋나니, 폐하는 것이 마땅할 듯하네. 이로 인하여 생각해보건대, 대사(大祀 큰 제사)와 중사(中祀 중제사)와 소사(小祀 작은 제사)를 막론하고 한결같이 성복한 날을 따라 계산해서 재계하는 일수를 꽉 채워야 제사를 행할 수 있네. 대사는 7일, 중사는 3일, 소사는 하루 동안 재계하는 것을 예로 들 수 있네.

91 범염(犯染) : 초상이나 제사 등에 참여하여 흉한 일에 감염되어 재계를 해치는 일을 이르는데, 주로 초상이나 출산 등의 일을 가리킨다.

92 삭참(朔參) : 매달 음력 초하룻날에 사당에 참배하는 일을 이른다.

현보에게 답함

答玄甫

문 삼년상(三年喪) 안에 지내는 기제(忌祭)를 축문(祝文) 없이 단헌(單獻)으로 행하는 것이 곧 인가(人家)에서 통행하는 예(禮)가 되었습니다. 비록 단헌을 하더라도 유식(侑食)과 합문(闔門)[93]의 예절을 모두 폐해서는 안 됩니까? 곡하고 우는 예절을 마땅히 어느 때에 행해야 합니까?

답 삼년상 안에 제사를 행하는 것은 옛날에는 없던 예이니, 축문(祝文)이 없이 단헌(單獻)하는 것은 바로 후세에서 의리로 일으킨 예[94]이네. 그러나 의리로 일으키는 예는 반드시 의거할 준례가 있어야 비로소 예모(禮貌)를 이룰 수 있네. 기제(忌祭)의 단헌은 소사(小祀)로 줄인 것이니, 그렇다면 의절(儀節)은 한결같이 참례(參禮)를 따라야 -제품(祭品)은 굳이 하나하나 참례처럼 할 필요가 없다.- 비로소 근거가 있다고 이를 수 있네. 만약 유식(侑食)과 합문(闔門)의 예절을 그대로 남겨

93 유식(侑食)과 합문(闔門) : '유식'은 제사에서 제주(祭主)가 잔에 술을 따르고 또 제삿밥에 숟가락을 꽂고 젓가락을 대접 위에 올려놓은 다음 제관(祭官)들이 문 밖에 나와 문을 닫고 귀신이 와서 음식을 들도록 한 동안 기다리는 의식을 이르고, '합문'은 제사에서 유식을 할 때 제관들이 밖으로 나오고 방문을 닫는 의식을 이른다.

94 의리로 일으킨 예 : 《예기》 〈예운(禮運)〉의 "예(禮)라는 것은 의(義)의 실질이니, 의에 맞추어서 맞으면 예는 비록 선왕(先王) 때에 없는 것일지라도 의로써 새로 만들 수 있다.〔禮也者, 義之實也. 協諸義而協, 則禮雖先王未之有, 可以義起.〕"라는 데서 온 말로, 예문(禮文)에 없더라도 이치를 참작하여 새로운 예를 만드는 것을 말한다.

둔다면 성(盛)하게 하고 줄이는 사이에 반쯤 위로 올라갔다가 아래로 떨어져서 예모를 이루지 못하네. 곡하고 우는 예절은 술을 따르고 밥에 숟가락을 꽂은 뒤에 하고, 곡을 그친 다음 차를 올리고 숟가락을 거두는 것이 제대로 된 차례일 듯하네.

현보에게 답함
答玄甫

안 문성(安文成)[95]의 연보(年譜)는 비록 심히 소략하고 보잘것없는 양이지만, 연보에서 성인을 높이는 고충(苦衷)을 오히려 한두 가지는 징험할 수 있으니, 어찌 존경하고 감탄하는 마음을 이기겠는가. 그러나 구구한 내가 일찍이 생각하건대, 이 노인을 설 홍유후(薛弘儒侯 설총(薛聰))나 최 문창후(崔文昌侯 최치원(崔致遠))와 똑같이 논하는 것은 참으로 약간의 논란이 있을 수 있네. 만약 후학을 열어준 공이 있어서 마치 송나라의 염계(濂溪 주돈이(周敦頤))와 같다 하여 포은(圃隱 정몽주(鄭夢周)) 노인과 나란히 동렬(同列)에 놓고자 한다면, 이 또한 크게 합당하지 못할 듯하네. 더구나 율옹(栗翁)의 금저울로 정한 의논이 있으니,[96] 후인들이 고칠 수 있는 것이 아니네.

옛날 한유(韓愈)씨가 불교를 숭상하던 육조(六朝)[97]의 뒤에 태어나

95 안 문성(安文成) : 문성은 안향(安珦, 1243~1306)의 시호로, 자는 사온(士蘊), 호는 회헌(晦軒), 본관은 순흥(順興)이다. 초명은 유(裕)였으나 뒤에 향(珦)으로 고쳤다. 중국에서 주자학을 처음 고려에 가지고 들어왔으며, 학교 재건과 인재 양성을 통해 주자학을 적극 수용하였다. 그리하여 설총(薛聰), 최치원(崔致遠)과 함께 문묘(文廟)에 종향(從享)되었다.

96 율옹(栗翁)의……있으니 : 율옹은 율곡(栗谷) 이이(李珥)로, 조선조 이전의 인물 중에 정몽주(鄭夢周) 이외에 설총, 최치원, 안향은 유교(儒教)의 도(道)에 크게 관여됨이 없기 때문에 다른 사당에는 배향할 수 있어도 문묘(文廟)에는 배향할 수 없다고 주장한 것은 보이는데, 안향을 설총이나 최치원과 동렬에 놓아서는 안 된다고 주장한 내용은 자세하지 않다.《栗谷全書 卷29 經筵日記 萬曆元年癸酉》

서 불교를 공격해야 한다는 것과 맹자(孟子)가 순수하고 순수하다는 것을 능히 알았으니,[98] 정자(程子)와 주자(朱子)는 일찍이 이것을 가지고 한유씨를 칭찬하였네. 이 안 문성 노인이 고려조의 무도(無道)한 때를 당해서 또한 능히 이 나라를 개척하고 주자를 높였으니, 비록 창려(昌黎 한유(韓愈))처럼 문장을 지어 저명(著明)한 것은 없으나, 그 시대를 상고해 보고 그 행적을 논해보면 또한 어려운 일이었다고 이를 만하네.

가령 이 사람이 외람되게 책머리에 논저(論著)한 서문(序文)이 있다 하더라도 장차 이보다 더 할 수 없을 것이니, 옛 사람을 위로 논함은 실로 구차히 할 수 없어서라네. 그렇다면 반드시 안 문성을 염계와 포은 노인의 반열에 놓고자 하는 자손들의 마음을 내가 어떻게 만족시킬 수가 있겠는가. 이 때문에 더욱 그 요청에 부응할 수가 없네.

97 육조(六朝) : 원래 후한(後漢) 멸망 이후 수(隋)나라 통일에 이르기까지 지금의 남경(南京)에 도읍한 오(吳)·동진(東晉)·송(宋)·제(齊)·양(梁)·진(陳)의 여섯 왕조를 이르는 말이다.

98 불교를……알았으니 : 이 내용은 한유(韓愈)의 〈원도(原道)〉에서 세상의 도(道)가 불교나 도교에 의해 어지럽혀진 것을 비판하며 승려들을 정상적인 사람으로 만들고 불경을 불태우고 사찰을 집으로 바꿔야 한다고 강조한 것과, 〈독순(讀荀)〉에서 "맹씨는 순수한 것 중에 순수한 분이고 순경(荀卿)과 양웅(揚雄)은 대체적으로는 순수하나 작게는 하자가 있다.〔孟氏, 醇乎醇, 荀與揚, 大醇而少疵.〕"라고 하여 맹자를 칭찬한 것을 이른다.《昌黎集 卷11 雜著 原道, 讀荀》

현보에게 답함
答玄甫

공경하고 그리워하는 마음이 적지 않았으나 한 글자의 편지를 감히 먼저 보내지 못했는데 뜻밖에 손수 안부의 편지를 먼저 보내주니, 지극히 놀랍고 기쁜 마음이 어찌 다만 아무도 없는 골짝 가운데에서 사람 발자국 소리를 듣는 반가움 정도일 뿐이겠는가. 염려스러운 것은 그대의 병환이 아직도 화평하지 못한 것이라네.

족종(族從)은 권솔들이 오랫동안 서울에 체류(滯留)하여 곧바로 권솔을 데리고 돌아가지 못하고 있네. 이는 마을의 염병이 아직 그치지 않았기 때문인데 결국 막내딸이 죽음을 면치 못하였으니, 화와 복은 피하거나 좇아서 될 수 있는 것이 아님을 더욱 징험하였네. 편지로 해준 많은 말을 통해 간절히 아껴주는 마음을 감사하게 받았네.

염병은 사람이라면 누구나 피하는 바이니, 난들 어찌 홀로 피하지 않겠는가. 단지 생각하건대 위험하기 때문에 염병을 피하는 것이지만, 친하기로는 천속(天屬)[99]보다 더한 것이 없는데 위험을 보고서 피함은

99 천속(天屬) : 천륜으로 맺어진 친속을 말하는바, 《주자대전》 권81 〈발황중본붕우설(跋黃仲本朋友說)〉에 "사람의 큰 윤리는 그 분별이 다섯 가지가 있는데, 예부터 성현들이 모두 하늘이 편 것이지 사람이 만들 수 있는 바가 아니라고 하였다. 그러나 지금 살펴보건대, 오직 부자와 형제만이 천속이고〔惟父子兄弟爲天屬〕 타인으로서 합한 것이 세 가지이다. 그러나 부부는 천속이 말미암아 이어지는 것이고, 군신(君臣)은 천속이 의뢰하여 온전하게 되는 것이고, 붕우(朋友)는 천속이 의뢰하여 바름을 취하는 것이다."라고 보인다.

이미 인정상 편안한 바가 아니네. 또 노비들로 하여금 대신 간호하게 함은 천하여 함부로 부릴 수 있다고 여겨서인데, 이 또한 혈구(絜矩)의 도(道)[100]이겠는가.

나쁜 습속(習俗)이 세상에 넘쳐나, 무릇 이 염병이 있을 적에 피해야 되느냐 피하지 않아야 되느냐를 논하지 않고, 한결같이 피하고 멀리하는 것을 당연한 것으로 여기네. 그래서 아버지로서 자식을 피하고 형으로서 아우를 피하는데, 사람들이 이것을 괴이하게 여기지 않고 도리어 피하지 않는 사람을 고루하다고 하니, 여기서 윤리가 점점 박(薄)해지고 있음을 볼 수 있네. 구구한 나는 일찍이 이것을 개탄하였네.

만일 관계가 골육(骨肉) 간이라면 이와 같은 염병은 피하지 않는 것을 도리로 여겨 평소에 이미 굳게 정해진 마음이 있네. 이미 이와 같이 여긴다면 가령 염병에 전염되어 죽음을 면치 못하더라도 후회가 없는데, 더구나 반드시 다 그렇게 염병에 걸리는 것이 아닌 경우에 있어서이겠는나.

위험한 담장[101]의 비유가 있네. 위험한 담장은 진실로 마땅히 밑에

100 혈구(絜矩)의 도(道) : 혈(絜)은 헤아리는 것이고 구(矩)는 곡척(曲尺)으로 네모나게 만드는 기구로, 혈구는 사람이 똑같이 여기는 마음을 인하여 남의 마음을 미루어 헤아리는 도(道)를 이르는바, 《대학(大學)》에 "윗사람에게 싫었던 것으로써 아랫사람을 부리지 말며 아랫사람에게 싫었던 것으로써 윗사람을 섬기지 말며 … 오른쪽 사람에게 싫었던 것으로써 왼쪽 사람을 사귀지 말며 왼쪽 사람에게 싫었던 것으로써 오른쪽 사람을 사귀지 말 것이니, 이것을 일러 혈구의 도라고 한다.〔此之謂絜矩之道〕"라고 보인다.

101 위험한 담장 : 무너질 수 있는 위험한 담장을 이르는바, 《맹자》 〈진심 상(盡心上)〉에 "정명(正命)을 아는 사람은 위험한 담장 아래에 서지 않는다.〔知命者, 不立乎巖墻之下.〕"라고 하였는데, 《맹자집주》에 "암장은 무너지려고 하는 담장이다.〔巖墻, 墻之將覆

서서는 안 되는 자리이나 또한 때로는 서지 않을 수 없는 경우가 있으니, 위험한 담장을 일체 서지 않는 것으로 의리를 삼고 다른 경우를 돌아보지 않는다면, 삼가 생각하건대 추성(鄒聖)이 글을 쓰신 본의(本意)가 아닐 듯하네.[102]

옛날 연옹(淵翁)의 자부(子婦)가 염병을 앓다가 일어나지 못하고 죽었을 적에 연옹은 꼿꼿이 앉아서 피하지 않았는데, 증소(橧巢) 형제가 염병을 꺼려서 문안을 하지 않자, 연옹은 편지로 그들을 간절히 나무랐네.[103] 내가 일찍이 연옹의 문집에서 이 내용을 보았네. 나는 속으로 감탄하기를 "증소 같은 어진 사람도 세속적인 견해를 탈피하지

者.〕"라고 주하였다.

102 추성(鄒聖)이……듯하네 : 추성은 맹자로, '위험한 담장'을 비유한 글에 "도리를 다하고 죽는 것이 정명이고, 형벌을 받아 죽는 것은 정명이 아니다.〔盡其道而死者正命也, 桎梏死者非正命也.〕"라고 하였는바, 천륜인 부모형제를 위해 도리를 다하다가 죽는 것이 바로 맹자가 말한 정명(正命)의 본의(本意)라는 말이다.

103 옛날……나무랐네 : 연옹(淵翁)은 삼연(三淵) 김창흡(金昌翕, 1653~1722)이고, 증소(橧巢)는 김창흡의 조카인 김신겸(金信謙, 1693~1738)의 호이다. 김창흡의 둘째 아들인 김치겸(金致謙)의 부인이 죽어서 상을 치를 적에 김치겸의 사촌인 김신겸과 그의 형 김언겸(金彦謙)이 염병에 걸릴 수 있다는 이유로 문상을 하지 않자, 후하게 해야 하는 천륜 관계를 박하게 대해서는 안 된다는 논지의 편지를 써서 나무란 것을 이른다.《三淵集 卷17 寄彦謙信謙》 김신겸은 자가 존보(尊甫)이고, 김창흡의 아우인 김창업(金昌業)의 아들로, 셋째 큰아버지인 김창흡을 사사(師事)하였다. 1721년(경종1) 진사시에 합격했으나 백부인 영의정 김창집(金昌集)이 노론(老論) 사대신(四大臣)의 한 사람으로 신임사화(辛壬士禍)에 거제도로 유배될 때 연루되어 함께 유배되었다. 1725년(영조1)에 풀려나 내시교관에 제수되었으나 나아가지 않고 강원도 영월(寧越)의 산중에 들어가 산수를 즐기면서 후진 양성에 힘썼다. 시문에 뛰어나 많은 저술을 남겼는데, 특히 〈백육애음(百六哀吟)〉이라는 사우(師友)들 106명의 행적을 읊은 대서사시가 유명하다. 시호는 문경(文敬)이며 저서로는 《증소집》이 있다.

못해서 이런 실수가 있었으니, 연옹이 가르쳐 꾸짖고 용서하지 않은 것은 부형(父兄)의 도리를 깊이 얻은 것이다."라고 하였네.

이번에 우리 집의 우환은 내가 밖으로 나가 염병을 피하지 않는다 해서 외지에 있는 아우와 조카들이 날마다 왕래를 했네. 이것은 진실로 인정에 떳떳한 것이니, 어찌 남에게 자랑할 만한 것이겠는가. 혹시 야박한 풍속을 바로잡고 후손들에게 귀감을 보일 수 있다고 여기기 때문에 애오라지 그대에게 말하는 것이네.

사원 치녕 에게 답함
答士遠 致寧

문 허령(虛靈)이…분별이 있습니까?

답 허령(虛靈)과 기질(氣質)은 비록 똑같이 기(氣)이지만 본래 정(精)과 조(粗), 본(本)과 말(末)의 구분이 있으니, 만약 이것들을 '완전히 뒤섞여 구별이 없다'고 말하면, 허령한 마음의 신명(神明)이 뭇 이치를 묘(妙)하게 갖추어 만물을 주재하는 것에 기질의 거칠고 지엽적인 기가 어찌 능히 참여할 수 있겠는가.

허령과 기질의 구분은 비유하면 눈에 검은자위와 눈동자가 있는 것과 같으니, -눈동자를 가지고 허령을 비유하면 매우 거칠다. 다만 똑같은 가운데 구별이 있음을 취하였다.- 검다는 것은 똑같으나 능히 보는 기능을 찾아보면, 보는 기능은 눈동자에 있고 검은자위에 있지 않네. 눈동자는 정영(精英)이 모인 곳이니, 이 눈동자가 없으면 단지 검은자위로만은 물건을 보지 못하네. 그렇다면 검은자위와 눈동자의 정(精)함과 거침〔粗〕, 귀함과 천함의 간극이 매우 커서 똑같지 않으니, 어찌 똑같이 검다 해서 마침내 검은자위와 눈동자를 뒤섞여서 구별이 없다고 이를 수 있겠는가.

또 일찍이 들으니 "청맹과니는 처음에는 흰 막이 검은자위에서 생겨서 점점 눈동자를 덮어 가리다가 눈동자가 가려져 마침내 눈이 멀어 보지 못하는 것이다."라고 하니, 이 또한 기질에서 생겨난 인욕(人欲)이 밝은 본심을 가리는 것과 유사하네.

문 《대학》의 〈보망장(補亡章)〉에서 여러 사물의 표면(表面)과 이면(裏面), 정(精)과 조(粗)[104]는 바로 이치〔理〕에 정과 조가 있음을 가리킨 것인데, 주자가 또 일찍이 말씀하기를 "이치에는 정과 조가 없다."[105] 하신 것은 어째서입니까?

답 《대학혹문(大學或問)》에 이르기를 "한 물건 가운데에 소당연(所當然)으로서 하지 않을 수 없는 것과 또 소이연(所以然)으로서 바꿀 수 없는 것이 없지 않으니, 소당연은 바로 이치〔理〕의 표면이며 거친 것〔粗〕이고, 소이연은 바로 이치의 이면이며 정한 것〔精〕이다."라고 하

104 대학……조(粗) : 〈보망장(補亡章)〉은 《대학》의 전(傳) 제5장에 격물치지(格物致知)의 내용이 일실(逸失)되었다 하여 주자가 《대학장구(大學章句)》를 저술하면서 정자(程子)의 뜻을 취하여 보충해 넣은 부분으로, 여기에 "《대학》에서 처음 가르칠 때 반드시 배우는 자들로 하여금 모든 천하의 사물에 나아가 이미 알고 있는 이치를 가지고 더욱 궁구해서 지극함에 이름을 구하지 않음이 없게 하는 것이다. 그리하여 오랫동안 공부해서 하루아침에 활연(豁然)히 관통함에 이르면, 모든 사물의 표면과 이면, 정(精)과 조(粗)가 이르지 않음이 없을 것이고 내 마음의 전체(全體)와 대용(大用)이 밝지 않음이 없을 것이니, 이것을 '격물'이라 이르며 이것을 '앎의 지극함'이라 이른다.〔大學始敎, 必使學者, 卽凡天下之物, 莫不因其已知之理而益窮之, 以求至乎其極. 至於用力之久, 而一旦豁然貫通焉, 則衆物之表裏精粗無不到, 而吾心之全體大用無不明矣, 此謂物格, 此謂知之至也.〕"라고 보인다.

105 이치에는……없다 : 이 내용은 《주자어류》 권49 〈논어(論語) 31 자장(子張)〉의 '자하지문인소자장(子夏之門人小子章)'에 "정자(程子)가 '〈집안에 물을 뿌려 청소하고 응대함이〉 바로 그러한 것이니, 〈여기에도〉 반드시 소이연(所以然)이 있다.' 하였는데, 마음을 다스리고 몸을 닦는 것이 본(本)이고 집안에 물을 뿌려 청소하고 응대함이 말(末)이니, 이 모두가 바로 그러한 일이다. 이것의 소이연은 이치인데, 이치에는 정(精)과 조(粗), 본과 말이 없어서 모두 하나로 관통한다.〔是其然, 必有所以然, 治心修身是本, 灑掃應對是末, 皆其然之事也. 至於所以然, 則理也, 理無精粗本末, 皆是一貫.〕"라고 보인다.

였네. ‘이치〔理〕’라는 한 글자가 가리키는 뜻이 매우 커서 포함하지 않는 바가 없으니, 만약 이면과 정한 것만 점유하고 표면과 거친 것을 버린다면 곧 한쪽이 말라버린 물건이 되니, 어찌 통하여 관통하는 묘함을 볼 수 있겠는가.

주자가 말씀한바 “이치에 정과 조가 없다.”는 것은, 삼가 그 의미를 생각해보건대 아마도 모든 물건 중에 형기(形氣)에 속한 것은 이미 이루어진 바탕이 있어서 통할 수 없는 것이니 정과 조를 가지고 말할 수 있지만, 형체가 없고 자취가 없어서 형기의 우두머리가 되는 이치는 정과 조를 가지고 말할 수 없다고 여기신 듯하니, 글을 쓰신 뜻이 이것과는 똑같지 않네. 오직 마땅히 각기 가리킨 바에 나아가서 자세히 살펴 연구할 것이요, 연결하여 서로 비교하는 것을 능사로 삼아서는 안 될 것이네.

사원에게 답함
答士遠

남당(南塘 한원진(韓元震))의 여러 설(說)에 대해 논한 것은 대체로 맞네. 이 노인의 실제 견해의 착오는 바로 근원(根源)적인 부분에 있네. 그러나 절목(節目)의 사이에 또한 좋은 것이 많으니, 어찌 붓질 한 번으로 결단해서 모두 버릴 수 있겠는가. 주자가 일찍이 말씀하기를 "차라리 간략할지언정 자세히 하지 말고, 차라리 소략할지언정 치밀하게 하지 말라."[106]라고 하셨는데, 이 노인의 잘못은 매번 너무 지나치게 자세하고 치밀하게 하여 행여 말을 다 하지 못할까 두려워해서 다른 사람들로 하여금 뒤이을 만한 여유가 거의 없게 한 것이네.

또 의리(義理)는 경색되게 억지로 단정하는 것을 가장 금기시해야 하는데, 이 노인은 경전을 말씀하고 이치를 논할 적에 본래 하나의 확정된 설을 가지고서 앞뒤로 끌어대어 견강부회(牽强附會)해서 자기의 설을 아름답게 꾸미려고 하였네. 비록 말한 것이 다 옳다 하더라도 더 이상 자연스럽게 유동하고 변화하는 뜻이 없으며 간혹 도리어 본체(本體)를 손상하기도 하니, 두려워하지 않을 수 있겠는가. 명리(名理 성리(性理))를 해석하는 자들은 이러한 잘못을 경계할 줄 알아야 하네.

그러나 선배를 높이고 두려워하기에는 이러한 도리가 매우 좋네. 의리의 시시비비에 관계된 경우에는 비록 분명하게 변론하지 않을 수

106 차라리 간략할지언정……말라 : 이 내용은 《주자대전》 권62 〈답장원덕(答張元德)〉에 보인다.

없으나, 진실로 이로 인해 경솔하게 선배를 꾸짖고 배척해서 옳지 못한 짓을 범해서는 안 되네.

사원에게 답함
答士遠

명(命)과 성(性)과 도(道)[107]는 비록 하늘에 있고 사람과 물건에 있고 사물에 있는 차이가 있으나 그 실제는 똑같으니, 모두 이(理)를 주장하여 말하였고 일찍이 기(氣)를 섞어서 말하지 않았네. 그러다가 "도를 품절해 놓은 것이 가르침이다.〔修道之敎〕"에 이르러서야 비로소 기질이 똑같지 않음을 말하였으니, 이는 가르침이 서게 된 이유이네.

선유(先儒)가 "성(性)은 하늘이 명했기 때문에 똑같고, 도(道)는 형체 때문에 다르다."[108]라고 하였으니, 성은 바로 미발(未發)이어서 기가 아직 작용하지 않았기 때문에 이(理)가 주장이 되어 일원(一原)에 속하고, 도는 이미 발(發)하여 기가 이미 작용하였기 때문에 기가 주장이 되어 분수(分殊)에 속한다네.

그러나 도(道)가 형체에 따라 다른 것은 각각 자연스럽고 당연한 법칙이 있지 않음이 없으니, 운용하는 곳에 기가 비록 작용을 하나

107 명(命)과 성(性)과 도(道) : 《중용장구》 제1장의 "하늘이 명(命)하신 것을 성(性)이라 하고, 성을 따르는 것을 도(道)라 하고, 도를 품절해 놓은 것을 교(敎)라 한다.〔天命之謂性, 率性之謂道, 修道之謂敎.〕"에 보이는 명(命), 성(性), 도(道)를 이른다.

108 성(性)은……다르다 : 이 내용은 명(明)나라 학자 나흠순(羅欽順, 1465~1547)의 《곤지기 속록(困知記續錄)》 권상(上)에 보인다. 나흠순은 자가 윤승(允升), 호가 정암(整菴)이다. 주자는 만물은 기(氣)로 성립되고 이치가 그 기를 통제하며 이치는 기에서 독립된 것으로 보았는데, 나정암은 기를 떠난 이치는 없다고 하여 이기일체론(理氣一體論)을 주장하였다.

능히 이(理)를 따라서 법칙을 어기지 않으면 천명(天命)의 본체가 여기에서 떠나지 않아 사람과 물건에 간격이 없네. 끝내 기가 이(理)를 가린 탓에 법칙을 따르는 도가 법칙을 따르지 않으면 이로써 '기질(氣質)'이라고 불리는 것이 있게 되네. 그러므로 《장구(章句)》에 이르기를 "성(性)과 도(道)가 비록 똑같으나 기품이 혹 다르다."[109]고 한 것이네.

설명하는 자가 혹 이르기를 "사람과 물건의 따르는 바의 도가 이미 다르다면, 성(性)이 어찌 홀로 똑같겠는가. 만약 성에는 같고 도에는 다르다고 하면, 이것은 체(體)만 있고 용(用)은 없는 것이다."라고 하니, 이 말은 참으로 마땅히 생각해 보아야 할 것이네. 체가 있으면 용이 있는 것이 진실로 떳떳한 이치이나, 또한 하나하나 이와 같이 말할 수 없는 경우가 있으니, 만일 용이 통달하지 못한다는 것 때문에 갑자기 체가 갖추어지지 않았다고 의심한다면, 어찌 유독 물건만 그러하겠는가.

오상(五常)[110]을 온전히 갖춘 사람도 운용하는 곳에는 종종 차이가 나니, 천 가지 백 가지의 차이가 있네. 혹은 기질에 구애되고 물욕(物

109 성(性)과……다르다 : 이 내용은 《중용장구》 제1장의 '수도지위교(修道之謂敎)'에 대한 주자의 주에 "수(修)는 품절(品節)함이다. 성(性)과 도(道)가 비록 똑같으나 기품(氣稟)이 혹 다르기 때문에 과(過)하고 불급(不及)한 차이가 없지 못하다. 그러므로 성인(聖人)이 사람과 물건이 마땅히 행하여야 할 것을 인하여 품절하여 천하에 법이 되게 하셨다. 이것을 일러 교(敎)라 하니, 예악(禮樂)과 형정(刑政) 같은 등속이 이것이다.〔修, 品節之也. 性道雖同, 而氣稟或異, 故不能無過不及之差. 聖人因人物之所當行者而品節之, 以爲法於天下, 則謂之敎. 若禮樂刑政之屬是也.〕"라고 보인다.

110 오상(五常) : 사람이 타고나는 본연의 성(性)으로, 인(仁)·의(義)·예(禮)·지(智)·신(信)을 이른다.

慾)에 가려짐이 매우 심해서 한두 가지의 길이 완전히 막히고 열리지 못하여 금수(禽獸)와 차이가 없는 자가 있으니, 이러한 경우에도 체만 있고 용이 없다고 말할 수 있겠는가.

체가 온전하지 않음이 없음은 이(理)의 통함이요, 용이 통달하지 못함은 기(氣)의 국한됨이네. 그러므로 이(理)를 가지고 말하면 진실로 사람과 물건, 성인과 범인(凡人)의 차이가 없고, 기를 가지고 말하면 비로소 편(偏)과 전(全), 선(善)과 악(惡)의 차이가 있게 되는 것이네. 혹시라도 이(理)가 형기(形氣)를 따라 달라지는 것을 가지고 "이(理)는 다만 다른 곳에는 통하지 못하고 여기에만 있는 이(理)이다."라고 한다면, 율옹(栗翁 이이(李珥))이 말씀한 "이는 통하고 기는 국한된다.〔理通氣局〕"는 것이 지극히 당연한 이론이 될 수 없을 것이네.

마음은 누구나 동일한데 온전히 통틀어 말한 것과 따로 한쪽만 말한 것의 차이가 있네. 농옹(農翁 김창협(金昌協))이 말씀하였네. "마음이라는 것은 다른 것이 없다. 기(氣)일 뿐이다. 온전히 통틀어 말하면 오행(五行)의 정영(精英)이 모여 있고, 따로 한쪽만 말하면 화(火)에 속한다. 화에 속하기 때문에 능히 광명(光明)하여 어둡지 않아서 만물을 밝게 비추고, 오행의 정영이 모여 있기 때문에 능히 변화하여 무궁해서 한쪽에 막히지 않는다."[111]

111 마음이라는……않는다 : 이 내용은 《농암집(農巖集)》 권19 〈도이에게 답함〔答道以〕〉에 보인다.

사원에게 답함

答士遠

보내온 편지에서 논한 "이(理)와 기(氣)의 선후(先後)에는 끝남도 없고 시작도 없다."는 말의 뜻은 매우 모호한 듯하네. 이(理)와 기는 둘로 나눌 수가 없네. 그러므로 이(理)가 무궁하기 때문에 기 또한 무궁하고 기가 시작이 없기 때문에 이치 또한 시작이 없으니, 시작이 없기 때문에 다함도 없고 다함이 없기 때문에 시작도 없는 것이네.

만약 "이(理)와 기에 선후가 있다."고 한다면 이것은 시작이 있는 것이니, 시작이 있으면 끝이 있네. 그러나 모름지기 이(理)와 기가 뒤섞여 끝도 없고 시작도 없는 가운데에서, 기가 이와 같은 것은 이(理)가 이와 같은 데에 근본했다는 것을 알아야 하네. 그렇다면 도리어 "이(理)가 앞에 있고 기가 뒤에 있다."는 주자의 가르침과 같이 하여야 비로소 말 밖의 뜻을 훤히 이해할 수 있을 것이니, 자네와 같이 억지로 찾아서는 안 되네.

옥현 현상[112] 에게 답함

答玉鉉 顯相

문 아내의 대상(大祥)이 이미 지나고 또 장차 담제(禫祭)를 행하려고 하는데, 여러 예설(禮說)을 상고해 보면 일설에는 '위(位)를 설치하고서 곡하고 복을 벗는다.'라고 하고, 일설에는 '자식들이 어머니를 위하여 어찌 담제가 없을 수 있겠는가.'라고 합니다. 그렇다면 마땅히 어떤 설을 따라야 합니까?

답 아버지가 살아계실 적에 아내를 위해서 상장(喪杖)을 짚고 담제를 지내는 것은 선배의 논설이 똑같지 않으나, 우옹(尤翁 송시열)과 도암(陶菴 이재(李縡))이 모두 《가례》의 글을 주된 근거로 삼아 "아버지가 생존해 있든 아버지가 별세하였든 이것을 따지지 않고 통틀어 장기(杖期)를 하는 것이 마땅하다."라고 해서, 근세 사대부의 집에서 이것을 많이 따르고 있네. 그대의 집안은 상(喪) 초기에 아버지가 계셔서 아들이 상장을 짚지 않았기 때문에 이런 질문을 한 듯하네.

그러나 그대의 집에서 만난 것은 시아버지, 남편, 아들 3대가 모두 살아있을 때의 예(禮)이니, 가령 남편이 아버지가 살아계신다는 이유로 상장을 짚지 아니해서 시아버지가 이미 상을 주관했다면, 어찌 손자까지 합하여 남은 슬픔을 빼앗을 수 있겠는가. 더구나 아버지가 살아계실 적에 어머니를 위해 소상과 대상과 담제를 하는 것이 예에 분명한

112 옥현(玉鉉) 현상(顯相) : 옥현은 오현상(1785~?)의 자로, 《소화외사(小華外史)》를 편찬한 오경원(吳慶元, 1764~?)의 아들이다.

근거가 있으니, 담제를 행함은 의심할 것이 없을 듯하네.

지은이 **오희상(吳熙常)**

1763년(영조39) 5월 10일 유시에 서울 경행방(慶幸坊) 사저에서 태어나 1833년(순조33) 10월 7일 유시에 향년 71세로 별세하였다. 자는 사경(士敬), 호는 노주(老洲), 본관은 해주(海州)이며, 시호는 문원(文元)이다. 증조부 오태주(吳泰周)가 명안공주(明安公主)와 혼인함으로써 왕의 인척이 된 집안이자 재상과 문형 등을 배출한 명문가의 자제로 태어났다. 1800년(정조24) 천거로 세자익위사 세마(世子翊衛司洗馬)에 제수된 이래 평생 끊임없이 벼슬에 제수되었으나 몇 번 출사한 것을 제외하고는 번번이 사직을 청하고 학문 강학에 종사하였다. 가형인 오윤상(吳允常)에게 학문을 배워, 김창협(金昌協)에서 김원행(金元行)으로 이어지는 학맥의 전통을 잇고 이를 후대에 전한 노론 낙론의 핵심 사상가이자 문인 교육자이다. 매산(梅山) 홍직필(洪直弼), 숙재(肅齋) 조병덕(趙秉悳) 등이 그의 학문에 영향을 받았다.

옮긴이 **김창효(金昌孝)**

1956년 전남 장흥에서 태어났다. 고려대학교 행정학과를 졸업하였다. 민족문화추진회 국역연수원 연수부 및 일반연구부를 졸업하였으며, 현재 해동경사연구소 선임연구원으로 재직하고 있다. 번역서로는 《도곡집》(공역)이 있다.

옮긴이 **연석환(延錫煥)**

1977년 경북 봉화에서 태어났다. 계명대학교 한문교육과를 졸업하고 고려대학교 대학원 고전번역협동과정학과에서 석사학위와 박사학위를 취득하였다. 한국고전번역원 부설 고전번역교육원의 연수과정과 전문과정 제1과정을 마쳤다. 현재 해동경사연구소 연구원으로 재직하고 있다. 논문으로는 〈회은 남학명의 잡설 연구〉, 〈남학명의 회은집 역주〉가 있다.

※ 각 권별 옮긴이는 권1·2·3 김창효, 권4 연석환이다.

권역별거점연구소협동번역사업 연구진

연구책임자 **류준경**(성신여자대학교 한문교육과 교수)
공동연구원 **신영주**(성신여자대학교 한문교육과 교수)
김용재(성신여자대학교 한문교육과 교수)
책임연구원 **성백효**
연 구 원 **김창효 연석환**
신상후 이영준
이정은 김성은
윤 문 **윤은숙**

노주집 1
오희상 지음 | 김창효 · 연석환 옮김
2021년 12월 31일 초판 1쇄 발행
편집 · 발행 학자원
등록 2011.4.6 제2011-14호
주소 (05355) 서울시 강동구 천호대로 1121
전화 02-6403-1000 | 팩스 02-6338-1001 | 이메일 hakjaone@daum.net

값 40,000원
ISBN 979-11-6247-249-1 94810
979-11-6247-248-4 (세트)